博士生导师学术文库

A Library of Academics by
Ph.D.Supervisors

劳动论要

余金成 著

光明日报出版社

图书在版编目（CIP）数据

劳动论要 / 余金成著 . -- 北京：光明日报出版社，
2019. 8

ISBN 978 - 7 - 5194 - 5460 - 9

Ⅰ . ①劳… Ⅱ . ①余… Ⅲ . ①劳动科学 Ⅳ . ①C97

中国版本图书馆 CIP 数据核字（2019）第 172176 号

劳动论要

LAODONG LUNYAO

著　　者：余金成

责任编辑：李壬杰　　　　　　　　　　责任校对：赵鸣鸣
封面设计：一站出版网　　　　　　　　责任印制：曹　净

出版发行：光明日报出版社
地　　址：北京市西城区永安路 106 号，100050
电　　话：010 - 67017249（咨询）　　63131930（邮购）
传　　真：010 - 67078227，67078255
网　　址：http：//book. gmw. cn
E - mail：lirenjie@ gmw. cn
法律顾问：北京德恒律师事务所龚柳方律师

印　　刷：三河市华东印刷有限公司
装　　订：三河市华东印刷有限公司
本书如有破损、缺页、装订错误，请与本社联系调换，电话：010 - 67019571

开　　本：170mm × 240mm
字　　数：359 千字　　　　　　　　　印　　张：20
版　　次：2019 年 8 月第 1 版　　　　印　　次：2019 年 8 月第 1 次印刷
书　　号：ISBN 978 - 7 - 5194 - 5460 - 9
定　　价：95. 00 元

序　言

推出本书，源自一种执念：作为从事科学社会主义专业的学者，我想为当代社会主义必然性提供学理性证明，进一步说，想为以社会主义市场经济为实践载体的中国特色社会主义提供一种基础性理论。

人类以劳动立身，一切发展，都是劳动发展，一切成功，都是劳动成果。市场经济之所以成为当今人类的共同选择，是因为它形成了持续激励劳动机制。中国社会主义改革，起点在重新解读了劳动，过程在有效放开了劳动，成功在全面动员了劳动。

1978年作为中国改革元年，获得两大动力助推：一是三月份召开的全国科学大会，明确提出"脑力劳动是劳动"；二是五月份关于真理标准大讨论，明确提出"实践是检验真理唯一标准"。前者恢复了脑力劳动正当性、合法性，后者为脑力劳动开放运用预设了"实践"这一无限广阔的空间。

也许，当初人们并没有考虑二者之间的关联，但是历史的就是逻辑的。事后反思，脑力劳动及其开放运用，虽然没有改革实践本身那样波澜壮阔、风云激荡，却无时不显、无处不在，成就了40年铁马冰河、烈火雄心的隐性逻辑。今天，当人们再度鸟瞰中华大地的时候，旧貌新颜、生机盎然已经不足以表达了，人们看到的是一个翻天覆地、千帆竞发的东方胜景。

中国靠劳动创造了震惊世界的成果。面临即将庆祝中华人民共和国成立70周年，国人前30年后40年都在劳动，但此劳动已不同于彼劳动。40年改革首先确认了"脑力劳动是劳动"这一命题，意味着前30年一直默认"脑力劳动是非劳动"。两种不同劳动观呈现迥异劳动方式，也是双方成果不同的主要原因。对于社会主义者而言，承认"脑力劳动是劳动"是一个重大的、根本性的理论调整。

首先，它为中国改革最终选择市场经济扫除了思想障碍。市场经济是持续激励劳动的经济，竞争要求劳动能力由弱变强，往往伴随体力劳动向脑力劳动的转变。就此而言，市场经济是脑力劳动的天下。传统社会主义不承认脑力劳动的劳动地位，使其拒绝采用市场经济，而一旦认同"脑力劳动是劳动"，这个障碍就清除了。与体力劳动受制于生理条件不同，脑力劳动拥有无限发展空间，为劳动者各尽所能提供了广阔前景。

其次，它为社会主义市场经济超越资本主义市场经济提供了可能。市场竞争激励劳动发展。但由于价值观不同，资本主义市场经济对劳动动员存在盲区——资本主义个体本位价值观往往听凭"优胜劣汰"，持续保留两极分化社会格局，而社会主义社会本位价值观把"解放穷人"视为自身使命，追求"共同富裕"目标，从而通过政府更好发挥作用，帮助弱势群体提升能力，真正做到了对"全劳动"的动员，即不仅采用现实劳动和过去劳动，也启动未来劳动。社会主义市场经济是唯一利用全劳动的经济形式，创造了市场经济最高效率形态。

—

如果说，政治学体现在对社会发展方式选择的话，那么，社会主义政治学论证部分必须经由社会发展规律的判断，而该规律只能以经济发展为叙述主线。马克思主义或科学社会主义是关于人类社会如何向好的思想体系，通过"两大发现"逻辑证明，归根结底指向政治学结论。

正因为如此，马克思主义原创理论主张社会主义计划经济，实质是马克思、恩格斯为19世纪社会主义提供必然性证明的核心内容：总结论是走计划经济道路，总前提是实现生产资料公有制，总战略是建立无产阶级专政，三者共同构成社会主义基本政治原则；显然，无产阶级在阶级斗争中获胜成为"专政权力—公有制—计划经济"路线图的前置条件。

然而，当中国改革选择社会主义市场经济的时候，当社会主义市场经济在短短40年中取得了西方国家上百年甚至数百年发展成就的时候，马克思主义者面临了一个无法回避的理论问题：如何看待社会主义与市场经济的牵手。

如果仅仅把社会主义市场经济看作解决经济发展燃眉之急的权宜之计，或者说其仅仅存在于"社会主义初级阶段"，人类社会发展仍然需要回归至计划经济的话，那么，马克思、恩格斯在19世纪提供的关于社会主义必然性证明就可以在21世纪继续采用。

如果人类社会发展基本载体只能是市场经济，需要把社会主义市场经济看作超越资本主义的最后经济形态，或者说其直通共产主义理想社会的话，那么，马克思主义者就必须以社会主义市场经济为旨归提供当代社会主义必然性证明，21世纪马克思主义或者说中国特色社会主义，除了既有的发展战略方面的思想体系之外，还必须形成基础理论方面的思想体系。

笔者站在后一判断立场上，《劳动论要》就是对中国特色社会主义基础理论的探索之作。

二

即便正确提出问题就是解决问题的一半，两者仍然区别明显：提出问题仅仅涉及事情要点，而解决问题需要顾及方方面面。

较之马克思主义原创理论，社会主义市场经济最为关键的突破是重建了劳动与资本的关系——如前所述，这是通过重建体力劳动与脑力劳动关系实现的。马克思、恩格斯依据19世纪资本主义残酷剥削压榨雇佣劳动者的事实，认为资本来到世间，从头顶到脚底都流着血和肮脏的东西，资本的本性就是剥削；无产阶级反抗资产阶级斗争的合理性正是以此为依据的。但不可否认，资本是理性产物，既然以追求自身利益最大化为目标，就会适应条件变化形成自我调整能力。现代市场经济用法制体系规范了资本行为，资本获利已很难再采取马克思时代压榨绝对剩余价值和相对剩余价值方式进行，按资分配大体反映了资本家的经营能力，在性质上属于按劳分配。资本一旦获得劳动属性，资本拥有者就回归劳动者行列。正如2018年11月习近平在民营企业座谈会上所指出："民营经济是我国经济制度的内在要素，民营企业和民营企业家是我们自己人。"

显然，对现代资本的认同并不构成对昔日资本定性的否定；同样，以反抗资本剥削为目的的阶级斗争所具有的历史正当性也毋庸置疑。须知，社会主义国家正是借助这一阶级斗争建立的。如果说，资本主义剥削和世界扩张提供了难得的历史窗口期，使俄国、中国得以通过武装斗争夺取国家权力的话，那么，植根于西方文化的马克思主义也借此获得了中华文化资源补充，21世纪马克思主义最伟大成果就是中国特色社会主义。

一方面，以"社会主义计划经济"为目标的马克思主义原创理论，需要转变为以"社会主义市场经济"为目标的中国特色社会主义理论；另一方面，马克思主义原创理论关于认同社会客观规律、关于该规律归根结底是经济因素起决定性作用、关于通过无产阶级解放实现人类解放，这些最基本思想原则都是必须继承和坚持的。

用发展马克思主义方式坚持马克思主义，应该是当代马克思主义者的选择。所谓"发展"，越来越指向关于社会主义必然性的论证环节，其中最为关键的是重新审视当今时代条件，深化马克思"两大发现"对人类社会发展规律和资本主义发展规律的认识。

依据社会主义市场经济实践，资本已经具有劳动性质，所谓在资源配置方面使市场起决定作用，就是启用资本活力。既然按资分配是按劳分配的延伸，那么，鼓励资本发挥作用，就是鼓励强者各尽所能。那种咬住"资本本性是剥削"不放的观点，不仅不利于社会生产力发展，而且有悖于当代市场经济事实，应该予以纠正。

三

在某种程度上，中国改革理论目前由两部分内容构成：在战略思想体系层面，由中国特色社会主义理论体现，回答"是什么"问题；在社会发展规律层面，由马克思"两大发现"体现，回答"为什么"问题。后者往往是学者关注的领域，而且更多是被从事马克思主义理论专业学者所关注；前者是社会公开知晓的内容，而且总是随着改革实践发展在持续更新。

如前所述，"两大发现"逻辑指向是"社会主义计划经济"，当中国改革确立"社会主义市场经济"目标的时候，双方逻辑对接就发生了某种断裂。学界通过解读"社会主义初级阶段"，把社会主义与市场经济结合说成是该阶段特例，默许将来仍有可能向计划经济回归，算是完成了逻辑自洽。然而，中共十九大把坚持和发展中国特色社会主义与坚持和完善社会主义市场经济相提并论，并且在此前提下强调"基本实现共同富裕"，并没有放弃市场经济迹象。何况，既然社会主义市场经济能够实现共同富裕，又何必重返计划经济呢？即便心仪计划经济者立志重返，难道需要启动一场改变所有制的社会革命？

如果"社会主义市场经济"成为中国特色社会主义目标模式，依靠"两大发现"回答"为什么"就难以成立了。这一矛盾集中体现在高校马克思主义理论课方面。高校学生是思想活跃、积极向上，且把追求真理与实现人生价值统一在一起的年轻知识群体，他们不会满足于"是什么"的知识，而总是探索"为什么"的学问。马克思主义理论课面对的基本难题是：资本主义为什么没有如所预测的那样退出历史舞台？社会主义革命为什么没有如所预计的那样发生在先进国家？社会主义建设为什么没有如所预料的那样采取计划经济方式？

高校思政课教师总体上忠实于马克思主义，拥护中国共产党领导，投身于中国特色社会主义事业。他们千方百计发掘自身潜力、运用自己知识，为同学们释疑解惑，取得了相当成效。但是，不可否认的是：在这一课堂上，由于"是什么"和"为什么"在逻辑上有所断裂，有相当一部分学子的心处在"游离"状态，诸多教师虽辛勤劳动却体悟不到传道授业者的"自尊"。

马克思说："理论只要说服人，就能掌握群众；而理论只要彻底，就能说服人。所谓彻底，就是抓住事物的根本。而人的根本就是人本身。"① 在一定意义上，人本身就是人的劳动，劳动不仅属于人的生命活动，而且属于生命活动中最为本质的环节。抓住了劳动，就等于认识了人的生命活动，从而就等于认识了人本身。就此而言，研究劳动构成是研究人类一切的出发点。所谓计划经济和市场经济的区别，也就是对劳动认识的区别：计划经济把劳动看作客体对象，按照生产要素予以配置；市场经济把劳动看作主体对象，劳动者按照自身需要参与竞争。

要创造思政课新局面，除了诸多方面努力之外，关键是创新中国特色社会主义基础理论研究，针对社会主义市场经济这一基本实践成果，回答"为什么"问题，形成足够说服力的教材内容。

---

① 马克思，恩格斯. 马克思恩格斯选集：第1卷［M］. 北京：人民出版社，2012：9 – 10.

四

中国改革发展的成就使中国自身走近世界舞台的中央。向世界说明自己，进而让世界理解并接受自己，变成提升中国软实力的一项重要任务。

中国共产党领导的中国特色社会主义，坚持马克思主义的指导地位。这是一个基本判断，也是一个总体判断。马克思主义属于当今世界显学。人们当然知道：马克思主义原创理论主张通过消灭资本实现共同富裕；当中国改革选择社会主义市场经济，开始积极发挥资本作用的时候，国际资产阶级像国内某些学者一样，都没有忘记《共产党宣言》中所说"共产党人可以把自己的理论概括为一句话：消灭私有制"①。他们保持对中国特色社会主义的戒惧，他们的战略家坚持谋划与中国的对抗，很难说与此没有关系。

社会主义者当然无须披肝沥胆地表达对资本主义"无害"态度。事实上，社会主义对资本主义的替代之心始终没变，区别仅仅在于：两制关系从昔日你死我活的暴力"敌对"性质，演变为今天你劣我优的和平"竞争"性质——换言之，中国共产党人主张两制关系"不冲突，不对抗，相互尊重，合作共赢"，并非韬光养晦的策略选择，而是顺应时代的理念转变。在经济全球化背景下，两种市场经济在统一规则前提下，较量的是谁能够更充分地调动劳动积极性，更合理地配置资源，更好地满足人民对美好生活需要。

资本主义市场经济秉持个体本位价值观，崇尚"强者支配"原则，社会主义市场经济秉持社会本位价值观，主张"社会平等"原则。实践必将表明，社会主义市场经济能够形成全方位劳动动员，能够创造一流社会生产力，能够提供优质生活条件。

问题当然在于：社会主义市场经济需要经济学哲学层面的学理阐释，而不能止步于实践层面的政策展示；双方并举，才能更好宣示人类命运共同体理念，也才能彰显新型两制关系的必然性基础。

---

① 马克思，恩格斯．马克思恩格斯选集：第1卷［M］．北京：人民出版社，2012：414.

五

　　我承认，坚持写《劳动论要》，多多少少与自己从事的马克思主义专业有关。我本人拥有强烈的职业自尊——认为马克思主义于社会发展不可或缺，当然也同样不想让学生羞于承认自己的专业，希望他们认同社会主义理论科学性，拥有承担着重要社会责任的自豪感。

　　与大多数同龄人不同，我两次插队当了农民。第一次，18 岁，在商城县上石桥插队。记得到生产队没有几天，就下了一场大雪。这是与城市不一样的雪：浅山区地貌既可以远眺，茫茫原野，辽阔银装，又不失近观，山岗村落，错落素裹。几位"插友"撒欢跑向远处，在小河旁边的竹林中，我们欣赏竹叶上飘落的雪花，目睹清冽河的水在岸边两行薄冰相伴下悄悄流淌……感到生命是那么美好，未来是那么值得期待。务农之余我读了《反杜林论》，领悟到经济所起的决定作用，也通过与农民相处，意识到他们与我们的心智平等。第二次，26 岁，大学毕业去西藏南木林县当了农民。一天三班超过 10 小时学大寨劳动，在寒冷的夜里露天睡觉，睁眼可见星星，甚至吃不起青稞糌粑，只能吃豌豆糌粑，西藏农民生活体现了关于"艰苦"的高门槛。有一次，两人去山上拾牛粪，临近傍晚，站在高坡遥看西方，晚霞依偎夕阳，重峦叠嶂，群峰巍峨。在阳光相伴下，我们边拾牛粪边采蘑菇，几欲流连忘返。回来时，人向山下走，太阳也下山，两种速度叠加，余晖很快消失，渐行渐暗。羊肠小路融入夜色，远方村庄不时的犬吠成为唯一导航，山势陡峭，步步惊心，我们被迫放弃了一半劳动成果，手脚并用向山下摸……对未知事物的敬畏第一次主宰头脑，也潜移默化融入自己的理性。

　　我深知，为中国特色社会主义提供基础理论，或者说，在中国改革实践与马克思主义原创理论之间架设一道逻辑桥梁，是一项伟大理论工程，只能在党的领导下，集中全党全社会智慧才能完成。但是，必须有人迈出这一步，必须有人冲锋陷阵。《劳动论要》扮演的就是这一探索者角色。

　　1995 年，我的第一本个人专著《劳动论纲》出版。之后的 20 多年，我的学术研究基本上是以该书为基础展开的。值得欣慰的是，是书基本观点并没有改变，甚至中国改革实践发展证明了其立论的正确。《劳动论要》

仍然保留了此书的部分内容，同时又在上百篇论文基础上补充了一些新的思考。我希望我的工作起到抛砖引玉作用，使更多学者投入到这一伟大理论工程中。

　　我赞同汉娜·阿伦特的话："判断我们的不是我们自己，我们并不像判断别人的成就那样适于判断我们自己的作为。""从柏拉图开始，思就被定义为我与我自己之间的一种无声的对话；它是我与自己相伴、自足自乐的唯一方式。哲学是一桩孤独之事，对它的需求很自然地在转折的时代产生，在这样的转折时代，人不再依赖世界的稳固性和他们在其中的角色，在这样的时代，关于人类生活的一般条件的问题面临非同寻常的严峻考验（就此来说，它是与人在地球上的出现同时产生的问题）。黑格尔也许是对的：'密涅瓦的猫头鹰黄昏时才起飞。'"① 但是，我并不完全同意她认为"献身于一种理论生活，预示着对公共生活的离弃"的判断。西方学者往往是把灵魂捧在自己手里，而我更愿意像大多数社会主义者那样，把自己的灵魂放入队列。

余金成

2019 年 4 月

---

① ［美］汉娜·阿伦特，杰罗姆·科恩. 责任与判断［M］. 陈联营，译. 上海：上海人民出版社，2011："序言".

目 录
CONTENTS

引论：社会主义改革与劳动理论创新

人类历史就是劳动发展史，正如恩格斯所说，科学社会主义是"从劳动发展史中寻找社会发展史的锁钥"。而中国改革，在此意义上就是劳动方式改革，中国特色社会主义也是以劳动理论创新为基础的。

以马克思主义为指导的社会主义运动，始终秉持其方法理论。后者具有三个要点：一是认同人类社会发展规律，共产主义理想社会即是该规律的发展指向；二是强调该规律内容体现在经济因素归根结底起决定性作用，生产力与生产关系矛盾运动就是社会发展规律主线；三是强调该规律形式体现在劳动弱势群体逐步趋强上，通过无产阶级解放实现人类解放就是其政治结论。

中国改革始自于计划经济落败于市场经济——社会主义在生产力发展速度方面落后于资本主义。这一事实具有根本性质。改革推出的社会主义市场体制，一改经济发展颓势，在40年中完成了资本主义国家上百年甚至数百年的发展过程。这一前所未有的实践成功，从形式上看是改变了经济体制，即用市场经济取代了计划经济，从内容上看则是修正了经济发展机制，即用激励劳动者方式取代了发挥生产资料作用方式。其实质是：把生产力发展重心从"物"转变为"人"。如果说，生产资料可归结为"死劳动"的话，那么，劳动者则属于"活劳动"；中国改革所实现的转变，意味着劳动要素调整，触动的是对劳动问题再认识，势必伴随着劳动理论创新。

劳动是社会大厦基础。劳动理论创新意味着对既有思想观点的调整和超越，使之能够负载改革大业。基础稳固，责任千钧。中国共产党人"不忘初心牢记使命"，已经在实践领域走过了艰苦卓绝的发展之路，一定能够在理论领域完成同样壮举。笔者以改革开放伟大实践为依据，坚持马克思主义方法理论，通过论证社会主义市场经济历史必然性，为建构中国特色社会主义基础理论提供一得之见。

一、研究劳动问题两个视角：社会关系与自然关系

　　劳动是在社会关系中进行的，但其针对的却是自然关系。自然界赋予人类生命的物质规定性，决定了人们必须首先满足自身的吃穿住等物质需要，然后才能言及其他；与自然界这种关系始终伴随人类发展，由此基础上持续出现的发展需要，一定程度上是生存需要的升级形态，是其在新的历史条件下的更新。在生命进化史中，自然界赋予一切生命现象的最高原则是物种存续需要。质言之，人类与自然界关系起点是生命存在本身，始终以存亡性质伴随人生全程，客观上构成一切生命活动必备条件，在任何时候和任何情况下，都属于必须首先面对和解决的问题。就此而言，人类与自然界关系潜在规定性是需要的整体一致性。

　　与之相比，社会关系所呈现的不过是发展与自然界关系的组织方式，体现的是该发展的形式方面，其正确与否始终应视是否有利于发展与自然界关系来确定。由于社会关系的基本构成是分工关系，人们在其中的不同分工地位，决定了彼此之间的利益差别。因此，社会关系虽然折射的同样是主体需要，却属于主体不同需要。就此而言，社会关系属于多少性质，客观上构成人们生命活动的选择对象。显然，从逻辑顺序上，社会关系从属于与自然界关系，唯有后者才能构成前者的目的，也唯有后者才能真正维护前者的存在，所以，与自然界关系应该是第一位的，社会关系是第二位的。从与自然界关系出发，人们需要考察社会总劳动，其中不同分工共同构成总劳动的各个环节，因此，最初出现的脑体分工成为人类发展与自然界关系不可或缺的分工现象，是人类获得历史性进步的标志。

　　然而，当社会关系矛盾影响到其中一部分分工劳动者生存的时候，此时的社会关系直接决定了这部分劳动者存亡，就在某种程度上具有了与自然界关系的性质，上升成为必须首先面对和解决的第一要务。由此出发，人们往往忽视了从社会总劳动考察分工必要性，而是从特定分工立场出发评价其他分工。值此，脑体分工被解读为脑力劳动者逃避体力劳动义务，把本由自己承担的责任强加给体力劳动者的主观选择；脑力劳动也被视为与物质生产无关的"非劳动"，脑力劳动者本身被看作不劳而获的剥削阶级，他们承担的社会管理分工也成为维护这种剥削压迫关系的政治工具。当年，马克思、恩格斯根据阶级斗争和经济危机事实，判断资本主义社会危机已经威胁到无产阶级的生存安全，这一社会关系已经取代自然关系，成为时下当务之急；正是在这一情势下，马克思才从社会关系角度考察了历史走势，并因此形成了唯物史观。

　　唯物史观形成的特殊历史背景在于：马克思时代，社会关系危机引发了无产阶级生死存亡抉择，从而使社会关系直接转化成为自然关系性质——当然是身处危局无产阶级陷入了此境。马克思的全部理论研究，直接指向如何实现无产阶级解放。恩格斯提出，共产主义就是无产阶级解放条件的学说。在这种背景下，马克思从无产阶级及时摆脱危机目标出发，考察了导致双重社会危机的工业革命，同时也发现了其中蕴含的无产阶级解放物质条件。当马克思说，"阶级的存在仅仅同生产发展的一定历史阶段相联系"时，他已经考虑到，以蒸汽机技术为代表的工业革命已经形成了消灭阶级的生产条件，即实现理想社会的物质基础：一方面，大机器生产淡化了劳动者之间技能方面的区别，客观上扩大了能够使用的劳动力资源，为人们均衡承担劳动义务创造了可能性。另一方面，大机器生产是可控的客体化生产，较之自然经济需要听命于外在自然条件，大机器可以按照人们的实际需要去进行生产，就有可能实现人类梦寐以求的"按需分配"。

　　这样一来，资本主义社会危机客观上表明：它的生产关系无法适应大机器生产力的需要，私有制普遍存在使生产陷入无政府状态，大机器生产效率虽然高，但却无法适应消费方面的客观需要，导致产品过剩现象。化解矛盾的答案并不复杂，只要消除生产无政府状态，使全部生产活动都纳入统一计划，大机器高效率的生产能力就能够得到充分利用，人类就有望实现"各尽所能，按需分配"的理想社会，阶级消灭、国家消亡将相继得到实现。

　　因此，所谓科学社会主义，所想达到的理想社会就是以公有制计划经济为标志的；为了实现这一目标，关键在于首先实现生产资料公有制；而为了实现公有制，就必须实行成功的社会主义革命，后者的唯一历史使命，就是夺取政权，建立无产阶级专政，进而用生产资料公有制代替私有制。

　　在上述逻辑演进中，"社会主义革命"成为关键环节。按照马克思、恩格斯设想，周期出现的经济危机，一再把无产阶级推向生存绝境，导致阶级斗争反复激化，社会主义革命成功是完全可以期待的；后来，落后民族率先进行了成功的社会主义革命，从另一个角度证明暴力革命对大多数人生死存亡困境的依赖。然而，恰恰是马克思、恩格斯期望甚殷的先进国家无产阶级生存条件得到了改善，资本主义国家虽然没有消除经济危机，却在一定程度上使经济危机成为市场经济自我调整的一个因素。事实上，自从资本主义建立了包括社会保障体系在内的法制体系之后，就已经进入了一个相对稳定的发展时期。即便是最为乐观的社会主义者，也不能断言资本主义将很快退出历史舞台。

　　上述历史证明，社会矛盾激化导致的社会关系与自然关系重叠的历史窗口期消失了。落后民族借助资本主义世界扩张过程中所提供的机遇，在马克思主义理论指导下通过暴力革命走上了社会主义道路，在一定程度上抓住了这一历史窗口期，也为人类当前发展与自然界关系增加了新的创新主体。

中国改革的成功，虽然与中华民族特殊的文化禀赋有关，但是，它的历史始点，却源自俄国革命所抓住的历史机遇；该机遇由三种历史要素叠加形成：一是马克思时代资本主义压榨剥削雇佣劳动者导致科学社会主义理论诞生，后者通过"两大发现"强调社会主义历史必然性，力主通过暴力革命推翻资本主义制度，借此为所有被压迫人民提供了思想武器；二是资本主义竞争机制势必追求市场扩大，资本主义争夺全球市场必然会诉诸世界大战，后者无可避免地将落后民族卷入其中，在激化阶级矛盾同时为被统治阶级夺取政治权力提供了现实条件；三是中华民族百年来受尽西方国家欺凌，作为拥有悠久历史、丰厚资源的大国，会牢牢抓住十月革命所提供的历史机遇，通过中国共产党人的组织和率先垂范，实现中华民族伟大复兴。

计划经济落败于市场经济，使社会主义者获得一次全面反思社会发展规律的机会：昔日马克思主义原创理论以社会关系与自然关系高度契合为依据，设想计划经济将取得超过市场经济的生产力，被证明具有历史局限性；人类发展归根结底还是以人为一方自然界为另一方的发展，只能体现在劳动能力持续发展上，市场经济之所以优于计划经济经济，关键就在于它能够持续地激励劳动者，使人们劳动能力不断提高和进步。这是当今人类普遍选择市场体制的根本原因。

尘埃落定之后，人类都面临着如何发展与自然界关系的问题。马克思主义对阶级性和阶级斗争的强调客观转向对人民性和民生需要的强调，所谓"人民对美好生活向往"只能通过发展与自然界关系实现。在这种背景下，不同社会分工之间不再是"劳动"和"非劳动"的区别，而是脑力劳动和体力劳动进而是劳动能力之间的区别。在法制体系条件下，市场竞争成为劳动能力竞争，市场经济本质上是按劳分配的。

然而，马克思主义已经深深地把自己的烙印刻入人类历史：对社会规律的认同，对经济因素最终决定作用的强调，对解放弱势阶级目标的执着，都已成为亿万民众心仪的科学理论。中国特色社会主义就是现代马克思主义，它展现着马克思主义强大灵魂，坚守着马克思主义人文内涵，秉持着马克思主义斗争精神；并且，像马克思主义一样，它虽然起步于特定民族，却是面向全人类的，它会在加持中华文化精华之后，使社会主义理想太阳重新照亮整个世界。

二、考察劳动价值两个要素：死劳动与活劳动

马克思在其劳动价值论中强调：价值是一种凝结在商品中的无差别的人类劳动，即抽象劳动所创造。价值取决于社会必要劳动时间，社会必要劳动时间是在现有的社会正常的生产条件下，在社会平均的劳动熟练程度和劳动强度下制造某种使用价值所需要的劳动时间。

死劳动是"物化劳动"，又称"对象化劳动"，即凝结在劳动对象中，体现为劳动产品的人类劳动。人们通过劳动进行生产，劳动对象转变为具有使用价值的产品，即物化劳动。其中进入下一次生产过程的物化劳动，又成为新生产过程的物质条件。在这种情况下，物化劳动就是指生产资料。马克思时代，科学技术客观上属于公共资源，资本家使用科学技术"不费分文"，他们借此所形成的生产资料，往往只支付了其硬件方面费用，软件部分即科学技术则属无偿使用，正因为如此，马克思排除了生产资料对剩余价值的创造，认为它只是通过产品转移了价值，即补偿了其支付的硬件费用。这个判断应该是符合当时经济实际的。

然而，不能不同时看到，即便物化知识形态生产资料内蕴"知识"部分并没有花费资本家分文，但对于人类而言，科学技术进步对于剩余价值产生的作用却客观存在。马克思从社会关系角度剔除了这一作用，在一定意义上侧重于无产阶级和资产阶级的应然分配关系：既然科学技术不属于资产阶级劳动所得，当然不成为劳动价值构成因素，尽管它同样不属于无产阶级劳动所得；但对于考察劳资分配关系而言，无产阶级一方只需承认生产资料按其价格转移其价值即可，无须承认生产资料创造了价值。

不难看出，在马克思劳动价值论中，对生产资料或死劳动创造价值的排除，是以两个判断为前提的：其一，科学技术属于公共资源，资本家使用不费分文；其二，从社会关系或劳资关系角度考察剩余价值来源，当然需要站在无产阶级立场上。然而，在当今时代，情况已经发生了重大改变，当年马克思预设的两个条件都已经不复存在。

首先，科学技术成为第一生产力，其发展已经成为市场竞争的主要方式；随之而逐步完善的知识产权保护，已经变成市场机制有机组成部分，目前，生产资料价值不仅体现在硬件部分，也体现在软件部分，后者对价值形成发挥着越来越重要的作用。

其次，随着资本主义从传统形态向现代形态的发展，包括社会保障体系在内法制体系形成，资本主义劳资关系正在从侧重阶级斗争转变为侧重阶级合作

——雇佣劳动者斗争诉求集中于己方更大更合理的利益所得，不再是从根本上推翻双方合作关系；双方形成利益共同体，做大蛋糕成为多分蛋糕的前提，合作性主导了斗争性，人们对自身利益最大化关注越来越从生产关系转向生产力，如果说，过往关于剩余价值来源出自分配合理性考虑的话，那么，现在则转向了生产发展性考虑。如何有效地利用一切劳动资源即用好全劳动，变成了人们共同倾注心力的方向，其中包括盘活死劳动资源。本来，劳动的"死"与"活"就是相对的：作为一种持续发生的过程，现在劳动始终在向过去劳动转变，即活劳动始终在向死劳动转变；但是，只要死劳动仍然被投入到现实生产过程，就虽"死"犹"活"，发挥着创造剩余价值作用。

概括说来：价值取决于劳动，剩余价值来自劳动创新；创新劳动取决于过去劳动与现在劳动统一；而现在劳动在当下归结为体力劳动和脑力劳动合作。

创新劳动与剩余价值结缘显而易见：创新劳动是对既有劳动超越，其价值衡量就呈现出剩余价值。当马克思强调资本家"不费分文"就占有了生产资料中的科学技术，并且资本家管理大体与其生产关系所特别需要监督劳动相关的时候，就等于把科技劳动和管理劳动这两种脑力因素都赶出了创造剩余价值行列，唯一存在的就只有雇佣劳动者活劳动了。应该承认，马克思关于剩余价值来源两项排除，符合那个时代资本主义生产事实。在当代，科学技术成为第一生产力要求重新审视科技作用，企业家经营能力成为重要生产力则要求重新审视管理作用，虽然这些不构成否定马克思昔日剩余价值来源判断的理由，却应该构成重新认识当代剩余价值来源的理由。

过去劳动积累的理性成果成为人类资源宝库。能否使用或使用多少，是区别人们劳动能力尺度。如果假定人们现实劳动投入大体相同即属于某种常量的话，那么，其劳动能否产生剩余价值，则取决于对既有资源发掘和利用，显然，凡掌控更多既有资源的劳动，或者说凡以更多资源为基础的劳动，在追加同量活劳动条件下，会展现更多创新性质，所谓剩余价值与此直接有关。既有理性成果属于公共资源，人皆可用，把剩余价值来源归结为对该成果发掘利用，无论用多用少都不会在成本上表现出来。这样一来，实质是人们无偿运用公共资源数量，决定剩余价值数量。公共资源被启用多少，将体现为现实劳动创新水平，使用公共资源越多，创新程度就越高，所获得剩余价值也越多。剩余价值来自创新劳动，即现在劳动对过去劳动发掘与运用；对过去劳动发掘越深、运用越多，现在劳动创新性就越强，所带来剩余价值就越大。当然，不能简单认为过去劳动本身形成了剩余价值，而只能说过去劳动经由现在劳动转化形成了剩余价值；过去劳动成为剩余价值基本要素，但是，没有现在劳动参与，过去劳动仅仅在可能性上属于剩余价值来源。

马克思把剩余价值看作活劳动创造而成，这是正确的；但他只强调是雇佣工人活劳动所创造，就仅仅符合那个时代事实。按照他给价值下的定义：在平均技术条件下生产单位产品所需要社会必要劳动时间构成价值。要出现剩余价值，就必须具有更高技术条件，使产品个别价值高于社会价值。提高技术水平通常依靠脑力劳动而不是体力劳动。这个问题在马克思那里，很容易就解决了。他让体现更高技术水平生产资料只转移价值不创造价值。有了这个前提，说雇佣工人带来剩余价值就没有问题了。但恰恰是这个前提，与当代事实不符。

理性成果在时间延续中不断积累，意味着共享资源总量不断增加；共享资源发掘利用构成剩余价值基本源泉——现在劳动对过去劳动利用能力，构成了现在劳动水平重要标志，也成为剩余价值生成基本原因。这里需要辨析：人们获取财富多少，虽然直接与现在劳动相关，但并非现在劳动量上不同，而是现在劳动质上不同；后者意味在发掘利用资源方面的能力差别。所谓剩余价值，来源于对公共资源更好利用。

新增价值取决于劳动中脑力支出；作为一种价值比较，脑力之所以能够创造新价值，是因为它通过理性启动了新资源并使之进入生产过程：从人力说，要么形成社会制度创新，即更新思维方式和行为准则，要么形成了分工规则创新，即修正分工标准和利益准则；从物力说，要么创新物化知识形态，即生产资料科学技术，要么改善工艺程序形态，即生产流程新型模式。无论人力还是物力领域，脑力所启动资源都属于精神成果，均属更新提升了生产要素的"中介作用"，即让相关物质要素相互作用以更好满足人们需要。较之原生产过程，获得上述脑力注入的新生产过程，顺理成章提升了自身价值量，形成了剩余价值。

按照上述理解，马克思判断剩余价值来源于活劳动，这个方向正确；但针对当代事实还要补上一句：来源于活劳动对死劳动发掘利用。换句话说，剩余价值并非一般地产生于剥削关系，或代表有产者对无产者应得利益掠夺，虽然这种剥削关系在马克思时代的确与绝对剩余价值和相对剩余价值有关，但很难把这一事实拓展至常态存在。剩余价值与其说产生于活劳动之间量差，不如说产生于活劳动对死劳动发掘利用水平质差。在一定意义上，剩余价值并不反映现实生产关系，而是反映现实劳动关系；折射的不是劳动者之间利益对立矛盾，而是劳动之间能力差距矛盾。①

马克思曾以物质生产资料为例，论述现在劳动对过去劳动资源起死回生的作用：劳动资料和劳动对象"本身只是通过与活劳动相接触而得以实现，因为这种活劳动扬弃这些产品的死的对象性，消费这些产品，把只是可能性存在的使用价值变为实际的和起作用的使用价值，并把这些产品作为自己的活的运动中的物的因素进行消费和使用"②。同样道理，沉淀在历史中诸多过去劳动成果都呈现为这种可以激活的死劳动，"活劳动必须抓住这些东西，使它们由死复生"③。马克思笔下"科学力""集体力""自然力"等，既然已被理性认知，就属于这种历史资源。

> 工人的劳动的社会性质作为从某种意义上说资本化的东西同工人相对立（例如，在机器上，劳动的可见产品表现为劳动的统治者），在这个过程中，各种自然力和科学——一般历史发展过程的产物，它抽象地表现了这一发展过程的精华——自然也发生同样的情况：它们作为资本的**力量**同工人相对立。……以**社会劳动**为基础的所有这些对科学、自然力和大量劳动产品的应用本身，只表现为劳动的**剥削手段**，表现为占有剩余劳动的手段，因而，表现为属于资本而同劳动对立的**力量**。资本使用这一切手段，当然只是为了剥削劳动，但是为了剥削劳动，资本必然要在生产过程中使用这些手段。④

马克思强调这些资源都被资本家聚集在手中，变成了剥削雇佣劳动者条件。马克思强调资本家启用这些资源没付分文，并因此从剩余价值来源排除了这些因素。但问题在于，这些公共资源对于劳动主体而言，客观上存在是否使用及使用多少的区别，凡使用者可以使自己产品个别价值高于社会价值，即赢得了一份剩余价值；使用越多，获取剩余价值越多。而是否使用或使用多少，并不取决体力劳动，而是取决脑力劳动。按照上述理解，拥有剩余价值或财富多少，主要不是不合理生产关系所致，而是不同等劳动能力所致。

现在劳动要成为创造剩余价值的创新劳动，取决于对既有劳动资源发掘和

① 余金成. 建构中国特色社会主义政治经济学与生产力再认识 [J]. 中国浦东干部学院学报，2018（2）.
② 马克思恩格斯全集：第47卷 [M]. 北京：人民出版社，1979：64.
③ 马克思恩格斯文集：第5卷 [M]. 北京：人民出版社，2009：214.
④ 马克思，恩格斯. 马克思恩格斯选集：第2卷 [M]. 北京：人民出版社，2012：850 - 851.

利用能力；如果作为现在劳动的脑力选择了正确目标，确定了合理路径，当然也许还包括某种运气，即便没有追加更多劳动时间，也有可能形成创新劳动，通过有效发掘利用既有劳动资源，取得剩余价值。

马克思剩余价值理论把事情归结为有产者和无产者之间利益冲突，仅仅与其时代条件相一致。一般而言，说剩余价值来源某种无偿占有，并没有问题；问题在于，这种无偿占有对象一定程度已经从昔日他人劳动转变为今天公共资源。事情一旦被提到人类与自然界关系层面，对既有公共资源的占用并不构成剥削关系——因为作为精神产品的公共资源具有可无限复制性质——而仅仅构成能力关系，虽然后者实际上决定着财富占有水平。

这不意味社会主义与资本主义没有区别，概括说来，社会主义追求共同富裕目标，认为人类有必要也有可能消除劳动能力差别，并以此为基础实现以"每个人的自由发展"为标志的社会平等；资本主义则止步于优胜劣汰局面，认为所能做的充其量是为竞争提供更为公平前提条件，在当代，人们已经清楚地看到，贫富分化加剧所带来的持续社会对抗，成为金融危机、安全危机、生态危机的深刻根源。

与此有关，当然也不意味阶级斗争不再存在。社会主义追求共同富裕目标，站在弱势阶级或无产阶级立场上，用邓小平的话说：为了解放穷人；为了坚守这一目标，理所当然需要对质疑甚至反对该目标的思想倾向或势力集团进行斗争。显然，这一意义阶级斗争主要体现在价值目标和发展道路选择上，具有特定指向和领域，与昔日阶级斗争为了消灭剥削和压迫相比，在恪守自身政治理念方面仍然保留了其严肃政治性和不可妥协性。换句话说，中国特色社会主义所坚持的阶级斗争，更多针对了肆意攻击和破坏社会主义道路和共产党领导权力那部分敌对势力；因此，这一阶级斗争虽然长期存在，却不再属于日常发生现象，而转变为特定时段反对特定思想行为性质。

在一定意义上，社会主义改革最大突破就是重新认识生产力构成，也是重新认识剩余价值来源，还是重新认识资本现象。这是因为，社会主义作为取代资本主义的生产方式，肯定会因为后者演变而调整自身；质言之，现代资本主义大不相同于马克思时代资本主义——如果说，马克思时代资本主义处在其初级阶段，还带有自然经济向商品经济转变特征的话，那么，现代资本主义已经是其成熟形态，昔日那种赤裸裸压榨剥削雇佣劳动者情况，随着其法制体系和社会保障体系建立，基本趋于消失，已大体回归至市场经济固有按劳分配局面。

学界一些人忽略了马克思剩余价值理论是为了论证无产阶级反抗资产阶级合理性而做的科学研究，其逻辑前提是站在特定时代条件和无产阶级立场上预设的。在这个意义上，"马克思首先是一个革命家"，追求的是通过无产阶级解放实现人类解放的目标；其理论具有鲜明的无产阶级利益倾向，是推动无产阶级阶级斗争和社会主义革命的意识形态部分。学界一部分人习惯了按照"三个组成部分"去解读马克思主义，秉持自身"三分之一"专业视野，忘记了马克思从始至终是一个社会主义者，是一个追求人类解放的伟大思想家；马克思主义归根结底是社会主义政治学。他的思想无论哲学内容还是政治经济学内容，始终体现出所指向的政治目标。为此，必须及时认识时代条件变化对社会主义运动的影响，以此及时调整社会力量去推动社会主义运动发展。

中国特色社会主义无疑很好地解决了马克思主义时代化问题。它所取得的巨大实践成功表明，其理论和实践都是正确的；在这一过程中，不仅中华民族伟大复兴得以实现，社会主义运动也重新焕发了青春活力。其中，中国特色社会主义实践载体就是社会主义市场经济，所取得一切理论和实践发展，都与社会主义市场经济有关。应该看到，死劳动与活劳动共同成为剩余价值来源，就是市场经济所展现的事实，中国特色社会主义政治经济学，需要研究这一全劳动价值现象，在此基础上推动马克思主义现代化。

全劳动价值现象与人类自由有意识的生命活动特性有关，不仅涉及中国改革开放的当下选择，而且决定着中国特色社会主义追求的共产主义理想目标。

三、推动劳动发展的两种样态：生产方式与劳动方式

脑力劳动成果的精神形态，具有可无限复制性质；一方面，可以在空间上无限展开，使其效能得到最大化利用，另一方面，可以在时间上无限积累，使其成果得到最大化集累。前者体现对社会关系依赖，后者体现对历史发展依赖，二者统一展示了人类是唯一拥有资源共享机制的生命物种。

可见，"人—劳动—脑力劳动"构成考察社会发展史的逻辑主线。严格意义上说，计划经济是一种生产方式，其调动的主要是生产资料潜力；而市场经济是一种劳动方式，其调动的主要是劳动者潜力。之所以有此结论是因为：计划经济往往立足于相关对象的可计划——在人与物两大生产要素之中，人的要素是衡常的、稳定的存在，而物的要素则属于发展的、变化的存在；只有当物的要素形成可控性之后，才能成为计划对象，所谓计划经济才能成立。人类在自然经济时期，农耕生产受制于自然条件，后者往往变动不居，很难采用计划方式予以把握；而到了工业经济时期，大机器成为可控的客体化生产体系，实施计划管控成为可能。所谓计划经济当然是对生产要素的预先配置，其中不仅针对物的要素，也针对人的要素；但是，人的要素是按照物的要素所要求的分工

格局安排的，因而，侧重的是物的要素对人的要素的主导作用。按照马克思、恩格斯初衷，计划经济是为了消除生产无政府状态所造成的产品过剩现象，实现生产与消费的一致性；其实质是为了充分发挥大机器生产资料的作用。

相比之下，市场经济"自由竞争优胜劣汰"机制，更像是一种劳动方式。首先，"自由竞争"是在同一法制前提下进行的，人们可以依据最有利于自己的原则，自主地选择自身的劳动内容和劳动形式参与竞争，由此保证了劳动动员的广泛性；其次，竞争所导致的优劣差别，取决于市场裁决——凡是被市场认可的劳动成果属于"优"者，凡是被市场否定的劳动成果属于"劣"者，由此保证了劳动结果评判的客观性；最后，优胜劣汰意味着"优胜"者将获得大部甚至全部利益，"劣汰"者将失去大部甚至全部利益，并且这是一个持续过程，无论优者还是劣者，都处在不断调整和变化之中，由此保证了全体劳动者持续不断的努力进取状态。

计划经济和市场经济是两种发展理念不同的经济体制。一般而言，计划经济特别强调生产力中"物"的作用，它对生产资料公有制的依赖是根本性和基础性的，不允许一丝一毫的动摇和改变；而市场经济特别强调生产力中"人"的作用，它千方百计致力于劳动能力的动员和发挥，会及时调整和改变因主客观条件改变而带来的对"各尽所能"原则的影响。

从发展前景看，计划经济面临的最大问题是动力源泉有限——它在国民经济严重失序的时候可以大有作为，对生产要素的计划配置将使经济领域的一改乱象，迅速走上规范，这本身就能够促进生产力发展。社会主义国家崛起于兵荒马乱的战争局面，最初实现的计划经济基本上都成效卓著，其原因就在于发挥了经济计划性的特长。但是，一旦经济发展步入常态，计划经济对发展目标的编制虽然能够形成持续向前的局面，但毕竟过多地仰仗了少数管理者的智慧和眼界，缺乏对一般劳动者智力的动员机制，因此往往侧重于既有生产要素的配置层面，劳动者往往客观上成为相对固定的物质力。

可以设想，计划经济的发展，将为人们提供越来越稳定的生产生活环境。唯一需要面对的是：在计划经济中，劳动主体客观上被区别为两部分：一部分是制定计划者，另一部分是被计划者。双方在分工地位方面的显著差别，完全有可能酿成利益差别。苏联计划体制伴生了一个既得利益集团，后者越来越严重地脱离民众，是导致其最终解体的基本原因之一。

市场经济与之不同，竞争所造成的普遍压力，会使所有劳动者努力发掘自身潜力，尤其是脑力劳动者在这种环境中会大有可为。精神生产领域可塑性极强，不同目标、不同理念和不同思路，会使既有精神生产要素呈现大相径庭的配置方式，进而生成彼此不同的精神成果。公正地说，人类陆续推出的四次科技革命，无一不是在市场经济环境中发生的，都是竞争获胜的动力推动着科技革命持续发展。如果说，计划经济着眼于现有技术水平生产资料的充分运用的话，那么，市场经济则着眼于对现有技术水平的不断提升，即不断推出新的生产资料。两相对比，孰优孰劣，一想即知。

市场经济仰赖竞争机制，会不断推动劳动者提高自身能力，其前景将是劳动方式脑力化。事实证明，劳动者能力差别是无法从根本上消除的，它将永远存在；但是，劳动者能力差别既有脑体分工这样的"质差"，又有脑力水平不一这样的"量差"。理想社会只需消除"质差"，"量差"则可以保留下来，后者在一定意义上与个性化联系在一起，既是自身禀赋个性化，也是自身需要个性化。显然，市场经济对劳动能力的激励最终将推动劳动方式脑力化，即所有劳动者都取得脑力劳动能力。

一旦劳动方式达到脑力化，精神生产将成为劳动的普遍方式，从而文明史以来一直存在的脑体分工终结于劳动方式脑力化，以脑体分工为基础的阶级分野将失去分工依据——虽然此时仍然不能完全排除某些以体力支出为主的分工现象存在，但这些人却具有脑力劳动能力，他们对分工的选择，在一定程度上体现个人的志趣和爱好，劳动成为生活第一需要将因此实现。

一般而言，劳动方式脑力化是以高度发达的物质生产体系为前提的，后者一方面建立在精神生产长期推动的基础上，另一方面，精神生产本身将具有创新物质生产的一般特征，届时，人们劳动成果将因共同具有创新性而取得同质化特征，彼此之间的区别仅仅体现为使用价值上，著名的价值衡量将失去必要性，市场经济作用将趋于淡化。

精神成果具有可复制性，这是脑力劳动得天独厚的特点，也是人类劳动具备无限潜力的最大奥秘。理想社会的共产主义性质逻辑上与此联系在一起。一旦达到劳动方式脑力化，一方面，每一个人都可以无偿把自己劳动成果提供给社会，另一方面，任何个人都可以共享社会所拥有的全部成果。从可能性上说，个人拥有人类全部能力，从现实性上说，每个人都会选择自己所心仪的能力，进入所谓"每个人的自由发展"状态。毫无疑问，社会生产力发展将达到空前未有的高度，人类将以最强阵容面对自然界，将形成与自然界关系的最佳状态，生命自由目标将得到最大限度的实现。

人们不能不吃惊地发现：在一定意义上，马克思、恩格斯所预言的公有制计划经济将在劳动方式脑力化得到真正证实：公有制实现了——但它同时是个人所有制或私有制；这已经不再是针对物质生产资料的公有制，而是精神生产资料和成果的公有制，因此，它不再需要政治权力的形成和呵护，而是经济发展的趋势和需要。计划经济也实现了——但它同时是个性化需要的充分满足；人类与自然界关系归根结底是物质关系，任何时候人类都需要一定规模的物质生产系统，区别仅仅在于，共产主义社会中，表现为精神需要的亿万个体目标，在与物质生产过程对接时，只能通过某种有序性予以实现。当代互联网、物联网、大数据技术发展，以及日新月异的智能生产方式，已经为新型计划经济奠定了基础。

当然，劳动方式脑力化只能是市场经济发展的结果。社会主义市场经济刚刚进入了自己的初始时期，它对全劳动资源的开发利用将充分展示对资本主义市场经济的区别和超越：一方面，通过政府更好发挥作用，社会主义市场经济将帮助弱者变强，展示不断向好的未来劳动；另一方面，通过人类命运共同体建构，社会主义市场经济将全面开发全球劳动，形成不断完善的资源配置。社会主义市场经济还在路上。它需要面对和解决的问题还有很多。

本书所谓"劳动论要"，就是通过对劳动基本问题再认识，梳理社会主义改革在马克思主义基础理论领域的创新所在，确认新时代中国特色社会主义伟大斗争、伟大工程、伟大事业、伟大梦想的逻辑依据，证明社会主义市场经济通向共产主义理想目标具有历史必然性。

上 篇

01

| 劳动力 |

马克思主义通过劳动发展史解读社会发展史。劳动发展史即人类劳动力成长史。唯物史观通过生产力与生产关系矛盾运动对此做了规律性阐释。这是社会主义者认识劳动问题的出发点。

同时应该看到：马克思主义形成的 19 世纪，处在自然经济向商品经济转变时期。直至"在 19 世纪初期，李嘉图……不能想象人类会从食物需求中完全解放出来"①。正如林毅夫所说："在 18 世纪之前，西方国家平均每年国民收入的增长率仅为 0.05%。这意味着要用 1400 年，才使得人均收入翻倍。当然，对世界其他地区，情况相似。"② 这个时代尚未褪去自然经济底色。《德意志意识形态》描述的未来景象，依稀可见田园渔猎经济给马克思、恩格斯留下的刻痕：

> 在共产主义社会里，任何人都没有特殊的活动范围，而是都可以在任何部门内发展，社会调节着整个生产，因而使我有可能随自己的兴趣今天干这事，明天干那事，上午打猎，下午捕鱼，傍晚从事畜牧，晚饭后从事

---

① 托马斯·皮凯蒂. 21 世纪资本论［M］. 巴曙松，等，译. 北京：中信出版社，2014：6.
② 林毅夫. 李约瑟之谜和中国的复兴：新结构经济学的视角［J］. 中国改革，2018 (1).

批判。①

由此决定了唯物史观的三大时代烙印：

其一，19世纪人类正处在从自然经济向商品经济转变过程中，还不能稳定地满足人们生存需要；阶级分野突出地表现在能否稳定取得生存必需品方面；因此，这个时期人们对理想社会向往，客观上指向在满足生存消费品方面的"按需分配"，这也是马克思为共产主义高级阶段所设置的目标。

其二，物质生产水平成为人们重点关注对象，马克思提出"阶级的存在仅仅同生产发展的一定历史阶段相联系"，针对的是"生产发展"水平能否提供消灭阶级的条件，即生产力总量能否提供满足所有人生存需要的消费品条件。

其三，当物质生产领域以体力劳动为主时，"各种经济时代的区别，不在于生产什么，而在于怎样生产，用什么劳动资料生产。劳动资料不仅是人类劳动力发展的测量器，而且是劳动借以进行的社会关系的指示器。"②"劳动的组织和划分视其所拥有的工具而各有不同。手推磨所决定的分工不同于蒸汽磨所决定的分工。"③

马克思把劳动资料的使用和创造，看作是"人类劳动过程独有的特征"，"显示一个社会生产时代的具有决定意义的特征"④。他还进一步认为："人们至少在自然科学研究的基础上，而不是在所谓历史研究的基础上，按照制造工具和武器的材料，把史前时期划分为石器时代、青铜器时代和铁器时代。"⑤ 唯物史观所谓"人们在自己生活的社会生产中发生的一定的、必然的、不以他们意志为转移的关系，即同他们的物质生产力的一定发展阶段相适合的生产关系。这些生产关系的总和构成社会的经济结构，即有法律的和政治的上层建筑竖立其上并有一定的社会意识形式与之相适应的现实基础"⑥。其中"物质生产力"这一概念，指的是"物质形态的生产力"，即与人的劳动相区别，而以生产资料这种物力要素为标志的生产力。

不难看出，唯物史观的基本逻辑是：生存需要—物质生产—劳动资料；其中，劳动资料技术水平决定着物质生产水平，进而决定着满足人们生存需要的

① 马克思，恩格斯．马克思恩格斯选集：第1卷［M］．北京：人民出版社，2012：165.
② 马克思，恩格斯．马克思恩格斯选集：第2卷［M］．北京：人民出版社，2012：172.
③ 马克思，恩格斯．马克思恩格斯选集：第1卷［M］．北京：人民出版社，2012：241.
④ 马克思，恩格斯．马克思恩格斯选集：第2卷［M］．北京：人民出版社，2012：172.
⑤ 马克思，恩格斯．马克思恩格斯选集：第2卷［M］．北京：人民出版社，2012：172
　　（5a）.
⑥ 马克思，恩格斯．马克思恩格斯选集：第2卷［M］．北京：人民出版社，2012：2.

水平。唯物史观所呈现的这一基本逻辑思路准确地体现了人类从自然经济向商品经济转变时期的规律性现象。

可以辨析的问题是：人类一开始在"需要"领域就是区分层次的，满足生存需要是自然经济时期的总命题，但是，在该命题下，人们在不同时段（丰歉年景）、不同群体（分工地位），满足需要的水平和程度也是不同的。正是这种需要层次性，使满足需要本身形成了由低向高、由少向多的梯次布局——这种由劳动主体需要差别所引发的由低向高动力，呈永续联动状态，毫无疑问成为生产发展内在动力。劳动者这种持续向好需要，是人类劳动持续发展的源泉。

"需要"的高端形式与个体联系在一起；既然"需要"取决于人们的物质规定性，而个体之间在器官构造方面存在着某些差别，那么，"需要"自然会产生若干不同；换句话说，人们本性取决于他们的需要，而个人本性则往往与个性化需要相一致。这是大一致前提下的小不同。随着人类劳动能力发展，这种小不同将越来越成为人们关注的对象，也越来越成为努力实现的目标。以"需要"为动力，劳动对象呈现为向"活动"方向发展，劳动能力呈现为向"脑力"方向转变。

第一章　劳动与需要

在很大程度上，主体"需要"赋予其劳动以灵魂，使劳动行为不再是单纯物质活动，而变成了被人类支配的自觉选择，劳动过程因之成为受到劳动者掌控的客体过程。

事实上，在庞大社会分工体系中，一切劳动现象都作为分工出现；其中，从事管理分工劳动者往往秉持明确的劳动目标，能够从整体上建立劳动与需要之间的一致联系；而更多从事具体分工岗位劳动者，囿于自身具体的分工岗位，只考虑具体实现目标，往往忽略了总体需要目标，而在一定程度上失去了主体性。合理的分工关系，应该是主体之间合作关系，其中任何一种分工劳动者，都应该既掌握自身具体劳动针对的需要，也掌握整体劳动针对的需要。

马克思、恩格斯在形成唯物史观的同时，从人性角度揭示了人类作为主体的三种存在样态，成为全面认识人类社会发展规律的有机组成部分，为从主体角度认识劳动现象提供了重要启迪。与此同时，针对当时资产阶级对无产阶级残酷剥削和压迫现象，为了证明共产主义代替资本主义的历史必然性，两人通过唯物史观，强调了生产方式发展不以人们意志为转移的客观性质，一定程度淡化了历史过程中主体地位和作用。

第一节　需要是人类存在和发展的基本方式

作为生命现象，人类需要与动物本能都表现为与自然界之间的物质交换。但是，人类需要所实现的物质交换具有自由自觉性质，而动物本能所实现的物质交换则完全依靠物种天生禀赋。

　　马克思主义是"在劳动发展史中找到了理解全部社会史的锁钥"①,人类历史是以劳动为标志的生命活动演进过程,其最终目的是在自然必然性中追求生命自由最大化。那么,人类受自身需要支配的劳动到底能走多远?其发展前景究竟是什么?社会主义理想建立在认识人类社会发展规律基础之上,当然必须回答上述问题。

(一) 马克思论述人性使用的三概念

　　研究劳动问题当然需要从其主体即人出发,对人的基本性质判断应该成为认识劳动现象前提。然而,只要解读人性,就是试图在人类身上找出某种共性规定;而只要用共性规范人类,就面临其个体差别的挑战。因此,合理人性论只能体现于共性对个性的某种包容。这样,问题转变成如何去界定人性。当年,马克思曾从三个层次揭示过人性内容。

　　人类是自然界长期物质运动形成的生命现象。其特殊性取决于两项自然禀赋:一是较为复杂的大脑组织结构;二是与生俱来的群居生活方式。历史已经证明,这两种禀赋存在着微妙互动关系,一方面,人脑组织因群居生活而获得持续发展机会,另一方面,社会规模因脑力发展而呈现不断扩大趋势。"意识一开始就是社会的产物,而且只要人们存在着,它就仍然是这种产物。"② "社会性质是整个运动的普遍性质;正像社会本身生产作为人的人一样,社会也是由人生产的。……社会是人同自然界的完成了的本质的统一,是自然界的真正复活,是人的实现了的自然主义和自然界的实现了的人道主义。"③ 马克思曾从三个角度探讨过源于自然性的人性。

　　首先是人的本性。马克思将之概括为人的"需要";"他们的本性就是他们的需要"④;"任何人如果不同时为了自己的某种需要和为了这种需要的器官而做事,他就什么也不能做……"⑤;"人以其需要的无限性和广泛性区别于其他一切动物"⑥;"已经得到满足的第一个需要本身、满足需要的活动和已经获得的为满足需要用的工具又引起新的需要。这种新的需要的产生是第一个历史活

①　马克思,恩格斯.马克思恩格斯选集:第4卷 [M].北京:人民出版社,2012:265.
②　马克思,恩格斯.马克思恩格斯选集:第1卷 [M].北京:人民出版社,2012:161.
③　马克思恩格斯文集:第1卷 [M].北京:人民出版社,2009:187.
④　马克思恩格斯全集:第3卷 [M].北京:人民出版社,1960:514.
⑤　马克思恩格斯全集:第3卷 [M].北京:人民出版社,1960:286.
⑥　马克思恩格斯全集:第49卷 [M].北京:人民出版社,1982:130.

动"①。

按照马克思观点，人的特定需要取决于人作为一种生命物种所特有的机体构造，即取决于人的物质规定性，来自自然界，就此而言，人类与动物一样，其生命活动针对的都是生存需要；然而，由于人类生命活动的理性特征，人类与动物不同，并没有止步于满足生存需要，而是进一步将其推进到发展需要，或者说，使自身生存需要呈现为持续发展特征。这意味着，"需要"与"主体"是同义语，人类历史发展就是需要本身发展。

其次是人的特性。马克思说："一个种的整体特性、种的类特性就在于生命活动的性质，而自由的有意识的活动恰恰就是人的类特性。""动物和自己的生命活动是直接同一的。动物不把自己同自己的生命活动区别开来。它就是**自己的生命活动**。人则使自己的生命活动本身变成自己意志的和意识的对象。"② 人脑作用在于：它通过对客体事物对象化思考，掌握其存在规律，从而再现该事物。

不难看出，人类需要的生长性与其生命活动特性有关。显然，生命活动的理性特征使人类可以"按照任何一个种的尺度进行生产"，这个方向的发展前景是无限的。但是在现实中，每一特定时代的人类所掌控的"种的尺度"都是具体的和有限的，"需要"往往建立在"可能"基础之上，人们所能表达的需要只能与其实现能力有关：一方面，人类在任何时代的需要都受制于自身所拥有的能力，即生命活动特性所达到的水平；另一方面，随着历史发展，人类理性能力将持续增长，而需要也因此呈现为不断上升状态。

最后是人的本质。马克思将之现实性归结为"社会关系的总和"③；"社会……是人们交互活动的产物"④，"各个人借以进行生产的社会关系，即社会生产关系，是随着物质生产资料、生产力的变化和发展而变化和改变的。生产关系总和合起来就构成所谓社会关系，构成所谓社会……"⑤；"人的本质是人的真正的社会联系，所以人在积极实现自己本质的过程中创造、生产人的社会联系、社会本质，而社会本质不是一种同单个人相对立的抽象的一般的力量，而是每一个单个人的本质，是他自己的活动，他自己的享受，他自己的财

---

① 马克思恩格斯全集：第 3 卷 ［M］. 北京：人民出版社，1960：32.
② 马克思，恩格斯. 马克思恩格斯选集：第 1 卷 ［M］. 北京：人民出版社，2012：56.
③ 马克思，恩格斯. 马克思恩格斯选集：第 1 卷 ［M］. 北京：人民出版社，2012：135.
④ 马克思，恩格斯. 马克思恩格斯选集：第 4 卷 ［M］. 北京：人民出版社，2012：408.
⑤ 马克思，恩格斯. 马克思恩格斯选集：第 1 卷 ［M］. 北京：人民出版社，2012：340.

富"①。社会关系总和既决定现实共同体本质，也决定着现实个人本质。

如果说，人类需要随着生命活动特性即理性能力发展而发展的话，那么理性能力发展的指标体系则往往可以通过社会关系总和来表达。理性能力取决于大脑的运用水平，后者的天然载体是人类个体，而个体之间客观上存在差别。显然，人们能够在多大范围集聚个体理性能力，将决定着整体所拥有的能力，进而决定着所能实现的主体需要水平。所以，当马克思说，人的本质就其现实性而言，是社会关系总和的时候，无异于在说：社会关系总和既是人们理性能力写照，又是人们需要水平的标志。其中，从"现实性"界定人的"本质"，昭示的就是"本质"动态性，即其确定性与不确定性的统一：其确定性针对的是"本性"和"特性"两大要素，其不确定性针对的是"本性"与"特性"两大要素的动态呈现，即社会关系总和。

学术界早已注意到马克思上述思想，也肯定了三者之间一致性，却大多没能深入思考其间区别，因而也没能正确梳理三者内在联系。

应该看到，在关于人性考察中，本性、特性、本质是一个统一体，是人性剖面结构。它们都体现为人类作为一种生命现象与生俱来的规定性；其中每一个方面状态都与另外两个方面相关联。如果把马克思人性三概念视为一个整体，那么比较起来，本性是基础部分，特性是中间主干，本质是外部表现；人类从自身需要出发，按照生命活动所达到的自由自觉程度，建构一定性质和范围的社会关系。个人或共同体所拥有社会关系什么样，他或他们的本质也就呈现为什么样；这一本质一方面取决于他或他们以智力为特征的生命活动发展水平，另一方面也决定着他或他们的需要被满足程度。换句话说，人类发展原动力是自身需要，后者是不断展延、上升的过程；但这种需要被满足程度任何时候都是确定的，它取决于人们智力水平，表现为人们拥有社会关系总和。

马克思关于人性论述表明，本性源于人类生命存在方式物质规定性，属于自然必然性；本质表现为社会关系总和，属于现实客观性；而特性是连接本性和本质的中介，一方面，它从根本上取决于人类生命存在方式的物质规定性，另一方面，它的发展状况决定着人们现实形成的社会关系总和。这一认识使马克思有条件从人性变化去解读历史："整个历史也无非是人类本性的不断改变而已。"② 他在批判边沁时也说："根据效用原则来评价人的一切行为、运动和关系等等，就首先要研究人的一般本性，然后要研究在每个时代历史地发生了变

---

① 马克思恩格斯全集：第 42 卷［M］．北京：人民出版社，1979：24.

② 马克思恩格斯全集：第 4 卷［M］．北京：人民出版社，1979：174.

化的人的本性。"① 但事实上马克思并没有沿着人性方向走下去，却仅仅抓住人们现实性本质表现即社会关系总和展开了自己社会主义理论研究。

现在看来，马克思的选择源于一个基本判断：资本主义社会危机正在威胁到无产阶级生存；当务之急是改变这一社会关系。而要把握社会关系，需研究生产关系；要把握生产关系，需研究生产力；要把握生产力，需判断生产资料。这样，马克思通过对以蒸汽机技术为代表大机器生产方式历史作用的确认，得出了社会主义必然代替资本主义的结论。客观上，马克思关于人性问题的论述，一方面停留在对其结构内容的平面展开上，另一方面它对其历史局部的静态描述——当时社会关系的总和——则成为唯物史观起点。

长期以来，学术界在人性问题上的风风雨雨、潮起潮落，既不在于否定一般人性存在，也不在于否定具体人性存在，恰恰相反，严谨的学者往往既承认前者，也承认后者。人们迄今为止之所以没能拿出使人信服的答案，在于没能完成二者统一：要么关于一般人性表述无法逻辑地转化为具体人性，要么关于具体人性表述又无法历史地抽象为一般人性。这是两种形式不同的片面性。

从理论上判断，人性变化应该以人类自身演变为载体，即通过主体生命活动矛盾运动来诠释其历史；所以，人性必须具备既对立又统一的内在结构或关系。对于认识历史而言，或者说，对于把人类发展看作一种特定物质运动而言，人性三个方面内容应该共同成为认识基础。在这里，本性所表征的物质规定性实际上成为不言而喻的判断前提，本质所展示的现实客观性实际上成为既定事实的观察结果，人类发展实质上是其生命活动特性发展，即以智力进步为标志的生存能力发展，也即劳动能力发展。

(二) 需要从人的自然性出发

人的本性属于生物属性，作为一种自然属性，它表明人与自然界的同一，即人是自然界。人的特性展示对自然界的改造，表现了人与自然界的对立，即人不是自然界。而人的本质体现社会关系的性质和规模，既显示了人对自然界改造方式，也显示了人对自然界改造成果。

人通过劳动这种生命活动改造了自然界，体现出人与自然界的特定关系。正是这种改造使人的生物属性成为与自然界另一种关系。值得区别的是，其他动物生物属性并没有构成与自然界的"关系"。马克思主义哲学所谓"关系"特指具有自我意识的主体所建立的联系。这种联系不是指不同事物之间客观存

---

① 马克思恩格斯文集：第 5 卷 [M]. 北京：人民出版社，2009：704 注（63）.

在的相互影响、相互作用，而是特指主体对客体的能动作用。换句话说，凡是有某种关系存在的地方，这种关系都是对"我"而存在的。动物不对什么东西发生返回到自身的"关系"，而且根本没有这种"关系"；动物除了生物属性之外并无其他属性，它与自然界的联系就是自然界本身。人的劳动同动物生存活动的根本区别在于：劳动能使自然物质变得适合于人类消费需要；动物生存活动则依靠本能适应自然界。人具有思维能力，可以从精神层面对对象作超时空处理，以此建立自身需要与满足这种需要的外部条件的联系，并通过劳动使二者趋于一致。有些动物也显示出某种思维能力萌芽，但它们不能把自身需要同自身区别开来，也无法把满足自身需要自然条件同自然界区别开来，因此其活动始终无法超出本能范围。

地球上曾有那么一个时期，只有动物而无人。人在形成之初，只具有自然性。人是从自然性开始并依靠自然性发展起来的。人与自然界关系是生存与发展最根本关系，在一定意义上也是唯一关系。它包括两个方面：人属于自然界；人改造自然界。前者是人的自然性，后者是人的文化性。人类改造自然界的成果是文化。劳动是实现文化的手段。人通过劳动实现了文化，文化实现使劳动者成为人。自然性属于人的先天性，文化性属于人的后天性；或者说，自然性确认了人对自然界的服从，文化性体现了人对自然界的改造。人性是人的自然性和文化性的对立统一。

从广义看，文化主体是人，客体也是人。文化对象化不过是使对象"人化"。就此而言，文化就是人本身。所不同之处仅仅在于，文化本身已经是一种特定关系，即人与自然界、人与他人、人与自己的特定关系；而人本身虽然也是关系，却是包括了文化关系在内的更广义关系。例如，人所具有的生物属性就不是一种文化状态，只能表现人与自然界关系。

那么，人的自然性究竟指什么呢？

第一，是指人的物质性。自然界归根结底是物质的。人的物质性是人的生命机体物质性，即作为生命存在标志的人体新陈代谢的物质性，也就是人的生存需要具有物质性。

第二，是指人的个体性。具有生物属性的人只能是个体的人。任何一种生物，物质性需要都是其生存条件；而这种物质性需要最终都表现为个体物质性需要。

显然，人的自然性所包括的物质性和个体性在任何情况下都是同一的，其中，物质性是自然性内容方面，个体性是自然性形式方面。

完整把握自然性的意义，必须联系人类特有的文化性来谈。

第一，文化内容具有精神性。文化作为劳动产物，是指客观物质按照劳动者意愿发生了某种改变，仅就此而言，一切文化都只具有物质形态。但文化内容本质上却属于精神性质的。因为，作为自然存在物质和作为文化存在物质有着共同前提：首先，构成元素都一样，文化物质并没有包含更多物质成分；其次，结构规律都一样，文化物质既没有创造，也没有消灭规律。区别仅仅在于：自然物质是天然生成的，文化物质是按照人类自觉意识创造的。

第二，文化形式具有社会性。文化现象从根本上是历史产物，是劳动成果积累生成的。它由特定劳动者创造出来，但无法靠他们保存下去。人类任何个体存在以及与他们相联系的文化现象都具有偶然性。文化只能在社会关系中传承下去。一方面，社会依靠历史形成的语言、文字传承了文化，另一方面，文化精神性质使传承过程低成本和低损耗，保证了文化成果的无限积累。

文化精神性内容和社会性形式既对立又统一。一般说来，文化创造是内容决定形式，即先有精神性活动，再有与之相适应的社会形式；但是精神活动主体除了首先要满足自己生存的物质条件之外，还在从事文化创造之初，就受制于特定的社会环境条件。

（三）自然性以文化性为表达方式

显而易见，学术界把人性看作是自然性与社会性统一的流行意见并不准确。其一，它仅仅抓住社会性这种形式，忽略其精神内容，无法真正与动物界相区别。因为人类形成的社会关系，无论是原始状态自然分工合作，还是阶级社会竞争合作，在动物界都有迹可循。其二，它遮蔽了智力进步的主导作用，无法真正描绘人性历史，也无法说明社会发展史。事实证明，首要问题不仅在于人们需要建构什么性质社会关系，还在于能够建构什么性质社会关系。后者只能取决于人类以智力为特征的劳动力发展水平。

把人性看作自然性和文化性的统一可以消除上述弊端。从人始终属于自然界而言，文化是体现人类自然性手段；从人类自然性在不断演化而言，文化是人类活动目的。因此，自然性决定了人类存在内容，文化性决定了人类存在形式。人类历史就是人的自然性不断被改造和不断被肯定相统一的历史，也是自然性和文化性的矛盾运动过程。

具体说来，所谓文化性对自然性的否定是指：人的文化性即人类对包括自身在内自然界按照更有利于自己生存发展的目的不断进行自觉改造。因此，任何文化现象都是对自然现象的否定，任何文化行为都是非自然行为，任何文化成果都是体现了人类自觉意识而变化了的自然物。人的文化性愈发展，其自然性就愈萎缩，人就距离动物界愈远，也就愈成其为人。

所谓文化性对自然性的肯定是指：只要人类存在，人的自然性就存在，自然性不会因为文化性发展而归于消失。如果说，文化性对自然性的否定体现了后者向前者的不断转化，那么，这种转化只是在量的意义上进行，永远也不会导致人的自然性质本身的改变。就此而言，人的文化性发展也是向自然性转化，即构成人化自然界。在文化演进中，一旦出现了新的文化形态，旧的文化形态所表现的文化性，不过是自然性。

按照对人性的上述理解，人们可以从两个层次来认识人类发展问题。

其一，从人类同属于自然界，因而具有永恒自然性出发，只宜考察人与其他动物区别意义上的人性。这里，人的文化性不仅与自然性同义，而且应归结为自然性。因为文化性属于人独有的特性，对于其他动物来说，属于不可比因素。人的自然性的物质性表现为精神性，即表现为劳动力或生产力；人的自然性的个体性表现为社会性，即表现为劳动关系或生产关系。劳动力与劳动关系或生产力与生产关系共同反映人与自然界关系，都具有自然必然性。

其二，从人类处于发展状态，因而不同时期人类或同一时期不同人拥有各自相异的意识能力和社会关系出发，只宜考察人与人区别意义的人性。这里，人的自然性只需表现为文化性。因为自然性为人类所同有，属于不必比因素。人的文化性的精神性作为实现的劳动力，表现为生产力；人的文化性的社会性作为实现的劳动关系，表现为生产关系。就此而言，人类发展即文化性发展，也就是以劳动力与劳动关系为内容、以生产力与生产关系为形式的发展。

社会科学对社会关系的研究和干预，应该以人性判断为基本出发点，并同时兼顾人性两个层次。比较起来，第二层次对于实践具有直接推动作用。然而，双方逻辑关系表明，必须先有第一层次认识，才能有第二层次正确理解。

第二节　需要对人类生命活动特性的依赖

主体需要满足是一个过程，按照马克思说法，需要满足会产生新的需要。换句话说，需要和能力是正相关关系，并且，需要常常就是一种能力。如果说，需要是主体单方面利益诉求的话，那么，能力则意味着主体把该利益诉求置放在客体环境中考察和认识，并因此判断其可行性。在这方面，"需要"往往是现实利益诉求，或者说是可行性利益诉求，这种可行性只能通过意识能力来证明：人们对客体关系认知越是全面，由此生发利益诉求就越是可行可靠。也就是说，当人类摆脱了最初生存需要压力之后，新的需要总是与理性能力发展有关。人们对客体关系认知越是到位，主体诉求就越是具有可行性。

（一）自由有意识生命活动与"需要"选择性

可以从逻辑上解释需要的生成机制：最初，人们为了生存需要，会尽可能增加物质产品生产，并且将之置放于稳定机制环境；正因为如此，"需要"在不知不觉中被放大了——不仅针对了现实生存需要，而且针对了未来生存需要，不仅针对了部分生存需要，而且针对了整体生存需要。正是在这一过程中，人们扩大了对客体生产条件的认知和掌控，使"需要"形成了升级版。而随着新的生产活动展开，人们会对产品提出新的质与量的要求。理性永远不会满足现有水平，总是"这山望着那山高"，不断提升需要标准。

说到底，这是理性追求安全感的内在驱动力所致。理性抽象性注定了其运用方式自由性，它不会止步于特定状态，而总是以现有资源为基础，设置出最佳最安全方案；一旦资源条件变化，该方案也随之调整。理性客观上形成两大特性：其一主体利益最大化目标；其二劳动效率最大化手段。所谓"最大化"上不封顶，而是持续发展过程。理性诱使主体走上这条不归路。

事实上，无论智力化还是社会化，都不会存在边界。智力发展一旦选择其中任何一个发展方向，就会像希绪弗斯滚动石头一样，没完没了做下去。正是在这一过程中，每一代新人都较之前人实现了生命自由方面的进步：一方面是寿命延长，另一方面是生命活动自由度增加。

当年马克思没有展开关于理性的论述，这不是他关注的话题。面对经济危机和阶级斗争对人类生存安全的威胁，他把注意力集中在通过无产阶级解放实现人类解放的目标上。为此，他断言脑体分工造就阶级对立基础，进而把脑力劳动者卸去所应承担体力劳动任务视为影响生产力水平的不当行为，自然不会对其发展形态再感兴趣。今天社会主义者需要重新掂量脑力劳动重要性。所谓"需要"首先与脑力有关。需要作为超出动物本能的追求，如果不依靠脑力劳动，很难诞生和发展。"需要"发展取决于理性能力发展，因为理性追求对既有资源有序化配置上，简约现象即效率原则，即前述主体利益最大化目标和效率最大化手段。"需要"背后是"理性"，只有理性才能帮助人类超脱生物本能，使生存活动变成主体性"需要"，这意味着某种"超越"，即对自然本能的超越。

理性介入使既有资源获得了新的经济含义；一种合理配置资源的需要会修正人们自然选择，使之变得优化；而更好选择往往成为该过程伴生现象，这意味着增加或补充新的资源，要求人们追加新的生产活动。需要永不满足。理性自增长趋势原动力是需要，而需要永不满足的始作俑者是理性。双方始终互动。

从总体上看，人类需要归根结底针对与自然界关系的发展，表现为不断争取更大生命自由的过程。在这一漫长而且无限过程中，该需要会依据社会分工要求，呈现出次生形态，表现出智力化和社会化的具体发展目标。人性中的文化性决定了需要将不断发展。人类大脑构造和社会本能及其所衍生的智力化和社会化发挥了关键作用。

人脑意识能力是对象化能力，也是区别人本身和自然界的能力，即区分主体和客体的能力。它使人有可能从大量复杂的随机联系中，选择出主客体彼此一致的关系，进而通过人力使客体趋于主体化，实现对自然界的改造。用马克思的话说，人类运用意识能力，可以按照任何一个种的尺度来进行生产，并且懂得怎样处处都把内在尺度运用到对象上去。

但是，人的意识能力总是表现为个体能力。个体活动范围和生存时间都是有限的，其意识能力难免具有片面性，其思想成果保存难免具有偶然性。人类先天具有的社会性恰恰弥补了这些缺陷。

社会性之所以能够在意识能力发展中起到关键作用，是因为意识成果具有天然社会化性质：任何一种成果都可以无限复制而不会丢失其使用价值。这意味着，个体意识能力凭借社会联系可以成为整个共同体能力；不同个体意识能力在社会中可以互相补充，组成新的能力；不同时期意识能力，通过人口生产延续和累积，构成现实能力。

不仅如此，意识能力既借助社会关系不断提高和增强，也反过来促进社会关系扩大和完善。不断强化的意识能力能够收集、整理更多信息资源，能够处理、规范更复杂人际关系和物际关系，能够组织、管理更大规模社会合作和生产过程，并因此能够形成更加科学的目标，更加精准的计划，更加长期的效益。而新的社会关系则将以更大范围、更深程度、更长时间、更高效率，对全部意识现象进行汇集整理、筛选甄别、优化组合、精益求精，使意识能力发挥更大作用。人类发展就是智力化和社会化不断相互作用结果。它既推动着个体意识能力得到越来越全面开发，又促进着整体社会关系进入越来越密切联合。

就此而言，人类发展就是自身意识能力发展；而后者以社会关系不断拓展和深化为载体。人类在与自然界关系方面越是强大，其社会一体化程度就越高。全球化体现人类历史发展客观走势。

（二）意识成果积累与"需要"发展性

最初，像一切社会化动物一样，人类社会关系形成也是出于物种生存和繁衍需要：一方面，需要通过合作以保证获取食物来源，并应付自然界对人类的威胁；另一方面，需要在避免近亲繁殖危害的前提下，保证种群延续。显然，这与其他动物并无根本区别。然而，这种原始社会性所要求社会规模是一定的、适度的，并不要求社会关系无限扩大，更不会要求整个种群社会化。并且，人类早期社会关系与物质生产方式和生活方式直接联系，人们受风俗习惯支配，在耳濡目染中养成；其性质是渐进形成的，其规模是逐步实现的；这种社会关系本身就有物质性特点。

事情演变自文明时代开始。此时，人类出现了专门脑力劳动，形成了独立精神产品。人们发现：传播精神成果将带来很高收益，他人很快就能学会这些成果并用来改变自己活动方式。对于精神成果传播来说，社会化程度越高，成本就越低，收益就越大。社会化变成了一个诱人目标。然而，随着社会化进展，一个社会共同体往往容纳了不同种族、民族、阶级、阶层，其间又有分工、分配的利益差别，交往形式增多，性质日益复杂，要想依靠自然演进方式规范其秩序已不可能了。人们只能把社会当作另一个自然界，考察其存在事实，判断其运动性质，总结其基本规律，并在此基础上建立一种和谐内部秩序和合理对外原则。这种秩序不仅需要解决是什么的问题，同时也需要解决为什么是这样的问题。为了建构这样的社会关系，需要形成一整套意识形态，并设计出一系列可操作方案。这是人类社会性发展的一次质变。它使社会关系一改自然必然性的面貌，本身成为人类精神活动的研究对象，并因此使之具备了可塑性。

自文明时代开始，人类智力化进程在不同历史时期先后涉足了两个领域：在自然经济时期，人们主要通过与他人合作发展与自然界关系，智力化以社会管理为背景，体现在人际关系领域，属于"人—人—自然界"发展模式；在商品经济时期，人们又开辟了通过劳动工具发展与自然界关系新途径，智力化同时以物质生产为背景展开，进入了物际关系领域，增加了"人—工具—自然界"发展模式。以此为背景，人类社会化发展也出现了性质不同。

第一个时期是马克思所谓"人对人的依赖"时期："人的依赖关系（起初完全是自然发生的），是最初的社会形态。在这种社会形态下，人的生产能力只是在狭窄的范围内和孤立的地点上发展着。"劳动工具比较简单，人力不仅是可以直接使用的物质力，也是比工具更为重要的物质力。这个时期产生的少量脑力劳动者，大体集中在社会管理领域，目的是实现并维护人与人的合作。

　　这个时期物质生产以体力劳动为主，主要满足生存需要，产业结构比较简单，生产资料科技含量低且水平相对稳定，其技术构成往往直接决定着生产力水平，也决定着生产关系性质。不难看出，这种生产关系就是马克思所说："人们在自己生活的社会生产中发生一定的、必然的、不以他们的意志为转移的关系，即同他们的物质生产力的一定发展阶段相适合的生产关系。"

　　同时，社会交往以民族国家内部为主，交往目的基本是为了满足生存需要，国家主要运用强制力来规范社会秩序。正如马克思所说："社会关系和生产力密切相连。随着新生产力的获得，人们改变自己的生产方式，随着生产方式即谋生的方式的改变，人们也就会改变自己的一切社会关系。手推磨产生的是封建主的社会，蒸汽磨产生的是工业资本家的社会。"

　　这一时期，人类主要依靠体力实现与自然界之间物质交换，生存压力始终存在。这时形成的"人—人—自然界"发展模式，中间的"人"实质上起着工具作用。人们自组织水平决定着物质生产状况。但这并不意味着人们在建构社会关系方面拥有多大自由权，恰恰相反，从总体上看，人们仍然不得不依据生产资料去形成生产关系。智力在社会管理领域应用产生了两大成果：一是形成了不平等的生产秩序以及维护这一秩序的意识形态和国家机器；二是通过哲学、宗教、文学艺术、自然科学等领域的发展，积累了日益丰厚的思维成果，为人类智力化实现突破奠定了基础。然而，由于智力只是间接作用于物质生产过程，致使人类长期徘徊在较低生活水平上。

　　第二个时期是马克思所谓"以物的依赖性为基础的人的独立性"时期。这时"才形成普遍的社会物质交换，全面的关系，多方面的需求以及全面的能力的体系"；脑力劳动者数量和质量都在显著增加。除了继续从事社会管理之外，越来越多脑力劳动者进入了直接物质生产领域。

　　在这一时期，物质生产活动开始从以体力为主向以脑力为主转移，生产目的开始从生存需要向发展需要转移，产业结构趋于复杂，生产资料技术水平不断提升。这时，科学技术延伸至生产理念、劳动管理、工艺过程、工具设备等各个环节，成为决定物质生产活动的第一生产力。而生产关系形成也相应取决于多种要素综合作用，在一定意义上成为总体文化的产物。

　　同时，社会交往趋于全球化，交往形式在增加：从人员交往、产品交换发展到资讯交流、信息沟通；交往深度在拓展：从经济、政治层面发展到文化、思想层面。在这种背景下，任何一个民族对社会发展方向的判断和社会制度的确认都具有了多种可能性。人们不仅需要考察社会物质生产力水平，也要考察精神生产力水平；不仅需要考察本民族生产状况，也要考察其他民族生产状况。

为此，社会关系形成具有更多选择性，而不同选择将导致优劣不等的利益格局和疾缓不一的发展状态。

这一时期，发展需要逐渐上升成为主题，并在"人—人—自然界"模式旁边，形成了"人—工具—自然界"模式。脑力劳动直接进入物质生产领域之后，推动了大机器生产方式形成和发展。在此以前，人们使用的各种工具，基本是立足于经验事实制造的，主要起到了延长四肢的作用，优化的是体力劳动；它们虽不断积累和发展，却始终未能帮助人类走出温饱之虞的困境。智力化在物质生产和社会管理两个方面的展开，使科学研究也从统一的哲学中分化出社会科学和自然科学两个领域。人类用很短时期就把农业这一传统产业压缩在一个很小劳动范围。与此同时，借助于物质生产发展，社会财富不断增加，脑力劳动者不断增多，社会科学不断进步，为人类跨越阶级对抗、民族隔阂、国家壁垒、文化冲突贡献了越来越科学的思想成果，展示了越来越多样的策略模式，提供了越来越理性的道路选择。

可见，如果把社会化视为智力化的表现形式，那么，在人类发展过程中，经历有两种社会关系：一种衍生性质，与自然经济时期即前资本主义文明相一致；一种原创性质，与商品经济时期即资本主义文明走势相一致。双方都需服从客观规律，并且，由于民族发展不平衡，不同文明必然交错并存，所谓"衍生""原创"只是相对判断，不应做绝对理解。二者区别仅仅在于："衍生"社会关系主要与物质要素联系，呈现出直观性；而"原创"社会关系既与物质要素联系，又与精神要素联系，呈现出复杂性。毫无疑问，后者是一个更为广阔空间。虽然它所拥有物质条件、精神条件仍然一定，虽然人们仍然不得不在既定条件下判断和选择，以至于仍然不能不服从客观规律，但是，意志自由增多了，要素组合多样了，社会关系将因此呈现不同性质和状态，人们将因此面临不同环境和际遇。在历史长河中，也许归根结底这些都属于体现规律的个别形式，其间差别均属微不足道，然而，它却能够影响几代人甚至更长时期人的命运。这个意义社会关系已经不是通常所谓表现生产力的形式了，它本身已经演变成生产力内容，成为人类发展与自然界关系的一种重要方式。

（三）人类历史进步与"需要"发展趋势

值得提出的是，马克思曾从分工角度区别过上述两种社会关系：

一种源于直接物质生产过程，受生产资料技术水平支配，表现为工艺学意义的分工；这是通常意义的生产关系，属于生产力所决定的社会形式。马克思曾用"企业内部分工"① 这一概念来指称，认为这一**"分工作为一切特殊的生产活动方式的总体，是从物质方面、作为生产使用价值的劳动来考察的社会劳动的总体形式"**②。

另一种源于社会总劳动过程，受社会管理性质支配，表现为社会学意义的分工。马克思往往直接称之为"社会分工"，认为它"是由原来不同而又互不依赖的生产领域之间的交换产生的"③，"只是从物质劳动和精神劳动分离的时候起才开始成为真实的分工"④。恩格斯在将之归结为"生产的不足"的同时，认为"这并不妨碍阶级的这种划分曾经通过暴力和掠夺、欺诈和蒙骗来实现"⑤，显然认为它具有某种人为色彩。

马克思断言，上述两种分工"是完全不同的东西，是由完全不同的发展规律决定的，尽管社会分工的一定形式和企业内部分工的一定形式可以完全一致"⑥。然而，这两种分工关系又"是齐头并进地向前发展的，通过相互作用而相互产生"⑦。

这里姑且不去涉及马克思区别上述两种分工的初衷，仅就这种区别本身而言，马克思所揭示的无疑是学术界至今仍然混淆的两种社会关系：与工艺学分工所展开的社会关系不同，社会学分工所展开的社会关系并不单纯取决于所谓物质生产力水平，而是取决于包括物质生产力水平在内的更多要素，因此，它形成后往往能够影响乃至决定物质生产力水平。

人对社会关系的利用，归根结底是对人力的利用。人力属于可以直接被使用的自然力资源，人与人之间的认知起点低，"一个人的各种官能是用来判断他人相同官能的尺度"⑧；人力也属于最强大的自然力资源，只有人力可以利用或控制其他自然力。这两大优势决定了人力对人力的利用既是人类生存发展的最初形式，也是具有无限潜力的最高形式。仅就此而言，"人—人—自然界"模式内在包含着"人—工具—自然界"模式，社会科学成为智力存在载体和发展源泉，具有较之自然科学更为基础更为重要的作用。

人类智力化进程也将伴随着全球化发展。自然经济时代是人类全球化自然

① 马克思恩格斯全集：第 46 卷下册 [M]. 北京：人民出版社，1980：471.
② 马克思恩格斯全集：第 13 卷 [M]. 北京：人民出版社，1962：41.
③ 马克思恩格斯文集：第 5 卷 [M]. 北京：人民出版社，2009：408.
④ 马克思恩格斯全集：第 3 卷 [M]. 北京：人民出版社，1960：35.
⑤ 马克思，恩格斯. 马克思恩格斯选集：第 3 卷 [M]. 北京：人民出版社，2012：813.
⑥ 马克思恩格斯全集：第 46 卷下册 [M]. 北京：人民出版社，1980：471.
⑦ 马克思恩格斯全集：第 47 卷 [M]. 北京：人民出版社，1979：357
⑧ 亚当·斯密. 道德情操论 [M]. 蒋自强，等，译. 北京：商务印书馆，1997：18.

萌动时期，主要成果体现在：人类走出了以人口生产为依托的氏族——部落圈子，组成了更大规模、更具动感的民族国家；商品经济时代是人类全球化初始发展时期，主要成果体现在：人们走出了原初地理环境限制，开始探索整个地球，认识整个人类；信息经济时代是人类全球化加速扩张时期，主要成果体现在：人类逐步跨越了自然地域、民族国家界限，互相学习、共同创造先进文化。

事实上，人作为理性生命现象，不仅解决自身物质需要方式是理性的，而且需要本身也会发生从以物质形态为主向以精神形态为主的转变。人类一旦走出依靠体力劳动完成物质生产阶段，即一旦稳定地解决了物质需要问题时，观念就会变化。届时，人类当然不能改变对物质生活条件的依赖，但却可以因其容易得到满足而不再继续成为被关注中心，就像通常条件下空气对人无比重要，却并没有成为人们关注中心一样。

这样，人类为满足自身需要的生命活动具有智力化特征，而智力化存在和发展只能在社会关系形式中进行。人类智力化和社会化相辅相成：一方面，智力化借助于社会化而取得最大效用；另一方面，社会化仰仗智力化而得到拓展和深化。无论前者或后者都是无限发展过程。

第三节　需要自增长现象与人类生命自由目标

需要自增长趋势的动力是理性，理性展开具有无限性，越是展开，需要结构就越是复杂。通常说来，需要目标往往具有三个层次，即"稳定—发展—终极"：

首先是需要的稳定性目标。人们对自身需要的满足不可能是一次性现象，而是长期保证的对象，一旦从稳定性角度设置"需要"，需要就会被置放在某种结构之中，只要该结构存在，其运行机制就能够自动出现相关后果。在某种程度上，这也是体制和机制的关系。体制就是结构，后者的存在会形成某种自动发生机制，由此当然可以解决满足需要的稳定性问题。

其次是需要的发展性目标。人们的需要不可能停留在一个水平上，总是呈现不断补充和完善，这只能通过发展方式予以解决。良好的发展取决于体制或结构本身所具有的活力：一方面，结构本身是静态的，由此保证其作用的稳定性；另一方面，结构具备内在活力，由此保证其作用的持续升级。

最后是需要的终极性目标。人们的需要到底能够走多远，或者说最终能够达到什么目标，涉及需要的"可能性"问题，既是需要发生的动力源泉，也是需要运用的基本范围。这关乎对人类社会发展规律的认同问题，表明需要与劳动发展前景联系在一起。人类通过劳动满足自己的需要，沿着这条道路到底能够走多远？显然必须予以回答，否则就不知道正确地看待现实需要——后者只有与长远需要挂钩才具有独立存在意义：所谓现实需要只有成为长远需要的内在组成部分，才能具有价值和意义。所以，设定终极目标，本身就是为了解决价值尺度问题，这是社会主义内在要求，当然也是马克思主义的特征。放弃了这一内容，是不能与其他意识形态相区别的。

（一）理性二元机制与历史进步必然性

如果从价值方面考察，人类所追求目标应该是个人自由和社会平等。哈耶克认为：个人主义文明的基本特征，"就是把个人当作人来尊重；就是在他自己的范围内承认他的看法和趣味是至高无上的"①。这话是有道理的。但是，个人无法作为绝对个人存在；他客观上是社会关系中人，并不可避免受到社会意识形态影响。因此，所谓"他的看法和趣味"并非只与他个人有关，而是或多或少、或此或彼与其社会条件联系在一起。因此，完善的个人不能不取决于完善的社会。哈耶克以此否定社会可以拥有超越于个人之上的目的，有失偏颇。他认为："个人自由是和整个社会都必须完全地、永久地从属于某个单一目的至上性这一观念水火不容的。自由社会绝不能从属于某个单一目的，这条规则的唯一例外就是战争和其他暂时性的灾难……"② 其实，社会作为个人实现的基本条件，只能把个人利益作为永久目的才能存在下去。问题在于：在不同历史条件下，个人利益实现方式是变化的；而在同一历史条件下，不同个人利益实现方式也是变化的。换句话说，社会拥有自身目的就是尽可能表达全体成员共同利益；这种共同目的通过民主机制确认。

建筑在个人差别基础上的社会平等，不能以民主只能以自由为标准。一是生命存在本身自由，人们总是希望不断延长生命存在时间；一是生命存在方式自由，人们总是希望按个人意愿活着，不断提升生命存在自由度。在这两个方面，人类自由都是具体的、有限的。

人类追求延长生命时间，要受到自身物质规定性的影响。个人受基因支配

---

① 哈耶克. 通往奴役之路［M］. 王明毅，等，译. 北京：中国社会科学出版社，1997：21.

② 哈耶克. 通往奴役之路［M］. 王明毅，等，译. 北京：中国社会科学出版社，1997：196－197.

的生命机体状况怎样，其寿命最高限额就会怎样。文明进步所能提供的仅仅在于：一方面，不断提高个人维持健康身体所需要的物质条件，即衣食住行及社会安全、医疗卫生条件的满足程度；另一方面，在可能限度内，不断改善个体生命存在物质规定性，如初见端倪的基因工程所展示的那样。也就是说，在延长人类寿命方面，理论上有着自由前景，实际上每一个历史阶段都存在局限性。

人们追求生存乐趣，要受到文化规定性影响。对个人来说，后者就是生态环境，它提供给个体生命活动自由度，往往决定人们实现生活乐趣程度。人类发展所能提供的仅仅在于：一方面，在社会为了满足人们物质需要所规定的时间之余，个人自由支配时间越来越长；另一方面，社会管理所运用的人际关系准则得到广泛认同，他律演变为自律。也就是说，要最终达到"每个人的自由发展是一切人的自由发展的条件"，人类同样要经历长期发展过程。

在当代，个人利益越来越向精神领域转移。这意味着社会主导作用增长。精神现象存在与发展以社会关系为载体，后者是一个不断强大的自然界，是任何个体不得不面对的客观事实。发展关键在智力，后者成为社会进步原因。

唯物史观原创形态强调了人类发展的形式方面——社会关系，以此为起点解读历史，找到了生产力，进而突出了生产资料作用；却淡化了人类发展的内容方面——劳动活动，致使该自由有意识的生命活动没有在历史过程中得到逻辑展开：从量上，劳动展现为劳动力，其发展应表现为劳动能力发展；从质上，劳动区分为体力和脑力，其发展应表现为前者转变为后者的过程。马克思虽然让劳动成为考察对象，却侧重在体力劳动意义上认识"劳动"，在时间意义上区别"劳动力"。当他一般强调劳动对于人类历史的意义时，他是对的；但由于侧重体力劳动，就无法抓住人类发展的关键和主线。

然而，唯物史观虽然包含了曲解成分，却恰恰符合了历史客观性质：人类发展作为特殊物质运动，以精神活动为表现形式。精神发展有着自身规律，它对客观事实片面把握或部分游离，与对象本身存在状态相一致，因而适应了这种状态条件下人们需要，并因满足了这种需要而取得了支配他们的权力（一种理论在一个民族实现的程度，与这个民族的需要是一致的）。当然，事后来看，我们可以说，人类实践活动深化程度决定了客观事物所呈现程度，客观事物呈现程度又制约了理性反映水平；而人们理性水平又决定了其需要内容。这本身就是一种规律。它证明人类需要和满足需要方式，都是一种能力，都随着实践活动深化而不断发展；从而也证明，历史活动在一定程度上受到精神存在方式支配。这里的精神和意识，是特定物质所表现出来的精神和特定存在所表现出来的意识，换句话说，属于明确了规定性或具备了主体属性的物质和存在。人们不能设想，精神可以是没有物质的精神或脱离物质的精神。凡精神就是物质，即特定的、取得了规定性的物质。因此，当我们说，精神决定物质的时候，不过是说物质决定物质，是肯定一种物质之间的关系。

显然，人类发展历时越长，其客观性展示就越完整，对精神活动规律性把握就越完善，其间有两个基本尺度：

一是人类精神活动归根结底是为了发展与自然界的关系，是为了优化自己的生命存在；由于精神活动通过个体完成，所谓优化生命存在也只能是优化个人生命存在。这决定了人类精神活动的起点是个人。当斯密强调人类普遍存在"自爱"时，揭示的也是这一事实。

二是人类精神活动的直接载体是社会，精神活动发展必然表现为社会发展。在人类客观上分裂为不同共同体的时代，其精神活动只能依赖社会文化形态。人们的道德自觉，通常表现在与己相关的社会关系范围。斯密对道德情操的研究，往往以有着交往关系的人们为对象。只有当人类活动完全进入全球化时代，才有可能扬弃区域性的、民族性的文化。

所谓人类发展规律性，即以精神活动为表现形式的规律性，关键是它的继承性，即精神活动延续现象。精神活动无论是客体载体即语言和文字，还是主体载体即民族或族群，双方虽都不断变化，其内在延续却始终存在。

解释上述事实最简单的理由是：继承性意味着"新"对"旧"、"现在"对"过去"免除识别过程，意味着对既存资源的直接利用，比较起重新开辟或整理资源来讲，是节约成本、增加效益的选择。历史表明，继承性具有二重性。这与人类生命活动中精神要素和物质要素的关系有关。一方面，以精神活动为形式的历史是一个精神要素增量过程。从人们精神历程来看，什么都无须忘去，无论是胜利、经验、人性、高尚，还是失败、教训、兽性、卑鄙，都构成了精神活动环节，都映射了人类理性成长轨迹。由此表现历史继承性绝对方面。另一方面，以物质活动为内容的历史是一个物质要素选择过程。从人们实际需要来看，什么都无法照搬，因为主体和客体都在变化。无论是同一主体面对变化的客体条件，还是改变的主体面对原有客体条件，都会在精神活动上施加新的影响，并迫使人们在实践方面做出实事求是选择。正如克罗齐所说，一切历史都是当代史。由此决定了人类历史继承性的相对方面。

人类发展就是人们不断从自身文化积累中索取又不断增加这一文化积累的历史。如前所述，从文化积累中索取避免重复劳动，保证了人类能力不断强化，并得以形成一个不断递进的历史序列。这是人类独有的以社会自然界为标志的生态环境，是人类远胜过其他动物的奥秘之所在。比较起来，动物生存进化取决于天然自然界的影响和作用，只能通过生命遗传和变异发挥作用，具有渐进性和偶然性。人类则形成了一个独立于自身生命过程之外的文化积累序列，每一代人、每一个民族都在不断地为之提供认识成果，致使人类发展条件的优化具有递增性和必然性。

（二）劳动与需要高度融合的客观规律

人类在智力化和社会化方面发展，使社会关系建构出现了不确定性，导致一些人对人类发展规律性的怀疑。

哈耶克认为，"从规律支配着进化产物必然经历的各个阶段，因而能够据以预测未来的发展这个意义上说，无论是生物进化还是文化进化，都不承认有什么'进化规律'或'不可避免的历史发展规律'"。导致后者失误的原因是混淆了个体发生过程和种系发生过程："个体发生肯定只同事先决定的个体发展有关，它是由胚胎细胞中染色体固有的机制决定的。相反，与进化有关的种系发生，却是同种群或类型的进化史有关。"在这个领域，人们所能做的只能限于"模式预测或原理预测"。① 哈耶克对社会主义批判主要针对其计划性及其背后的规律性。他认为，人类不可能运用理性方式掌握不同个体生命活动的信息，这种生命活动走势具有随机特点，因而无规律可言；人类只能遵循一条自然渐进发展道路，以财产分立为基础，形成所谓"扩展秩序"。

哈耶克进一步提出，文化进化机制不是达尔文主义的机制，尽管双方"都遵循着同样的自然选择原理：生存优势或繁殖优势"，并进而"都取决于竞争"②。他引用朱利安·赫胥黎的话：文化进化是"一个和生物进化极为不同的过程，它有自己的规律、机制和模式，不能单纯从生物学基础上加以解释"③。双方主要区别是：一是生物进化论现在已排除了后天获得特征的遗传，但文化进化却建立在这种遗传上；二是文化进化不仅通过生理上的"双亲"，而且通过无数个"祖先"，从而加快了传播速度；三是文化进化主要是通过集体选择发挥作用，而生物进化于此则不明显。

现在看来，一方面，是唯物史观原创形态对时代条件的依赖引发了哈的批判；另一方面，哈的批判走向了极端，导致了自身的片面性。我们只能承认：

---

① 哈耶克. 致命的自负［M］. 冯克利，等，译. 北京：中国社会科学出版社，2000：24 - 25.

② 哈耶克. 致命的自负［M］. 冯克利，等，译. 北京：中国社会科学出版社，2000：25.

③ 哈耶克. 致命的自负［M］. 冯克利，等，译. 北京：中国社会科学出版社，2000：23.

唯物史观原创形态没有完结对社会发展规律的认识；但不能同意根本不存在这一规律，或者说，人们永远也无法认识这一规律。

哈强调社会科学比自然科学复杂，指出这一点一百多年前就已经被人们看到了①，断言人类所特有的文化进化不同于生物进化，并肯定不能依据人类个体生物规定性去推演人类群体发展的规律性。这些观点都有一定道理，但又都没有构成排除人类发展存在客观规律的理由。把握人类发展客观规律，取决于对其生命活动性质、特征和走势的基本判断。

人的自然性表现在生命活动上，就是人所必然具有的物质性个体化需要。自然性的发展，一方面，表现为人们在总体上物质占有数量增加，另一方面，表现为特定物质占有者人数增加。但应看到，人体物质构成差异造成个人物质性需要不同。人类占有自然物质越多，需要个体性就越显著。自然性发展正是以物质需要个体化程度为标志的，由此形成人类物质需要趋异化特点。

人类发展方向受到自身物质规定性制约，而大脑组织却使自身生命活动受精神支配。人们争取个人物质消费品的劳动，是从首先消费社会化精神产品开始的；他们只有把握了既存精神产品，知道都有什么，才谈得上做自身选择，也才能创造出新的文化成果。人的文化性表现在生命活动上，是指人所必然具有的精神性社会化需要。而文化性发展，一方面，指人类在总体上对精神产品占有数量增加，另一方面，指特定精神产品占有者人数增加。人类占有精神产品越多，精神性需要社会性就越显著。文化性发展正是以精神需要社会化程度为标志的，由此形成精神需要趋同化特点。

精神社会化是人们选择自身需要的前提，是物质需要个性化过程。所以，自然性发展趋异化倾向，体现在物质消费方面是个体化，体现在精神消费方面是社会化；而文化性发展趋同化倾向，体现在精神需要方面是社会化，体现在物质需要方面是个体化。文化性中趋同性恰恰是自然性中趋异性的表现形式。

这种自然性和文化性的对立统一，构成了考察人类发展规律的基本线索。其中，对文化性考量，成为认识人类发展水平的条件，而对社会性考量，成为判断人类发展状况的依据。由此可见，人类发展客观走势是：一方面，人们需要内容越来越从物质形态向精神形态转移；另一方面，人们需要形式越来越从个体领域向社会领域转移。

无论从何种角度认识人类发展，社会关系都是首要和基本出发点。它首先与地理环境相关。与特定地理环境相一致的社会组织方式，是人类在自然经济

---

① 哈耶克. 致命的自负 [M]. 冯克利，等，译. 北京：中国社会科学出版社，2000：170.

时期的客观选择。它形成了民族传统文化。传统文化特有的价值理念、管理机制、反应模式，适应了这个时期民族从事物质生产活动的需要；它作为一种共同意识形态转化为风俗习惯，通过人口生产链条传递，成为影响全体社会成员的思想原则。显然，传统文化具有巨大经济意义。它用一种成本很低方式统一了人们思想，使社会组织和管理得以完成。

社会关系本质上由意识形态建构，但往往以物质形态为载体。事实证明，只有在实践中得到广泛应用的意识形态，即主流意识形态，才能转化成为稳定的社会制度和道德规范，演化为具有物质特性的存在方式。它是历史积淀而成的人化自然界，不以人们意志为转移。作为意识形态体现的这种客观存在，对任何个人都是强制性的，人们的精神发展都不得不首先受到它的影响；并且，人们对它的任何改造和调整，都只能采取扬弃方式。有些看似巨大的社会变革，改变的往往仍属形式，其实质内容非经量变过程而难以易移。在一定意义上，人类正是仰仗了这种客观存在，才形成了不断延续的文化传承关系，才能走上一条不断向上的发展道路。

综上，人类发展规律性的内容包括：

第一，作为自然界中特定种群，不管人类个体之间在身体特征上存在着多少具体差异，人们生命机体物质结构内容和方式都体现了同等进化水平，由此所决定的生存需要及其演进形态虽然形式上可以千差万别，但在性质上却是一定的。这种与人类生命的物质构造相关联的需要一致性，决定了人类发展走势的客观必然性。

第二，社会历史对智力作用的彰显，表明人是以脑力劳动为主解决生存和发展难题的。而脑力劳动归根结底须经由个体完成。人类生命活动的共性特征，既是衡量不同民族所处发展阶段尺度，又是弥平他们之间发展差距的途径。这种以智力发展为主轴的客观事实，决定了人类发展过程中需经历不同阶段。

第三，个人智力只能存在和发展于社会关系之中，社会关系性质和规模是判断共同体发展水平的标志。如果用社会关系性质来区别社会形态，即以智力发展为尺度来认识社会，人类大体须经历三个时期：文明初期，受教育是少数人特权，有限脑力劳动者仅仅分布在社会管理岗位，社会贫富分化和阶级对立严重；文明中期，教育日益普及，脑力劳动者逐步占据社会各种劳动岗位，财富迅速增长，分布趋于均衡，社会矛盾缓和；文明成熟期，教育机会平等，劳动方式脑力化，物质财富极大丰富，人们能够实现个人自由发展，并做到把劳动与乐生需要统一起来。如果用社会关系规模来区别社会形态，即以交往广度和深度来认识社会，人类大体需经历三种社会形态：一是以血亲交往为主的原始部族形态，规模较小，联系稳定；相互以体力合作为主，大体平均分配利益。二是以人员交往为主的民族国家形态，规模有大有小，成员主要运用政治方式联系；实行逐步细化的分工，采取按能力分配原则。三是以信息交往为主的全球化形态，规模极大，联系既有随机性又有稳定性；以脑力合作方式为主，实行按劳分配和按需分配的统一。

这些显然超出了哈耶克所说"原理预测和模式预测"的范围，属于对不以人们意志为转移客观规律的探讨了。

（三）唯物史观视域下劳动力与生产力

从历史角度认识劳动，是动态劳动，是不断发展变化的劳动，体现这种发展变化只有在劳动"力"意义上才有可能。

所谓劳动力，是人类在进行劳动时所表现的能力。按照马克思定义，劳动是人类以自己活动引起、调整和控制人与自然界之间物质交换的过程。因此，劳动力就是人类在发展与自然界关系时所形成的能力。上述理解表明，劳动力源于人力，但不归结为人力；劳动力只是特定意义人力。正如劳动源于人的生命活动，但不归结为这种活动，而只是一种特定意义生命活动一样。

一般说来，劳动力是劳动过程中人力与物力的综合。就此而言，即便在劳动过程中出现的人力，也不同于本来意义劳动力；前者只表示由人来承担的一种物质力，后者则表示那种兼有劳动过程中全部人力和物力的力量。

然而，从另一方面讲，劳动力是以主体指谓的，凡是在劳动过程中出现的人力，不论是统摄整个劳动过程、体现劳动目的的人力，还是具体支配物质生产资料的人力，都属于劳动过程中的劳动行为，负责施为的当事人都属于劳动者，他们所付出的人力都属于劳动力。

劳动力本质体现的是人类在特定发展阶段所达到总体能力水平：既指人们所创造以物质形态出现的生产资料，又指以精神形态出现的科学技术；既包括人们所具备的自然科学知识，又包括社会科学知识；既蕴含人们所拥有现实知识体系，又蕴含历史知识体系；既容纳了特定民族的能力状态，又容纳了一切民族的能力状态。

考察劳动力状况，一看人类社会所积累的文化成果，它决定着劳动力形成和发展基础；二看人们所完成的受教育水平，它决定着劳动者所具备实际能力。

劳动力问题，应该成为理论经济学的原点。但无论社会主义理论还是资本主义理论，仿佛都在不经意中错过了它。

谈到劳动力，就要一般地承认它既包括体力又包括脑力；这个概念客观上把以体力支出为主体力劳动者和以脑力支出为主脑力劳动者并列在一起。

对于资产阶级来说，这并不是一件愉快的事。从历史上看，资产阶级勤劳上进、奋发有为，就是为了脱离粗重疲累的体力劳动。他们的成功，在很大程度上使他们拥有了藐视体力劳动者的资格。这使他们自然而然秉承了早已有之的贵族意识，把体力劳动者看作是天生低能者、命中注定的苦力。与这些人划清界限，似乎成了资产阶级保持一种竞争锐气的动力。直至今日，资产阶级多数虽已淡化了先辈们上述意识，但要他们重新思考两种劳动者相互关系问题，仍然超出了其眼界范围。他们可以提出很好的"人力资本"概念，写出有见地的"人力经济学"著作，但显然只是以高高在上的管理者身份说话。

传统社会主义理论走到了另一极端。作为表达无产阶级利益和愿望的意识形态，这一理论毫不犹豫地把脱离直接物质生产的脑力劳动者说成是不劳而获的寄生者，前社会主义时期所有统治阶级都被说成是剥削阶级，进而体力劳动和脑力劳动的分工被说成是可以人为消灭的分工现象。在社会主义国家，知识分子群体在相当长时期被视为"异类"，其世界观被认为"基本上是资产阶级的"，需要不断接受工人农民"再教育"加以改造。现在，人们已很难说清，社会主义理论所持上述观点，究竟是无产阶级对自身所受不公正待遇的反抗所至，还是出于推动阶级斗争的宣传需要。有一个事实是无法更改的：正是受到这一理论鼓动，亿万工人农民的主体意识才被唤醒——"过去是牛马，今天做主人"。这才有了波澜壮阔的社会主义运动，这才有了惊天动地的社会变革。

于是，社会主义理论出现了一个令人奇怪的现象：它崇尚劳动，甚至认为把握了劳动问题就等于握有进入历史殿堂的钥匙；却不肯深入考察劳动，不肯从"力"的角度认识劳动发展，更不肯从体力与脑力对比角度判断劳动本质。

也许，人类历史的自然历史性质正在于此。代表两种劳动者利益的理论各执一端，双方结成矛盾，通过彼此对立运动来达到某种统一。这种片面性只能在具备一定历史条件的时期才可能得到克服。这个时期应该说到来了。

毫无疑问，劳动力和生产力是两个联系密切的概念。双方区别仅仅在于：劳动力（当然是在本节开头时所界定的含义）是从主体角度体现的生产过程，生产力是从客体角度体现的同一生产过程。这种内在关联使马克思在论述生产力问题时不可能不涉及劳动力问题。由于仅仅是"涉及"，就无法奢望出现像生产力理论那样的系统性。但是，在马克思卷帙浩繁的著作中，仍然可以理出关于劳动力理论的基本逻辑关系。

第一，历史就是追求着自己目的的人的活动。对人类活动的考察主要是对劳动的考察，也就是从人类自身发展的角度对历史的考察，归根结底也是对个人劳动能力发展的考察。

在马克思看来，劳动是实现人的需要的手段。人们为了能够"创造"历史，必须能够生活，而为了生活，首先就需要衣、食、住以及其他消费品。所以，人的需要就是人的本性。任何人如果不同时为了自己的某种需要和为了这种需要的器官做事，就什么也不能做。但是，人的需要并非静止不变。已经得到满足的第一个需要、满足需要的活动和已经获得的为满足需要用的工具又引起新的需要。人类发展体现出需要不断上升的规律。这也是人类本性不断改变的过程。

同时，需要作为人的生命存在的标志，只能与具体的人相联系，任何共同的需要都不过是个人需要的实现形式。正是在这个意义上，马克思说："人们的社会历史始终只是他们的个体发展的历史"①。

第二，劳动本质上是智力性质活动，劳动力发展就是智力发展。

劳动在形式上是人的脑力和体力支出。但只要是劳动，无论它采取以脑力为主还是采取以体力为主的方式，实质上都包含着某种程度智力，因而都可以归结为一定意义智力活动。只有这样，才能把人的劳动同动物本能区别开来。马克思说：

> 蜘蛛的活动与织工的活动相似，蜜蜂建筑蜂房的本领使人间的许多建筑师感到惭愧。但是，最蹩脚的建筑师从一开始就比最灵巧的蜜蜂高明的地方，是他在用蜂蜡建筑蜂房以前，已经在自己的头脑中把它建成了。劳动过程结束时得到的结果，在这个过程开始时就已经在劳动者的表象中存在着，即已经观念地存在着。②

劳动智力性质首先表现在劳动目的上。劳动目的与所生产使用价值相联系，其智力体现为对使用价值的选择，即体现为人对自身需要的选择。这种选择，总是以人类已实现需要为基础，总是灌注着人类进一步扩大的需要。它既要考虑可能性，又要考虑现实性；既要利用现存条件，又要创造新的条件；既要照顾眼前利益，又要注意长远利益。随着劳动发展，人们所需要使用价值在种类上增加，在质量上提高，它反映出人类智力的发展。

劳动智力性质也表现在劳动手段上。"劳动者利用物的机械的、物理的和化学的属性，以便把这些物当作发挥力量的手段，依照自己的目的作用于其他的

---

① 马克思，恩格斯. 马克思恩格斯选集：第4卷［M］. 北京：人民出版社，2012：409.

② 马克思恩格斯文集：第5卷［M］. 北京：人民出版社，2009：208.

物。"马克思引用黑格尔的话说:

> 理性何等强大,就何等狡猾。理性的狡猾总是在于它的起中介作用的
> 活动,这种活动让对象按照它们本身的性质互相影响,互相作用,它自己
> 并不直接参与这个过程,而只是实现自己的目的。①

一般说来,劳动手段所体现智力发展,往往就是劳动资料技术水平的提高。

劳动目的和劳动手段既相互区别又彼此联系,既相互促进又彼此制约。双方共同反映出的智力状况,是认识人类劳动发展的主要线索。正因为如此,马克思曾把"作为目的本身的人类能力的发挥"看作是"真正的自由王国",并认为,"它存在于真正物质生产领域的彼岸",即存在于精神生产领域。②

第三,人类劳动可以分解为劳动力和劳动关系两个方面。其中,劳动力决定劳动关系。

许多人都已注意到马克思的一段话:

> 人的依赖关系(起初完全是自然发生的),是最初的社会形式,在这种
> 形式下,人的生产能力只是在狭小的范围内和孤立的地点上发展着。以**物
> 的**依赖性为基础的人的独立性,是第二大形式,在这种形式下,才形成普
> 遍的社会物质交换、全面的关系、多方面的需求以及全面的能力体系。建
> 立在个人全面发展和他们共同的、社会的生产能力成为从属于他们的社会
> 财富这一基础上的自由个性,是第三个阶段。③

可以看出,这段论述具有两个突出特点:一是对历史考察以人类本身发展为对象,全体社会成员被当作一个整体。在人类所经历三个阶段的每一个时期,他们共同具有同一种性质的社会关系;二是对人类发展考察以"人的生产能力"为尺度,三种社会形态分别与人类三种不同生产能力相一致。

客观地说,就一般"生产能力"概念而言,可以有两种解释:如果以主体指谓,是指劳动力;如果以客体指谓,是指生产力。作为劳动力概念出现的"生产能力"针对的是劳动过程,其中物的要素从属于人的要素,特定科技水平生产资料不过是劳动力的物化形态。作为生产力概念出现的"生产能力"针对的是生产过程,其中人的要素从属于物的要素,劳动者不过是劳动资料尚未完全替代物质力。由于马克思不仅运用了"人的生产能力"这一提法,而且从人

---

① 马克思恩格斯文集:第5卷 [M]. 北京:人民出版社,2009:209.
② 马克思恩格斯文集:第7卷 [M]. 北京:人民出版社,2009:928.
③ 马克思恩格斯文集:第8卷 [M]. 北京:人民出版社,2009:52.

本身角度指出了这种能力的变化，从而表明他此处强调的是劳动力。

社会形态通常指社会关系。马克思说："为了进行生产，人们便发生一定的联系和关系；只有在这些社会联系和关系的范围内，才会有他们对自然界的影响，才会有生产。"① 由此可见，社会关系基础是生产关系；而生产关系基础是分工关系，即本来意义的劳动关系。

马克思曾说："劳动过程的一般性质并不因为工人是为资本家劳动而不是为自己劳动就发生变化"。"因此，我们不必来叙述一个劳动者与其他劳动者的关系。一边是人及其劳动，另一边是自然及其物质，这就够了。"② 在这里，马克思认为，由劳动资料技术性质所决定分工关系是客观存在。这种具有自然必然性的劳动关系可以超越具体生产关系彼此之间的对立。

然而，在人类总的发展过程中，劳动（分工）关系本身也将随着劳动力的发展而改变性质。按照马克思思路，人类劳动力需经历三个发展阶段，与此相一致，劳动关系也依次表现出三种不同规定性：

一是人类劳动力体现为片面能力的时期。它具有"只是在狭窄的范围内和孤立的地点上发展着"的特征。这种能力的"片面"不仅表现在人类个体方面，也表现在其整体方面。由于这个时期劳动能力十分低下，所使用工具特别简陋，劳动活动只能以体力为主，因而劳动者之间配合成为决定劳动效率关键环节。在这种情况下，为了保证维持生存所必需的物质消费品，客观上要求劳动分工具有稳定性。事实上，人类所处的整个自然经济时期都属于这个阶段。其中，无论最初以血缘关系为特征的劳动分工，还是后来以人身依附为特征的劳动分工，都具有某种社会强制色彩。它使劳动关系表现出"人的依赖性"。

二是人类劳动力体现为交换能力的时期。它的特征是"形成普遍的社会物质变换，全面的关系，多方面的需求以及全面的能力的体系"。这种能力通过扩大和深化人类交往形成。它在人类整体方面表现为全面能力，在个体方面表现为片面能力。由于这个时期劳动能力形成了丰富层次和多种形式，为了发展社会经济，客观上要求劳动组合具有灵活性；与此相一致，劳动者在分工方面则具有选择性。人类商品经济时期属于这个阶段。这是人类个体劳动能力不断细化、强化的过程，也是人类整体劳动能力不断完善和深化的过程。在这一过程中，人们通过提供特定商品与他人形成社会关系：一方面，是所有人都提供了属于自己劳动成果的产品；另一方面，是每一个人都因此取得了占有他人产品

---

① 马克思，恩格斯．马克思恩格斯选集：第 1 卷［M］．北京：人民出版社，2012：340.

② 马克思恩格斯文集：第 5 卷［M］．北京：人民出版社，2009：215..

的权利。它使劳动关系表现出"人的独立性"。

三是人类劳动力体现为全面能力的时期。它的特征是"个人全面发展和他们共同的社会生产能力成为他们的社会财富"。这种全面能力，既属于人类整体，又属于每一个体。这个时期由于劳动能力获得全面发展，客观上允许劳动分工具有自主性。从目前知识经济发展趋势来看，个人能力和社会能力的上述一致性，将是在精神生产意义上存在的：一方面，每一个人都把自己精神产品形式的劳动成果交给社会；另一方面，社会也将按照人们需要，把这些成果提供给每一个人。由于精神产品使用价值可以无限重复利用，每一个人提供的精神产品将构成"他们共同的社会生产能力"，而这种能力反过来又"成为他们的社会财富"，可以任由每一个人使用。人类这种劳动关系就表现出"人的自由个性"。

众所周知，在马克思理论体系中，叙述得最为详尽、论证得最为系统的是他关于生产力与生产关系的理论。这一理论派生出的唯物史观和剩余价值理论，成为马克思主义宝库中两颗耀眼明珠。

生产力与生产关系理论的历史性功绩在于：当完整的资本主义社会形态刚一形成，马克思就通过该理论揭示了它的内在矛盾，断言它将要被新的社会形态所代替；虽然直至今天资本主义制度仍在众多国家继续存在着，并一直存在到其生产关系所能容纳生产力全部发挥出来之时；但若干落后国家却因此改变了历史走向，选择了以扬弃资本主义为宗旨的更高目标，并用新的生产方式改变自身落后面貌，力求为人类提供一种更加优越发展方式。由此形成的社会主义与资本主义对峙，客观上构成人类整体发展的内在动力机制。

马克思关于生产力与生产关系理论的历史成就，主要取决于它来源于实际并服务于实践。但正因为如此，一旦客观实际发生了变化，人们实践活动也必须相应改变；作为反映实践需要的理论，理当加以调整。

马克思对劳动力与劳动关系理论的初步揭示，应该说为这种调整提供了方法论前提和重要思想基础。马克思作为科学巨人和唯物辩证法大师，在其研究工作中，遵从理论逻辑指向，涉及许多需要从主体角度论述历史发展问题的机会，使他有可能考虑劳动力与劳动关系问题。然而，下述事实也不应忽略：马克思从未专门论述过这方面问题；前述马克思有关思想，散见于其著述之中，尤其是他的手稿之中；马克思似乎不想让劳动力与劳动关系思想冲击其生产力与生产关系理论，前者不多的相关论述，马克思似乎有意把它们表述得用生产力与生产关系理论也能包容。

国外研究社会主义的学者，很久以前就在高喊"重构历史唯物主义"，也有人触摸到劳动能力问题，但没有一个人试图"发现"一个新的马克思。20 世纪 30 年代初，当《1844 年经济学哲学手稿》首次发表时，一些人认为"青年马克思"不同于"老年马克思"，前者属于"人道主义的社会主义"，构成马克思主义的"高峰"。这种见解一直影响到半个世纪后的中国。

然而，还是没有人从劳动力角度出发来考虑历史观问题。其实，劳动力是最接近生产力的概念，也是最能够给历史观带来革命性变化的概念。从宏观上说，生产力与生产关系和劳动力与劳动关系都具备了深刻历史内涵，都体现了辩证法思维原则。双方区别仅仅在于，前者"抵近"了现实也张扬了现实，后者强调了逻辑也张扬了逻辑。

不仅如此，像前面已提到的，两种理论模式本是同"根"所生，都源于对人类经济生活的考察，也都是从社会关系方面进行这种考察。试比较一下两种理论模式的基本思路：

生产力与生产关系理论：人—社会关系（生产活动）—生产关系—生产力—生产资料。

劳动力与劳动关系理论：人—社会关系（劳动活动）—劳动关系—劳动力—智力。

可以看出，两种思路都是从人本身出发来研究人类历史，都表现出对宗教世界观和其他唯心主义世界观的超越。与此同时，两种思路都没有致力于对某种抽象人性论追求，没有像马克思所说的去追求"单个人所固有的抽象物"。这就同费尔巴哈人本主义思想划清了界限。

双方都从社会关系出发。生产力与生产关系理论强调其中的客体性质。在这种从物质角度观照的社会关系中，人是被动的物质力；社会关系仅仅作为人类生命活动形式。而劳动力与劳动关系理论强调其中的主体性质。在这种从人的角度观照的社会关系中，人是主动的精神力；社会关系成为人类生命活动内容，或者说，它就是人类生命活动本身。

双方进一步区别更加明显：由于生产力与生产关系理论从人们生产活动的社会关系出发，突出的只能是人类生命存在的现实特征。马克思曾说过，人的本质，就其现实性而言，是社会关系的总和。正因为如此，从这种社会关系出发，也就是从人的现实性出发，所解决的也是人们的现实性问题。由于认识这一社会关系的需要，人们揭示了其中起决定作用的生产关系；而为了把握生产关系，则找到了其背后的生产力；为了确定生产力，又进一步发现了其中占据支配地位的生产资料。

换句话说，生产力与生产关系理论从发生学的意义上看，是为了解决现实社会关系问题。马克思时代面临两大社会问题，一个是经济危机，一个是阶级斗争。阶级斗争被视为人类文明史一直存在阶级斗争的现代版，而经济危机与其说加剧了阶级斗争，不如说为它指出了一个发展方向。在马克思看来，经济危机表明资本主义不能有效地吸纳大机器生产巨大能力；而正是后者创造的财富可以从根本上改变社会划分为阶级的状况。所谓"阶级的存在仅仅同生产发展的一定历史阶段相联系"，当生产发展到运用大机器时，就可以宣布这个"历史阶段"即将终结了。

劳动力与劳动关系理论从劳动活动的社会关系出发，突出人类生命活动一般特征。马克思曾说过，人的生命活动与动物生命活动相比，在于人具有"自由有意识"的特点，而动物取决于本能；能够体现人的生命活动特性的只有劳动。这意味着，对劳动活动考察，就是对人本身考察，包含着对人的过去、现在和未来的考察。考察劳动活动，就是考察人的整体发展状态，是对人类历史的全面认识。为了把握劳动，人们揭示了劳动活动中最具稳定意义的分工关系；而为了认识分工关系，则找到了其背后的劳动力；为了确定劳动力，又进一步发现了其中占据支配地位的智力。

显然，这是与生产力与生产关系理论不同的角度。从形式上看，两种理论都属于描述人类历史规律的思维模式，但生产力与生产关系理论是从现实出发并为解决现实问题服务的，而劳动力与劳动关系理论是从历史出发并为说明历史现象服务的。毋庸置疑，人类现实只构成了人类历史一部分；虽然"现实"展延也能出现"历史"，但这种历史观局限性不言而喻。

这里并不否认，无论从历史本身出发，还是从现实需要出发，所作历史研究都必然打上时代条件烙印，都必然表现出研究者受制于现实环境的局限性。但是，双方仍然存在不同。概括说来，从历史本身出发，往往更注意客观事实，往往更能够扬弃党派立场，也往往更容易抓住事物本质；而从现实需要出发，则往往更关注特定问题，往往更强调党派原则，也往往更可能陷入事物表象。

马克思关于生产力与生产关系理论研究，在很大程度上取决于对经济危机和阶级斗争事实的认识。正是这种认识，使他得出社会主义取代资本主义具有现实可能性的结论。

这样一来，当时尚具有很强生命力的资本主义被误判为日薄西山、气息奄奄的生产方式——它意味着资本主义因不成熟而显示的青涩，被看作因过分成熟而导致的腐烂；而资本主义能靠自身发展化解或缓和的某些矛盾，被看作是其不治之症。

这样一来，在当时作为正确选择的暴力革命方式被误判为唯一正确的阶级斗争途径，后者更被进一步误判为人类历史前进根本动力——似乎人类与自然界之间基本矛盾，可以仅仅通过人与人之间斗争方式来解决。

这样一来，在当时借助工业革命走进经济领域并刚刚登上政治舞台的无产阶级，不仅被赋予过分沉重的历史使命，而且其历史命运也被曲解了——那样一个以体力劳动为主、陷入贫困状态而且人数越来越多的无产阶级，并没有如约出现；现代经济发展，使以体力为主的第一、二产业处在持续压缩过程中，因此，人们无法以体力劳动阶级为基础去设想理想社会的实现。

在一定意义上，马克思强烈的人类情怀使他倾向于无产阶级立即解放，他过度解读阶级斗争作用，把历史规律所展示的特殊形式当作历史规律本身。他运用大智大慧，把这种形式提升成为内容。

现在看来，从人出发乃至从社会关系出发研究人的历史，是无可挑剔的。但这种研究一开始就应该有两种角度：一个是从人的历史活动内容出发，一个是从人的历史活动形式出发；前者是研究人的生命活动的动态方面，后者是研究人的生命活动的静态方面。马克思强调了人的现实社会关系的矛盾。他抓住的是人类历史的形式方面。

公正地说，人类历史的形式往往是人们首先注意到的方面。它具有相对独立性，同样需要研究。然而，对历史形式的研究不能脱离其内容，更不能代替其内容。劳动力与劳动关系的矛盾运动应该是人类历史发展的内容，生产力与生产关系的矛盾运动则是人类历史发展的形式；同一种内容可以有多种形式。

第二章　劳动与活动

马克思主义劳动概念包括两方面含义：从内容上看，它是人以自身活动来引起、调整和控制人与自然界之间的物质变换过程，体现为人通过特定生命活动所形成的与自然界之间关系，即主客体关系；从形式上看，劳动是个人作为社会成员的脑力和体力支出，是人们在社会联系中从事活动的过程，体现为人们以脑力和体力为中介所形成的社会关系，即主体之间关系。上述内容和形式的统一，构成劳动质的规定性。

劳动质的规定，反映了人类生存与发展的最根本关系（在一定意义上是唯一关系），以及人类活动服从人体自然界需要去改造天然自然界、从而既改造自然又回归自然的本质。学术界正确选择人与自然界关系作为研究劳动性质的对象，取得了重要成果；但是，大都忽视了人与他人关系以及与自身关系也属于与自然界的关系，从而把人本身与自然界对立绝对化，未能动态地考察人的生命活动与劳动的辩证联系，也无法准确把握脑力和体力两种劳动方式在社会合作意义上的对立统一。

第一节　劳动内容物质性

劳动是人类特有的生命活动现象，但又属于一般的物质运动范畴。对劳动问题考察首先和最基本的是分析它作为物质运动的特殊性。这涉及人类同自然界实现物质交换的本质、过程和方式诸方面。它们从不同层次体现着劳动内容的物质性。

（一）劳动本质

通常说来，劳动是人与自然界关系的中介：其要素既不是单纯的人，又不是单纯的自然界，却既包含了人，又包含了自然界，它是主体与客体融入同一运动过程的物质性关系。就此而言，劳动本质上是一种特殊能量转化方式，即人类同其他生物以及无机界实现能量交换的方式。

辩证唯物论认为，世界是物质的，物质是运动的；物质运动包括机械的、物理的、化学的、生物的和社会的五种方式。各种物质之间，各种物质运动形式之间，存在一定联系，具有内在统一性。当代科学技术发展，不仅没有否认这一点，反而为上述结论提供了新的佐证。

由美籍奥地利人、理论生物学家路德维希·冯·贝塔朗菲（Ludwig Von Bertalanffy）先后耗费40余年时间创立的系统论，把所有研究与处理对象，当作一个系统，即当作由若干要素以一定结构形式构成的具有某种功能的有机整体。他力求研究各种系统的一般方面、一致性和同型性，阐述和导出适用于一切系统的模型、原理和规律。这是很有价值的工作。但是贝塔朗菲没能完成定量描述系统模型和规律的任务，因为他没有解决宇宙系统的无机界与有机界在进化方向上的矛盾。他发现，在孤立系统中会因增熵使系统走向无序，而生命在开放系统中不断进行物质、能量、信息交换而产生有序。①

比利时物理学家伊利亚·普里高津（Ilya Prigogine）创立了耗散结构理论。耗散一词原意是指开放系统与外界进行的物质、能量、信息的交换运动。耗散结构则是指远离平衡态的开放系统，通过耗散运动形成的一种动态稳定的有序化结构，即由原来混沌无序状态转变成在空间上、时间上或功能上的有序状态。普里高津认为：一个远离平衡态的耗散结构系统，可以从外界吸收负熵流，从而抵消系统内增熵过程，向有序化发展。这就把系统非平衡态看作是有序状态之源，一定程度消除了"热寂说"与进化论的矛盾，使物理学与生物学的规律得以统一。

但是，耗散结构理论所描述的动态有序，是以开放系统为对象而排除了孤立系统和封闭系统的，也即以系统远离平衡状态为条件的。它虽然能够对物理过程和社会过程做出合理说明，却仍然没有从宇宙大系统角度解决各个系统的统一问题。德国斯图加特大学的理论物理学教授赫尔曼·哈肯（Haken Hermann）提出的协同论又前进了一步。他用复杂系统内部大量子系统之间相互作用所产生的协同现象和相干效应，进而在宏观上表现出新的有序的自组织现象，说明无机界、生命现象乃至社会都遵循着同一种规律。协同论揭示了物态变化

---

① 陈义存，周季生．社会科学工作者自然科学手册［M］．济南：山东人民出版社，1988：161－162.

的普遍程式：旧结构→不稳定性→新结构；并认为，对于一种模型，随着参数、边界条件的不同以及涨落的作用，所得到的图样可能很不相同，但对于一些很不相同的系统，却可以产生相同的图样。不难看出，协同论给人们描绘了一幅物质世界更为复杂的运动变化图景，为说明各个子系统的相对稳定状态提供了更为宏观尺度。

差不多与哈肯同时，德国柏林大学生物化学家 M. 艾肯（Manfred Eigen）提出了超循环理论。他把生命的起源和进化分为三个阶段：Ⅰ化学进化阶段；Ⅱ大分子进化阶段；Ⅲ生物进化阶段。对无生命向生命过渡做了研究。他把循环反应网络分为三级：第一是反应循环，第二是催化循环，第三是催化超循环。他观察到生命现象正是由包含许多酶的催化作用所推动的种种循环所组成的。在超循环中就出现了具有生命特征的新陈代谢、自复制和突变。他为生物大分子进化建立了数学模型，找到了从化学系统向生物系统过渡的统一模式。

辩证唯物主义同现代科学研究的基本结论无疑是一致的。贝塔朗菲曾认为，黑格尔和马克思是一般系统论的光辉的先驱者。但是，现代科学理论更多地依据了科学技术进步成果，在许多方面深化了人类宇宙观。马克思主义哲学有必要也有可能吸取这些优秀文化成果，推动自身理论体系的发展。

显然，如果把人类视为一种物质存在，而把其生命活动视为一种物质运动的话，那么，劳动就是真正体现人类生命活动特殊性的物质运动。劳动这种物质运动的特殊性在于，它兼容了自然界的所有运动形式，把举凡机械运动、物理运动、化学运动、生物运动和社会运动都统一到自己名下。人类通过劳动，可以再现并支配任何一种物质运动形式。劳动因之成了最为复杂最为精巧的物质运动，而人因之成了最有潜力最善发展的生命机体。人类及其生存环境是一个不断扩大、不断深化的开放系统。人类在劳动中不断优化同自然界物质交换、能量交换和信息交换的关系，逐步完成自身生命过程有序化，即实现人生目的。

概括说来，劳动所形成的主客体关系，包括三个层次。

一是人与自然界的关系。人通过劳动改造了自然界。这种改造通过物质形态改变进行，包括自然物的空间移动、形状变化以及内在结构及组合方式的更新，等等。人类通过这类改变，满足了自身新陈代谢需要，创造了更为优越的生活环境，使自己生存时间逐步延长，生存自由度逐步增加。

二是人与社会的关系。人通过劳动改造了社会。这种改造表现为对社会关系的确定、调整和修正。人类对于社会关系作为劳动对象的认识，经历了漫长而又复杂的过程。在最初年代，人们除了按照习俗处理本氏族内部关系之外，尚不懂得如何对待他人。因此，几乎是凭着本能把其他人看成是可以利用又必须提防的另一种"自然界",并把战争作为解决相互矛盾的基本手段。原始社会末期,随着生产力发展而造成交往增加,自然而然把人类引入战争频仍的"英雄时代"。能够用暴力方式抢夺其他氏族财富,掳获他们的人众,被看作值得炫耀的英雄行为。战士不仅是一种职业,也是一种荣誉。直到今天,人类仍然热衷于在军事领域一较身手,不惜耗费巨资去发展暴力手段。用暴力改变人类自身关系,沿袭了人类对付自然界一般方式,即把他人看作某种物质形态,其活动方式和存在状态需要适合自己利益。对他人施以暴力,就是要么消灭其肉体存在,夺取其财富或消除其力量影响;要么改变他人活动状况,使之不再继续危害己方或转而有益于己方,最终创造出适合自己需要的社会环境。但是,随着人类文明进步,在暴力方式旁边生长并发展出另一种方式:人们越来越习惯运用信息手段改造既存社会关系。例如,人们运用利益分布及归属的信息去消除某些敌意,去寻找某些可以合作的方面,通过对既得利益修正和调整去改变某些现实对抗,去促成某些所需要的联合。这些都不会触动他人肉体存在而只是改变对方思想。劳动包括研究社会关系规律,就是为了探寻如何建构合理的社会关系。这种成果一旦投入社会,就将引导并组织各种劳动能力,使之彼此协调,达到有序化。在这个意义上的劳动就是生产消除社会系统混乱状态的负熵流。

三是人与自身的关系。人在改造自然界、改造社会的劳动过程中,也改造了自身;因为人们在认识自然界和社会的同时,也改变了自己认识,在改变自然界和社会存在的同时,也改变了自身存在。在这两种劳动活动中,劳动者自身的改变,都是劳动者作为劳动手段的改变,都属于客观性质改变。除此之外,还有另一种劳动者与自身的关系,即人们把改造自身作为劳动目的,自身既是劳动对象,又是劳动手段。人通过劳动改造自身。这种改造往往既是物质的,又是精神的,两种改造寓于同一劳动过程。作为物质性改造,劳动使主体发生生理上和身体上的变化,作为精神性改造,劳动使主体发生心理上和智力上变化。因此,劳动既是主体行为,又是改造主体也即是主体客体化的行为。

在上述三个层次主客体关系中,最基本的主客体关系是人与自然界关系,不仅自然界属于客体,社会乃至人自身也因具有客体性质而成为自然界。毫无疑问,天然自然界、社会自然界和自身自然界构成了人类一般劳动的共同对象。但是,这种广义自然界之所以存在,其前提却在于人与自身的关系:人因具有意识能力能够把自身对象化,从而在自身客观存在之外形成一个自身主观存在,人们正是用这种关于自身主观存在去衡量自然界与社会,再进一步通过自身活动去创造合乎该尺度的自然环境和社会环境。因此,没有人与自身的主客体关系，就不可能形成人与社会，人与自然界的主客体关系。动物虽然也生活在自然界中，有的动物同样形成了"社会"，但由于它们不能从自身中区别主客体关系，即不能对自身乃至自身生命活动进行客体化观照，就无法把自身与自然界相区别，就不能形成与自然界的"关系"。正如马克思所说的，"动物和自己的生命活动是直接同一的。动物不把自己同自己的生命活动区别开来。它就是自己的生命活动。人则使自己的生命活动本身变成自己意志的和自己意识的对象"①。劳动的本质恰恰在于，要把对象性的人、真正的因而是现实的人理解为他自己劳动的结果。

就此而言，劳动所表现的主客体关系，终点是人与自然界的关系，起点却是人与自身的关系，而人与社会（他人）的关系则是双方中间环节。

（二）劳动过程

就劳动是主客体关系而言，劳动过程是物质运动过程，即以人为一方，以自然界为另一方，双方交换物质及能量的过程。

典型的劳动过程表现为主观劳动条件和客观劳动条件的结合，即劳动主体和劳动客体的结合。在一般情况下，客观劳动条件分解为劳动资料和劳动对象，由此构成了通常人们所理解的劳动过程三要素：劳动者，劳动工具，劳动对象。其中，劳动工具和劳动对象作为客观劳动条件，与作为主观劳动条件的劳动者界限分明：劳动工具和劳动对象是外在于劳动者的存在，前者属物，后者属人。

如果从广义角度把握自然界，就必须从广义角度认识劳动，而对劳动三要素理解也必须相应变化。人们将看到，有些劳动过程并不完全具备三个要素；或者说，有的劳动过程三要素在形态上发生转化，其中物的要素会以人的形式出现，有的则干脆由劳动主体自身来体现全部三种要素。

我们试以人对自身自然界的关系为例。

就劳动是人对自然界的改造而言，人对自身自然界的改造也应属于劳动。首先，人对自身物质条件的改造属于劳动行为。众所周知，受自觉意识主导的体育活动，增强了人的生命机体健康程度，是人类所独具的生命活动。它同其他动物出于本能的运动，虽然在最后目的上颇为相似，但由于体现出自觉的主体特性，不能不表现为对自身生命自然进程的某种积极作用，因而与动物具有本质不同。在体育活动中，人把自己当作了劳动目的；为了实现身体健康，人要对自身有所了解，知道自己需要什么，可能选择什么方法去从事锻炼才是适

---

① 马克思恩格斯文集：第1卷［M］.北京：人民出版社，2009：162.

宜的。在这一劳动过程中，人既是主体，又是客体，既是劳动者，又是劳动对象，同时还是劳动工具。

如果否认体育活动属于劳动，则很难承认医生工作是劳动。在一定意义上，体育是对生命机体的积极改造，医疗则是对生命机体的消极改造。双方都在一定程度上改变了人体自然状态，其价值取向完全一致，区别仅仅在于劳动主体不同。对于同一个生命机体来说，体育劳动属于劳动者的自我施为，而医疗劳动须仰仗他人大力。

其次，人对自身精神条件的改造属于劳动行为。学习就是一种典型的改造主体自身精神条件的劳动。通过学习，人获得了知识，掌握了正确的思维方法。它改变了人的智力水平，使人能够从自然人迅速转变成文化人。在学习劳动中，人既是劳动者，又是劳动对象，甚至还是主要的劳动资料。因为在这里，文化知识需要经过人脑的吸收加工，才能转变成脑力，文化知识不过是劳动资料中的原材料，人脑才是劳动工具。

如果不承认学习是劳动，教师的职业也就很难是劳动。显然，从书本上学会牛顿第一定律同在课堂上接受同一定律所完成的能力改变并无本质区别。双方是同一劳动对象，只是劳动主体变了。自学者本人充任了劳动主体同他人（教师）充任劳动主体，都没有违反劳动质的规定性，二者社会过程当然不同，社会完全可以据此做出不同反应和评价，但否认它们同属劳动则没有道理。

从根本上说，上述关于劳动的认识并不是单纯把劳动泛化，或者别出心裁地从广义方面理解劳动，而是严格循着劳动质的规定性所做的理解。这是一种科学劳动观。它关于劳动的认识，显示了更为丰富的层次性，揭示了更为复杂的内容。这种逻辑上的展开恰恰符合人类劳动行为的本来面貌，无论理论上还是实践上都具有重要意义。

对劳动概念新认识，涉及对劳动要素的重新把握，也涉及对劳动过程的一般考察。在与自然界关系中，人类劳动过程表现了两种模式。

一是"人—人—自然界"模式。

这种模式表明，人是利用与他人的关系发展与自然界关系的。人类毫无疑问是由此出发的。人作为社会化动物，社会关系的工具意义一开始就存在。可以想象，对于原始时代人类来说，同伴合作比一件石器或棍棒更为重要，哪怕人们都是赤手空拳。当然，这时个体直接溶化在整体之中，人人都是主体，人人都是客体（工具）；大家为一人，一人为大家。但是，这时人对社会关系依赖从根本上并没有超出动物界水平。社会联合所形成的合力，主要是个体物质力的集中。人对他人力量的借用，直接表现为对他人体力的借用，而这种借用关系是相互的、平等的。

出现了社会大分工之后，情况就不同了。人对社会的依赖关系不再直接表现为对他人的依赖，而是转变为对他人劳动产品的依赖。虽然这时仍然存在生产过程中劳动者之间直接依赖关系，但占主导地位的已经是社会分工所形成的依赖关系。这种新型社会关系形式使人类走出了狭小交往圈子而进入一个广阔天地。分工门类越多，分工岗位越细，人类整体与自然界的关系越全面，越深入，个人所能享受劳动成果也就越丰富。以产品交换为媒介的社会关系，大大突破了时间和空间局限，客观上使整个人类形成一体。

信息时代的到来，标志以物质交换为基础社会关系的一次飞跃。人对社会关系的利用，归根结底是对人力利用。在所有自然力资源中，唯有人力最强大。因为只有人力可以利用或控制其他自然力。人力对人力利用是人类生存发展最高形式。如前所述，在原始状态下，社会关系只能集中起小范围人力资源，并且主要是从人的体力方面来集中。但即便是这一过程个体仍然从这种社会合力中获益匪浅。到了社会大分工时代，社会关系获得了无限扩大机会，以物质产品为媒介的交换关系可以把全人类联结在一起。然而，正因为如此，生产过程中人力资源浪费现象就产生了。人们面对如此庞大的生产系统，很难完全避免人力重复投入，所有低效乃至无效劳动所形成的价值都得不到实现。这种生产过程中人力浪费同时也是物力浪费，因为人力使用过程也是人力支配物力过程。信息经济的出现，如果不是为了解决这一矛盾，也是朝解决这一矛盾方向努力的，至少与解决这一矛盾有关。

与实物经济相比，信息经济最大特点是使物质和能源流动符号化。它能高速完成复杂的社会交换过程，检验相关主体的利益实现情况，及时地调整人力、物力的流向，使浪费降低到最低限度。但从长远观点看，信息经济将带来人力脑力化。一般物质生产过程将由高度自动化机器设备来完成，人对生产过程的支配和主导，仅仅是为它提供软件形式的精神产品。这不仅会从根本上改变社会交换关系含义，还将使社会主义者所憧憬的理想社会真正得到实现。

二是"人—工具—自然界"模式。

这是人们普遍承认的典型劳动过程。其中，工具使用被看作衡量劳动是否存在的标志。工具代表着受到人支配的自然力。虽然在一切自然力中最富潜力的应当属于人，但人的能力恰恰在于他能够支配自然力，至于人本身的物质力受其生理条件限制，远不能适应人类与自然界关系的发展需要；所以，人类在依靠社会关系发展生产力的同时，相应也发展着工具系统。

广义工具系统并不单纯是人类制造出来的，它还包括自然界固有的物理过程、化学过程、生物过程。人类制造的工具是改变自然物质存在的结构和形态，然后按照需要把若干改变后的自然物质组合起来，形成一种人工自然力。人类控制的工具是改变自然物质存在的时间和空间，让它们按照需要重现其自然发展过程，形成一种人控自然力。无论人工自然力还是人控自然力，既在工具意义上存在，又在劳动对象意义上存在，并且，往往先成为劳动对象，再成为劳动资料。

一般说来，工具系统最早以替代人的体力为主，表现为人类四肢的延长。在当代，电子计算机技术的出现，使工具系统开始增添了取代脑力的功能。当年，马克思目睹以蒸汽机技术为代表的产业革命，对自动化生产系统给予很高评价，将之称为劳动者"站在生产过程旁边"。但那时的机器，仅仅包括动力装置、传动装置和工作装置三个部分。今天计算机的运用，已使自动机具备了随机协调自身工作状态的能力；自动化工厂的出现，更进一步表明负责整体协调及相机处理的职能也可由电脑承担。

机器对物质生产过程中人力的取代，表明人与劳动的联系从根本上说来，既不是以体力方式介入生产过程，也不是以脑力方式介入生产过程，而是以劳动目的或者说以人的需要主导生产过程为标志的。生产体现了人的需要才确定了人在其中的主体地位，而生产过程中有了主体才使其不同于自然界其他物质运动，也才使其具有劳动特征。但是，人类要想以自己需要支配生产过程，不可能像童话中面对宝葫芦那样，只要喊出需要什么，宝葫芦就会产生什么。人类发展史表明，需要对生产过程支配的实现，必须经历对自然规律的漫长认识过程。在这个过程中，人类不仅要动脑，而且要动手，要反复地通过实践—认识—再实践—再认识……这样无穷无尽生命活动去真正把握规律，并把对规律把握外化为越来越完善的工具系统。只有到了这个时候，这种工具系统才可能像宝葫芦那样，对人的要求有求必应。

"人—人—自然界"和"人—工具—自然界"这两种劳动模式是同时存在的，也是并行发展、相辅相成的。从历史上看，"人—人—自然界"模式一度是人类文明进步重心。最初出现的脑力劳动，基本上围绕社会关系问题进行。人们形成渐趋庞大的社会共同体，面对人们日益频繁、日益复杂的社会交往，感到很难解决好由此产生的各种矛盾。这种难题历经了数千年，吸引了一代又一代脑力劳动者，人们从不同方面表达了关于如何建构一个合理社会关系的主张，对维系当时劳动关系，推动社会生产力进步起到了不可磨灭作用。与此同时，由于脑力劳动基本不涉足直接物质生产领域，致使"人—工具—自然界"模式处在一种自然演变状态，只能依靠体力劳动者通过量变累积来完成某种意义的质变；虽然其间出现过若干照耀人类进程的伟大成果，但从总体上进展缓慢。

到了工业革命时期，上述情况发生了根本变化。科学技术成果在直接物质生产领域里的应用，带来了令人惊叹的成就，物质财富迅速增加，人们生活方式发生了迅速改观。这不能不吸引脑力劳动者注意。一大批卓越知识分子以发展物质生产为目的，开始了研究工作，在短短二百年时间里，就给人类带来了一个花团锦簇的物质世界。与此同时，人们也找到了一个最简便的淡化社会关系矛盾的途径——市场。市场假定所有人都是自由个体，社会给足一个共同遵守的行为规则，然后听凭人们各尽所能竞争。较之以前社会体制的繁难和弊端，市场体制是更有效也更合理调节社会关系矛盾的办法。它使人类得以把主要精力转移到直接物质生产过程，并带来了"人—工具—自然界"劳动模式的巨大进步。

经典马克思主义对上述问题解释颇具特点。"人—人—自然界"模式被生产关系概念所代替，而生产关系只不过是发展生产力的社会形式，它取决于生产力要求。马克思通过《资本论》等一系列著作研究了生产力决定生产关系的规律问题。从总体上看，马克思淡化了社会关系问题，不认为它是单独的劳动对象，从而，"人—人—自然界"劳动模式也不属他的主要思考对象。但是，社会主义在落后国家率先形成并发展的历史事实，证明单凭"生产力决定生产关系"无法全面解释人类发展进程。在一定意义上，恢复"人—人—自然界"劳动模式的存在意义，是从深层次认识中国特色社会主义必然性的理性选择。

（三）劳动方式

劳动方式有两种：一是脑力劳动，一是体力劳动。按照通常理解，前者使用大脑器官，后者使用四肢。但是，严格说来，大脑活动受身体条件直接影响，往往是体力的特殊部分，而四肢活动须受大脑支配，往往是脑力的外在表现。因此，所谓脑力劳动不过是以脑力支出为主的劳动，而体力劳动不过是以体力支出为主的劳动。事实上，把人类劳动形式区分为脑力和体力，仅仅与历史发展的特定阶段相联系：人们借此对不同劳动行为和劳动者做出社会评价，以影响和规范社会总劳动的基本方向。

然而，不论历史上和现实中劳动力支出形式有多么不同，也不论劳动支出不同形式所占据比重怎样，真正能够体现人类劳动本质的只能是脑力劳动。脑力是人这种生命机体唯一能够体现人性的物质力，是同其他生物相区别并超越它们的根本标志，也是使人类得以成为自然界主体的真实原因。人类一切发展从而劳动一切发展，归根结底都表现为人的智力发展。

　　脑力作为人类生命机体物质力可以从三方面予以理解。一是它可以支配人自身四肢乃至整个身体活动。这是脑力能够直接控制的自然力，也是脑力进一步控制其他自然力的基础。二是它可以支配自然物质的力量。人的大脑越是把握了自然界奥秘就越有可能控制自然物质并运用其力量。对天然自然力的控制，并不必然需要人自身自然力参与，而可以让一种物质特性影响另一种物质特性，让一种物质运动过程作用于另一种物质运动过程，若干特定物质运动的系统组合，就可创造出满足人的需要的物质条件。三是它可以支配他人的力量，包括他人的脑力和体力，也包括对社会力的支配。对于人类整体而言，社会力是自身所形成的一种合力，对于人类个体而言，社会力是不以自己意志为转移的自然力的一种类型。一般说来，个人对社会力的支配是在交换中完成的：自己通过付出去取得。一个人脑力所支配自然力越多（包括他所支配自身自然力的强大和所支配天然自然力的众多），他在社会中占据的交换地位就越重要，他就越能同更多其他人形成交换关系，就越能支配更多的社会自然力。

　　脑力在人类生命存在中的关键作用不是偶然的。这不仅仅是因为它是自然界中唯一可以支配其他自然力的力量，因而是最富变化、最具灵活性、最有潜能、最为强大的力量，还取决于它的另外两个特点：

　　首先，脑力成果可以在社会范围内复制。这意味着，个体脑力可以经过复制，扩展成为所有社会成员的能力。这种复制不过是特定精神产品的传播，既不会使其创造者失去该生产能力，也不会使这种生产能力受到损耗。从可能性上讲，如果每一位社会成员都能创造性地取得不同于他人的脑力成果，并且将其交付给社会的话，那么，每一位社会成员也就都能够获得社会所拥有的全部脑力成果。毫无疑问，这是最为了不起的力量资源。

　　事实上，迄今为止任何社会形态都没有达到上述状态：一方面，并非每一位社会成员都有条件创造出不同于他人的脑力成果；另一方面，并非每一位创造出脑力成果的社会成员都能做到将其成果交付给整个社会。造成障碍的原因很多，概括说来有两条：首先，一个人要想创造，必须知道别人已创造了什么。这需要时间。按照这种要求，人们既必须学习并了解既存的精神产品，又必须研究探索新的精神产品。不是每一位社会成员都能获得系统教育又从事研究工作的幸运的。其次，社会要想让每一个人都把握现有精神产品，必须普及教育。这意味着全体社会成员都能在相当长时期内只消耗财富，而不创造财富。社会迄今为止也并不拥有如此雄厚的财富储备。

　　问题关键显然不在于能否立即实现个人与社会共同占有脑力劳动成果的局面，而在于确认这种目标是否有可能性，在于确认一旦这种目标实现所产生的社会意义。

其次，脑力成果可以依靠历史无限地积累。生物界所有物种都受惠于本物种演进历史，但都是在生命机体遗传性状上体现这一点的。只有人类还能够从前人遗留的文化系列中获得教益，它使每一代人都能以前人脑力劳动成果为基础，站在一个新的文化起点上，去从事改造自然界的创造性劳动。这是最让人惊叹的生命现象，是人类高于其他任何生物的真正秘密。

人类拥有自己文化系列甚至不以人们自身主观意志为转移。每一代人为着解决自己面临的劳动任务，都必须总结前人经验与教训，都必须以这些经验和教训为基础去投入新的实践活动，这就促使新的经验和教训产生，从而为新一代人铺垫了更为丰厚的实践基础。通过劳动，人们获得了各种各样产品。这些产品的物质形态很容易被消费掉，而实际上也基本被消费掉了。但其精神形式却保留下来，这是人们无法消费掉也无法带走的东西。前人的消逝，使他们不再成为交换主体。况且对于精神产品而言，谁也无权断然说出"这完全属于我!"每个人所从事精神生产都是以前人和他人的脑力劳动成果为基础的。

综上所述，在讨论劳动本质时，笔者强调了以人与自身关系为起点展开劳动所包含的主客体关系，论述了人的意识能力对于改造自然界的基础作用；在讨论劳动过程时，笔者强调了社会关系和工具系统并列成为劳动客观条件的意义，揭示了人的意识能力发挥作用的两个基本途径；在讨论劳动方式时，笔者强调了脑力劳动体现了劳动本质，肯定了意识能力在决定人类发展时的关键地位。所有这些，都表明人类劳动内容的物质性，但所有这些，又都表明这种物质性是以精神性体现出来的。

这正是人类生命活动有别于其他生物生命活动的特点。在自然界，一切生命活动都是物质性的，都是物质运动的某种形式。但是，不同的生命具有不同的物质构造，其中，只有人类生命物质结构可以形成一种精神力。这种精神力就是一种特殊物质力。

第二节　劳动形式个体性

劳动内容物质性是从劳动是人类生命活动角度所做的考察，其物质性表明生命活动本身、生命活动诸要素、生命活动形式等一系列主客体关系的物质性，即人与自然界关系的物质性。毫无疑问，人类所有劳动活动，无论其内容如何，都不能不是个体所为；劳动活动的物质性内容，都是采取个体行为表现的。这就是劳动形式的个体性。

但是，正如劳动内容物质性归根结底须用精神性予以解释一样，劳动形式个体性恰恰必须用社会性来解释。在自然界，一切生命现象都是以个体方式存在着，人类也是如此；然而，人类生命个体生存活动与其社会关系具有千丝万缕联系，以至于马克思说，人的本质就其现实性而言是社会关系的总和。这种情况对劳动问题研究产生了重大影响。它要求人们直接从社会关系方面去把握个人的劳动行为。

（一）过去劳动与现在劳动

劳动行为发生总是以过去劳动存在为前提的。从广度上讲，过去劳动是指整个人类的过去劳动，从深度上讲，过去劳动是指有史以来的所有过去劳动。马克思、恩格斯说：

> 每一代都利用以前各代遗留下来的材料、资金和生产力；由于这个缘故，每一代一方面在完全改变了的环境下继续从事所继承的活动，另一方面又通过完全改变了的活动来变更旧的环境。①

可见，人类劳动一个基本特点是对过去劳动的依赖。

马克思曾使用过"过去劳动"这个概念。他在分析物质生产过程时，把与劳动者相对应的劳动资料称为"过去劳动"，又称作死劳动；而劳动者现实劳动则是活劳动。本书所指过去劳动含义要更宽泛，它指人类有史以来一切劳动成果，当然主要强调其中对当代人发挥作用的那些文化成果。

人类这些成果主要有两种形式：一是精神形态，如文化典籍、科技知识、风俗习惯、民谣传说等；二是物质形态，如生产资料、历史建筑、名胜古迹、古玩器物等。随着历史推移，无论何种形态文化成果，都将向精神成果方面转变。例如，今天人们爱护故宫已不是为了解决住房问题，它的本来意义的使用价值已不重要了。人们看重的是其文化内涵，参观故宫实际上是为了读封建文化这本大书。

过去劳动的价值在于它构成了现在劳动的前提和出发点。过去劳动形成和发展则在于人类劳动的社会性。

人的脑力首先取决于其物质基础。在生物界中，人类大脑在体积和结构复杂性上都是其他动物难以比拟的，这为智力发生和发展提供了良好客观条件。

---

① 马克思，恩格斯．马克思恩格斯选集：第1卷［M］．北京：人民出版社，2012：168.

但是，动物中也不乏在脑部构造上接近于人类的，如海豚脑的发达程度仅次于人和猩猩。人脑平均重1.4千克，而海豚脑平均重1.7千克。海豚脑的皮层也比人的脑回多一倍。瑞士A·波尔特曼教授以测验法测验人和动物的智力，结果：人得215分，为第一；海豚得190分，为第二；而象和猴分别居第三、第四位。但是，这些动物要么没有形成群居，要么群居规模很小。自然界中有些群居动物在规模上和分工上都达到了很高水平，如蚂蚁和蜜蜂，但它们缺乏像人脑这样的思维禀赋。所以它们都无法进化成万物之灵。至于在两方面都接近人类的猿类，似乎更应该强调自然环境条件对其作用的不同。双方这种区别成千上万年的不断累积，终于使人同猿划出了鸿沟。当然，自然环境条件差异在人类中间也引起了分化，并逐步形成了不同人种和种族，但与人同猿的质差相比，这种差别意义很小。

人类祖先天赋的大脑构造和社会本能，成了促使其进化的两个轮子；它们相辅相助、彼此协调，使人类经过漫长原始生活，进入了与动物界有根本区别的文明时代。值得强调的是，不仅单独的大脑构造或社会本能不足以使人类走出动物界，而且同时具备这两项天赋条件仍然不足以使人类走出动物界。事实上，人类祖先在长达一千数百万年的时间内只能完成体质特征方面的量变，仍然不过是属于较为机灵的动物。在二百五十万年左右的原始社会时期，人类祖先才真正确定了向人的方向转变，其基本特征就是产生了积累过去劳动的现象。不难想象，在这个漫长历史时期，过去劳动积累一定充满了各种偶然性。劳动创造最初只能是个体偶然所为，同一种发现或发明往往需要反复重新开始，才能得到确认和传播，但人类毕竟跨出了这一步。

积累劳动出现意味着人类第一次开始运用自身智力优势。典型的积累劳动只能通过积累智力成果来进行，发现或发明作为精神形态的东西可以持续地传播下去，既不必担心它会受到损失，也不必为这种传播付出什么代价。

不仅如此，积累劳动出现还意味着人类第一次开始把个人劳动提升到社会劳动地位，从而在发展自身文明进程中真正启动了社会性这一动力机制。人类社会性的奥秘在于：它用社会的永恒存在弥补了个体的生命易逝，用社会的包罗万象弥补了个体的活动片面。这样一来，它一下子使脆弱人类生命现象变得坚强无比。每一个人依据自身社会性，都可以享用全人类所积累的文化成果，都可以直接面对自然界。社会滋养了每一个人，而每一个人又都用自己创造性劳动来回报社会，从而使社会能为个人提供更为有力的帮助。人类就是这样走上了一条良性循环的发展道路的。

如前所述，劳动内容是物质性和精神统一，劳动形式是个体性和社会性统一。通过积累劳动，劳动内容物质性和劳动形式个体性在新的基础上得到了统一，即在劳动内容精神性和劳动形式社会性上得到了统一。没有劳动内容精神性，其成果就不可能实现超越时空界限的传播，就不能真正积累起人类劳动，人的社会性就只能保留在直观的物质合作水平上，就不能超过动物社会性水平。没有劳动形式社会性，精神性劳动内容失去了传播媒体，它将像物质性劳动成果一样，自生自灭。可见，精神性内容天然具有社会性形式，而社会性形式内在要求精神性内容。

真正人类历史从文明社会形成开始。这时，首次出现了社会规模的精神生产活动，表明人类不仅开始正式积累过去劳动的价值，而且开始注意研究劳动成果传播问题；但更值得一提的是，人类开始研究精神现象本身，探索精神生产规律，创造科学思维模式，从而为人们充分发挥自身特长提供有力工具。

如果说，文明时代开始标志是出现了专门的精神生产活动，那么，第一批专门脑力劳动者就构成了第一批从事精神生产劳动者，而在这个时期形成或稳定的语言与文字则是精神生产的劳动资料，至于劳动对象，应是人类所有的过去劳动与现在劳动。

因此，劳动在形式上虽是个体的，但从文明时代开始，对个体性劳动的衡量在客观上就产生了一种社会尺度；所有劳动都存在一个属于过去劳动或现在劳动的问题。

正如现代化国家不仅仅以其存在于现代为唯一尺度，还必须看其经济文化是否达到了现代化水平一样，衡量一个现代人也不能仅凭他生活在现代为标准，还要看他与现代文化关系如何。从一定意义上说，一个人出生后不过是自然人。如果说人在母腹中要经历人类生命演化各个主要环节，因而十个月浓缩了生命过程上亿年的话，那么，人在成长过程中要通过学习阶段经历人类文化演进的各个主要环节，在几年或十几年内掌握历史积累的过去劳动成果，舍此无法真正由自然人变成现代文化人。

就此而言，现在劳动也不能仅仅以劳动行为发生现实性为唯一衡量标准。这种标准对于某些个人来说也许是正确的，他们现在从事的劳动恰恰是他们迄今为止最具创意的劳动，但对一般人或对社会来说，则无法判断现时劳动就是现在劳动。它很可能属于过去劳动。同样道理，对于一个民族来说的现在劳动，对人类来说很可能只属于过去劳动。

过去劳动和现在劳动的相对性说明了人类劳动本质上是创造的。只有创造性劳动才是真正劳动，只有从事创造性劳动的人才是真正劳动者。由此也说明了，一切创造性劳动都是从把握过去劳动开始的。为此，一切文化形态都采取历史文化形式。历史学是最通用的科学形式。

这样一来，对于任何个人来说，掌握过去劳动或者说继承前人创造文化成果，就成了从事创造性劳动的必要前提，从而客观上把改造人自身自然界当作改造社会自然界或天然自然界的必要前提。正如人们司空见惯的那样，一个人只有接受教育和通过学习，才能掌握必需的文化知识，取得参加社会劳动的资格。在这个过程中，人们既是消费者，又是劳动者。作为消费者，他们要占用一定数量物质消费品和精神消费品，才能保证学习顺利进行，作为劳动者，他们通过艰苦脑力活动，改造了自身智力的自然状态。要说明这种现象，有必要提出一个新的概念：消费劳动。

（二）消费劳动与生产劳动

一般说来，生产劳动是人类与自然界的一种关系，它表明人对自然界的改造。而消费劳动是个人对自身自然界的一种关系，它表明人对自身自然界的改造。

历史发展到今天，人们已清楚地看到：人的能力决定着物质生产状况，而人的消费状况决定着他的能力。自从消费超出了维持生命存在的含义，如何消费就上升成了一种社会问题，社会客观上必须承担引导消费的任务。

消费劳动只能是指个人消费行为。它不同于物质生产消费。后者是指生产过程中工具、原材料、燃料等生产资料以及活劳动的消耗，它本身包含在物质生产之中，消费过程同时是生产过程。个人消费行为一般是指为满足自己需要而消费各种物质资料和精神产品，它本身包含在人口生产之中，消费过程亦同时是生产过程。但是，消费劳动既然属于劳动，就必然受劳动质的规定性制约；也就是说，只有体现了对人体自然界改造的消费行为才属于消费劳动。这样，消费劳动就成为一般个人消费活动中一个特定部分：消费劳动属于消费活动，消费活动并不完全等于消费劳动。

区分消费活动和消费劳动的意义毋庸置疑。通常说来，消费活动反映个人生存需要，顺应人的自然性要求，力求维持和延长自己的生命存在。而消费劳动反映个人发展需要，遵循人的文化性趋势，力求改造自己的生命存在，形成新的生命能力。在可以区别的意义上，消费活动和消费劳动在以下方面有所不同：在消费目的上，前者为服从个人自然性存在，后者为改造个人自然性存在；在消费内容上，前者侧重物质性消费品，后者侧重精神性消费品；在消费后果上，前者只有利于个人，后者同时有利于社会。

区分消费活动和消费劳动也存在着一定困难。人口生产本质上包含两个环节：一是生命生产；二是能力生产。只有生命生产而无能力生产构不成真正意义的人，脱离了生命生产的能力生产则无法存在。如果说，消费劳动是生产能力的消费活动的话，那么，消费活动本身则是生产生命。人的能力是以生命存在为前提的，在特定历史条件下或在特定环境中，人的生命存在本身就是一种能力；并且，人的能力生产作为一个过程，总是体现在生命生产各个环节上。双方这种内在联系，注定了任何试图从中划出绝对界限的努力都是徒劳的。例如，最为典型的生命生产即生育行为也能够对能力生产产生重要影响。现代科学已充分证明，怀孕时父母的健康状况，母亲妊娠期间的营养及情绪，以及适宜的胎教，等等，都将对新人能力形成发挥一定作用。

区分消费活动和消费劳动的更为复杂的原因还在于对主体确认。如果说，消费本质上是个人行为，因而只能在确定主体条件下进行的话，那么，区别消费活动和消费劳动却使这一简单问题变得复杂起来。事实上，人的生命生产乃至能力生产并不完全取决于当事者本人。就生育行为而言，绝对地不取决于出生的人，谁也无法选择自己的父母；而在成年之前相当长一段时间里，相对地不取决于需要依靠家庭获得消费条件的孩子们，无论在发育成长方面还是接受教育方面，都是这样。成长中的一代人虽然客观地生产着自己的生命和能力，但他们主观上却很难改变这一点。一旦他们获得了改变自己消费条件的能力，对于其中多数人来说，他们的能力结构、能力水平已趋定型，因而不是考虑如何进一步生产自己的能力，而是考虑如何使用自己的能力，并从事各种各样紧张的劳动了。在这种情况下，区别消费活动和消费劳动，对于劳动者个人来说，并无重要意义。

但是，这恰恰说明，如同认识过去劳动和现在劳动需要纳入社会关系视野来考察一样，认识消费劳动与生产劳动也必须这么做。问题如果纳入社会视角，情况就起了根本变化。社会将通过消费品种类和投入领域不同，清楚地划出消费活动和消费劳动的界限。这样，在人口生产两个环节，社会都可以创造出相应条件，使一般消费活动向消费劳动转化。一旦实现了这一点，消费行为就将成为生产环节有机组成部分，消费劳动就具有了生产劳动意义。

换句话说，一个现代化社会，发展生产劳动目光不能只盯在生产领域本身，而应该从消费领域做起，要从社会成员一般消费活动中析分出消费劳动，并鼓励社会消费活动向消费劳动发展。概括说来，这包括两方面的工作。

其一，建立起以引导消费为主旨的教育体系。

这里的消费当然既有物质性消费，又包括精神性消费。一般说来，前者是指对人体生命现象的科学理解，只有以科学认识为前提，才能对个人生理、心理以及病理过程所需要的种种物质消费品予以准确把握，才能在人体生长和发育的各个不同时期，区别不同情况，恰到好处地提供物质消费条件。这属于自然科学研究的领地。后者是指对个人与社会关系的正确理解，涉及世界观或人生观问题。一个人涉足精神消费领域越深，知识就越丰厚，智力水平就越高，劳动能力就越强，但与此同时，也表明他受惠于人类过去劳动的成果越多，对社会依赖的程度越强，就越应该对社会做出更大回报。问题在于，并不是每一位社会成员都能正确理解个人与社会之间的这种关系。所谓对精神性消费进行引导，就是讲清楚其中道理。这属于社会科学研究的领地。

其实，引导消费，就是引导人们的生命活动。这件事情涉及每一个人的利益，只能由社会来做，而且社会应该来做。

消费活动并不像看起来那样是个人的，它一开始就进入了社会关系。从现象上看，消费活动是从人口生产方面衡量的人的生命活动。人口生产起点是男人与女人的关系，这已经是一种社会关系，而新生命诞生所构成的父母子女关系，属于又一种社会关系。这种血亲关系展开，构成人口生产链条上的各个环节。人们从中清楚看到，在社会关系中产生新的社会关系，乃是人口生产的基本特点。由于消费活动相伴其中，就只能在社会意义上才能被正确把握。

物质生产和人口生产都离不开社会关系，但联系性质却有区别。对于人口生产来说，社会关系直接就是内容。人与人之间物质交换则是形式，而对于物质生产来说，人与物的关系是内容，人与人之间的社会关系则是形式。

当然，人口生产既是消费的，又是生产的，正如物质生产既是生产的，又是消费的一样。双方不同在于：人口生产中的消费是社会消费，生产也是社会生产。就其生命生产环节而言，生命胚胎形成是父母"消费"各自生命细胞的结果，胎儿在母腹中的消费是通过母亲消费完成的，幼儿生长发育需由父母提供物质上的帮助。就其能力生产的环节而言，先天能力素质无疑与父母生命基因的遗传状态有关；后天能力首先取决于来自父母的教育，继而取决于孩子所处的社会教育环境。而物质生产中的消费是物质消费，生产也是物质生产。

在物质生产中，人的劳动除了要消费相应物质资料之外，还要消费人的体力和脑力，后者是通过相应物质消费品和精神消费品转化而成的。这种消费可以被看作人这种特殊物质的能量消费。物质生产结果是从两个意义上形成了物质产品：一是具有一般物质形态的物质消费品；二是作为特殊物质出现的人，即在劳动中改变了体力和脑力状况的劳动者。

不难看出，在物质生产中再产生的劳动者同人口生产中新人的产生是不一样的。简要说来，在人口生产中，新人产生是纯粹作为客体出现的，主体是新人之外并且往往是不以新人主观意志为转移的他人，即决定新人生命形成的父母和决定其能力增长的有关社会成员；而在物质生产过程中，劳动者的新生既是主体行为又是客体结果，他们是在改造客观对象的同时改造主体自身的。马克思显然很重视劳动活动对人类发展与进步的意义。他说："黑格尔的《现象学》及其最后成果——辩证法，作为推动原则和创造原则的否定性——的伟大之处首先在于，黑格尔把人的自我产生看作一个过程，把对象化看作非对象化，看作外化和这种外化的扬弃；可见，他抓住了劳动的本质，把对象性的人、现实的因而是真正的人理解为人自己的劳动的结果。"①

当然，马克思这里所指的"劳动"，主要是物质生产中的劳动；尽管如此，也不难看出，人口生产中的劳动或消费劳动，在逻辑上也与上述观点相一致。

肯定人口生产领域同物质生产领域一样，都存在着劳动，客观上把两种生产连接在一起。其中，人口生产是物质生产前提，物质生产也是人口生产前提；但是另一方面，人口生产是从事物质生产的目的和归宿，物质生产只不过是人口生产特殊形式或手段。就此而言，生产劳动对人类发展的意义只在一定历史时期占据主要地位，随着时间推移，消费劳动将变得更为重要。

所谓引导消费，就是要从理论上认识上述历史趋势，从单纯注意物质生产领域消费转变到同时注意人口生产领域消费；从单纯注意一般消费活动转移到同时注意消费劳动；而归根结底，要使人类与自然界关系发展重心从单纯注重自然界转向同时注重社会和个人。

其二，形成促进劳动性消费的客观机制。

社会在具备了一定物质条件后，才可能去引导消费。一般说来，人们只能在满足了自身生存的基本需要之后才会去考虑发展需要；仅就生存需要本身而言，人与人之间并无太大差别，其间可供调整的余地也很小。然而，一旦跨越了温饱线的限制，人们需要的个性化色彩就会突出，选择空间就会增大。这个时候就容许社会调整了。

从本质上讲，消费归根结底是由个人来实现的，它所蕴含的利益也只能最终地落实到个人头上。社会虽然可以作为主体出现，但它不是物质性实体，自身没有消费行为，因而就不存在有别于个人的特殊利益。它对人们利益的任何调整，总归要返还给人们。所谓社会引导消费，无非是让人们接受：通过把一部分个人利益转化为社会利益办法，使眼前较小利益转化为将来较大利益。

由于个人利益具有直接的现实性，具有强烈的功能诱惑，而社会所期许的

---

① 马克思恩格斯文集：第1卷［M］. 北京：人民出版社，2009：205.

利益并不具备这样的优势，所以，社会对个人现实利益的部分切割要想不让人们大喊大叫，决不能只停留在一般说服教育上，而必须让人们眼见为实。这就要形成一套客观机制，让人们从中看出做暂时利益牺牲是值得的。

事实上，人们在物质生产中获得的利益，都要用在人口生产方面。在长期实践活动中，人们已经懂得如何把握人口生产消费和物质生产积累之间的关系，懂得不能把劳动所得全部用于生活消费，而必须留出用于生产部分；并且也已经大体知道消费和积累各自所占比例量应是多少，才能既有利于改善生活又有助于提高生产。在另一方面，对人口生产而言，在生命生产环节，人们也已懂得了个人生命生产与他人生命生产之间的关系，中国封建时代所建立的"多子多福"观念，在经济学上的意义是不容忽视的。

在自然经济条件下，由于科学技术不发达，人们劳动能力差别停留在自然水平上，一般表现为男女差别。因此，在人口生产中，能力生产内在要求通过生命生产环节反映出来，所谓"男尊女卑"与其说是伦理学误区，不如说是经济现象写照。但这种写照是与人类那段落后历史相一致的，它反映了由于人类在征服天然自然界方面软弱无力，不得不转过头来牺牲自己社会内部一部分成员的权益。

无论是"多子多福"还是"男尊女卑"，都是在自然经济条件下人们调控人口生产的产物。在商品经济条件下，随着物质生产领域的变化，人口生产的重心也从生命生产环节历史地移到了能力生产环节。

由于科学技术迅速发展，知识和智力越来越上升为主宰物质生产的主要因素。在这种情况下，人口数量因素，男女性别因素，都退居到次要地位。即使是从社会成员个人利益考虑，也没有必要通过养育一大堆孩子来保障他晚年生活，更没有必要确定一个儿子来承继他的姓氏并给他提供一个稳定的晚年生活环境。当然，对于大多数中国人来说，要挣脱传统羁绊并不是件容易事；因为事实上许多人还仅仅是从观念这个层次来挣脱传统，而没有想到：这些观念深入人心是因为它们反映了一种经济需要；要改变这些观念，也必须从改变经济实际入手。

选择商品经济就意味着选择竞争，选择竞争就意味着突出劳动能力问题。人口生产重心从生命生产向能力生产方面转移已经是势所必然了。

从理论上说，社会只要运用市场机制做到按劳动能力分配，人们就会重视自身能力生产，也就会把消费活动转向消费劳动。然而，事情并不像乍看起来那么简单。对于社会主义者来说，所要克服的不仅仅是传统自然经济条件下的种种陈旧观念，还有一个理顺自身理论思路问题。当年，马克思为社会主义社会设想了一个没有商品和货币的模式，目的就是要在淡化人们劳动能力差别前提下去实现社会平等，现在搞了商品经济，则要清清楚楚地分出人们在劳动能力方面的区别。这是我们面临的一个新问题。

（三）脑力劳动与体力劳动

正如过去劳动与现在劳动的统一引出了消费劳动一样，消费劳动与生产劳动的统一也引出了脑力劳动。人们要使自己的劳动体现其创造性本意，即成为现在劳动，不能不将劳动行为建构在过去劳动基础之上；而要掌握过去劳动，就必须在生活消费环节导入劳动行为，即使消费变成生产劳动能力消费，这就是说要从事消费劳动；而所谓消费劳动，就是生产智力的劳动，脑力劳动就是一种智力劳动，对脑力劳动考察只能联系体力劳动进行。

在三种关于劳动概念的理解中，过去劳动与现在劳动构成了关于社会劳动的纵向考察，消费劳动与生产劳动构成了关于社会劳动的横向考察，而脑力劳动与体力劳动则构成了纵向考察与横向考察的统一，体现为社会劳动的具体形态。

三类不同劳动概念存在内在联系。严格说来，实际存在的劳动形态只有一种，即正在发生、正在进行、由众多个人、采取不同方式、加诸不同对象的改造自然界行为。人们从不同角度、不同层次考察它，全在于它在人类生命活动中举足轻重的地位，全在于它所表现出来的千姿百态、千变万化的复杂性。可以说，每一层面关于劳动问题的理解都有意义，但只有综合起来才能构成关于劳动认识的全貌。就脑力劳动而言，它作为现在劳动是以过去劳动为基础的，作为生产劳动又是以消费劳动为基础的。不仅如此，脑力劳动作为客体成果将不断由现在劳动向过去劳动转化，作为主体行为不断从生产劳动领域向消费劳动领域发展。就后者而言，脑力劳动者既是物质生产主体，也是人口生产主体，劳动发展过程，也是劳动重心不断从物质生产领域移向人口生产领域的过程。人类越是深入开拓与自然界关系，越需要强化自身能力，越要把更多劳动投入到能力生产环节。

脑力劳动从一般劳动中分离，在某种意义上是人类劳动正式开始，由此形成了与之相对照的体力劳动。严格说来，体力劳动是人类劳动前史中一般劳动方式，它并不因为脑力劳动所凸显的划时代进步而体现为人类劳动的倒退，而是反映了人类劳动进步由量及质的渐进性质：脑力劳动是实现了向真正人类劳动转变的劳动，而体力劳动是有待实现同样转变的劳动。

人类劳动之所以出现这种局面，是因为脑力劳动形成必须经历一个以生产能力为目的的消费劳动阶段。在这个阶段，无论生产者还是被生产者，都脱离了直接物质生产，同时又都需要消费物质产品。这意味着社会必须握有一定财富储备，才能应付这种状况。这就从根本上限制了生产劳动能力的规模，从而限制了脑力劳动发展水平，最终限制了社会生产力进步速度。

从社会角度看，脑力劳动与体力劳动既对立又统一。其对立表现在：劳动条件有优劣之分。脑力劳动主要是接收信息，研究信息，最后处理信息。它只能以个体方式进行，需要安静环境，采取比较自由办法。这意味着它的劳动条件较为安全、稳定，也更符合人的生命活动向往自由自觉特点。而体力劳动则要用物质工具加工物质对象，由于物质资料千差万别，有许多只能在高温、高压、潮湿等条件下进行，具有一定风险；更因为这种劳动是众人共同进行的，人们都受劳动资料技术性质支配，每个人都必须始终保持精神紧张以使合作不受影响。

另外，双方劳动报酬也有厚薄之别。脑力劳动力再生产过程更长、投入更大，由于其体现为文化知识富集，因而具有不可替代性；换句话说，脑力劳动转变为体力劳动，只需经历较短适应过程，而体力劳动转变为脑力劳动比较困难。这就决定了脑力劳动者享有比体力劳动者更高报酬。

两种劳动者上述对立，往往带来尖锐利益冲突。在社会主义前史中，它表现为阶级冲突。马克思和恩格斯认为，自文明史以来历史都是阶级斗争史。但是，斗争结果既不能取消两种不同劳动方式的存在，也不能取消两种劳动者报酬的不同。显然，在人类一定历史阶段，专门脑力劳动者及其不可或缺分工地位，是社会进步客观需要。这是比任何善良愿望、任何华丽道德要求都更强有力的东西。

但是，如果据此认为体力劳动者不应奋起捍卫和追求自身权利，认为他们不应进行阶级斗争，则是不正确的。脑力劳动者由于身居社会政治经济活动中支配地位，往往自觉与不自觉地试图拿到更大利益，他们常常会把手伸到体力劳动者口袋里去。这种现象在社会主义前史中比比皆是。阶级斗争就是作为弱者一方的体力劳动者对遭受剥削和压迫的不满与反抗。这不仅是正当与合理的，也是真正维系社会合作、推动社会进步的动力。

阶级斗争不管以何种方式结束，不管哪一方最后获胜，都能在一定程度上迫使占统治地位脑力劳动者调整政策，设法寻找新的措施以改善与体力劳动者关系。在多数情况下，统治者会从所支配剩余产品中分出一部分给被统治者，以使他们生存条件得到改善，避免再起阶级对抗。

脑体分工是比部门与行业分工更为基本的社会分工，既有利于经济发展，也有利于人的进步。分工是为了合作。无论脑力劳动者还是体力劳动者，各自利益实现都有赖于对方合作。而寻常阶级斗争恰恰在于促成了社会合作。广大体力劳动者向脑力劳动者所进行阶级斗争，捍卫了自己生存权利，也规定了阶级合作原则，使双方大体上获得了应得利益，这样才能带来社会稳定，形成发展局面。

应该看到，人类并非任何时代、任何场合都能明确认识到两种劳动内在联系，因此也并非总能正确处理两种劳动者利益关系。脑力劳动与体力劳动既对立又统一的关系，往往通过种种偶然性走出一条必然性道路。人类为这种自然性质发展，付出了许多代价。

附带指出，强调脑力劳动在人类劳动中主导作用，并不构成对体力劳动的轻视或贬低，更不意味着两种劳动者有高下尊卑之分。当社会客观上只容许部分社会成员成为脑力劳动者时，就同时意味着，这部分脑力劳动者是在体力劳动者的支持下才能存在的。没有体力劳动者，就没有脑力劳动者。至于社会发展，更需要体力劳动者参与配合。一些人成为体力劳动者并不是因为他们智力低下，而是种种客观原因使他们没能获得受教育条件。

综上所述，劳动在形式上虽是个体行为，但只能在社会关系中被理解。每一劳动者不仅都属社会中人，而且他的脑力和体力支出，都要用社会尺度予以衡量，判断其到底属于过去劳动还是现在劳动。这使消费劳动概念成为必要。

这样考察的劳动已经与人们通常理解相去较远了。劳动内容物质性是用精神性解释的，劳动形式个体性则是用社会性解释的。它们的统一，将帮我们认识劳动与活动之间的关系。

第三节　劳动与活动对立统一

概括说来，人类生命活动由生产和消费两方面组成。生产方面指人们获取使用价值即获取经过加工改造而适合自身需要的消费产品的过程。生产活动无论采取脑力支出方式，还是采取体力支出方式，都是脑力与体力在某种程度上的结合；其产品无论属于精神性质，还是物质性质，都表现为某种物质形态，因而都将是物质自然界的某种改变。消费方面则是指人类利用获取的使用价值满足自身需要的过程。消费活动无论精神性质的，还是物质性质的，都可以归结为一定物质的消费；消费实现无论是满足了人的生命生产，还是满足了劳动能力生产，都将引起人体生理性状更新，因而都将是人体自然界某种改变。

可见，人类生命活动两个方面具有统一性：生产目的通过消费才能完成，生产是为了消费；消费维持了生命也维持（生产）了劳动能力，消费是为了生产。不仅如此，生产使用价值是劳动力消费，生产同时是消费；消费使用价值是劳动能力生产，消费同时是生产。双方的统一即人通过生命活动不断同自然界进行物质交换，并因此形成自然界不断人化和人不断自然界化的双重发展。

这就是说，通过劳动，人与自然界既对立又统一。人由于更新了自己来源于自然界的生命存在，否定了自然界；而人对自然界每一次否定，都不过是更进一步体现了人的自然要求，显示了人类与自然界在更高层次上的一致。人与自然界关系的实质，是人类生命的存在与发展问题，而人与自然界关系的发展，则是生命存在与发展的优化。

以此为基础所形成的劳动观表明，劳动作为人与自然界关系的中介，是体现了人类特性的生命活动现象。人类越是进步，活动就越是向劳动转移，而劳动也越是向活动扩展。因此，正确地认识作为人的活动与作为劳动者的劳动之间的关系，既能真正区别人与动物，又能区别人与人。这是一种动态的劳动观。

（一）人与劳动

人与自己的劳动是统一的。在一定意义上，人就是他的劳动。人的存在始终是劳动的存在，而劳动始终是人在劳动。恩格斯有两句名言：一是劳动创造了人本身；二是人类社会区别于猿群的特征是劳动。两者相辅相成，正是表现了人与劳动之间的一致性。

所谓劳动创造了人本身，不过是说，人类原本属于动物的生命活动逐渐具有劳动性质，从而从事这种生命活动的主体也就成为人。劳动不是外在于人类祖先自然存在的东西，也不是某种先验的活动模式。它是发展而成的，是从非劳动一步步演变成劳动的。它只能渊源于动物性质的生命活动。这就是说，使人类祖先脱离动物界的因素只能是他们与生俱来的东西，即他们特殊的动物禀赋。这类自然禀赋与其他动物的根本区别在于，它具有自我发展、自我改造的功能。

事实证明，人类祖先的大脑构造和社会本能就是这种天赋条件。如前所述，在动物界中，不乏智商接近人脑的，也不乏同样具有社会性的，但只有人类祖先达到了在这两方面都名列前茅的进化水平。

然而，人类祖先的两大自然优势仅仅提供了向人进化的可能性，决定着这种进化方向的还需要客观自然环境条件。后者所造成的生存压力，极大地激活了人类祖先的潜能，迫使他们最大限度地利用自身所完成的进化条件，去面对严峻的自然环境。

据研究，所谓原始社会，恰恰处在更新世的冰河时期。这一时代大约持续了 250 万年，结束于 1 万年前左右。这是一个气候大幅度变化的时期，地球上所有大陆都经历了频繁变动。极度的热和冷、降雨和干旱，比近几个世纪所记录的要激烈得多。在北半球，整个更新世时期动植物生存的决定因素是冰河的前进或后退。这些经常掩盖着欧洲、亚洲和北美洲大部分地区的穿不透的冰原，冻结了大量海水，并且使平均气温降低 10 ~ 12 摄氏度。只有在冰河退缩，植被北移时，动物才能生存，以狩猎为生的早期人类才可能大量地生活在赤道以外的地带。不过即使这样，他们也必须设法度过寒冷的冬季。这就需要火的发现，需要具备缝制衣服的能力。早期人类经受住了这些考验。事实表明，每当冰河退却的时候，欧洲和亚洲的人口就逐渐变得更多和更进步。正如杰弗里·巴勒克拉夫（Geoffrey Barraclough）主编的《泰晤士世界历史地图集》的解说中所指出的："在这样激烈的环境变化面前，人类所特有的适应性，毋庸置疑地是一个既关系他的生存，也关系他对其他物种逐步取得优势的关键性的要素。"[1]

在复杂多变自然条件下，人类祖先的意识能力对他们改造自己的生命活动起到了主导作用。如前所述，意识能力是一种对象化能力，也是区分人本身和自然界的能力，即区分主体和客体的能力。它使人有可能从大量随机的复杂联系中，选择出主客体一致的关系，进而通过人力使客体趋于主体化，实现对自然界的改造。用马克思的话说，人类运用意识能力，可以按照任何一个种的尺度来进行生产，并且懂得怎样处处都把内在的尺度运用到对象上去；动物只是按照它所属的那个种的尺度和需要来生产。因此，动物的生命活动是受本能支配的，人的生命活动却体现了自由自觉的特性。

但是，人的意识能力总是表现为个体能力。个体活动范围和生存时间都是有限的，其意识能力难免具有片面性，意识能力成果的保存难免具有偶然性。人类祖先的社会本能恰恰弥补了这类缺陷。

社会性在意识能力发展中的关键作用主要表现在[2]：个体意识能力凭借社会联系可以成为整个共同体能力；不同个体意识能力在社会中可以互相补充，组成新的能力；不同时期意识能力，通过生命在人口生产中的自然延续、迭相累积，构成现实能力。

---

[1]　杰弗里·巴勒克拉夫. 世界史便览［M］.《泰晤士世界历史地图集》中文版翻译组，译. 北京：生活·读书·新知三联书店，1983：96.

[2]　参见本章第 1 节的相关论述.

　　不仅如此，意识能力既借助社会不断发展，也反过来促进社会关系扩大和完善。新的社会关系体系将以更大范围、更深程度、更长时间、更高效率，对全部意识现象进行汇集整理，筛选甄别，优化组合，精益求精，使意识能力发挥更大作用。人类形成和发展，就是意识能力和社会关系这样长期相互作用的结果。劳动既是这种作用的目的，又是促进这种作用的原因。如果说，意识能力属于劳动内容方面的话，那么，社会关系则属于它的形式方面。

　　笔者在第一节讲了劳动内容的物质性，同时肯定了这种物质性表现为精神性；在第二节讲了劳动形式的个体性，同时肯定了这种个体性表现为社会性。这里又直接说劳动的内容是精神性，劳动的形式是社会性。究竟应该怎样准确把握这些不同的提法呢？可以从两个不同层次予以理解。

　　就人类生命活动属于自然界一种物质运动形式而言，这种生命活动同其他一切生命现象一样，在内容上是物质的，在形式上是个体的。但人类生命活动毕竟不同于其他生物生命活动，为了明确这种区别，有必要进一步提出：人类生命活动在内容上虽是物质的，这种物质运动却具有精神性特点，或者说它是通过精神形式来体现的；而人类生命活动在形式上虽是个体的，这种个体方式却具有社会性特点，或者说是通过社会形式来体现的。不难看出，这个层次表述是为了说明人类与自然界的关系，表明人类源于自然界又异于自然界的事实。

　　一旦需要说明人与人的关系，包括人的活动与劳动的关系，今人与古人的关系，劳动内容的物质性和形式的个体性就成了不言而喻的共同前提。人与人之间可比的因素只能是意识能力不同和社会关系区别（动物由于不存在这种现象，只能就生命活动的物质性和个体性与人类相对照）。这时，原本存在的物质性内容和个体性形式就直接转变成了精神性内容和社会性形式。

　　在上述意义上，一般地讲到活动，人类与动物界具有可比性，双方生命活动都是以物质性为内容以个体性为形式，区别在于其物质性内容以及个体性形式彼此不同。对于动物来说，其生命活动物质性内容就是该物质内容本身，个体性形式也是该个体形式本身；而对于人类来说，其生命活动物质性内容则体现为精神性，其个体性形式则体现为社会性。

　　如果一般地讲到劳动，就不是用人的生命活动与动物生命活动相比了。因为动物没有劳动，不存在与人类劳动可比性。该比较只能在人与人之间进行。

　　由此分析劳动创造人、人才能劳动的命题，不过是反映了活动向劳动转化的历史过程。可以说，仅仅具有意识禀赋和社会本能的人，不过是生物学意义的人或自然人。这种人仍属于动物。但是由于自然人发展必然导致自身文化性形成并在实际上形成了文化性，因此，这时的人类又是文化意义的人（即真正的人或本来意义的人）的开始。促使自然人向文化人转变的根本原因是劳动：一方面，只有自然人才能使自身尚属动物界的生存活动具有劳动意义；另一方面，自然人也只有通过劳动才能形成为文化人。

可见，劳动发展过程同时是人类发展过程。劳动不过是从生命活动方面考察的人类，正如人类是从主体方面把握的劳动活动一样。就人类归根结底属于自然界而言，劳动即是活动，作为一种物质运动形式，人类与生物界乃至整个物质世界并无本质区别；而就人类是唯一自然界主体、能够改造自然界而言，承担了这一任务的劳动不同于活动。

然而，在现实中，劳动现象与活动现象之间联系要显得更为复杂。

（二）活动与劳动

人与劳动的关系告诉我们，人类历史的开始，不是人的全部生命活动转变为劳动之后，而是人的生命活动中出现了劳动之后。那么，人类的发展，是劳动从人的生命活动中逐步增加，还是劳动从人的生命活动中逐步消失呢？"活动"这个概念可以在多种意义上运用。

首先，它与运动同义。例如，人们常常可以接触到的一些提法，"火山的活动""地壳的活动""鸟类的活动""神经系统的活动"等等。黑格尔（Georg Wilhelm Friedrich Hegel）曾用"活动"表述概念的运动，他提出过实体活动、因果活动等。列宁在摘录费尔巴哈（Ludwig Andreas Feuerbach）《对莱布尼茨哲学的叙述、阐发和批判》一书时，选过他的一段话："在莱布尼茨看来，有形体的实体已经不再像笛卡儿所认为的那样，只是具有广延性的、僵死的、由外力推动的质体，而是在自身中具有活动力、具有永不静止的活动原则的实体。"①

其次，它专指生命现象。按照苏联学者 Э·С·马尔卡良（Э·С·Markaryan）的意见，广义活动是生命系统受信息指导的能动性，它保证了生命系统的自我维持。他把生命系统的能动性同它的下列能力联系起来，即有条不紊地反映外部环境的作用，并在这个基础上制定信息纲领，以保证提前反映未来的结果。活动的适应功能可作为活动的特征而区分出来，系统就是依靠这一功能来维持自己的组织并提高组织的水平。② 劳动与活动的联系主要是指活动

---

① 列宁. 列宁全集：第 55 卷［M］. 北京：人民出版社，2017：61.
② ф·В·康斯坦丁诺夫. 马克思列宁主义的历史过程理论［M］. 荣振扬，等，译. 上海：上海人民出版社，1986：65.

的第二种含义，即人的一般生命活动。马克思说："劳动是积极的、创造性的活动。"① 说明劳动是一种特殊形式的活动。在这里，"创造"一词是指获得具有一定新意的成果，是指形成从未有过的东西。因此，体现了创造性的劳动同任何重复活动都是对立的。

问题在于，用人类这种统一尺度衡量的创造性，同用特定民族或特定个人尺度衡量的创造性，具有很大差别。他们各自完成的过去劳动不一样，对现在劳动的认识也将不一样。

从社会或人类整体角度来看，如果人们通过脑力体力支出，只能实现自己物质生活简单再生产，那么，这种活动体现了人与自然界的等同，它所完成的与自然界物质变换，并没有超出动物所能达到程度，本质上属于非劳动范畴，仍然停留在动物性质生存活动水平上。一旦人的活动实现了自身物质生活的扩大再生产，即改造了自然界，它才具有劳动意义。按照通常看法，劳动形成客观标志是使用工具，即借用了人力之外的物质力；只要做到这一点，就能改造人的物质生活存在，使人脱离了动物。因此，劳动工具出现也就标志了人类形成。

在此之后，人类新的发展只能是进一步摆脱动物性。整个人类史就是人的生命活动从动物方式向人的方式不断转变的历史，也是从非劳动向劳动不断转变的历史。从理论上分析，人类发展也许永远不能实现生命活动与劳动的绝对等同，因为迄今为止，人类对自身生命现象的探索主要是针对能够受自觉意识支配的高级神经系统调节的活动领域，对受植物神经系统自发调节的生命活动还知之甚少；但从人类科学发展的前景看，即从可能性上讲，人类足以消除生命活动与劳动之间任何界限。

这样，我们就有了两个相互补充的结论。

其一，就可能性而言，人类一切生命活动都可以是劳动，不论是物质活动，还是精神活动，不论社会活动还是生理活动，都可以成为科学考察对象，都可以得到一定程度改造。因此，劳动范畴与活动范畴的含义等同。当然，这里所谓对生命活动改造，是以对生命活动赖以存在物质对象的改造为基础的。人类一切生命活动都可以是劳动，也就是说人的一切生命结构形式都可以成为改造对象。例如，体育活动对心脏功能的改造是以带来心脏器官的某种物质性变化为前提的。在这个意义上，我们可以说：更为健康的心脏是劳动产物，体育活动属于劳动。

---

① 马克思恩格斯文集：第8卷［M］. 北京：人民出版社，2009：177.

其二，就现实性而言，只有体现了对自然界改造的活动才是劳动。这种改造，无论以主体自身为对象，还是以社会或自然界为对象都同生命活动相联系。一般情况下，生命活动总是成为劳动的条件和前提。一切心理的功能和过程——注意、想象、观察、思维等都是人的有对象活动的内部方面。它们和与之相一致的人体生理功能和过程一起，在一定程度上被包含在活动过程中，并为活动过程服务。它们本身就是活动，却不一定就属于劳动，除非如上所述，它们被作为劳动对象改造过了，并因此出现了功能或过程形态的某些变化。这就是说，劳动在形式上表现为一定脑力、体力支出，但并非凡脑力、体力支出都是劳动。马克思明确提出："在劳动过程中，劳动不断由活动形式转变为存在形式，由运动的形式转变为物质的形式。"① 在这个过程中，人的特殊功能即劳动的作用，就在于人以自身的活动来引起、调整和控制了人与自然界之间的物质交换。

在这种对照中，劳动形式和活动形式也有了区别。作为劳动的形式是受自觉意识支配的，体现了生命主体文化性需要，其脑力和体力支出同劳动对象之间形成了一种能动型关系；作为活动的形式是受本能支配的，体现了生命机体自然性需要，其脑力和体力支出同活动对象之间形成了一种反应型关系。虽然孤立考察脑力、体力支出形式时，在劳动中与在活动中可能并无区别；但由于其时空条件改变，仍然可以形成与客体环境性质完全不同的联系，即有时属于活动，有时属于劳动。

对于人类个体来说，活动和劳动界限是绝对的。人们永远也无法做到使个人的一切活动都具有创造性，也不能同意时时刻刻都用一种自觉意识来支配自身一切行为。这样的生存方式只有机器人才能办得到，而机器人恰恰不属于人类。因此，个人生命活动将永远由劳动和非劳动两方面内容构成。

对于人类整体来说，活动和劳动界限是相对的。不同个人从不同方面发挥自己创造性，将涉足不同劳动领域，改造不同劳动对象，它们综合起来，将使劳动行为覆盖人类一切生命活动范围。进一步表述这个问题则可以说，对于特定时期人类整体来说，活动和劳动界限是绝对的，对于处在不断发展中人类整体来说，这种界限是相对的。

对于劳动与活动消长关系的具体判断和衡量，成为区别不同时期人类，以及同一时期人类不同民族或个人发展状况的基本标准。由此也形成了人与自然界关系两个层次：一是劳动和生命活动的关系；二是消费劳动和劳动的关系。

---

① 马克思恩格斯文集：第 5 卷 [M]. 北京：人民出版社，2009：221.

前者表明人类劳动对天然自然界的开拓，后者表明人类劳动对自身自然界的回归。

人类发展，既是劳动时间向生命时间趋近，又是消费劳动时间向劳动时间渗入。其结果，劳动越来越成为活动的主要内容，消费劳动越来越成为劳动的主要内容；也就是说，消费劳动将愈来愈构成人类生命活动的主体。这意味着，人类用于直接生产物质使用价值的劳动将尽可能减少，劳动投入更加集中于人的能力发展，这反而会带来物质财富的更大增加。这是人类生命质量不断提高过程，也是自觉劳动同自由活动不断趋于统一的过程。

（三）人与劳动者

劳动质的规定既从内容方面肯定了人与劳动一致，又从形式方面肯定了活动与劳动一致，也就肯定了劳动者与人的一致。虽然这种理解，仅仅是从抽象角度所做的概括，但它无疑构成了考察一般人类发展的基本出发点，从而也构成了考察一般劳动问题的基本出发点。在社会主义由计划体制转向市场体制条件下，无论劳动领域开拓、新型劳动组织建立，还是调整劳动者利益、展望未来劳动关系，上述认识都具有不容忽视的理论意义和实践价值。

首先，这种劳动观把人的一切活动都推到了对象化领域，把人与自然界关系层次化为人与天然自然界、社会自然界、自身自然界的关系，无限扩大了人类认识和实践的范围。这就创造了一种可能，即用劳动概念来说明人的生命活动，用劳动尺度来衡量人的一切生命活动，用劳动需要来改造人的一切生命活动。劳动变成了通行人类一切时代、一切社会形态、一切人的共同语言，成了体现人性的基本价值尺度。

这种劳动观要求，关于人的一切都应该知道，都应该改善，都应该加诸劳动行为。从航天技术到肠胃功能，从电子对撞到心理意识，概莫能外。它解除了落后生产方式和旧的观念对人们头脑的禁锢，把人们视野引向无穷无尽客观世界；它宣布，凡是与人相联系的一切都可以作为劳动对象。人的主体地位得到了最大限度弘扬，人生行为增加到最大自由度。

这种劳动观意味着，从钢铁机械到琴棋书画，从稻麦菽帛到花鸟鱼虫，无论在哪个方面专心寄托，都可以做出创造性成绩，其成果都可以得到社会尊重和承认，都可以把个人劳动转化为社会劳动。人类对自然界这种全方位进取，将大大丰富人对自然界认识，促进人对自然界改造，深化人同自然界关系，归根结底，将推动人类生命存在按照自身愿望趋于优化。

当然，社会所需要劳动同个人实际从事劳动取决于不同动机。迄今为止的社会形态，还只能把一些满足人类共同需要或满足一部分人需要但不对他人构成伤害的劳动，提升到社会劳动地位。在一定历史时期，社会允许其成员从事的社会劳动是一定的。社会进步只能使这种限制范围逐步缩小，而不能从根本上消除这种限制。

即便如此，新的劳动观也没有失去意义。一方面，它可以使劳动领域的自由开拓在个人劳动范围内进行，借以美化、乐化一部分社会成员生活，增加人们彼此之间联系渠道，减轻社会难以完全避免的利益失衡状态给人们造成压力。历史上，曾有过为了运送一种珍贵花卉而导致战争双方暂时休战情况；今天，一部高水平电视剧可以减低播映时间犯罪率，一场牵动人心足球赛可以让一个国家修改工作日程。这些事例充分说明，人对自然界兴趣是极其广泛的，而且不断变化不断发展。这些兴趣既表明人类生来具有的对外部世界的关注，又表明一旦人们把智力和知识倾注其中，就会改变相关对象的自然存在状态，使其平添人间情趣，起到陶冶性情、美化人生的健康作用，客观上成为人类改造自然界事业一个部分。由于人性互通性质，有的创造性劳动成果会获得一定程度社会共识，使相关个人劳动转化为社会劳动。

另一方面，在人类频繁往来条件下，一个国家中因消费水平限制而无法发展的劳动领域，在另一些国家则可能受到鼓励。例如某些手工艺术品，在经济文化比较落后国家不可能作为普通消费品进入一般人家中，但却受到发达国家较为普遍欢迎。可见，新的劳动观有助于开拓商品生产视野。

其次，新的劳动观把人都置于劳动者地位，把人们生活方式都视为他的劳动方式，进而视为其自然存在权利；把个人时间视为他的劳动时间，进而视为他的生命时间。由此产生了人们最基本的平等观念。

一切社会成员，不分性别和年龄，不分职业和信仰，虽然在社会总劳动——既包括个人劳动又包括社会劳动，既包括消费劳动又包括生产劳动——中的位置有所不同，但客观上都构成了总链条一个环节。虽然社会存在不取决于任何个人存在，但任何社会存在也不能取代个人存在。人在自然界主体地位决定了所有个人存在的主体地位。就同为主体而言，人与人之间应该是平等的。社会只能用毫无例外行为规则来约束社会成员，却不应该在规则之外干预个人行为。换句话说，除了法律规定时间之外，任何人也不能额外占有他人时间；除了法律所禁止行为之外，任何人也不能干涉他人自由。

上述认识，公正地说，18世纪法国唯物主义者和启蒙思想家在一定程度上就已经达到了。但是，由于时代条件限制，他们无法从技术意义上考察消弭人与人之间因自然素质差异所造成的能力不平等现象。所以，他们把资本主义自由竞争及两极分化模式看作人类唯一可能做出的选择。

传统社会主义理论尖锐抨击了资本主义带来的人间苦难，认为资本主义推动竞争所提供的起点平等——人人都遵守同一种市场规则，人人都有选择劳动岗位的自由——只是一种虚伪的政治形式，社会主义将是比资本主义更为合理的社会制度。但是，同样由于时代条件限制，社会主义前辈也没有找到消弭人间不平等的正确途径。他们在批判资本主义理论同时，在一定程度上也荡涤了其体现历史趋势的某些正确观点。就此而言，资本主义只有前提不顾后果，传统社会主义只顾后果而忽视前提，双方都无法形成成功的社会实践。

历史已经为现实社会主义提供了新的契机，为真正解决人与人之间社会平等创造了物质条件，概括起来有两方面：

一是以微电子技术为先导的新型产业革命极大地改变了人类一般劳动面貌。在 20 世纪，马克思通过以蒸汽机技术为代表的工业革命，发现了它具备促进社会平等的意义。但蒸汽机技术主要是使劳动者在体力劳动意义上趋于平等。今天的微电子技术则展示了人们在脑力劳动意义上平等前景。毫无疑问，较之体力方面社会平等，脑力方面社会平等更为关键，更具重要意义。

二是随着社会生产力迅速提高，社会财富日益增多，相当多国家温饱问题已经大体解决了。这就为个性化消费发展提供了可能性。这同时意味着，全方位开拓劳动领域的时代已经到来。在这种形势下，社会主义共同富裕价值观将更能适应人类发展的客观要求。

最后，新的劳动观展示了劳动发展一般前景，也展示了人类发展未来概况，为社会主义者调整自己目标模式，制定切实可行发展策略提供了依据。

劳动发展将使人口生产与物质生产达到高度统一，也将使消费劳动与生产劳动达到高度统一。马克思曾预言，到了共产主义社会高级阶段，劳动会成为人们生活第一需要。这一境界，并不像有些人所解释那样，依靠高尚觉悟或者美好道德情操来实现——这就会把马克思理论等同于某种道德说教了。马克思预言反映的只能是一种物质事实。它表明，劳动本身与生存活动日益接近；发掘自然界任务将通过发掘人本身潜力来完成；由异己力量规定要完成的劳动转变为当事人自由自觉的选择，等等。总之，届时，劳动已不是今天的劳动了，人当然也不会是今天的人了。被人们一直认为是一种谋生手段的劳动，只有到了那个时候，才会演变成一种乐生手段，成为人们第一需要。

第三章 劳动与劳动力

马克思的剩余价值学说，构成了对资本主义生产方式全景描绘，触及了一般商品经济几乎所有基本理论问题。尤为令人惊叹的是，马克思能把这么复杂的经济现象在逻辑上置放得如此合理、如此自然，连其资产阶级论敌也不能不佩服他的理论功力。

然而，如同历史上屡屡出现的情况：人们为了说明现实，或者更确切些说，为了说服现实中人们（归根结底为了实现社会改造目标），不得不为世人提供一种尽可能完整的思想体系。它需要解答所有疑问，包括：为什么要对现实社会进行改造？为什么要选择这种方式改造？这种改造能成功吗？这种改造将把我们带向何方？

对于处在社会主义改革过程中的中国人来说，承认上述问题存在，是很自然的事。人作为理性生命，任何时候都不会听凭他人随意改变自己的生活；如果这种生活现状确实已变得无法忍受了，也只能在预料到行动后果的情况下才会去积极行动。

马克思、恩格斯面对的是一个社会秩序动荡、阶级斗争尖锐的时代。

> 现代社会主义，就其内容来说，首先是对现代社会中普遍存在的有财产者和无财产者之间、资本家和雇佣工人之间的阶级对立以及生产中普遍存在的无政府状态这两个方面进行考察的结果。①

两人认为，周期性经济危机表明资本主义生产关系已不能容纳生产力继续发展，阶级斗争则为用社会主义生产关系取代资本主义生产关系提供了条件。因此他们宣布，资本主义私有制丧钟敲响了。

没有任何理由证明马克思、恩格斯说的不对，相反，当时种种迹象都表明

---

① 马克思，恩格斯. 马克思恩格斯选集：第 3 卷 [M]. 北京：人民出版社，2012：775.

他们理论的正确。马克思、恩格斯正是在这种前提下开展自己的理论研究和革命活动的。两人以卓越学识和高尚品格，投身于人类解放事业之中。他们作为当代社会主义先驱和导师，将永远受到亿万劳动者敬仰和爱戴。

但是，对马克思、恩格斯最大敬重莫过于将他们开创的社会主义事业进行到底。问题在于，资本主义没有像他们所预料的那样走进坟墓；时至今日，也不能准确断言资本主义在一个最近将来就会死亡。资本主义还在发展，这是事实。正因为如此，作为否定资本主义的社会主义理论体系并没有完成对资本主义考察、研究的任务，也应当是一个事实。谁也不能说：要反映的对象还在变化，还在发展，而需要反映的理论认识却已经结束，已经定型了。

一个显而易见的逻辑问题是：当年马克思、恩格斯已认准资本主义属朝不保夕，很快就要灭亡了，他们对资本主义生产方式认识，当然就把当时存在状况看作资本主义所能达到的最高和最后形态。他们关于这种生产方式的分析与判断，当然也以这种形态为准；他们关于社会主义生产方式设想，当然也以这种形态的进一步发展为特征。这种依据现存事实去形成理论的做法，是科学社会主义与空想社会主义基本区别。马克思曾一再重申，空想社会主义总是"力图用新的幻想欺蒙人民"，而科学社会主义则是"运用自己的知识去探讨人民自己进行的社会运动"。①

马克思、恩格斯关于社会主义必然取代资本主义的理论论述，毫无疑问依据当时历史条件形成。这意味着，他们关于一些问题的把握，关于一些现象的概括，关于一些事实的抽象，关于其他思想成果的扬弃，都是服从于、服务于他们所看到的历史事实的。这些事实构成了马克思理论体系中的核心内容，也成为其中的逻辑骨架和理论支点。这不是马克思、恩格斯不足之处，而是他们伟大之处。正是这样形成的理论，具有鲜明实践性，也使他们成为那个时代最杰出社会主义者和最优秀思想家。他们对后人的巨大影响，正是通过这些发挥作用的。人们清楚地知道：任何对资本主义的分析，都不能越过马克思、恩格斯进行，任何对社会主义的认识，都只能从马克思、恩格斯出发。

历史人物局限性与历史发展必然性是完全一致的。一旦人们实践活动发生了变化，反映它的理论形式也要随之改变。马克思主义当然也是这样。然而，马克思主义高于其他理论体系之处在于，它一开始就明确自身历史地位，从不主张僵化自身理论形式，构成当代马克思主义与经典马克思主义之间内在联系的，主观方面是以人类解放为最终目的的社会主义事业，客观方面则是以唯物

---

① 马克思，恩格斯．马克思恩格斯选集：第 3 卷［M］．北京：人民出版社，2012：341．

辩证法为灵魂的社会主义理论原则。

本书关于劳动问题的研究与探索，以上述理解为前提。如果说，前两章主要是从一般劳动阐述了笔者认识的话，那么，在本章，则联系马克思观点对此做进一步探讨。

本章所涉及的劳动力与人力、劳动力与价值、劳动力与商品三个问题，都是理论性和实践性很强的热点问题。在一定意义上，本书写作动机，恰恰与正确认识这些问题相关联。

第一节　劳动力与人力

劳动力与人力是两个既相互联系又彼此区别的概念。对它们的不同认识与把握，关涉理论经济学基础。

在一定意义上，马克思对资本主义剥削现象的分析，是从区分劳动和劳动力这两个概念开始的。通过这种区分，马克思指出劳动力价值不同于劳动力的使用即劳动所产生的价值，资本家正是看中了其中的差额，才推动了劳动力商品形成，造成了对雇佣劳动者的剥削关系。

现在看来，马克思是在特定前提下做上述判断的：他不是把劳动力本体化，而是把劳动本体化；不是把劳动力看作劳动的内容，而是把劳动看作劳动力的内容；不是从劳动力方面考察人类生产活动发展，而是从劳动方面考察人类生产活动发展。如前所述，这两种研究方法无所谓正确与错误，其区别只在于应用范围不同：以劳动为本体的考察，展示人的生命活动与其他生物生命活动的区别，表现人类与自然界关系；其中，劳动力不过是人类劳动的衡量。以劳动力为本体的考察，展示人与人在劳动关系方面的区别，表现人们的社会关系；其中，劳动不过是劳动力的表现。

马克思直接采取前一种考察方法，只能有一个解释，即他事实上是站在人类平等或劳动力平等立场上，去衡量并鞭挞资本主义弊端，或者干脆说，他是站在共产主义产品经济立场上，去分析并批判资本主义商品经济弊端。

今天，当资本主义尚在发展、社会主义也选择了市场经济的时候，马克思主义者有必要调整考察问题角度，改从劳动力方面认识商品经济现象。这样做是就商品经济本身考察商品经济。它将更有利于揭示商品经济既能为资本主义所用，又能为社会主义所用的性质，更有利于认识资本主义历史命运，也更有利于发展社会主义事业。

这需要重新认识马克思关于劳动力的概念，恢复它本来具有的人力性质。

(一) 劳动与劳动力一致性

在自然界中，只有人能够劳动。只要讲到劳动者，就是指人。但是，在人类生命活动中，劳动只占其中一部分，这一部分虽然最为重要、最具代表性，却不能据此断言人的生命活动只表现为劳动。

从形式上看，劳动与人的其他生命活动一样，都表现为当事者付出了一定脑力和体力，所以仅凭一个人付出了脑力和体力，还不能确定他在劳动，因而也不能把这种脑力和体力称作劳动力。

按照马克思定义，劳动是人与自然界之间的一种关系，是人以自身的活动来引起、调整和控制人和自然之间的物质变换过程，是人通过有目的活动来改变自然物。人的劳动能力就是劳动力。"这种劳动能力之所以发挥作用，是因为它与对象因素处于接触、过程和联系中，没有这些因素，劳动能力就不可能实现。可以把这些因素统称为**劳动资料**。"① 所以，在判断人的脑力和体力支出性质时，看它有没有与生产资料结合在一起，是区别劳动与非劳动的界限。

人的脑力和体力就是人力。劳动须投入人力，但人力并不就是劳动力。人力是人作为生命机体所具有的物质力（精神力不过是其特殊表现形式），而劳动力则是人力与生产资料相结合后所形成的生产力。不难看出，人力本身无论体力方面还是脑力方面在历史进程中变化并不很大，但人类劳动能力却发生了巨大变化，因为构成劳动力两项要素之一的生产资料技术水平在不断更新。这样，大体稳定的人力才得以形成不断发展的劳动力。

至于劳动，不过是劳动力的表现。由于劳动是以个人活动形式展现的，任何具体个人在一定生产资料前提下，都是以特定劳动力存在着，而不是以一般劳动存在着。在这里，劳动力是内容，劳动是形式。二者如影随形，无法分开：凡劳动力只能通过劳动才能得到确认，凡劳动总要体现为一定水平劳动力。

一个毋庸置疑的事实是，马克思强调了劳动力和劳动的区别。他说，谁谈到劳动力，并不就是谈劳动，正如谈消化能力，并不就是谈消化一样。这话是对的。消化力并不就是消化，劳动力也并不就是劳动，否则就混淆了物质运动的内容和形式。然而，肯定双方存在区别是一回事，如何确定区别性质是另一回事。

单纯说到劳动，不过是关于人类特定生命活动方式的概括，是关于这种生

---

① 马克思恩格斯全集：第 32 卷 [M]．北京：人民出版社，1998：61.

命活动性质和特征的规定。这种规定指出了人类在任何时代所共同具有的生命活动现象，揭示了人类生命活动与动物生命活动的根本区别。但是，仅仅依靠这一规定只能说明人类与自然界之间的一般关系，却无法表明人类内部彼此之间的一般关系，即人们的社会经济关系。正如马克思在谈到劳动与价值联系时所说，劳动可以创造价值，但它本身不是价值。既然劳动本身不是价值，也就不能直接作为衡量人们社会关系的一般尺度。

要通过劳动确认人们经济地位，必须进一步提出劳动力问题。人们劳动活动千差万别，如用价值尺度衡量，归根结底是它们各自所代表劳动力有强有弱，有大有小，因而使其转化到产品中的价值彼此不同；而劳动力之间区别，又可归结为劳动力拥有者即劳动者之间区别。因此，要确认人们的经济关系，从形式上看需要通过劳动，从实质上看则需要通过劳动力。如果说劳动力支出在社会生产中所形成的使用价值，标志着劳动者分工地位的话，那么，它所形成的价值，则决定着劳动者分配地位。

可见，要判断任何具体劳动在社会经济关系中的作用，都必须落实到它所产生的劳动力。特定劳动行为所形成的价值，与该劳动力所具有的价值，只能是同一个量，双方并无任何区别。劳动力不过是劳动的具体化（量化）。不同劳动者具有不同劳动力，不同劳动力决定着不同劳动。要确认劳动，必须确认劳动力，也即确认劳动者。正像人们说到"消化"不过是对一种生理功能的抽象一样，要具体地描述消化过程，必须鉴别出消化能力，即确定是一个什么样的胃器官在消化：健康的胃提供正常消化力，患有溃疡的胃提供病弱消化力，而切除了一半的胃只能提供残缺消化力。一旦人为地割裂劳动与劳动力的联系，与人为地割裂消化与消化力的联系一样，只能指出一种物质运动形式，却不能说明这种运动，更不能进一步去改变这种运动。

根据上述认识，马克思在一定程度上夸大了劳动和劳动力的区分。在他看来，劳动力价值和劳动力使用即劳动所产生的价值，是两个截然不同的量。其中，劳动力价值是维持和再生产劳动力这一特殊商品所必需的生活资料价值，而劳动力的使用即劳动所产生的价值则是在生产过程中所创造的价值，后者总是大于前者。

在这里，马克思虽然强调了劳动力的使用就是劳动，却没有同时强调在劳动过程中使用的人力才是劳动力。正因为如此，他在考察二者价值形态时，关于劳动价值的判断形成于物质生产领域，关于劳动力价值的判断却形成于生命生产领域。按照这种理解，劳动与劳动力不再具有形影不分的形式和内容的关系，而变成了互不相干的两种东西。

其实，如果承认劳动力使用就是劳动，那么，就应该相应承认劳动力价值就是劳动价值。双方所指只能是同一对象。其区别仅仅在于，劳动从形式意义上确定了价值的一般存在。而劳动力则从内容意义上确定了价值的具体存在。无论劳动还是劳动力，都是从劳动活动这种特定生命现象上认识人；而无论劳动价值还是劳动力价值，都是用生产率这种特定尺度去把握人的社会经济地位。把劳动与劳动力的差别鸿沟化，把劳动力的价值形成和劳动的价值形成视为相互对立的两个领域，就会模糊人们视线，妨碍对真实关系的认识。

实践业已证明，一旦把劳动力的价值同劳动力的使用即劳动所产生的价值对立起来，就会带来双重困难。

首先，如果把劳动力的价值看作是形成该劳动力所需生活资料的价值，鉴于人们头脑智力的差别并不引起胃消化力的差别，劳动力的价值量对所有的人来说都应当是相同或相近的。这种理解把劳动力价值静态化了，进而把劳动力本身也淡化了，从而客观上把劳动力问题排除到日新月异、瞬息万变的经济领域之外。人们充其量承认劳动者之间所体现的受教育水平等形式上的能力差别，却忽略了更为主要的因努力程度不同而造成的生产力差别。事实是，迄今为止，社会主义理论经济学关于生产关系研究大体上是在劳动这一层次上进行的。

其次，如果把劳动的价值看作一个可以做动态把握的量，即通过劳动的差别去确定劳动者之间的不同利益地位，由于劳动与价值之间只存在着抽象联系，要想确定价值量，就必须考察劳动的流动形态，即确认劳动时间。社会主义"按劳分配"原则长期以来一直被理解为按劳动时间分配，绝不是偶然的。这种分配方式即使考虑到劳动潜在形态的差别，也不会改变总体上平均主义分配状况，由此派生"干好干坏一个样"则证明它不利于经济发展。

现在可以肯定，马克思所说"劳动力"实质是人力，"劳动力价值"也不过是人力价值；而所谓"劳动力价值"与劳动所创造价值的区别，实际上是人力价值与劳动力价值或劳动所创造价值的区别。

（二）劳动与劳动力差异性

然而，事情远非对一个概念做出小小修正就可完结的。马克思对劳动和劳动力的特殊区分，是说明资本主义剥削现象的理论支点。他认为，资本家通过给付工资购买到工人的"劳动力"商品，就可以利用这种特殊商品的使用价值，即命令工人劳动。工人在必要劳动时间内生产出相当于"劳动力"价值的价值后，被迫在追加的剩余劳动时间内继续生产出价值，这一部分剩余价值被资本家无偿占有了。显然，直接把人力看作是"劳动力"，构成说明上述过程的逻辑切换要点。马克思作为理论造诣极深的大师，既不会随意做出上述区分，一旦区分后，又必然在整个理论体系中照应到这种区分，使之具有逻辑合理性。

为了真正坚持马克思主义，必须研究马克思在这一重大理论问题上的逻辑思路，弄懂他是在什么条件下得出的结论；辨认当初这些条件在当代发生了什么变化，从而在坚持马克思主义原则立场的同时，修正某些不再符合实际的提法和结论。

概括起来，马克思对劳动与劳动力的特殊区分，或者说，马克思把人力看作是劳动力，取决于三个方面考虑。

第一，马克思依据人类一般生产活动实际情况，从客观表现形式上判断人力就是劳动力。

劳动力和人力都以人这种主体指谓。两相比较，人力突出了主体本身的活动状况，是指个人生命机体所拥有的活动能力，它既可应用于劳动过程，又可应用于非劳动过程。劳动力强调人与生产资料的联系，由于生产资料体现了人类文化发展的积淀，从而一方面使劳动力水平具有历史继承性，另一方面也突出了劳动者生产活动的社会历史特征。再者，人力表明人的生命活动与自身机体之间的联系，有什么样身体素质，就具有什么样能力，而劳动力则表明人的生命活动改造了客观物质，形成了人与客体对象的某种关系。最后，人力形成取决于生活资料消费过程，人力大小或强弱取决于包括劳动在内的人的全部生命活动状况；而劳动力形成除了依靠现实的人力之外，还取决于生产资料历史发展水平，劳动力大小或强弱只能通过人的生产活动来进行。

然而，如果把人直接看作是人类，单从人类与自然界关系看，或者如马克思所说，人们"只有一个人一开始就以所有者的身份来对待自然界这个一切劳动资料和劳动对象的第一源泉，把自然界当作属于他的东西来处置"①，进而把一切生产资料都当作可以自主支配的客配前提，这时，"劳动本身不过是一种自然力即人的劳动力的表现"②，作为自然力的人力才直接成了劳动力。

因此，如果从上述抽象意义认识，由于只有人才能劳动，因此可直接把人看作劳动者；由于只有人力才能成为劳动力，因此可直接把人力看作劳动力。在这一前提下，从人类一般生产活动中就可以得出结论：劳动者是人，劳动者的劳动力支出就是人力支出，人在这里是唯一主体，他们的劳动力与人力并无任何区别。只要是进入物质生产过程中的人力，客观上就实现了与生产资料结

①　马克思，恩格斯. 马克思恩格斯选集：第3卷 [M]. 北京：人民出版社，2012：357.
②　马克思，恩格斯. 马克思恩格斯选集：第3卷 [M]. 北京：人民出版社，2012：357.

合，也就转变成为劳动力；而人总是要劳动的，他们的人力也总是要变成劳动力的，这样一来，就可以把人力直接看作劳动力。

在资本主义生产过程中，雇佣工人实现了与生产资料的结合，他们的活动变成了劳动，他们的人力也变成了劳动力。马克思正是以此为根据，把雇佣工人的人力直接看作劳动力。

不过，雇佣劳动者的人力仅仅在形式上表现为劳动力；换句话说，由于雇佣劳动者在生产中以人这种主体面貌出现，与其中物力相比较，人力因之成了劳动力。但资本主义生产过程中主体实质上是资本家，即资本的人格化。"对资本来说，工人不是生产条件，而只有劳动才是生产条件。如果资本能够让机器，或者甚至让水、空气去从事劳动，那就更好。"① 在这种情况下，雇佣劳动者既不能使生产结果服从自己的利益，也不能自主地支配生产过程，他们的人力实质上并没有取得劳动力地位。

更为重要的是，劳动者的人力本身所能创造价值同人力与生产资料结合所能创造的价值显然无法相提并论。在考察社会生产活动所体现的经济关系中，对此不加以区别，就会导致对物的要素的忽视，不能客观反映生产发展真正原因。

可见，马克思把资本主义生产过程中人力看作劳动力，是从否定资本主义私有制立场出发的；正因为如此，他的判断是应然的，而不是实然的。

第二，马克思依据当时资本主义价值生产实际情况，从价值形成作用上判断人力就是劳动力。

资本主义商品生产即价值生产。价值生产是人类抽象劳动同劳动对象相结合而凝结成价值的过程。价值以商品为载体。商品的价值，包括生产过程中消耗掉的生产资料价值和活劳动新创造的价值。资本主义生产目的是使价值形成过程同时成为价值增殖过程，而后者不外是前者超过一定点的延长，正是这种延长产生了剩余价值。马克思指出，生产资料价值、劳动力价值、剩余价值共同构成产品价值。其中，生产资料是死劳动，而劳动力的使用属于活劳动。剩余价值只能取决于活劳动。因此，剩余价值只能通过劳动力使用所创造的价值大于购买劳动力所用去的价值才能得到解释。

让我们换成本书修正的概念：资本家通过支付工资购买了工人的人力，在人力的使用过程中形成了劳动力；而劳动力的价值等于人力价值加上剩余价值。资本家仅仅付给雇佣劳动者人力价值却独吞了剩余价值，仍然构成了对雇佣工

---

① 马克思，恩格斯. 马克思恩格斯选集：第2卷［M］. 北京：人民出版社，2012：752.

人的剥削。

所以，根据马克思对资本主义剥削关系的分析，即使用劳动力概念取代人力概念，也没有改变问题实质。马克思在这个意义上把人力直接视为劳动力，也是有道理的。

对马克思判断真正构成威胁的问题是：在资本主义生产过程中，雇佣劳动者人力是不是唯一活劳动？如果是，由于剩余价值只能来源于活劳动，或者说只能与生产过程中主体活动有关，那么雇佣劳动者就是剩余价值的创造者；无论是说由他们的人力所创造，还是说由他们的劳动力所创造，都无根本区别。如果不是，如果资本主义生产过程中除雇佣劳动之外还有其他类型活劳动，情况就变得复杂了。在这种情况下，雇佣劳动者不仅不能专擅剩余价值创造者之名，而且在确认所占剩余价值份额时，还要与其他活劳动一较劳动能力之大小。

马克思当然看到了这一点。但他仍然认定雇佣劳动是资本主义生产过程中唯一的活劳动。

首先，马克思排除了科学技术成果作为活劳动的介入，严格说来，是排除了科学技术以价值形态进入商品的价值构成。资本主义生产十分注意运用科学技术成果，而这类成果无疑是人通过劳动创造出来的。但马克思指出，科技成果是资本家无偿地从社会取得的，"科学根本不费资本家分文，但这丝毫不妨碍他们去利用科学。资本像吞并他人的劳动一样，吞并他人的科学"①。要把精神形态的科学技术转变为物质形态的劳动资料，资本家是投了资的。但是，这一部分资本通过转化为产品价值而得到了补偿。

其次，马克思排除了资本家劳动作为必要条件参与了商品价值创造过程。马克思曾分析过资本家管理劳动的二重性：一是在一定程度上体现了劳动社会合作的需要，就像一个乐队需要一个指挥一样。"这种劳动实际上是同资本分离而存在的"，完全无须特殊地表现为资本家劳动，雇佣劳动者同样可以胜任。②二是履行了对雇佣劳动者监督职能。这种劳动根源于资本家同雇佣工人之间的利益对抗，从本质上讲游离于生产过程客观需要之外，只对资本主义生产才是必要的。因此，马克思得出结论，资本家"即使在他们劳动的场合，他们也不是作为劳动者，而是作为所有者从事劳动"③。以上分析表明，马克思虽然肯定剩余价值中包含有某种资本家管理劳动所形成的部分，但对一般剩余价值产生

---

① 马克思恩格斯全集：第43卷［M］. 北京：人民出版社，2016：402 注（114）.
② 马克思恩格斯全集：第35卷［M］. 北京：人民出版社，2013：357.
③ 马克思恩格斯全集：第32卷［M］. 北京：人民出版社，1998：150.

来说，显然属于非必要的偶然性存在。正因为这样，马克思在揭示剩余价值来源秘密时，排除了资本家劳动因素。

既然有了上述两方面前提，雇佣劳动就成了资本主义生产过程中唯一活劳动；既然只有活劳动才能创造价值和剩余价值，作为同一种活劳动，人力使用所创造价值与劳动力使用所创造价值就没有什么区别；既然人力和劳动力在价值形成方面作用相同，马克思才把人力看作劳动力。

问题在于，在当代，科学技术成为第一生产力以及经营管理成为关键生产力，已使人们再也不能把工人劳动看作生产过程中唯一活劳动了。

第三，马克思按照自己关于未来社会目标设想，从理论逻辑需要上判断人力就是劳动力。

马克思关于理想社会设想同样是从当时客观条件出发的。总的说来，人类所创造大机器生产方式虽然为弥平人们体力差别提供了物质条件，但脑体差别却依然存在，并且没有足够事实说明人类有可能消除这种差别。这是马克思在思考理想社会平等关系时，无法避免的前提。马克思解决这一问题虽然采取逻辑推论方式，仍然是紧密联系实际的。

一方面，马克思认为，由于劳动者个人能力总是存在某种程度差别，因此，以劳动为尺度的平等权利，对不同劳动能力劳动者来说是不平等权利。理想社会目标是克服这类弊病，实行"各尽所能，按需分配"。换句话说，理想社会平等关系应该体现在人本身平等上，而不是体现在人的劳动平等上。这种思路要求淡化劳动者个人能力差别，使之不至影响最终以人为尺度的平等目标。

另一方面，马克思认为，淡化劳动者能力差别不会给社会生产带来不利影响。随着科学技术进步，人力要素与物力要素相比，越来越表现为次要的、补充的作用；衡量社会生产力水平，主要是生产资料所达到的科学技术水平，劳动资料更能显示一个社会生产时代决定意义特征。由于以蒸汽机为代表的大机器生产方式出现，"工人的技巧，在令人惊异的科学面前，在巨大的自然力面前，在大规模的社会劳动面前，显得微不足道；科学、巨大的自然力、大规模的社会劳动都体现在机器体系中"①。工人劳动主要变成体力支出，这种支出在形式上也简单化了，童工、女工可以同青壮年男工一样，从事同一类型生产劳动。这意味着，人力一旦进入大机器生产过程，它们原本存在各种差别被淡化了。人力在劳动力意义上实现了同等。

---

① 马克思恩格斯全集：第43卷［M］. 北京：人民出版社，2016：442.

（三）马克思用"劳动力"取代"人力"的理论影响

一般说来，劳动力差别由于加入了物质要素，会变得很大；而人力本身差别则往往较小。淡化了劳动力自然就接近了人力。这使马克思把人力看作劳动力，并据此设想了未来社会的平等关系。

马克思预测，劳动资料技术水平提高使人力在生产过程中变得次要，甚至微不足道，在今天很大程度上成为现实；但是，它并没有带来淡化劳动能力结果，而是使劳动能力差别从大体相近的体力领域转向显著不同的脑力领域，并且使劳动能力竞争从直接物质生产过程转移到精神生产过程，演变成了民族之间、企业之间以及个人之间在科学技术领域竞争。也许，经历了这场新一轮竞争之后，人类社会才能真正出现淡化劳动能力局面，然而，对于认识现实社会主义任务来说，却只能首先重视劳动力差别问题，即不能再把人力看作劳动力。

马克思十分看重生产资料，让它在历史进程中独当一面，扮演发展主线，而把"人力"混同于"劳动力"，在一定意义上是始作俑者。实际上，"劳动力"是"人力"发展的目标——人力只涉及人的要素，劳动力则是人的要素和物的要素的统一；由于人力并没有构成"关系"，所以属于自然性表达，而劳动力面对人和物的关系，只能在精神性层面予以表达。人类只有把物质性人力推向精神性劳动力，才体现出历史进步。当马克思直接把"人力"视为"劳动力"时，等于通过淡化生产资料因素达到了淡化脑力劳动作用；因为，劳动力既是人力与生产资料的结合，也是人力以体力为主向以脑力为主的转变。

更为重要的是：人力价值取决于其再生产过程中所消费的生活必需品价值，大体呈现为常量；而劳动力价值除此之外，还取决于其运用过程中所掌握生产资料技术水平，往往呈现为变量。当马克思把"劳动力价值"设定为"人力价值"时，客观上使前者从变量固定为常量。真实关系被曲解了，历史因此从动态转变为静态。唯一变化的生产资料技术水平成为决定生产力水平的指标，而该因素发生和发展都是历史过程中客观呈现的——虽然该变化归根结底取决于人们劳动，但这是一种综合性、社会性劳动；一方面，所有劳动者都做出了贡献，另一方面，没有任何一个劳动者能够指认哪一种贡献属于自己。人们唯一能够做的，就是及时发现生产资料技术水平变化，根据这一变化调整生产关系，并相应调整包括意识形态在内的整个上层建筑。

值此人们才发现，科学社会主义所仰仗的阶级斗争，集中了无产阶级历史自觉，人们主体性似乎仅仅呈现在政治领域；一切社会动员，一切激情向往，一切理想目标，一切主观努力，都发生在这一领域。至于经济领域，从最为重要的生产力开始，都是在不知不觉中进行的；当马克思、恩格斯强调经济因素归根结底起决定性作用的时候，应该与生产资料技术水平决定性作用有关。

人们在经济活动中的理性努力，尤其是为了实现自身利益最大化目标的努力，似乎仅仅成为"历史合力"表现形式。光怪陆离的历史现象背后有一双大手：物质生产资料。它才是归根结底的决定者角色。生产关系只有顺应其要求，才能健康发展。

唯物史观初衷，想把社会主义代替资本主义做成铁案。像马克思用语"一定的、必然的、不以人们意志为转移的"，这种表述就是斩钉截铁、不容置疑；什么因素能够与此相提并论呢？只有客观存在因素具有这种性质和功能。生产资料在唯物史观中就扮演了这一角色，一方面，它主导了生产力水平，成为人类历史活动当之无愧的基础条件；另一方面，它的技术水平取决于历史积累，人们虽然无不参与其中，任何具体主体却又对此作用有限。

毫无疑问，马克思推出唯物史观，表明对社会主义立即代替资本主义的信心。这种铁的必然性让他对空想社会主义者耽于臆想持否定态度，他之所以强调"实践"，在一定程度上就是真实的理论结论已经被唯物史观揭示了，最重要的不再是如何去说，而是如何去做。马克思凭借他对人类福祉的强烈责任心，凭借他对唯物史观的巨大自信心。移步经济学领域，他对资产阶级剥削无产阶级现象的批判，尤其是他对剩余价值来源的认定，无一不是以社会主义应该立即替代资本主义为目标。在他看来，人类形成了大机器生产资料，就有望一劳永逸地消除生活消费品匮乏状态；以此为基础的阶级分裂就会失去存在条件。在判断剩余价值来源问题上，他千方百计地证明以雇佣劳动者为主的活劳动才是剩余价值来源，而他们作为财富创造者却受到如此残酷的剥削和压迫，因此，无产阶级反抗资产阶级的斗争天经地义。不言而喻，马克思力图为已经存在的阶级斗争提供思想武器，剩余价值理论就是这一武器。

当代事实表明：无论唯物史观还是剩余价值理论，都带有针对 19 世纪资本主义烙印。中国社会主义改革则展示了马克思主义现代化的有力脚步。

第二节　劳动力与活劳动及死劳动

这里要谈的劳动力，已经不是经典著作中所界定的含义，即不是把劳动力视同人力之后作为静态对象与作为动态劳动相对立，而是把劳动力作为劳动现象内在规定性来把握。与之相一致，所谓劳动力价值，也不是经典著作中所说的劳动者生活资料所具有的价值，而是劳动者劳动所形成的价值。如果说劳动创造价值，那么劳动力则确定价值，当然也确定剩余价值。

马克思曾指出：某种机器"在最初偶尔被采用时，会把机器占有者使用的劳动转化为高效率的劳动"。但他既然使用"最初偶尔"这样的概念，表明他认为这种情况既是偶然的，又是短期的。接下来，马克思继续分析：尽管"在机器生产还处于垄断状况的这个过渡时期，利润特别高"，但"随着机器在同一生产部门内普遍应用，机器产品的社会价值就降低到它的个别价值的水平，于是下面这个规律就会发生作用：剩余价值不是来源于资本家用机器所代替的劳动力，而是相反地来源于资本家雇来使用机器的劳动力"。① 在马克思看来，科学技术进步带来的发展属于社会劳动过程的发展，只是它的成果被无偿利用了。因此，"在这里，像在其他各处一样，必须把社会生产过程的发展所造成的较大的生产率同这个过程的资本主义剥削所造成的较大的生产率区别开来"②。

马克思无法想到，他当初作为一种"偶尔"情况分析的现象，一百多年后，会演变成一种频频发生并越来越占据主导地位的经济事实。在今天，科学技术是第一生产力已经成为尽人皆知的常识。推动生产力发展的主要原因已经不是来自人力本身的某种强化作用，而是来自新的工艺，新的原材料，新的机器设备，来自科学的经营战略，科学的管理技术，科学的利益激励机制。与此同时，从事科学技术工作的劳动者已经形成一个门类众多、结构复杂而且日益发展的庞大社会群体。他们的劳动成果以著作权、专利权、软件权等知识产权形式进入市场，早已不允许人们无偿占有了。管理者劳动不仅是一种社会工程技术，也是一种文化艺术。它早已脱离了最初的单纯强制性模式，而要求当事者谙熟有关社会科学和自然科学的知识。

马克思即使再生，也会为人类所取得的这种巨大进步而欢欣鼓舞，也会重新考虑关于剩余价值来源问题。马克思主义同任何"凡是"论一向格格不入。在客观条件发生历史性变化的当代，通过发展马克思主义方法坚持社会主义，不仅是社会主义者权力，尤其是一种责任。

重新认识剩余价值理论是从区分人力与劳动力开始的。马克思剩余价值理论的特点，是从人力方面考察了剩余价值现象，如果从劳动力方面考察剩余价值现象，不仅要重视人力要素作用，还要重视物力要素作用。

应该说明，这里所谈是一个重大理论问题，远非区区一节文字就能说得清

① 马克思恩格斯文集：第5卷［M］. 北京：人民出版社，2009：467－468.
② 马克思恩格斯文集：第5卷［M］. 北京：人民出版社，2009：185.

楚。笔者只能论及与本书题旨相关的要点性意见。

（一）构成剩余价值基础的是死劳动

死劳动亦称过去劳动，即凝结在产品中过去完成的劳动，通常指生产中作为物力发挥作用的生产资料。任何一种生产过程，都离不开劳动者和生产资料，因而也都表现为活劳动与死劳动的结合。按照经典理论，属于死劳动的生产资料的价值只能借助于活劳动转移到新产品中去，其价值量是不变的；而与生产资料结合、凝结在新产品中的活劳动，除了再生产出"劳动力价值"（即人力价值）以外，还创造剩余价值，因此，活劳动是形成剩余价值唯一源泉。

但是，确定死劳动作用并不像乍看起来那么容易。实际上死劳动不只与特定的上一个过去劳动过程相联系，而是与人类一般的过去劳动相联系，换句话说，正是死劳动体现着人类历史文化积累，把现实劳动过程与人类发展成果结合在一起，起到活劳动创造剩余价值的基础作用。只有结合死劳动去谈活劳动，才能正确解释剩余价值来源。

剩余价值是剩余劳动在商品经济条件下的表现形式。如果我们撇开剩余价值归谁所有问题不谈，只从人类劳动角度看，那么，"剩余劳动一般作为超过一定的需要量的劳动，应当始终存在"①。"劳动产品超出维持劳动的费用而形成剩余，以及社会的生产基金和后备基金靠这种剩余而形成和积累，过去和现在都是一切社会的、政治的和智力的发展的基础。"②

就剩余劳动始终存在而言，具有绝对性；就剩余劳动在不同时期具有不同的数量含义而言，具有相对性。那么，决定一般剩余劳动存在的基本原因是什么呢？是生产资料。对于绝对剩余劳动来说，运用生产资料本身就使人的生命活动区别于动物的生命活动，或者说区别于人作为动物存在时的生命活动，就可以造成一般剩余劳动存在。对于相对剩余劳动来说，运用不同生产资料形成不同水平剩余劳动。正如马克思所说："各种经济时代的区别，不在于生产什么，而在于怎样生产，用什么劳动资料生产。"③ 不同劳动资料标志着不同科学技术水平，决定着不同劳动生产率，从而也决定着剩余劳动不同状况。

与生产资料所呈现技术水平递进发展的情况相比，人力本身无论体力还是脑力也都表现出一定变化，其中尤以脑力变化最为显著。但是，所谓脑力变化，

---

① 马克思恩格斯文集：第 7 卷 [M]. 北京：人民出版社，2009：927.
② 马克思，恩格斯. 马克思恩格斯选集：第 3 卷 [M]. 北京：人民出版社，2012：574.
③ 马克思，恩格斯. 马克思恩格斯选集：第 2 卷 [M]. 北京：人民出版社，2012：172.

归根结底是脑力所容纳文化成果不断增加。这是历史对文化成果自然积累结果，并不是脑力本身发生了变化。可以设想，一个现代人倘若一出生就不去接触现代文化知识，那他的脑力不会与原始人有本质区别。正因为如此，我们有理由假定在人类发展每一个阶段，所有个人人力支出大体是相同的。各个时代能够标志剩余劳动发展的只能是生产资料，而生产资料不过是人们精神成果的物化形态。

生产资料在人类历史进程中的这种作用不是偶然的。它的存在隐藏着人类历史为何能够不断发展的答案。这个答案就是：劳动成果是可以积累的，这种积累使人类可以像接力一样去发展与自然界关系；劳动本质是脑力劳动，才使其精神产品作为成果得以积累。这种积累劳动不露声色地融进生产资料之中。

生产资料构成具有二重性：一是物质性构成，即生产资料硬件，二是技术性构成，即生产资料软件。劳动者获得生产资料，通常只需支付其硬件部分的代价；即便须支付其软件部分的费用，也只支付其新增的活劳动费用，而对软件所包含全部死劳动则不须支付。这是因为，生产资料这部分技术构成源于科技成果历史积累，原则上属于人类公共财富。

从历史上看，每一代人都创造出了剩余劳动，但为着实现自身发展，又消费了它。剩余劳动只是为增加消费提供了条件，并没有真正"剩余"下来。人们从事生产目的就是为了消费；消费是优化人类生命存在的需要，是人类生产活动最高目的。与之相比，积累不过是以发展生产为目的，因而不过是人类生产活动手段。正因为如此，从总体上看，每一代人总是把全部劳动成果都消费掉的。对此马克思曾有明确论述。

《哥达纲领批判》尖锐批判了在个人消费品分配方面要求获取"不折不扣的劳动所得"的观点。马克思指出，"不折不扣"实际上有折有扣。首先，从全部劳动总产品中扣除维持和扩大再生产的费用，包括，用来补偿消费掉的生产资料部分；用来扩大生产的追加部分；用来应付不幸事故、自然灾害等的后备基金或保险基金。马克思说，从"不折不扣的劳动所得"里扣除这些部分，在经济上是必要的，至于扣除多少，应当根据现有的物资和力量来确定，部分地应当根据概率计算来确定。其次，从余下消费资料中进一步扣除用于公益事业的部分，包括：和生产没有直接关系的一般管理费用，用来满足共同需要的部分，如学校、保健设施等；为丧失劳动能力的人等设立的基金等。但是，马克思最后说，从一个处于私人地位的生产者身上扣除的一切，又会直接或间接地用来为处于社会成员地位的这个生产者谋福利。

可见，马克思批判的不是"不折不扣的劳动所得"本身，而是对它的狭隘理解。归根结底，劳动者所消费的仍然是不折不扣的劳动所得，不管它表现为产品形态，还是表现为价值形态。

从现象上看，前人总是留给后人许多物质财富，随着人类发展，它的数量在增多，规模也变得十分庞大。不过，这些财富只能在极其有限意义上可以被承认包含着"遗产"成分。究其实质，巨大生产资料群，堆积如山个人消费品，亿万货币资金，难以尽数房屋建筑及公共设施……总之整个人化自然界，都只能在动态中存在，即依靠活劳动不断投入才能存在。由于人类生命诞生和发展的代际交错，保证了活劳动的陆续投入，使社会总劳动始终能够以一定规模来进行，从而，个人消费品得以源源不断产生，生产资料得以屡屡不断更新。从逻辑上讲，每一代人都从这个生生不已过程中获得了属于自己的那一部分劳动产品，并没有或基本没有给后代留下物质使用价值。事实上，没有任何一代人可以不劳动而生活。正如马克思所说，一个民族，哪怕是停止劳动几个星期，也将生存不下去。依照今天的生产力，虽然可以统计的财富总量是一百多年前无法比拟的，但由于分工迅速发展，许多劳动成果都远离了第一产业而无法直接满足生存需要。因此，即使可以停止劳动的时间有所延长，仍然没有改变这一问题的实质。

然而，在上述过程中，每一代人都毫无例外地为后人留下了一份精神财富。人们通过劳动开拓了与自然界的关系，相应推动了科学技术进步。他们消费了自己所创造的物质形态财富，则把其中所蕴含的精神形态科学技术留给了后人。新一代人之所以表现出更强劳动能力，主要是因为他们在前人劳动成果基础上又附加了自己新的劳动。

生产资料集中体现了人类科学技术成果的积累，成为串联人类历史的媒介。马克思说："知识和技能的积累，社会智力的一般生产力的积累，就同劳动相对立而被吸收在资本当中，从而表现为资本的属性，更明确些说，表现为固定资本的属性，只要后者是作为真正的生产资料加入生产过程。"①

这样一来，生产资料就具有一种特殊地位，一方面，它的价值取决于自身的物质性构成，即取决于再生产该生产资料所耗费的社会必要劳动时间，另一方面，它的使用价值取决于自身的技术性构成，即取决于该生产资料所积累的科学技术含量。

---

① 马克思，恩格斯. 马克思恩格斯选集：第 2 卷［M］. 北京：人民出版社，2012：775 - 776.

　　什么是机器的使用价值呢？马克思回答："它代替人的劳动就是它的使用价值。"① 人的劳动是能够创造价值的，机器能够代替人的劳动，就意味着它能够代替人的劳动去创造价值。因此，机器的使用价值就取得了创造价值的地位。问题的奥妙在于：机器本身价值与使用机器所创造的价值是两个不同的量。后者往往要高于前者。

　　马克思说："对脑力劳动的产物——科学——的估价，总是比它的价值低得多，因为再生产科学所必要的劳动时间，同最初生产科学所需要的劳动时间是无法相比的，例如学生在一小时内就能学会二项式定理。"② 同样，发现或发明某种科学技术本身劳动所体现的价值，同在机器中运用这一科学技术所需要劳动的价值相比，也要高得多。显然，使用机器所创造价值通常等于前一个量，而机器本身所体现价值通常等于后一个量。

　　甚至当发明科学技术与在机器中应用这一科学技术同为一个主体的时候，上述判断仍然成立。因为，只要涉及对科学技术的工业应用，就意味着对该项科学技术的批量复制，原来为研究这项科学技术所支付的高额成本费用将平均分摊到每一件产品中去，这将大大降低该产品实际价值，但这并不妨碍该产品仍然以附加了原来研制成本费用的价值量出售。正因为"一台新机器初次制造的费用和再生产的费用之间有很大的差别"③，才使首批这种机器所有者能够以远高于个别价值的社会价值出售。

　　使用生产资料所创造的价值之所以总是大于生产资料自身的价值，只能有一个解释：生产资料内含的科技劳动，作为一种精神产品可以被无限复制，因此，这部分活劳动所体现的价值只是以较小的比例转移到生产资料的价值中去了。

　　可见，死劳动虽表面上死气沉沉，作为其载体的生产资料甚至会自然锈蚀，直至完全失去价值；但只要一进入生产过程，它所内含的能带来新值的科技劳动就会被激活。以此为基础，剩余价值才能出现。

（二）实现剩余价值的是活劳动

　　即便是无人工厂，也需要活劳动在某种程度上介入生产过程，否则就真的进入童话时代了。这个事实意味着，理解剩余价值的难点在于正确把握死劳动

①　马克思恩格斯文集：第 8 卷［M］. 北京：人民出版社，2009：287.
②　马克思恩格斯全集：第 26 卷第 1 册［M］. 北京：人民出版社，1972：377.
③　马克思恩格斯文集：第 7 卷［M］. 北京：人民出版社，2009：119.

与活劳动的关系。

从原则上说，剩余价值存在基础是死劳动，但死劳动本身却不能形成剩余价值，剩余价值实现要依靠活劳动，但仅有活劳动却不能产生剩余价值。

这说明：一旦把特定死劳动存在当作社会生产前提，活劳动就成为解释剩余价值的唯一原因；一旦把活劳动同等投入视为一种普遍现象，死劳动所具有科技水平就成为解释剩余价值的唯一原因。

马克思对于剩余价值现象的分析与认识，正是以排除死劳动参与了剩余价值创造为前提的。与此同时，马克思一再肯定生产资料技术水平对于决定劳动生产力的意义。

马克思指出："劳动生产力是由多种情况决定的，其中包括：工人的平均熟练程度，科学的发展水平和它在工艺上应用的程度，生产过程的社会结合，生产资料的规模和效能，以及自然条件。"① 恩格斯以更直接的语言说："正如蒙昧人和野蛮人的工具同**他们的**生产分不开一样，轮作制、人造肥料、蒸汽机、动力织机同资本主义的生产也是分不开的。"②

这里给人的突出印象是，马克思、恩格斯不仅注意到了生产资料技术水平对于劳动生产力的决定意义，而且总在强调这种意义。马克思甚至把劳动资料看作是"人类劳动力发展的测量器"③。

但是，马克思却明确无误地告诉人们，生产资料与剩余价值无关。生产资料作为死劳动其价值将转移为产品价值的一部分；至于生产过程所形成的剩余价值，是由活劳动创造的。马克思的意思很清楚，作为物力的生产资料，只存在一个价值补偿问题，剩余价值只能与生产过程中的人力有关，即与主体有关。这种思路表明：马克思的确是把特定死劳动视为社会生产的前提，而把活劳动当作认识生产过程动态因素的唯一对象了。

这种判断在马克思那里是怎么发生的呢？

从客观方面分析，马克思所处时代，自然科学方面出现了如能量转化与守恒定律、细胞学说以及生物进化论这样的划时代成果，但主要是在基础理论方面引起了革命性变化，此时尚未出现进一步的以此为基础的技术革新，因此，还不足以直接改变生产力面貌。这个时期最引人注目技术成果当推蒸汽机研制与应用。它的出现得到了马克思、恩格斯极大重视，在一定意义上，社会主义

---

① 马克思，恩格斯. 马克思恩格斯选集：第2卷［M］. 北京：人民出版社，2012：100.

② 马克思恩格斯全集：第36卷［M］. 北京：人民出版社，1975：169–170.

③ 马克思，恩格斯. 马克思恩格斯选集：第2卷［M］. 北京：人民出版社，2012：172.

理论基本前提是与这项工业技术成果联系在一起的。但是，至少与今天的科技繁荣相比，当时那场技术进步潮流，在质上，在量上，在规模上都显得单调与冷清。可以说，能够把握蒸汽机技术革命意义的，只是像马克思、恩格斯这样的一少部分人。恩格斯曾明确指出："当革命的风暴横扫整个法国的时候，英国正在进行一场比较平静，但是并不因此就显得缺乏力量的变革。蒸汽和新的工具机把工场手工业变成了现代的大工业，从而使资产阶级社会的整个基础发生了革命。"①

蒸汽机技术在变革生产资料过程中，客观上形成了一种模式：一是人们在采用这项技术时，只需支付其硬件费用，其软件成果则不需花费分文，它纯粹是科学技术自身历史发展的产物，是社会成员可以共享的一笔精神财产。二是一项科技成果从发明创造到实际运用将是一个短暂的过程，除了必要的资金投入之外，其间并没有什么障碍。

上述模式告诉人们：一方面是少量的人尽可用的新型技术；另一方面是同样少量的人尽可为的资金支付（当然这是对资本家来说的）。生产资料更新换代的这种状况，使它变得十分自然。可以想见，谁也不能从中垄断科学技术，谁也不能长时间独占科学技术，因而，谁也就不能专享科学技术好处。正是这种理解，使马克思既肯定科技发展对提高劳动生产率的重要意义，又否定生产资料能够参与剩余价值的创造。

从主观方面分析，马克思一向认为，生产资料私有制存在不合理，它是一部分社会成员能够剥削另一部分社会成员的原因。

> 大规模的有组织的劳动，生产资料的集中，这是无产阶级追求的希望，也是无产阶级运动的物质基础，尽管目前劳动的组织是专制式的，生产资料不仅作为生产手段，而且作为剥削和奴役生产者的手段集中在垄断者的手中。无产阶级要做的事就是改变这种有组织的劳动和这些集中的劳动资料目前所具有的资本主义性质，把它们从阶级统治和阶级剥削的手段变为自由的联合劳动的形式和社会的生产资料。②

出于这种考虑，马克思把公有制必然代替私有制视为考察资本主义、预测理想社会的一个前提，认为，在共产党人推翻资本主义社会的革命运动中，"他

① 马克思，恩格斯．马克思恩格斯选集：第 3 卷 [M]．北京：人民出版社，2012：648.
② 马克思，恩格斯．马克思恩格斯选集：第 3 卷 [M]．北京：人民出版社，2012：146 - 147.

们都强调所有制问题是运动的基本问题，不管这个问题的发展程度怎样"①。

上述认识使马克思总是把生产资料存在当作一种应为全社会共有共用的财产。与前述客观分析相比，这种主观考虑当然处在次要地位，因为这毕竟属于一种逻辑分析。但是，这种主观考虑一旦与客观条件结合在一起，就会构成一种无可置疑判断，使马克思把生产资料因素排除在能够决定剩余价值的条件之外。

时至今日，客观情况发生了很大变化。科学技术及其在生产资料方面应用，已经上升成为一种日常的、普遍的促进劳动生产率的手段。与这个领域生机勃勃的发展相比，生产过程中以体力劳动为主的人力水平却变得相对稳定，而且在规模上呈日渐萎缩趋势。这就要求我们从马克思设定思路中走出来，根据他考察现实问题的方法，去实事求是地对剩余价值现象予以再认识。

这里的关键，就是重新分析剩余价值形成的条件，肯定生产资料不同技术水平对决定剩余价值存在的基础作用。

这里假定同时存在着新旧两种物质生产过程。双方投入人力相同，生产的使用价值也相同，并都能作为商品进行交换；但新生产过程的生产资料吸收了先进科学技术，而旧生产过程仍然沿用原有科学技术。两相比较，新生产过程无疑将得到更多剩余价值。出现这种增量的原因，在于新生产具有更高科学技术起点。这种新技术即便以死劳动形式出现，也具有活劳动意义，因为新技术所完成的价值增值可以看作是增加了若干活劳动。与之相反，旧生产即使在空间上继续存在，与新生产相比较，其活劳动（一部或全部）也具有死劳动意义。一般说来，创造了新价值（剩余价值）的劳动，客观上总是把与之对应的原劳动置于死劳动地位，无论这种"死"是时间意义还是空间意义的。但是，只要旧生产没有从空间上消失，新生产中死劳动就虽"死"犹"活"，对剩余价值增加起到作用。一旦旧生产从空间上完全消失，新生产中死劳动所具有活劳动意义在时间上也消失了。该生产过程将失去在创造剩余价值方面的优势地位。与之同时，更新的生产过程以及更新的剩余价值水平又出现了。

在一定意义上，对剩余价值的把握就是从量上认识生产过程。如果我们用1、2、3、4……这样的数列来表示人类一般生产中剩余价值（剩余劳动）量的发展，并假定每个发展周期活劳动价值附加都是"1"的话，那么，处在剩余价值量"3"位置上的生产，应该是"死劳动2＋活劳动1＝剩余价值3"；一旦死劳动处于"3"的水平，再加上活劳动1，剩余价值即达到"4"的水平。这种

① 马克思，恩格斯. 马克思恩格斯选集：第1卷［M］. 北京：人民出版社，2012：435.

描述当然不能完全表现死劳动与活劳动之间的复杂变量关系，但实现剩余价值时活劳动对死劳动的依赖情况，于此可见一斑。

问题症结在于，在当代科技革命不断发展、全球经济往来日益频繁条件下，事实上既无法假定人们将在同一死劳动基础上去从事生产，也无法假定劳动者将支出同等水平活劳动。市场只承认价廉物美商品，只采取价值这一种衡量尺度。劳动生产率高的劳动者将占有市场，将赢得更多剩余价值。就此而言，剩余价值只追随高效能劳动，并不挑剔这种劳动是采取活劳动形式，还是采取死劳动形式。在统一价值尺度下，死劳动和活劳动之间是可以相互折算的。

最合理办法莫过于从死劳动和活劳动相结合角度认识剩余价值。这需要把握人们的劳动力。

（三）分配剩余价值的尺度是劳动力

研究剩余价值理论的目的，一是为着解决生产发展问题，一是为着解决利益分配问题。难题在于：剩余价值生成机制并不完全等同于它的分配机制。

如前所述，死劳动在剩余价值生成中起到了基础作用，没有它的参与，就不能真正破解剩余价值来源。但诚如马克思所言，死劳动本身价值是固定的。无论对科学技术研究，还是将其转变为物化形态的生产资料，所需劳动都是一定的；这些劳动所形成的价值作为生产资料价值，在生产过程中逐步向产品价值转移，最后得到全部补偿，并不涉及在剩余价值中占有份额的问题。这就是说，即便承认生产资料在创造剩余价值中起到了作用，也不构成生产资料参与剩余价值分配的理由。

造成上述认识的原因是，对剩余价值生成机制的考察关系全部生产条件，既要考虑客体因素，又要考虑主体因素，而对剩余价值分配机制考察只需考虑主体因素。因为客体因素不会提出权利要求，认为生产资料也会"张口"为自己要一份利益是十分可笑的。生产资料作为死劳动曾经是主体所为，但在它作为活劳动成果时，相关主体利益已经得到实现；而就其所体现累积的科技成果来说，任何一个主体都不应视为一己所私，它客观上是人类文明发展的产物，是属于全人类的财富。

正因为如此，有权参与剩余价值分配的就只有活劳动。当马克思肯定雇佣工人是资本主义生产过程中唯一存在的活劳动时，理所当然认定资本家拿走了剩余价值，就是对工人的剥削。

然而，无论是资本主义经济关系的事实，还是社会主义市场经济中的实际，都表明，对利益分配问题不能做上述简单理解。这里涉及两个问题。

其一，生产资料一度是劳动成果。作为一种劳动成果，其中劳动资料部分客观上体现了人力外化，即人的四肢延长和脑力强化。要人为地把人力和这种物力分开，或者设想人力和物力能够分开，无疑是脱离实际的。人一旦去从事劳动，必然是用人力去支配生产资料，人力和生产资料相结合，才能形成劳动行为。脱离了生产资料，无论是去认识劳动，还是去认识劳动力，都是不可能的。

其二，人们对生产资料所有制的不同关系（或者说，有的人是有产者，有的人是无产者，有的人是大资产者，有时人是小资者）是由历史演变而形成的，其中当然不能排除剥削所完成的财产积累，也不能排除其他偶然性的财产积累，但也不应该排除因劳动能力强造成消费剩余而形成的财产积累。除了不可避免地会出现这样或那样偶然性情况之外，也除了不可避免地会出现某种剥削现象之外，从一般情况而言，从主要趋势而言，分工与劳动者能力素质及能力水平有着密切关系，因而，所有制关系同样与劳动者能力状况有着密切关系。

正因为所有制与劳动者能力存在一致性，所以，如果从利益分配上割断劳动者与生产资料的关系，或者说，只从活劳动本身来判断剩余价值归属，势必会减弱劳动者中强者积极性，使他们要么在发挥能力上适可而止，并不去尽心竭力，要么把所得尽情消费，并不将其转化为生产资料。显然，只看到所有权可以剥削人的一面，看不到所有权能够鼓励劳动的一面，是不客观的。究其原因，是只把所有权当作是一种权力，没有同时看到它还是一种能力。

上述论述与其说是一种逻辑推论，不如说是一种客观事实。正是这种事实，要求对创造剩余价值的活劳动做更为灵活理解。

所谓活劳动，一是属于劳动，二是劳动主体进入了现实生产过程。在生产资料私有制条件下，生产资料虽是死劳动，毕竟仍然属于"劳动"；由于生产资料归特定主体所有，它就具有人格化特征。生产资料自身虽不会提出利益要求，它的所有者却可以据此提出利益要求。所有者将生产资料投入生产过程，决不满足于仅仅换回它的等值，而是希望在剩余价值中分一杯羹。况且，仅用价值尺度衡量，表现为人力的活劳动与表现为物力的死劳动并无任何区别，二者可以按照某种比例关系互换。由于双方都是生产过程中不可或缺的要素，因而都有一定理由要求分享剩余价值。所不同的是，人力表现为直接活劳动，物力经由所有者而成为间接活劳动。应该说，在经济关系实践中，由于生产资料对创造剩余价值起着基础作用是一种感性可以认识的事实，因此，人们通常不会对物力也参与分配剩余价值表示异议。

在公有制条件下，一般说来无须区分活劳动的直接形式和间接形式。这并不说明这种区分没有意义，而是从理论上讲，公有制生产资料将为全体劳动者带来某种平均性质利益，因而已无必要去考虑死劳动单独作用了。值得一提的是，随着社会主义市场经济发展，所有权与经营权分开出现了越来越复杂的情况。人们不得不面对的问题是：劳动者无一例外都拥有使用公有制生产资料的权利，但实际上直接支配公有制生产资料的只是企业家阶层，他们只是劳动者中一小部分；那么，如何体现劳动者是公有制生产条件所有者呢？当然应该通过他们享有公有制生产资料所带来的效益来体现。一旦这么做，就要求明确生产资料在分配剩余价值中的地位，承认死劳动也可以参与剩余价值的创造。

与此同时，本来意义活劳动已经裂变成科技劳动、管理劳动、体力劳动等不同形式，它们付出者都有权参与剩余价值分配。从有利于社会生产力发展目的出发，对剩余价值中可转化为个人消费品部分的分配，应贯彻按劳动力分配原则。这表现为两个方面：

一是按劳动力的使用价值分配。劳动力使用即劳动，而劳动力使用价值则是指具体劳动在生产过程中的分工作用。显然，处在不同分工地位的劳动力，在劳动目的、劳动对象、劳动手段、劳动方式方面是不相同的，但归根结底是所形成的使用价值不同，即劳动结果不一样。就此而言，所谓劳动力使用价值，就是从使用价值角度认识的劳动力。

众所周知，马克思在肯定劳动力的使用即劳动之后，接着就把劳动力的使用价值看作是能够在劳动过程中创造出价值，劳动力的使用价值获得了创造出价值的功能意义。如前所述，这与他直接把人力视为劳动力、进而把人力价值视为劳动力价值有关。既然"劳动力价值"在这里成为一种静态存在，要反映劳动活动的动态状况，就只能从劳动力使用价值方面去确认。如果把劳动力使用价值与生产过程中的抽象劳动（它创造价值）联系在一起，与之相对应，就应该把劳动力价值与生产过程中具体劳动（它形成使用价值）联系在一起。马克思的确是这么做的，但他却直接用生活领域代替了生产领域，放弃了通过具体劳动去认识分工的机会，致使他的分工理论偏重于生产关系方面的研究。

按照笔者意见，劳动力使用价值与生产过程中具体劳动相一致，因而体现了社会分工性质。特定分工在生产过程中使用价值是一定的，与此相联系的劳动力素质同样是一定的。由于公有制物力要素对所有劳动者参与分配都提供相同条件，这里唯一需要考虑的是人力要素不同。不同分工要求不同人力，从而也要求不同的人力再生产条件。所谓按劳动力使用价值分配，就是使劳动者获得与其人力再生产费用相一致的消费条件。

二是按劳动力的价值分配。劳动力的价值即劳动力使用过程中劳动所创造的价值。这里强调了劳动力的抽象劳动形式，要求从价值量上去把握劳动者的人力。在不考虑公有制物力条件的前提下，如果说，按劳动力的使用价值分配就是按人力价值分配的话。那么，按劳动力的价值分配则是按人力在生产过程中所创造的价值分配。

上述两方面，前者涉及劳动力静态规定，后者涉及劳动力动态规定，二者相互结合，共同构成按劳动力分配的原则。

第三节　劳动力与劳动力商品

完整、全面地提出劳动力问题，是以市场经济为背景的，换句话说，为了形成市场经济，为了发展市场经济，就必须研究劳动力问题，就必须规范劳动力实践。

人类只在自身发展特定历史阶段才会把劳动力作为调整社会关系的一种客观尺度，正如人类只有在自身发展特定历史阶段才能形成完整形态的市场经济一样。在劳动力作为调整社会关系客观尺度以前，人类曾经历了以劳动者本身作为尺度的经济形态，而在此之后，人类将逐步过渡到以劳动作为尺度的新的经济形态。

迄今为止，社会主义理论经济学主体框架以马克思经济理论为基础。但是马克思经济理论却是从否定商品经济出发设想社会主义社会。这是不争事实。笔者已经分析过，马克思之所以这么认识，与他所处历史环境相一致。而他的理论之所以成为一百多年来鼓舞亿万劳动者争取美好新生活的一面旗帜，至少说明，马克思学说以其严密逻辑性说服了人们，是最具科学性理论体系。

现在的问题是，我们已经有了市场经济实践，我们也已经有了在这种实践基础上的政治结论。但我们还缺一块东西：如何在基础理论上完成与马克思学说的对接？

学术界有一种观点，持此观点的人承认建立社会主义市场体制需要具备相应的基础理论，由于实际上尚未形成这一理论，他们就千方百计在经典作家中寻找能使市场经济与社会主义相一致的观点。显然，这种努力动机虽然不错，但并不会成功，相反，极有可能曲解经典作家本意，把马克思主义搞成可以任意解释的东西。这样，就会走向愿望的反面了。

要研究市场，就必须知道，我们原先并不熟悉市场，社会主义导师研究过资本主义市场，但那是从否定市场与社会主义联系的角度进行的，现在则必须从社会主义市场经济角度出发再来认识市场。

（一）人力和劳动力的概念转换

把人力直接看作是劳动力，在马克思那里，绝不是轻易做出的结论，而是包含着深刻社会背景和严肃理论内容。

首先，就两个概念本身区别而言，人力不强调与生产资料结合，而劳动力强调了与生产资料结合。就此而言，在资本主义私有制条件下，丧失了生产资料所有权的无产阶级本来只能以人力形式进入生产过程。这是一种客观事实。作为人力出现的无产阶级既享受不到只有劳动力才享受到的权利，即占有剩余劳动；也不能行使只有劳动力才可以行使的职责，即管理劳动过程。这种情况正说明资本主义生产方式对雇佣劳动者的剥削和伤害，也说明雇佣劳动者地位改变的必要性。正因为如此，马克思认为，生产资料私有制是不合理的，必须用公有制取而代之；而一旦实现了生产资料公有制，人力作为劳动力出现就不存在什么问题了。因此，人力直接作为劳动力出现就构成了马克思批判资本主义生产方式的出发点。

其次，就两个概念在价值形态上区别而言，人力价值突出了人们在满足生活资料消费方面的平等性，而劳动力价值突出了人们在劳动生产率方面的差异性。双方对立显而易见。马克思否定商品经济的深层次原因，是不主张运用价值尺度张扬人们在劳动能力方面的差别，当他把人力价值当作是劳动力价值时，无异给人们展现了一种大体接近的"劳动力价值"，客观上为社会平等做出了理论铺垫。一旦实现了"各尽所能，按需分配"，人力生产中人们需要的等同与劳动力消费中人们能力的差别将不再对立。而这恰恰是马克思为理想社会设置的价值目标。因此，人力价值直接作为劳动力价值出现就构成了马克思揭露资本主义剥削现象、预示未来社会平等的出发点。

但马克思没有预料到，他对商品经济的考察并没包括商品经济全过程，他认为已是商品经济最高阶段的资本主义，在他身后又继续发展了一百多年，而且至今仍无退出历史舞台先兆。商品经济在资本主义制度下的新发展，给社会生产注入了魔力，人类物质生活和精神生活发生了巨大变化。在这种辉煌成就面前，当年马克思亲历的灾难性经济危机，至今虽然仍存，但一般换成了较为温和一些的经济"滞涨"现象，而以暴力方式出现的阶级斗争，也早已换成了改良性质的经济要求，在形式上为法律所容许了。

马克思更没有料到的是，社会主义国家在经过数十年计划经济实践之后，被迫转向了商品经济模式，原先集中统一的计划体制虽然消除了商品过剩现象，却衍生了商品不足困难。与资本主义经济事业疾如旋风、大红大紫相比，社会主义经济状况显得寻寻觅觅、冷冷清清——依照旧轨道运行是绝对不行了。

社会主义者对商品经济的刮目相看，从逻辑上就要求重视劳动力问题；而对劳动力任何正确考察，都必须从一个准确的劳动力概念做起。这时，再把人力混同于劳动力就是不容许的了。

市场经济的灵魂是竞争。竞争就是要在生产者劳动能力方面分出高低优劣。为了在竞争中获胜，人们必须尽可能地提高自己的劳动能力，既注重高质量的人力，又注重高技术的物力。在这里，人力只是人力，物力只是物力，不同生产要素起着不同作用。只有认清这一点，才能扬长避短、拾遗补阙。而劳动力则是人力与物力的结合，如果仍然把人力概念混同于劳动力概念，势必将模糊我们对市场经济基本经济关系的认识，影响决策正确性。

市场竞争依靠独立商品生产者进行。要从事独立商品生产，必须有相应明确的产权制度。即便在典型公有制条件下，也有一个所有权、经营权、收益权、处分权的区分问题；在市场运作中，还必须考虑它们的分割、转移以及集中所引起的利益关系变化。这些都要求人们严格区分生产力中的主体要素和客体要素，以便在利益分配中，区别哪些是属于劳动者个人贡献，哪些是属于生产资料效益，真正做到既鼓励劳动积极性，又让公有制为全体劳动者带来公平利益。

建立社会主义市场经济体制一大难题是产权明晰化问题。无论理论上还是实践上人们都遇到了许多困难。我们不能说这些困难都是人力混同于劳动力这个问题引起的，但至少可以说与这个问题有关。长期以来，我们对生产过程考察与研究，基本上是把物力要素和人力要素混在一起的；而且，由于是生产资料公有制，物力要素往往被静态化了，对劳动行为衡量变成了对人力要素单方面衡量。进入改革以来，许多人头脑中仍然保留了这一思维惯性，他们不习惯从劳动成果中划分出公有制生产条件作用，错误地将其看作完全属于自己所有；更有甚者，一些企业在获得了自主权之后，其领导人随意支配国有资产，导致化公为私甚至剥削再生的社会后果。在这个意义上，产权明晰要克服的第一个理论障碍，就是严格区分生产过程中人力和劳动力，以求分别把握人力要素和物力要素的作用。

不仅如此，由于马克思的劳动力概念属于理论经济学基础概念，对它的再认识势必牵动一系列基本理论问题，但另一方面，这种再认识也潜藏着解决现实改革难题的答案。就前者而言，它涉及我们如何在改革这种非常年代牢牢把握住马克思主义这面理论旗帜的问题，而就后者而言，则涉及我们能否为改革实践寻找到一种基础理论支撑，以避免总是"摸着石头过河"状况。

上述情况说明，必须用发展马克思主义方法坚持马克思主义。事实上，确立社会主义市场经济体制，已经大大突破了经典作家眼界。发展市场经济所取得的初始成功，证明这是一条振兴社会主义事业之路。但是，必须清醒地看到：人们只是从成功实践中体会到社会主义利用市场机制的可行性，也只是从政治决策角度强调了社会主义与市场经济相结合的必要性，而从基础理论方面揭示社会主义发展市场经济的历史必然性，是摆在理论界面前的一副沉重担子。

（二）人力商品与劳动力商品

改革以来，国内不少学者针对市场经济中出现的新现象，提出劳动力商品化观点。但是，沿用经典著作关于劳动力商品概念，很难做到自圆其说。按照马克思的观点，在资本主义私有制条件下，雇佣劳动者的"劳动力"成为商品，是因为他们不占有生产资料，因而作为"劳动力占有者没有可能出卖有自己的劳动对象化在其中的商品"①，只有出卖唯一所有的"劳动力"。但在社会主义公有制条件下，劳动者已可以出卖有自己的劳动物化在内的商品，既然如此，为何他们又要把自己劳动力当作商品去出卖呢？

要走出这一逻辑困境，正确途径是区别劳动力商品和人力商品这两个概念。

马克思笔下"劳动力"商品实质是人力商品。他指出："在市场上同资本家直接对立的不是劳动，而是劳动者。劳动者出卖的是自身，是他的劳动力。"②我们已对劳动力和人力做过辨析。这里"劳动者"应该被看作"人"，劳动者"自身"的"劳动力"也应该被看作人的自然力，即"人力"。

按照马克思论述，人力变为商品，需具备两项条件：一是人力所有者必须有人身自由，可以"自由地"处置自己的脑力与体力。二是人力所有者必须既没有生产资料，又没有生活资料，只能以出卖人力为生。

人力商品化是私有制商品经济特有现象，体现了不平等的经济关系。由于人力只能寓于人的生命机体之中，雇佣工人在出卖人力的同时，也出卖了自己做人权利。人的生命活动与动物生命活动的区别在于人能够劳动，劳动重要标志在于人使用了工具。人类作为智慧生物，能够运用前人世世代代积累的文化成果，创造越来越强大的生产工具体系，使每一代人都能站在新的发展起点上，通过自己劳动去不断发展与自然界物质交换关系，推动自身生存条件优化。在私有制条件下，雇佣劳动者失去了生产资料，无异于被排斥到人类文明进程之

---

① 马克思恩格斯文集：第5卷［M］. 北京：人民出版社，2009：196.
② 马克思恩格斯全集：第44卷［M］. 北京：人民出版社，2001：196.

外，丧失了使用工具手段获取利益的权力。

马克思说：

> 因为正是由于劳动的自然制约性产生出如下的情况：一个除自己的劳动力以外没有任何其他财产的人，在任何社会的和文化的状态中，都不得不为另一些已经成了劳动的物质条件的所有者的人做奴隶。他只有得到他们的允许才能劳动，因而只有得到他们的允许才能生存。①

作为无产阶级导师的马克思，无情地揭露并否定这种人力商品化现象，毫无疑问是正确的。

与之不同，劳动力商品化则体现了社会化大生产中劳动者之间平等交换关系。这种交换，交换者提供的都是商品，所交换的都是各自劳动；而不像人力商品化那样：有产者提供物，无产者提供人，前者所交换的是劳动力，后者是人力。

劳动价值交换是本来意义的商品交换。马克思指出：

> 在劳动过程中，人的活动借助劳动资料使劳动对象发生预定的变化。过程消失在产品中。它的产品是使用价值，是经过形式变化而适合人的需要的自然物质。劳动与劳动对象结合在一起。劳动对象化了，而对象被加工了。在劳动者方面曾以动的形式表现出来的东西，现在在产品方面作为静的属性，以存在的形式表现出来。②

而产品作为商品，

> 只是无差别的人类劳动的单纯凝结，即不管以哪种形式进行的人类劳动力耗费的单纯凝结。这些物现在只是表示，在它们的生产上耗费了人类劳动力，积累了人类劳动。这些物，作为它们共有的这个社会实体的结晶，就是价值——商品价值。③

因此，一般商品交换就是劳动交换，也即劳动力交换，劳动力成为商品。

人力商品现象与自然经济条件下劳动活动交换方式相联系，所不同的是，作为交换的一方已经改变了自己的交换方式，其中资本家劳动与其他资本家劳

---

① 马克思恩格斯文集：第3卷［M］．北京：人民出版社，2009：428.

② 马克思，恩格斯．马克思恩格斯选集：第2卷［M］．北京：人民出版社，2012：172 – 173.

③ 马克思，恩格斯．马克思恩格斯选集：第2卷［M］．北京：人民出版社，2012：98 – 99.

动的交换就属于新的劳动价值交换。而资本家在企业内部所完成交换却保留了旧的交换方式。在资本家之间劳动价值交换中，大体上是按资分配的。这种分配雇佣工人无缘参与。在资本家与雇佣工人之间劳动活动交换中，大体上是按人力再生产费用分配的。雇佣工人所得只能维持生命再生产。

多种所有制市场经济是唯一能把劳动力普遍商品化的社会形式。它既消除了人力商品化带给雇佣劳动者的屈辱和剥削，又形成了全体社会成员真正平等的经济交换关系。恩格斯曾说：未来社会"那种以现代生产资料的本性为基础的产品占有方式：一方面由社会直接占有，作为维持和扩大生产的资料；另一方面由个人直接占有，作为生活资料和享受资料"[1]。这种情况将通过多种所有制市场经济得到实现。当然，由于竞争，人们将在彼此不同生产条件下从事社会劳动，但他们个人收入将剔除生产条件差别因素，只以生产资料平均效益作为形成个人收入基础，从而使同等能力劳动者获得同等消费权利。就此而言，多种所有制市场经济可望成为真正消除社会成员"身份"差别的经济形式。

相比之下，私有制市场经济虽然消除了封建社会从政治上规定的"贵族"和"平民"的身份差别，却形成了从经济上规定的"有产者"和"无产者"的身份差别。因此，资本主义社会不可能充分实现劳动力商品化。在有产者和无产者所实现的工资与人力的交换中，无产者付出的不是正常劳动产品，即不是物化为商品的劳动力，而付出的是自身，即人化为活动的自然力。

人力商品化现象表明，无产者由于丧失生产资料，尚不能独立从事劳动活动，不得不以特殊物质力形式进入生产过程，客观上反映了无产者对有产者在经济领域的人身依赖关系。资本主义虽然承接了商品经济这种人类发展的文明形式，并把它提高到一个崭新水平，却并没有到达它的最高限界。

社会主义市场经济应该在这方面有更新作为：运用公有制，它能够使劳动力普遍商品化，通过劳动力商品化，它能够真正体现按劳动力分配，落实按劳动力分配，它得以形成更高发展速度。

也许，问题不仅仅在于社会主义利用市场形式可以取得更高发展速度；从逻辑分析中可以断言，商品经济发展从以私有制为基础转向以多种所有制为基础，是一种历史必然性。这种必然性，从形式上看以劳动力商品化为特征。它表明人类已彻底告别了以劳动活动为载体的交换方式而进入了新的劳动价值交换；后一交换创造了社会交换关系新的平等模式。而从实质上看，私有制商品经济向多种所有制商品经济的转变，将历史地推动劳动力同等化，并为更新的

---

[1]　马克思恩格斯全集：第26卷 [M]．北京：人民出版社，2014：297．

社会平等模式奠定基础。届时，将出现劳动与劳动之间的完全平等。新的以劳动智能交换为特点的社会关系，将是马克思所期待的自由劳动局面。

在这一发展进程中，真正将商品经济推向极致从而向理想社会转变的正是社会主义。

（三）商品经济对劳动力的张扬

市场方式已被实践证明是一种有效激励劳动的社会形式。经济体制生命力在于它所具有的效率机制，即能否用最小投入获得最大产出，其中的核心问题则在于如何推动劳动者生产积极性。从直观上看，效率取决于劳动过程中科学技术含量。生产过程中运用科学技术水平越高，单位劳动生产率也越高。而单纯劳动者积极性只表明劳动者自觉劳动态度，在竞争环境中，劳动积极性必然向劳动智力化转移，最终带来提高效率结果。

市场经济依靠的就是竞争。人们在社会关系中存在和活动。每一个体都自觉与不自觉渴望知道自己在他人心目中位置，希望明白自身所处社会位置的原因，当然，也希望改变现状以获得更受到尊重的社会地位。市场体制中竞争适应了这种需要。

马克思主义经典作家否定资本主义竞争，却主张社会主义竞赛。恩格斯曾指出："由竞争关系所造成的价格永远摇摆不定的状况，使商业丧失了道德的最后一点痕迹。"但在理想社会条件下，

> 主体的竞争，即资本对资本、劳动对劳动的竞争等，被归结为以人的本性为基础并且到目前为止只有傅立叶做过差强人意的说明的竞赛，这种竞赛将随着对立利益的消除而被限制在它特有的和合理的范围内。①

竞争和竞赛之间区别很大。市场竞争在内容上是无限的，在形式上是无形的，在时间上是无尽的；计划体制下竞赛在内容上是确定的，在形式上是单一的，在时间上是同步的。双方结果显著不同：竞赛中胜者和败者是明确的，绝对的，而竞争中胜与败是暂时的，优与劣是相对的。在一定意义上可以说，竞赛是限定了时空条件从而明确了对手的竞争，而竞争是打破了时空界限从而没有固定对手的竞赛。

两相比较，市场竞争给人们造成了更为经常的压力，它鞭策人们不断进取，为社会生产力发展提供了持续不断、生生不已的动力来源。

---

① 马克思恩格斯文集：第 1 卷［M］. 北京：人民出版社，2009：76.

无论竞争或竞赛，之所以能作为衡量能力的一种方式而被认同，关键在于它们都拥有一套适应一切人的行为规则。其中，竞争规则侧重于告诉人们：哪些是不能做的，做了就是破坏了公平原则，就要受到惩罚；而竞赛规则侧重于告诉人们：哪些是必须做的，只有做了这些，成绩才能得到承认。

可以看出，市场体制选择竞争与计划体制选择竞赛，都不是偶然的。在市场条件下，凡是法律没有明确禁止的行为，都可以进行。这种情况大大扩展了人们选择余地，为劳动者开启智力、发挥主观能动性奠定了基础。而在计划体制中，生产部门及行业各类经济指标都是预定的，任何方面突破都将打破既定平衡，对全局产生消极影响。这种情况容许的选择空间无疑是狭小的。

从效率生成机制上看，市场体制优于计划体制的原因在于更广泛、更深入地开发和利用了人们的智力因素。这是通过三个环节予以实现的：

一是强化了生存压力，使智力活动始终处在活跃状态。由于存在竞争，人们感受到一种无形压力，普遍产生了危机意识：优胜者思虑着如何保持住领先地位，并不敢稍许懈怠，劣败者牵挂着如何东山再起，常常是卧薪尝胆。而市场海洋上波谲云诡，三十年河东，四十年河西，恰恰证实了人们所思所虑、所牵所挂不无道理。它使整个社会的潜力都被调动起来了。

二是形成了法制管理，规范了智力活动空间。由于社会成员都是自由个体，除法律明确禁止的之外，他们行为一般不会受到限制。他们想些什么，何时去想，采取什么方式表达，通常取决于自己选择。从逻辑上讲。大自然不会存在两片相同的绿叶，更不会存在两个相同的个人。在大千世界中，人们可以针对的选择几乎无限。而法制对智力活动空间的限定，不过划出了一小部分不能逾越的禁区。这些作为前提，反而鼓励了人们想象力，为他们各施所长提供了充分自由，使智慧之花得以竞相开放。

三是完善了市场规则，使劳动成果衡量有了客观标准。人们心甘情愿接受市场对自己劳动成果裁断，既无怨又无悔，就是因为市场在一般情况下对所有人都是平等的。市场由众多经营者共同构成。每一位经营者既是主体，又是客体，但对特定经营者来说，市场永远是客体。从理论上讲，客体化市场为衡量经营者劳动成果提供了客观尺度。这一尺度是相互独立经营者共同劳动状况所形成的。它不受任何个人支配，却可以支配任何个人。这种现象至少从形式上让人们认同，竞争者之间是在公平尺度下考校各自能力，人们只需专心一意地致力于发展自己劳动生产率即可。

许多人在实践中都感受到，市场并不是人们进退自主、弃取自由的地方。一入市场，身不由己。在市场中，社会关系直接成了交换关系，交换尺度被简化为货币这种最终形式。而"随着商品流通的扩展，货币——财富的随时可用的绝对社会形式——的权力增大了"①。"任何生产都是个人的对象化。但是，在货币（交换价值）上，个人的对象化不是个人在其自然规定性上的对象化，而是个人在一种社会规定（关系）上的对象化，同时这种规定对个人来说又是外在的。"② 个人利益、社会地位甚至生存价值都自发地通过所获得货币多少来体现；而这里的多少在社会关系中只具有相对性。所以，人们一旦进入市场，就要受竞争法则支配，必须只进不退，否则就等于宣布人生失败。

这意味着，在市场经济中，人们并不总是在满足自身物质需要时就能退出竞争，而是在社会竞争氛围中不断提升自身需要，并为此去设定新的奋斗目标。这时，人们常常感到所需要的已经不再是物质利益，而是全面地体现做人的尊严和价值。这鞭策着人们不停去做，不停努力，去赶上别人，也防止被别人赶上。

市场动力机制使它具有魔场性质。毫无疑问，它给人类带来了一定程度伤害。市场巨大优势在于给交换关系提供了人人都不持异议的客观尺度，并且为这种尺度量化提供了人人都可接受的货币形式。这样，它就最大限度地吸引人们进入交换关系，也最大限度地简化了这种交换关系。正是依靠市场，劳动活动被空前联合起来了，劳动潜力被空前发掘出来了。人类社会从来没有像在市场经济条件下这样，能够生产出源源不断的物质产品和精神产品。但是，市场让人生很累。人在市场中卷入了一场不能自主的追逐，在不能停歇奔跑中，人们即使跑到了终点，取得了桂冠，也会发觉代价是丧失了选择自由，迷失了自我。

尽管如此，市场仍不失为人类文明创造出来最了不起的发展模式。因为迄今为止，人们尚未发现任何一种不使自身付出某种代价的发展方式；况且，市场方式所带来巨量财富与其造成的伤害相比，不可同日而语，人类从中受惠远过于受害。如果说，人类社会发展存在不以人们意志为转移的客观规律的话，那么，市场经济显然就是"史前史"的规律性要求，或者说，是人类迈向理想社会的必由之路。

这是社会主义改革终于选择市场体制作为目标的原因。

---

① 马克思，恩格斯. 马克思恩格斯选集：第 2 卷 [M]. 北京：人民出版社，2012：148.
② 马克思恩格斯全集：第 30 卷 [M]. 北京：人民出版社，1995：178 - 179.

中 篇

02

劳动关系

人类是从群居动物一步步发展起来的，劳动一开始就建立在分工基础上，性别、年龄构成最初分工样态。可以说，凡劳动皆为分工性劳动，分工是劳动的一般载体和普遍形式；由此决定了：自劳动存在，分工关系即存在，由分工所呈现的劳动关系是劳动与生俱来的伴生现象。问题在于，劳动关系虽以分工关系为起点，却没有止步于既有分工关系，而是根据实际需要，逐步形成了越来越复杂的劳动分工体系；后者成为社会关系的基础和主干，在人们劳动活动中发挥着至关重要作用。

在上篇引言中，笔者提出：19 世纪是人类自然经济向商品经济转变时期。马克思、恩格斯根据时代事实，明确了该时代的三大特征：一是人类面临第一要务是满足生存需要；二是物质生产活动是满足生存需要主要领域；三是生产资料技术水平是决定物质生产关键因素。显然，这三大特征直接影响到两人对劳动分工关系的认识：

其一，人类劳动投入必须集中至物质生产领域；只有从事物质生产的劳动才是生产性劳动，而其他劳动例如从事精神生产活动的劳动就属于非生产性劳动，马克思据此认为脑体分工中的脑力劳动属于"非劳动"，脑力劳动者属于"非劳动者"，他们扮演了剥削体力劳动者的角色。

其二，剩余价值理论分析，脑力劳动者之所以得以剥削体力劳动者，关键在于存在私有制，前者控制了生产资料所有权，后者为了生存，不得不服从有产阶级的条件，被迫接受其剥削，这就是阶级斗争激化的客观原因。

其三，社会主义革命的合理性在于：一方面，资本主义对无产阶级的剥削和压迫，已经威胁到后者生存，反对剥削和压迫已经成为社会变革当务之急；另一方面，以蒸汽机为代表的大机器展示了实现"按需分配"的技术可能性，人类完全可以在消灭剥削压迫条件下从事社会合作，其根本途径就是消灭私有制，实现生产资料公有制。

上述认识以一定历史事实为依据，但显然对之做了过度解读，导致对分工现象尤其是脑体分工现象的某种曲解。分工的经济意义并非通过分工本身予以判断，而是通过合作才能予以认知。换句话说，只有从社会总劳动角度认识分工劳动，才能准确判断其所具有的经济意义。如果说，脑力劳动体现了人类生命活动特性，属于人类标志性劳动方式的话，那么，脑体分工则意味着人类发展自身生命活动特性的真正开始——经过漫长历史进步过程，人类终于使剩余产品积累达到那样一种程度，即可以使部分人脱离直接物质生产，专门致力于脑力劳动能力发展；正是后者长足进步，反哺到物质生产领域，使其获得迅速发展条件，从而显著增加了社会财富总量；而这又扩大了脑力劳动者群体规模，进而以更大力度作用于物质生产过程。这种良性循环是人类自进入文明时代发展速度呈递增趋势的根本原因。

按照上述理解，关于剩余价值来源于劳动的判断是正确的，但却并非仅仅与活劳动有关，应该也与死劳动有关；正是人类脑力劳动的自由有意识特性，打通了活劳动与死劳动之间界限：一方面，脑力劳动所形成的精神成果，具有可无限复制性质，另一方面，脑力劳动任何新的发展都建立在掌控既有精神成果基础之上，换言之，是活劳动以死劳动为基础的一种劳动叠加，即活劳动与死劳动的联动。这是人类独有的生命活动能力，也是人类成为自然界中佼佼者的基本原因。其他生物也仰仗自身历史，但它们只能通过生命遗传这样一条渠道，人类除此之外，还可以通过文化传承这样一条特殊渠道——作为精神成果，文化传承意味着人类可以不断"活化"历史资源，使"死劳动"纳入"活劳动"之中；从理论上说，人类任何历史时期，以体力和脑力支出为形式的"活劳动"在总量上都大体一致，但是，其"活劳动"所创造的剩余价值却显著不同，呈现出持续递增态势；原因在于，"活劳动"能够纳入的"死劳动"是不一样的，随着历史成果积累，"死劳动"在不断增加，并因此使每一代新人都站在一个更高发展起点上。

也就是说，剩余价值来源附着在脑力劳动之上，是人类现实劳动启动了过去劳动成果的产物。一方面，过去劳动或死劳动体现在科学技术成果积累上，无论是发展理念、工艺流程，还是物质材料、生产工具，都呈现出不断进步持续完善过程；另一方面，过去劳动或死劳动体现在社会管理成果积累上，无论是价值目标、制度体制，还是分工模式、激励机制，都呈现出不断创新持续发展过程。

抓住脑力劳动这个关键，由此认识劳动关系发展变化，将是马克思主义现代化必由之路。

第四章 劳动与分工

既然进入生产力的物属于"人化之物"，物可归结为人的要素，那么，人的要素又该如何认识呢？

人通过劳动支配物，凡劳动皆为分工劳动，因而人对物的支配是通过分工实现的。马克思区别了分工两种类型："到目前为止的一切生产的基本形式是分工，一方面是社会内部的分工，另一方面是每一单个生产机构内部的分工。"①他特别指出："资本主义生产方式的特点，恰恰在于它把各种不同的劳动，因而也把脑力劳动和体力劳动，或者说，把以脑力劳动为主或者以体力劳动为主的各种劳动分离开来，分配给不同的人。"② 劳动集中体现了人类自由有意识的生命活动特性，其展开似可概括为：劳动内容具有理性；劳动形式均属分工；劳动发展是以脑力提高为内容、以分工拓展为形式的发展。

人类走到今天，已经具备了重新认识社会分工的条件。事实已经表明：分工不仅是持续发挥人类生命活动特性的源泉，而且是共享理性成果的载体；双方的统一，蕴含着人类发展最大奥秘。人们之所以没有及时发现这一"宝藏"，归因为它作为公共资源始终处在"隐蔽中"，而且其具体样态取决于人们主观选择；无论前者还是后者，都需要通过逻辑推理才能察觉。关于物质世界人们早已掌握了诸多"超视距"对象，而关于社会分工隐性逻辑，同样需要"超视距"认知。

市场是人化自然界，分工是物化社会关系。市场使竞争被限制在制度框架里，所谓"自由竞争"，实际是法制规范下竞争；自然界呈现丛林法则，即所谓"弱肉强食"。人类创造了市场体制，一方面保留了自由竞争，另一方面也限制了"自由"范围。所以，市场经济已经不能使用丛林法则概括。然而，当市场

---

① 马克思，恩格斯. 马克思恩格斯选集：第3卷 [M]. 北京：人民出版社，2012：667.
② 马克思，恩格斯. 马克思恩格斯选集：第2卷 [M]. 北京：人民出版社，2012：873.

经济还没有建立起法制规范时，它只有"自由竞争"，却没有对于自由限制。马克思时代，资本主义市场经济之所以呈现为制度性剥削，就是这一原因。强调市场是人化自然界，就并非天然自然界。"人化"是过程，市场体制标志是"自由竞争"规则建立，这是一个需要依据市场经济实践不断认识不断完善过程，资本主义从"自然性"走向"人性"，经历了数个世纪。社会主义者对资本主义严厉批判是有历史针对性的。

分工是物化社会关系，也可以说是结构化或固化的社会关系。马克思多次说到，人类史前史阶段，分工体系本身变成了主导人们的一种客体要素。

> 社会活动的这种固定化，我们本身的产物聚合为一种统治我们、不受我们控制、使我们的愿望不能实现并使我们的打算落空的物质力量，这是迄今为止历史发展中的主要因素之一。①

> 只要分工还不是出于自愿，而是自然形成的，那么人本身的活动对人来说就成为一种异己的、同他对立的力量，这种力量压迫着人，而不是人驾驭着这种力量。②

马克思强调：

> 个人力量（关系）由于分工而转化为物的力量这一现象，不能靠人们从头脑里抛开关于这一现象的一般观念的办法来消灭，而只能靠个人重新驾驭这些物的力量，靠消灭分工的办法来消灭。没有共同体，这是不可能实现的。只有在共同体中，个人才能获得全面发展其才能的手段，也就是说，只有在共同体中才可能有个人自由。③

理想社会应该是人们主导分工。

理性是人类生命活动内容，而社会关系则是生命活动形式。人类智力只能产生、运用、发展于社会关系之中。所谓人类对自然规律探索，在很大程度上以社会关系为动力：分工岗位本身既存在劳动条件差别，又存在利益地位不同，所有劳动者都向往更好分工岗位，如何实现社会分工合理布局，需要一套人们认可的规范程序。并且，分工岗位获得和运用并非一成不变，竞争迫使个体尽可能发掘自己智慧，在探索规律方面走在前面，掌握规律变成了确立社会关系位置的手段；人们在社会合作中最终利益获得，只能取决于其劳动能力，而这

---

① 马克思，恩格斯. 马克思恩格斯选集：第1卷 [M]. 北京：人民出版社，2012：165.
② 马克思，恩格斯. 马克思恩格斯选集：第1卷 [M]. 北京：人民出版社，2012：165.
③ 马克思，恩格斯. 马克思恩格斯选集：第1卷 [M]. 北京：人民出版社，2012：199.

恰恰与分工地位相关。所谓市场竞争，首先是分工岗位竞争，分工岗位是利益地位首要目标，也是分配地位先决条件。

然而，无论人们如何竞争，一旦分工布局形成，客观上就造成了智力成果共享局面。这种劳动成果相互为用，是分工产生更高劳动生产率根本原因。理性会很快察觉分工好处，维护和扩大分工就会变成人们自觉行动。在经济全球化今天，一种产品零部件通过漂洋过海集成，并不鲜见。其中奥秘就在于：生产者在世界范围内考量最佳分工组合。劳动者能力越强，越容易受到关注，也越有机会成为高水平分工关系参与者。生产力往往在这种不断升级分工布局中发展。其前景是：一方面，激励所有分工劳动提高自身能力，另一方面，推动共享机制覆盖更多分工关系。

市场竞争作为"看不见的手"之所以能够合理配置资源，取决于市场主体追求"利益最大化"动机；分工合作作为"隐蔽中的脚"之所以能够迈向共享目标，取决于分工主体追求"效率最大化"动机。显然，无论市场行为还是分工行为，都是理性选择结果。市场拥有"看不见的手"，掌控了资源配置，使其呈现为某种合理性——资本主义意识形态显然以这个判断为基础；而分工拥有"隐蔽中的脚"，迈向了共享机制，使其呈现为某种客观性——共产主义意识形态应该以这个判断为前提。承认精神成果复制给社会发展带来增益，集中体现在分工方面。分工促进了共享精神成果，分工扩大就是共享范围扩大。而所谓共产主义，正是在重新认识社会分工中找到自身历史必然性的。

第一节　从自然性分工出发的一般分工

凡劳动既包括体力又包括脑力，所谓体力劳动不过是以体力支出为主劳动，而脑力劳动不过是以脑力支出为主劳动；从人类区别于动物角度考察，劳动本质上属脑力性质，体力劳动是脑力尚未替代但终将予以替代的劳动方式。

（一）人类生命活动理性特征集中体现在分工领域

劳动存在基本方式是分工。分工是人类与生俱来的自然禀赋，像许多群居动物一样，人类原始共同体就产生了以性别、年龄为依据的自然分工。只是人类没有止步于此，而是持续扩大着分工：分工既是扩大运用理性成果的载体，本身又依靠理性发展来扩容。从根本上说，理性发展之所以附着在分工扩大上，实质是把人本身作为自然界第一资源来开发利用。黑格尔所谓理性"中介作用"

虽然强调人对物的利用，以至于物变成"人化之物"，但全部人化自然界仍是人在主导，所构成复杂层级体系呈现了人与人相互为用关系。

社会分工或合作之所以成为人类发展基本形式，取决于理性从中发现了提高劳动生产率的事实。也许，在最初阶段，人们对分工能够增长效率的认识仅仅是感性的，例如分工所形成的专门劳动成果总是优于一般劳动成果；长此以往，人们经历了反复出现的经验事实之后，从理性层面肯定了分工可以作为发展生产力的基本形式。

（二）马克思、斯密、萨伊关于分工现象论述

第一，分工带来增益作用。

分工取决于人类生产活动需要。生产拥有不同对象或同一对象包括不同环节分别由不同劳动者承担，就构成了分工现象。按照马克思说法，人们拥有什么样生产资料，就会形成什么样分工关系。分工秩序本质上是生产秩序，它体现了生产过程客观要求：首先是生产要素准确到位，即要什么有什么；其次是生产要素适时介入，即何时要何时到。二者统一保证了生产过程连续性，可以说是形成效率的基本条件。

斯密从三个不同角度强调了分工对生产力的促进作用："第一，劳动者的技巧因专业而日进；第二，由一种工作转到另一种工作，通常需损失不少时间，有了分工，就可以免除这种损失；第三，许多简化劳动和缩减劳动的机械的发明，使一个人能够做许多人的工作"。①

马克思分析了分工现象二重性：

> 终生从事同一种简单操作的工人，把自己的整个身体转化为这种操作的自动的片面的器官，因而他花费在这一操作上的时间，比顺序地进行整个系列的操作的手工业者要少。但是，构成工场手工业活机构的结合总体工人，完全是由这些片面的局部工人组成的。因此，与独立的手工业比较，在较短时间内能生产出较多的东西，或者说，劳动生产力提高了。②

> 局部工人作为总体工人的一个肢体，他的片面性甚至缺陷就成了他的优点。从事片面职能的习惯，使他转化为本能地准确地起作用的器官，而总机构的联系迫使他以机器部件的规则性发生作用。③

---

① 亚当·斯密. 国富论 [M]. 郭大力，王亚楠，译. 北京：商务印书馆，2004：8.
② 马克思，恩格斯. 马克思恩格斯选集：第2卷 [M]. 北京：人民出版社，2012：212.
③ 马克思，恩格斯. 马克思恩格斯选集：第2卷 [M]. 北京：人民出版社，2012：213.

从总体上，马克思肯定分工对生产力促进作用：

> 在这里，结合劳动的效果要么是单个人劳动根本不可能达到的，要么只能在长得多的时间内，或者只能在很小的规模上达到。这里的问题不仅是通过协作提高了个人生产力，而且是创造了一种生产力，这种生产力必然是集体力。①

> 和同样数量的单干的个人工作日的总和比较起来，结合工作日可以生产更多的使用价值，因而可以减少生产一定效用所必需的劳动时间。[……] 结合工作日的特殊生产力都是社会的劳动生产力或社会劳动的生产力。这种生产力是由协作本身产生的。劳动者在有计划地同别人共同工作中，摆脱了他的个人局限，并发挥出他的种属能力。②

马克思也注意到分工秩序的意义：

> 社会作为一个整体和工厂的内部结构有共同的特点，这就是社会也有它的分工。如果我们以现代工厂中的分工为典型，把它运用于整个社会，那么我们就会看到，为了生产财富而组织得最完善的社会，毫无疑问只应当有一个起指挥作用的企业主按照预先制定的规则将工作分配给共同体的各个成员。③

马克思依据客观事实，认为既有分工具有异化性质：

> 受分工制约的不同个人的共同活动产生了一种社会力量，即成倍增长的生产力。因为共同活动本身不是自愿地而是自然形成的，所以这种社会力量在这些个人看来就不是他们自身的联合力量，而是某种异己的、在他们之外的强制力量。关于这种力量的起源和发展趋向，他们一点也不了解；因而他们不再能驾驭这种力量，相反，这种力量现在却经历着一系列独特的、不仅不依赖于人们的意志和行为反而支配着人们的意志和行为的发展阶段。④

第二，分工增益作用的动力。

马克思注意到斯密的一个观点：

---

① 马克思，恩格斯．马克思恩格斯选集：第2卷 [M]．北京：人民出版社，2012：207.
② 马克思，恩格斯．马克思恩格斯选集：第2卷 [M]．北京：人民出版社，2012：207 - 208.
③ 马克思，恩格斯．马克思恩格斯选集：[M]．北京：人民出版社，2012：243.
④ 马克思，恩格斯．马克思恩格斯选集：[M]．北京：人民出版社，2012：165.

　　分工不是人类智慧的结果。它是交换倾向和互相买卖产品缓慢而逐步发展的必然结果。这种交换倾向或许是应用理性和语言的必然结果。它为一切人所共有，在任何动物中间是找不到的。……在向他人求助的时候，我们不是求助于他们的**人性**，而是求助于他们的**利己主义**。我们对他们决不说**我们有需要**，而总是说**对他们有利**……这样一来，因为我们相互需要的帮助大部分是通过交换、交易、买卖获得的，所以**分工**的起因也正是这种**买卖**倾向。

　　斯密对此举例：

　　　　在狩猎或游牧部落中，有个人制造弓矢比其他人更迅速、更有技巧。他往往用自己日常制作的这类东西去同部落的伙伴交换家畜和野味。他很快发觉，他用这种方法可以比他亲自去狩猎更容易获得这些东西。因此，他从自己的利益考虑，就把制作弓等等当作自己的主要工作。个人**天赋才能**的差别与其说是分工的**原因**，不如说是分工的**结果**……如果人没有交易迎合交换的倾向，那么每个人就得亲自生产一切生活上的必需的和提供方便的东西。①

　　斯密从中看到了分工所带来的资源配置优化："人的各种极不相同的才能则能相互为用，因为依靠交易和交换这种普遍倾向，可以说，他们的每个不同工业部门的**不同产品**汇集成共同的资源，每个人可以按照自己的需要从中购买别人的劳动产品的一部分。"同时认为分工规模取决于劳动者交换能力："**这种分工的发展程度**总是受**交换能力大小**，或换句话说，**受市场大小**的限制。"② 斯密十分看好交换对于人类的重要意义："在**进步**的状态下，'每个人都靠 echanges＜靠交换＞来生活，并成为一种商人，而**社会本身**，严格说也成为**商业社会**。＜见德斯杜特·德·特拉西：'社会是一系列的相互交换；**商业就是社会的整个本质**'＞……资本的积累随着分工的发展而增长，反之亦然。'"③

　　可见，分工带来"成倍增长的生产力"是一个事实，如何解释这一事实，马克思和斯密有所区别，但承认该事实是两人共识。比较起来，斯密对分工带来共享说得比较隐蔽，他只是说，当每个人都从自身利益最大化角度去确定分工岗位的时候，就构成了人们劳动能力得以最大化的"相互为用"局面。这种"相互为用"即马克思所谓"成倍增长的生产力"形成的原因。

　　值得关注的是，斯密强调了"利己主义"在其中的作用，分工推动力就在

①　马克思恩格斯文集：第1卷［M］. 北京：人民出版社，2009：237.
②　马克思恩格斯文集：第1卷［M］. 北京：人民出版社，2009：238.
③　马克思恩格斯文集：第1卷［M］. 北京：人民出版社，2009：238.

于这种利己主义。而正是利己主义——它既表现为总体的利益最大化目标，又表现为具体的效率最大化手段——使劳动者竭尽全力寻找最适合自己的劳动岗位和劳动方式，一旦确认下来，就使该分工稳定发展，并以此作为与他人进行产品交换的条件。斯密认为分工是"运用理性和语言"的产物，是"交换倾向和互相买卖产品缓慢而逐步发展的必然结果"。这种提法很像是哈耶克所谓"自然秩序的扩张"。斯密不用"智慧"而用"理性"，是想说分工现象本身并非社会设计产物，而是个体理性孕育而成。两种角度显然不同。所谓利己主义出自理性选择，往往在相互碰撞和持续调整中才能最终确立实践方式，就像个人确定分工岗位需要经历某种程度试错一样。但是，对分工体系而言，它显然不是管理者"智慧"设置，而是众人自发选择结果。

斯密也好，马克思也好，在分析分工问题时，都注意到分工使"人的各种极不相同的才能相互为用"，并因此使个人获得生活必需品变得"更容易"；他们提到了"交换倾向"，也发现了该倾向背后的理性运用，但两人都没有意识到：分工本身就是理性选择产物，因此也将随着理性发展而从个体选择变成集体选择、从自发生成变成自觉目标。

马克思在谈到萨伊关于分工观点时说：

> 萨伊把**交换**看成偶然的、不是基本的东西。社会没有交换也可以存在。在进步的社会状态下，交换是不可缺少的。但是，**没有交换就不可能有生产**。分工对于社会财富来说是一个**方便的、有用的**手段，是对人力的巧妙运用，但是它降低**每一单个人**的能力。最后这个意见是萨伊的一个进步。①

从马克思日后主张在理想社会排除商品货币的选择来看，他基本上放弃了对一般"交换"的肯定，只认为它与特定历史条件相联系。同时，他赞成斯密和萨伊共同主张——虽然两人表述并不相同——认为分工导致了个人能力片面性。

人类分工最高境界应该是对理性原则充分运用，不仅在个体层面通过利己主义去充分施展理性，而且在社会层面通过集体主义去充分施展理性。斯密关注了前者，马克思关注了后者。但后者是建立在前者基础上。这是一个重要判断。笔者认为，马克思忽视了分工岗位对理性的依赖，导致其社会分工设想失去了应有基础，即个体能力不断提高构成社会分工增益作用增加的前提。

第三，分工增益作用的奥秘在于脑力成果共享。

---

① 马克思恩格斯文集：第1卷［M］. 北京：人民出版社，2009：240.

分工蕴藏着人类历史进步最大秘密。首先，分工使劳动得以专业化，人们长期专注于特定对象，其智力会最大限度地把握其规律，从而展现出最好效率；其次，分工以交换为手段以合作为归宿，所有参与者客观上都能共享他人专业化成果；合作规模越大，共享范围就越大。由于专业化成果呈现为精神形式，可以无限复制，所以，人们并不用追加劳动，仅仅通过交换对象扩大就能够获得更多共享机会，即增加自身既得利益。

具体说来，分工增益作用表现在三个方面：

一是分工专业的单一性使劳动者获得尽可能多脑力加持机会，进而使其劳动过程精细化和趋于完善；这种劳动能力片面施展导致精确度加深，对个人也许属于缺憾，毕竟人们因此被局限于单一劳动领域，但对社会合作则是福音，它意味着每一种分工都可能提供一种演进到极致的劳动能力。

二是分工岗位的多样性使劳动者得以人尽其才——其实，很可能是人们在劳动能力方面的区别使分工得以多样化，每个人都会尽其所能去从事生产劳动；换句话说，分工岗位多样性取决于劳动者能力多样性，其实质是使劳动力资源不致浪费。当然，生产活动本身发展需要也会推动分工细化，并且往往是最先察觉到这种需要的劳动者创立出新的分工类型，这同样取决于他们的劳动能力。

三是分工劳动的同时性使社会生产过程得以整全展示，即历时性生产环节得以共时性展现，或者说，使生产线性发展过程表现为平面铺开过程；这使人们更容易把控全局、洞察细节，从而权衡利弊、拾遗补阙，更有利于整个分工系统优化。

要承认分工增益作用，前提在于强调每一分工岗位都能产生某种"专业性能力附加"，即人们能够在所任分工岗位上形成非专业性很难达到的技能高度——旦这种情况普遍化，其"相互为用"水平就会大大提升。如前所说，这种情况发生在比较意义上，针对的是"每个人就得亲自生产一切消费品"局面。那么，与此相对应，扩大增益无非两个途径：一个是拓展分工规模，使分工体系覆盖更多岗位和劳动者，使共享基础进一步扩大；另一个是提升劳动者能力，使每一个分工岗位提供更多精神成果。

当然，增益作用依赖分工，仅仅是一般判断；建立何种秩序，或者说形成何种秩序理念，将能够具体决定分工增益作用大小。一方面，分工秩序能够形成某种增益作用；另一方面，不同理念所形成分工秩序不同，增益作用也不同。联系前述秩序增益作用的两个环节——即生产要素准确到位和及时接续，此处"生产要素"既是指劳动者这种主体，也是指生产资料这种客体。无论"准确到位"还是"及时接续"，都取决于相关劳动者主观判断，但他们依循尺度则是物质生产客观要求。于是，就发生主观判断是否符合客观要求问题。所谓秩序理念，就是回答二者如何达成一致性问题。

第二节　文明史开启的脑体分工

脑体分工从一般分工或自然性分工发展而来；其出现标志文明史开端。脑体分工是劳动客观要求，开启了劳动方式发展先河，是人类划时代选择，也是文明史进步重要标志。

最初脑体分工使稀缺剩余资源集中在少数强者手中——这些人往往是通过战争获胜方式证明自己强者地位的，他们的脑力因此获得专门发展条件，此举大大加快了脑力劳动进而人类整个劳动方式进步。脑力劳动者从事社会管理，而体力劳动者从事物质生产，双方交换在此时遵循"生命安全"这一平等尺度；脑力劳动者通过创立和维护社会秩序，提供经济活动安全的外部环境和分工稳定秩序的内部环境，体力劳动者则提供稳定的物质生产消费品。事实上，脑力劳动者在设置社会秩序同时也预设了自身利益优先地位；他们通过这种交换不仅赢得了生存条件，也垄断了发展条件。

然而，从人类发展需要看，脑体分工不是罪过，而是进步。它把人们区别为主导者和服从者，至少获得了分工导致专业化的好处，无论是专门脑力劳动，还是专门体力劳动，都按照各自分工要求得到了更快发展；虽然制造了社会不平等，但同时提供了整体迅速发展契机。

> "人"类的这种才能的发展，虽然在开始时要靠牺牲多数的个人，甚至是牺牲整个阶级，但最终会克服这种对抗，而同每个人的发展相一致；因此，个性的比较高度发展，只有以牺牲个人的历史过程为代价……因为在人类，也像动物界一样，种族的利益总是要靠牺牲个人的利益来为自己开辟道路的，其所以会如此，是因为种族的利益同特殊个体的利益相一致，这些特殊个体的力量，他们的优越性，也就在这里。①

脑力劳动者免去了承担体力劳动时间，可以集中精力领悟思维规律。公元前5世纪左右所谓轴心时代，无论是西方还是东方，都诞生了一批思想大家，他们不再局限于把具体事物作为认识对象，而是从整体上思考自然界、社会以

---

① 马克思恩格斯全集：第26卷第2册［M］. 北京：人民出版社，1973：124 - 125.

及思维本身，探索其存在和发展的规律。这种哲学式认知是人类第一次尝试认识自己与自然界关系，开辟了理性探索客观规律之路，标志人类真正迈出脱离动物界第一步，是当之无愧划时代进步。人们当然可以从不同角度看待这一现象，但它得益于脑体分工则确凿无疑。

脑力劳动具有体力劳动无法比拟的两个优势：一是空间展开无限性。用马克思的话，人类能够运用任何一个物种尺度进行生产；只要理性洞察了物质运动规律，就可以使之服务于人的目的，而这个空间是无限的。二是发展成果积累性。理性成果的精神形态可以通过历史不断积累，由此使每一代新人都能够站在更高劳动起点上。"正是符号思维克服了人的自然惰性，并赋予人一种新的能力，一种善于不断更新人类世界的能力。"①

在一定意义上，体力劳动属于物力，脑力劳动才属于真正人力。后者有两个分支：一个是凌驾于整个劳动过程之上的管理劳动，在资本主义生产方式中，资本家提供管理劳动，雇佣劳动者是被支配物质力；再一个是物化在生产资料中的科学技术，后者越先进就越能创造出剩余价值。这就是说，剩余价值源自劳动是正确的，但主要源自于脑力劳动。

生产力体现人类与自然界关系，在两种劳动方式并存时期，无论体力劳动还是脑力劳动，均属于不可或缺要素，客观上是兼有则成，缺一则败。而生产关系体现人类自身关系，是劳动关系何者为主何者为辅问题，客观上要求脑力主导，体力辅助。这里需要思考如下问题。

其一，区别两种劳动方式。体力劳动和脑力劳动都既要求体力又要求脑力，区别仅仅在于：体力劳动以体力支出为主，而脑力劳动以脑力支出为主；体力是每个自然人都拥有的能力，两种劳动者不同主要体现在脑力水平方面，其中，体力劳动所要求脑力主要是学习性能力，建立在观察记忆基础上，要求重复再现，完成模仿复制任务，属于"有中生有"性质；而脑力劳动所要求脑力还需要创新性能力，建立在逻辑推演基础上，要求举一反三，完成开创更新任务，属于"无中生有"性质。一般而言，前者与生俱来，取决于人类作为特定生命物种的大脑组织，属于人人皆有本领；后者需要培养训练过程，是后天习得能力，只有获得相关机缘者才可拥有。

脑力劳动所要求创新能力，其生成需经历某种复杂训练培养过程，后者意味着形成两项前提条件：首先，理性对客观世界认知建立在抽象方式基础上，这需要相关符号系统予以表达；正是这种符号系统，使脑力认识客观世界复杂

---

① 恩斯特·卡西尔. 人论 [M]. 甘阳，译. 上海：上海译文出版社，1985：78.

运动变得简约可控，得以从中选择出对人类生存发展有利的要素和条件，使资源配置在更大范围更广角度优化完成；其次，理性任何创新均建立在对既有存在认知基础上，这意味在所有对象领域，人们都需要熟知相关历史成果，即走到本专业最前沿，这才有可能拿出超越前人的创新成果。显然，无论是掌握符号系统，还是熟知既有成果，都需要相应时间来完成，目前经历完整基础教育需要 12 年，经历完整高等教育需要 10 年，足以见取得一流脑力劳动资格之不易。这一点，与马克思时代对脑力劳动认识大相径庭。

脑力劳动者对精神生活需要属于理性发展一般形式。那种看起来属生活享受领域，例如琴棋书画、舞蹈音乐、花鸟鱼虫、山水田园，是理性成长、培育、熏陶、感悟重要条件，对理性必须具备的抽象力、联想力、逻辑性、灵动性发挥着基础作用。问题在于：首先，这些分工职业化，一定程度远离了理性直接需要；其次，这些领域对理性成长缺乏针对性，有些人能够从中受益或获益较多，有些人则无法受益或获益较少。现代社会中，艺术成果变成了大众消费品，人们似乎忘记了它对理性发育助推作用，而只认识到它愉悦生活功能。事实上，二者同时存在。该领域繁荣，是历史进步标志，也是理性发展基础。

再者，脑力劳动者训练培养期间，当事人不仅无法从事物质生产，而且需要较好消费条件；这种只消费不生产局面，只能依靠社会拥有相应财富积累才能维系，正因为如此，特定发展阶段社会，所能提供脑力劳动者数量和质量大体一定。从历史上看，人类物质生产水平从匮乏状态转向丰裕状态，与脑力劳动者从稀缺资源变成常见资源相一致。

其二，两种劳动方式成果应该共享。劳动中体力和脑力具有不同性质，其中脑力属于高端劳动方式。然而，体力劳动是人类相当长历史阶段必须依靠的劳动方式，人类得以进步，很大程度取决于体力劳动者贡献，如果说，脑力劳动者创造了历史的话，那么，体力劳动者则创造了脑力劳动者；这才是人类通过社会合作共创历史的真谛。人类创造的所有物质成果和精神成果，从逻辑上讲都属于社会总劳动产物：物质成果离不开脑力劳动参与，精神成果离不开体力劳动参与，每一种成果都是全体劳动者协力创造产物，人们认识这个问题容易各执一词，往往突出各自分工重要性——虽表达了某种事实，却属片面性结论。

在阶级斗争为纲年代，人们把阶级立场与人类立场对立起来，就其针对弱势阶级面临生死存亡情势而言是合理的。现在形势发生变化，社会主义者公开主张在当下两制并存时代，奉行"不冲突，不对抗，相互尊重，合作共赢"的"人类命运共同体"理念，如果我们仍然秉持"本本主义"态度，食古不化，客观上将不利于社会主义改革发展。

其三，两种劳动关系具有二重性。迄今为止，脑力劳动与体力劳动都构成基本社会分工：一方面，就其提供了各自区别使用价值而言，脑体分工都属于社会合作不可或缺组成部分，具有平等经济地位；另一方面，就其呈现了各自不同价值而言——其再生产体现不同价值量，脑体分工具有不平等经济地位。显然，要使社会合作得以成功进行，只能二者兼顾。这意味着，利益分配需要呈现两个原则：一是体现平等的平均分配，一是体现不平等的差别分配。在经济发展背景下，无论何种劳动者，其利益分配都应该持续增长。

从管理层面看，二者兼顾是一种常态，但实际发生的管理模式却往往要么是倾向于平等原则，要么是倾向于差别原则。按照阶级立场判断，站在强势阶级利益一边，会倾向于差别原则，而站在弱势阶级利益一边，会倾向于平等原则；人们已经知道，前社会主义时代，管理者集团或统治阶级往往是自觉站在强者立场上，他们尽可能多地拿走社会合作所产生的剩余价值，而对弱势阶级仅仅是以维系社会合作不致破裂为底线。社会主义国家管理理念坚持社会平等目标，当然，在计划经济时期，严重忽略了差别原则，使强势群体积极性得不到应有发挥，而社会主义市场经济则努力消除这一弊端：通过市场机制充分体现按劳分配原则，通过政府机制努力照顾弱势群体。

真正走出强弱群体利益对立困局需要从根本上入手，即消除强弱并存现象。人们已经清晰地知道，完全消除人们劳动能力差别是不可能的，而且也没有必要——诸多事实表明，人类劳动能力差别存在着互补性，是建构与自然界关系最强阵容的必要条件；换句话说，自然界让人类个体之间存在先天禀赋不同，为人类开拓与自然界关系预置了多种可能性和条件，对人类而言是福音而不是缺陷。按照这一理解，所谓改变人类强弱并存格局，将不是消除自然意义差别，而是消除人们劳动能力质差，即消除一部分人只能止步于体力劳动领域现象。事实是：脑力劳动者可以从事体力劳动，体力劳动者则很难从事脑力劳动，除非他们也获得相应教育机会，即变成脑力劳动者。就此而言，人类理想社会所拟形成的先进生产力，只能以劳动方式经由脑体劳动并存转变为脑力劳动为目标，即实现劳动方式脑力化。

其四，分工一般增益作用同样体现在脑体分工方面。按照上述理解，人类文明史最初出现的脑力劳动者职业群体，既是客观现象，也是必然要求。在脑力劳动处在稀缺时期，人类生产能力相对低下，有限剩余产品这种宝贵资源条件被集中到少数脑力劳动者身上，使他们成为唯一有可能自由发展群体，从现实看虽然不尽公平，从历史看却属发展需要。

还应该看到，这个时期脑力劳动者集中于社会管理领域，而恰恰是这一领域属于物质生产关键环节。如果说，社会合作是物质生产必然选择的话，那么，秩序则构成了社会合作先决条件；无论是分工布局还是分配原则，都需要相应秩序保证。显然，这种秩序状态是刚刚走出原始社会人类基本需要。原始社会末期所经历"英雄时代"，不过是人类不同部族对仅有剩余产品的争夺，战争成为该时代常态。社会管理所需要建立的秩序，既包括了抵御外部敌人入侵掠夺，又包括了稳定内部民众生产生活。虽然此时脑力劳动并没有用于直接物质生产，但其对社会秩序的建立和维护，无疑属于人类生命安全第一需要。

马克思曾经说过，脑体分工是真正分工，也是阶级分野基础；同时，他还断言，由脑力劳动者构成的统治阶级扮演了不劳而获角色，把本来应该由自己承担的体力劳动转移至他人身上。这一判断取决于两个时代条件：其一，当时脑力劳动者基本脱离直接物质生产；其二，资本主义社会管理因法治缺位导致全面剥削使其客观上成为阶级压迫工具。两个条件互为原因，二者使马克思从根本上否认脑力劳动者独立存在的积极意义。

第三节 脑力劳动分工与社会管理的经济性质

脑力劳动作为一种社会分工出现，一开始并没有进入直接物质生产过程。马克思和恩格斯的观点是一样的：国家是阶级斗争工具，其天职是镇压，是暴力，因此，它只有在特殊历史时期才是一种需要，并且一旦进入理想社会就会趋于消亡。马克思说：

> 在共产主义社会中国家制度会发生怎样的变化呢？换句话说，那时有哪些同现在的国家职能相类似的社会职能保留下来呢？这个问题只能科学地回答；否则，即使你把"人民"和"国家"这两个词连接一千次，也丝毫不会对这个问题有所帮助。在资本主义社会和共产主义社会之间，有一个从前者变为后者的革命转变时期。同这个时期相适应的也有一个政治上的过渡时期，这个时期的国家只能是无产阶级的革命专政。①

现在看来，国家作为脑力劳动分工首先整体介入的领域，其命运与分工现象本身是联系在一起的。一方面，国家管理是社会分工的一种，另一方面，国

---

① 马克思，恩格斯. 马克思恩格斯选集：第 3 卷 [M]. 北京：人民出版社，2012：373.

家管理针对了全部社会分工。换句话说，国家管理是以整体社会分工稳定有序和合理发展为对象的。就此而言，马克思、恩格斯把国家视为"阶级斗争工具"，针对了脑体分工所造成的阶级分野及其利益对抗这一特定时期，统治阶级按照自己意志，通过建构法律制度规范了阶级关系；当脑力劳动越来越多进入物质生产领域时，国家相应成为"资源配置工具"，成为引导和助力分工发展的重要力量；当经济信息化和全球化大势形成时，国家相应成为"价值建构工具"，成为规范和引领国际分工的基本力量。

国家所具有的经济作用一开始就是与某种资源共享联系在一起的。首先，统一并推广语言文字。这是人们交往的最重要载体，是须臾不能分开的往来形式。其次，规范并普及法律道德。这是人们交往最重要的尺度，是社会生活运行的基本准则。再次，建立并完善管理体制。这是社会活动有序化的基础，是社会健康运转的基本保证。复次，形成并巩固相应设施。以学校为代表的教育体系，以军队为代表的法治体系，以工程为代表的生产基础设施。最后，梳理并形成历史文献。这是社会发展持续性的前提，是社会呈现良性发展的基础条件。

其中，语言文字的规范化，解决的就是精神成果共享的前提条件。而法治德治双管齐下，实际上是双重约束：法治是共同遵守的社会底线，德治从来都是首先针对上层阶级的，在某种程度上这是一种客观需要。上层阶级主导生产关系，决定着体力劳动者的利益分配，他们很容易独占社会合作的成果，在信息不畅的历史时期，这种短视行为会从根本上破坏社会合作，导致阶级斗争频繁发生。所以，德治原则是高于法治原则的一种社会管理理念。总之，脑力劳动转化为国家管理，是人类文明史的伟大开端。

（一）国家权力在制度创设和分工规范方面作用

在漫长自然经济时期，脑力劳动作为稀缺资源为什么率先分布在社会管理领域，而没有投入直接影响消费品供给的物质生产领域？回答这一问题不能单纯归结为主观选择，即脑力劳动者故意逃避体力劳动；如前所述：作为最强能力脑力劳动，需要投放至关键所在，而社会管理即属于此：一方面，社会管理创立和维护秩序，是社会稳定前提，也是物质生产前提；人类像其他物种一样从自然界中生成，弱肉强食的丛林法则属于生命本能，不仅原始状态会大行其道，即便存在法制规范，一旦发生生存危机该本能也会豁然抬头，对社会秩序乃至人们生命安全构成重大威胁。另一方面，社会管理按照利益最大化目标设置秩序规范，例如生产与分配、交换与消费的基本规则；同时也按照效率最大化原则配置公共资源，例如所谓"书同文，车同轨"。无论前者还是后者，都会在宏观层面影响到物质生产活动。

社会管理与直接物质生产相比，对于自然经济时期人类而言，属于更为重要分工领域，最初脑力劳动之所以集中于此，首先顺应了人类生存和发展需要，其次才与脑力劳动者群体自利考虑有关。失去了前者，后者很难持续。

在自然经济时期，物质生产主要是农业或以农业为基础的工商业。生产力首先取决于自然条件"风调雨顺"，其次取决于管理者"政治清明"和劳动者"勤奋努力"。前者不在掌控之中，后者是主导因素：一方面，管理者通过秩序设置形成生产力重大助力。首先是内部经济秩序，例如确立法制，或完成类似"奴隶制"转向"封建制"——阶级斗争发挥了重要作用，以顺应生产力发展需要；其次是外部安全环境，管理者依靠经济实力和自卫军力，经略友好睦邻关系和通畅贸易关系，营造良好外部环境。所谓"政治清明"，体现在二者兼得上。另一方面，劳动者"勤奋努力"往往体现某种程度脑力付出。即便体力劳动者，通过经验积累，也能够在分工岗位做出一流成绩，无论昔日"能工巧匠"，还是今天"大国工匠"，都是个中典范。所谓生产资料技术水平提高与劳动者这种贡献有关。问题在于，这种经验积累方式，往往呈现量变过程。马克思所说生产资料技术水平取决于"社会劳动"经由"历史积累"形成，指的应该是这种情况。

如果说，在促进生产力方面，管理劳动针对的是宏观条件——内部经济秩序设置和外部经济环境建构——的话，那么，分工劳动针对技术条件提高和工艺过程改善则属于微观条件。双方都涉及脑力劳动运用，区别在于，管理劳动体现生产方式整体需要，脑力运用具有持续性专业性，分工劳动体现生产方式具体需要，脑力运用具有针对性偶发性。

其一，生产方式中制度规范，首先涉及价值判断，即确定生产力第一致动要素是"物"还是"人"？

如第一部分所论：如果是"物"，就需要物尽其力，计划体制使生产和消费趋于一致，实现对物质资源合理配置，避免了物力浪费，体现了这一目标；计划经济只能以生产资料公有制为基础，这不仅关系生产力发展，而且影响生产关系形成。如果是"人"，就需要各尽所能，市场体制使微观经济主体具有活力，通过公平竞争落实利益归属；调动劳动积极性上升至主要地位，所有制形式则退居次要地位，采取什么所有制或是否采取公有制，要看能否最大限度调动劳动者积极性。所谓"大众创业、万众创新"就是重视人作为生产力第一致动要素而衍生的口号。

其二，确认生产力第一致动要素仅仅是制度规范第一步，解决的是"体制"问题，还需要解决发挥劳动者积极性的"机制"问题。

这要求展开"人"的内涵，关注体力劳动者与脑力劳动者关系。按劳分配原则以劳动作为平等尺度，是倚重"人"的要素的一般要求，客观上有利于发展社会生产力；它不仅一般肯定"人"的作用，而且倚重"人"中劳动能力强者或脑力劳动者作用。现代市场经济呈现了完整的劳动动员机制，即前述三个环节：通过自由竞争以充分解放劳动；通过市场机制以客观衡量劳动；通过优胜劣汰以持续激励劳动。

无论制度规范还是分工规范，针对的都是生产关系。制度规范侧重生产关系基本形态，内容大体稳定，呈现为静态形式；分工规范侧重生产关系发展形态，内容始终在变，呈现为动态形式。从逻辑关系看，制度规范作为体制性要求，应该先期生成，而分工规范作为机制性要求，是体制运行状态表现。但在时代条件发生重大转变时期，敏感的分工领域通常最先变化。

制度规范和分工规范都仰仗政治权力施为。所谓国家在资源配置方面发挥作用，即体现于此。当年，马克思强调生产力决定生产关系，经济基础决定上层建筑，是从"归根结底"意义上说的；实际发生顺序则相反，都是生产关系决定生产力、上层建筑决定经济基础，即政治家按照自己理解和意志——包括对经济发展客观需要的认识——选择制度模式以及分工原则，并因这种选择决定了生产力或快或慢发展水平，也决定了经济基础或稳定或动荡存在状态。然而，只有选中的是符合生产力需要的生产关系和适应经济基础的上层建筑，才能够持续存在并稳定发展；否则就可能因导致败局而昙花一现。正是在这一意义上，马克思主义强调了生产力、经济基础归根结底的决定性作用。科学社会主义原创理论对计划经济的选择，即便以承认生产力决定生产关系这一原理为基础，也没有确保其符合生产力要求，还需要依靠社会主义改革予以修正。

政治权力参与直接配置资源，其选择正确性至关重要。通常说来，进入实践之前首先需要接受逻辑检验，即论证相关方案科学性——只有逻辑合理的方案才成为首选对象；但是，鉴于"逻辑"在历史事实基础上形成，而新的事实往往区别于过往事实，所以，所选方案是否正确还需要接受实践验证。

社会主义事业追求人类理想目标，对理性依赖是其突出特征；只要共产主义社会尚未实现，任何行动方案都必须既接受逻辑证明又接受实践验证；考虑到具体事物包含了诸多一般判断——每一盲人摸象时都依据了客观事实——几乎所有结论都与某种事实相一致；这客观上使"以理服人"变得十分困难——人们常常遇到的不是有无道理，而是道理多少或是否全面。一些学者总能找到坚守"经典文本"理由，原则上并不为过，应该为他们提供表达空间，但从总体上说，如果在理论尺度和实践尺度之间做选择，还是更应该向实践标准倾斜。人类拥有理性，是为了更好行动，权重显然在实践。

制度规范针对人本身社会活动，分工规范则针对劳动者经济活动；前者是后者前提或基础，后者是前者深化或集中；前者相对稳定，后者始终活跃；双方有机结合成社会生产方式的基本样态。制度规范具有一般性和稳定性，往往产生较为显著的历史惯性，并因该惯性而对时代条件变化表现出某种迟滞。制度规范和分工规范存在互补互动机制：首先，分工规范通常必须服从制度规范要求，其次，分工规范重大调整会要求修正制度规范。从中国改革可以看出二者上述关系。制度规范首先面临价值定位问题，资本主义制度止步于"自由竞争、优胜劣汰"，满足于按劳分配原则，而社会主义制度主张"共同富裕"，追求按需分配目标。

（二）社会主义市场经济中政府更好发挥作用问题

这里涉及两项要求：一方面，从现实劳动的社会合作出发，需要在倚重脑力劳动者情况下，兼顾体力劳动者权益，所谓"效率优先、兼顾公平"或"初次分配注重效率、二次分配注重公平"针对的就是这一原则；唯如此，才能形成稳定社会合作，使社会总劳动顺利进行。另一方面，从劳动发展客观趋势出发，不断优化劳动能力构成，使脑力劳动占据越来越大比例；这意味着，应该从理念层面把帮助弱势群体视为社会总劳动水平提升基本途径，此举既需要"尽力而为"，又需要"量力而行"，其底线是不能冲击"按劳分配"支配局面。

中国特色社会主义所展示发展前景及其逻辑张力，归根结底取决于中国共产党领导。这个党的初心是实现共产主义目标，标志是通过"解放穷人"实现共同富裕。它所掌控的国家权力，使其获得了前所未有的政治运作空间：首先设置了共产主义目标，其次制定了达到该目标的战略路线图。这是人类第一次把横跨百年的发展蓝图付诸实施。

中国特色社会主义能够取得今天成果，这种"价值引领"和"战略设计"功不可没。用共产主义作为"价值引领"，契合了人类发展与自然界关系最佳阵容的需要——共产主义意味着个人全面发展，在此基础上社会全部劳动能力将成为人类共同资源；用百年发展作为"战略设计"，可以解决数代人接力才能完成的任务。这种空前浩大社会变革工程，是人类理性从未企及的思想奇迹。中国改革40年牛刀小试，就已经取得骄人成绩，大大增强了沿着这条道路前行信心和定力。

把共产主义作为价值目标，是无产阶级或穷人愿望，在一定意义上，也是人类最终愿望；它寄托了无数被剥削被压迫人民理想，也是马克思主义阶级斗争终极目标。社会主义国家权力横空出世，建立在反对资本主义剥削压迫的无产阶级革命有理的基础之上。也许，历史冥冥之中自有定数：马克思时代资本主义为恶天下时，恰恰在商品经济时代制造了弱势阶级夺取政治权力的"历史窗口期"；而无产阶级政权资源只有在信息经济时代才能大展宏图，这才通过社会主义改革获得了这一利用机会。中国特色社会主义不仅要实现中华民族复兴目标，其发展模式也将启迪人类走出资本主义生产方式困局。人类改变自身命运、迈向理想社会的种子早被马克思、恩格斯阶级斗争理论埋下了。而社会主义市场经济中"政府更好发挥作用"，则展示了趋向共同富裕目标进而超越资本主义的光辉前景。后者完成了对前者的历史补偿。社会主义市场经济是解读这一历史逻辑的载体。

其一，市场经济是人类创造的最佳激励劳动模式。

既然人类生存和发展依靠劳动，那么，人们平等应该体现为劳动能力平等；而个体自然禀赋差别，则要求能力平等体现为同质脑力劳动，平等通过"自由"体现，即"每个人的自由发展"。马克思时代，缺乏实现劳动能力平等的生产力条件，所以，他设想了以生产资料公有制作为社会平等条件。市场经济有效激励劳动却自发形成两极分化，社会主义市场经济注入政治权力作用，促劣变优或促体转脑，展示劳动方式脑力化前景，是人类理性一大手笔。

社会主义政治权力通过分工领域施为：一方面，分工方式不断扩大和深化，推动人类走向整体化，意味着劳动成果共享局面在量上持续拓展，越来越向一切个体覆盖；另一方面，分工劳动水平不断提高，推动人类走向劳动方式脑力化，意味着劳动成果共享水平在质上不断提高，越来越向全方位生命活动扩大。市场经济的动力机制，常常通过分工优化过程呈现。在这个意义上，社会发展通过分工发展实现。

其二，社会主义市场经济最重要特征是政府作用。

在市场经济条件下，政府作用可以区别为一般作用和特别作用。政府一般作用针对了"规范秩序"和"市场失灵"现象，所有国家都需要履行；而政府特别作用即所谓"政府更好发挥作用"，针对制衡市场贫富分化趋势，体现在实现共同富裕目标，客观上呈现了"过去劳动—现在劳动—未来劳动"全方位动员，使自发市场经济获得理性大脑，是社会主义市场经济超越资本主义市场经济基本标志。

社会主义市场经济开启的发展道路，既吸纳了市场机制看不见的手的作用，又创设了政府机制更好的脑的作用，二者结合将创造全新生产方式。要改变贫富分化现象，需要能力方面促劣变优，或者说由体（力）转脑（力）。如果说，现代市场经济张扬了按劳分配原则的话，那么，人们要想利益平等，只能能力平等。而后者不平等，根本在于发展条件短缺。中国改革通过选择市场经济，第一步是消除生存条件匮乏状态，这一点很快就可以做到了，而第二步就是消除发展条件短缺状态。所谓政府更好发挥作用，首先是进一步发展生产力，增加社会财富总量；其次是积极推动促劣变优工程，就像目前正在进行扶贫工程一样，即提供从公平到平等的受教育条件。

其三，社会主义市场经济中政府作用适应了信息经济需要。

如前所述，阶级斗争使落后民族尤其使拥有另一种文化资源的中华民族掌握了政治权力，这是一个重要历史机遇。人类在进入信息时代之后，沿袭商品经济时代做法面临着某种困境；信息时代有两个特征：一个是脑力劳动普遍化，另一个是经济资源信息化。二者要求人们发掘生产关系潜力，即通过扩大资源利用方式来创造更多剩余价值。这种潜力取决于：消除对抗所导致的信息资源封闭或不真；扩大社会关系广度增加资源配置的选择空间；以相互尊重为基础形成和谐世界关系，增加智力源头。

社会主义国家在价值观方面的社会本位理念，提供了创新发展模式基础。对于资本主义意识形态而言，在市场经济道路上渐进发展，迟早也能解决贫困问题，即引领社会走出贫困状态，完成某种自我救赎。资本主义自身进步，即从两极分化到橄榄型阶层分布，似乎为此提供了佐证。但是，资本主义这种量变受到了信息时代条件冲击，按照所谓"货币是一般商品，金融是一般货币"理解，现时代一切资源都获得了信息符号表征，后者大大加快了资源优化配置速度。这使资本玩家登上了新的发力平台；仍然困守在凭借劳动挣得一份收入的雇佣劳动者，本来就已经穷于应付生计，现在一下子被富人玩的金融游戏迷乱了双眼，即便小心翼翼跟跑也会被资本高手带进沟里，2008年开始的金融危机最感痛苦是普通老百姓。当市场竞争需要更好资源配置的时候，所形成信息化工具却在一定程度阻断了雇佣劳动者跟进道路——他们除了自身劳动力之外，并没有更多资源。信息经济似乎歧视穷人，却青睐长袖善舞的资本，后者因其富有而拥有更多选择权。这严重影响到资本主义可以向好的前景，使其意识形态失去自信。托马斯·皮凯蒂指出：

现代经济增长与信息传播虽然规避了马克思理论演进结果的发生，但是并未改变资本深层结构与社会不平等现实……21世纪的今天依然重复着

19世纪上演过的资本收益率超过产出与收入增长率的剧情……资本主义不自觉地产生了不可控且不可持续的社会不平等……①。

正是在这种背景下,社会主义通过改革异军突起。信息化作为工业化发展成果,并不是针对社会主义准备的,它顺应的是工业化成功国家的需要;事实上,无论是实体经济衍生出虚拟经济,还是信息革命催生出互联网技术,都是首先发生在发达国家。然而,信息化在行进中却突然遇到了一个强势主体——社会主义国家权力。本来,谁都没有在推进信息化发展方面打社会主义牌,包括社会主义者自身。直至20世纪80年代前后,中国学界还刚刚如履薄冰地认同"脑力劳动是劳动""脑力劳动者是劳动者",还在为"生产劳动与非生产劳动"区别争论不已,还有相当多学者坚持认为"唯有生产物质产品劳动才是生产劳动"——中国人注意力还集中在最为基本的实体经济即农业方面,千方百计地努力解决民众温饱问题。事情突变出现在中国改革选择了市场经济之后,在一定意义上,市场经济以极其尖锐方式提出"资源配置"问题,这是竞争获胜必须面对的一关。改革经过一段时间试水之后,才确认市场对资源配置起决定性作用的必要性,但是,谁都知道,仅凭市场机制自发性,只能两极分化,这是社会主义者所不能接受的。一开始,邓小平之所以强调"社会主义初级阶段"命题,之所以突出市场"方法"性质,的确包含着鉴于生产力落后不得不用"市场经济"的含义。然而,几乎是凭着数十年计划经济养成的政治本能,社会主义者努力把实现共同富裕作为必须坚持的目标,在改革中尽可能发挥自身政治优势为实现该目标规划发展蓝图。这样一来,客观上凸显了政治权力在信息资源方面得天独厚优势,使其参与资源配置带来显著效果。

在某种程度上,信息化是优化资源配置最佳工具。以信息方式展现的资源条件,能够在精神层面进行成本极低的配置尝试,从而为确定最优配置方式奠定基础。显然,拥有资源条件越多,使用这种方法越得心应手,获得成就也越大。毫无疑问,国家所拥有的资源条件是任何其他经济主体都无法比拟的。人们之所以迟迟没有意识到国家在市场经济中所独有的这种作用,既是因为社会主义国家一向运用计划经济,后者本质上以物质生产资料为中心安排经济发展,国家虽包揽一切,计划本身却缺乏自由度;又是因为资本主义受制于西方文化个体本位价值观,国家权力被看作"不能没有的坏东西",属于个人权利某种"让渡",不仅需要"三权分立"予以制衡,而且要么在平常扮演维护秩序"守

---

① 托马斯·皮凯蒂. 21世纪资本论 [M]. 巴曙松,等,译. 北京:中信出版社,2014:1-2.

夜人"，要么在危机时扮演宏观调控"消防员"，并不能自主进入市场，所以很难在信息时代需要时施展作为。

社会主义市场经济中"政府更好发挥作用"是崭新经济现象，是市场经济从商品经济转向信息经济客观要求。社会主义者似乎无意中获得了这一成功。但是，梳理历史过程就会发现，资本主义剥削雇佣劳动者已埋下了该制度被替代的伏笔——人类历史归根结底是经济因素起决定性作用，而经济发展始终依靠人来实现，而人力最佳状态是每个人全面发展，仅就此而言，人类历史是弱者变强过程。马克思提出通过无产阶级解放实现人类解放，恰恰顺应了历史本质要求；资本主义对弱者无视和压迫是短视表现。社会主义者利用阶级斗争夺取了国家政权，虽然走过弯路，但它坚持解放穷人目标，始终体现社会发展规律要求；一旦选择了市场经济，必然会通过坚持该目标找到信息经济所需的政府作用模式。

第五章　劳动与生产

劳动一方面是人类生命活动所建构人与自然界之间的关系，并由此形成了劳动质的规定性；另一方面，劳动活动之间在劳动者、劳动资料以及劳动对象上都有所区别，意味着对任何具体劳动考察都必须联系其主客观条件来进行。通常说来，一种劳动过程与另一种劳动过程区别，既可以从客体方面认识，即区别其生产资料技术水平和劳动产品的使用价值，也可以从主体方面认识，即区别其劳动生产率和劳动产品的价值。显然，两种角度无法截然分开。按照本书研究切入点，应该从人本身出发去探讨劳动活动所涉及的各种关系，即从主体方面认识劳动之间区别。

然而，如前所述，人就是他的劳动。劳动区别也就演变成人与人之间区别。这又一次回到社会关系问题上来，但这里针对的不是一般社会关系，也不是对人口生产与物质生产所涉及社会关系的比较，而是对劳动方面社会关系的研究。其目的，就是从劳动质的规定性迈向劳动量的规定性。

在一定意义上，劳动质的规定性只是从抽象意义上认识劳动，属劳动共性研究，所反映劳动变化是从人类角度进行的。为了真正把握劳动，有必要从具体意义上予以认识，即对不同劳动做出比较；而劳动与劳动区别，无非是其生产能力区别。因此，本书关于劳动量的规定性是研究劳动与生产的关系；或者说，劳动量的规定，是从生产角度考察的劳动。劳动本质上属于人类创造性的生命活动，劳动量的区别同时也是劳动者的区别。

劳动天生是一种社会现象，对一般劳动认识，必须分析人类一般社会关系；对具体劳动认识，必须分析特定社会关系。就后者而言，可以从两个角度入手：从内容上看，它是劳动者组织形态，人们通过各种分工，共同构成社会劳动；它所形成的社会生产力结构，是判断人类发展基本标志。从形式上看，它是劳动价值形态，不同劳动具有不同价值量，从而在社会总劳动中占据不同位置。上述内容和形式的统一，构成劳动量的规定性。

应该看到，正是由于劳动量的规定涉及对一定社会形态中劳动不同评价，构成人们对社会再生产过程实行干预的思想准备；并且，这种评价还不可避免地涉及劳动主体，成为对不同社会成员及不同社会集团评价基础，所以，关于劳动生产性理论不仅为经济学所关注，同样也为政治学所关注。

马克思曾认为，亚当·斯密（Adam Smith）关于生产劳动和非生产劳动的区分，奠定了全部资产阶级政治经济学基础。马克思在批判分析资产阶级经济学家生产劳动理论的基础上，从不同角度阐述了自己关于生产劳动问题的主张。然而，理论界未能全面、准确地把握马克思有关思想，使生产劳动理论没有发挥其指导实践的应有作用。

把生产劳动理论作为本章讨论的一个重要问题，同本书题旨无疑是一致的。但是，我们又不可能广泛涉及在这个问题上的所有细节，而只能使其按照本书逻辑要求适当论述相关内容。值得一提的是，随着中国市场体制的形成，原来争论正炽的生产劳动问题已趋于淡化。因为市场正运用自身特有方式对劳动生产性做出判断。

尽管如此，笔者还是要提到理论界争论的一些内容。这不仅出于对这些理论本身关注，更是因为它们构成了认识劳动现象必不可少的环节。

第一节　劳动与生产统一性

劳动作为人类创造性活动，是以产生相应成果为标志的。其中，劳动主体既可以是个人，又可以是集体，但归根结底以个人活动为内容；就个人劳动而言，要么其能力形成是社会劳动结果，要么所完成劳动属于社会劳动组成部分，所以，劳动主体归根结底是以社会为形式的。而劳动成果既可以是物质形态，又可以是精神形态，但精神形态成果或者要采取某种物质形式，或者是达到物质成果的中间产品，所以劳动成果归根结底是物质形态。

劳动现象与社会主体和物质成果的这种联系，从广义上确定了劳动与生产的统一性。

马克思曾指出，劳动本身"简单规定性"是"有目的的生产活动"①。在另外场合，他把这种一般意义生产劳动称之为生产的"自然形式"②，其产品是

---

① 马克思恩格斯文集：第 7 卷［M］. 北京：人民出版社，2009：934.
② 马克思恩格斯文集：第 8 卷［M］. 北京：人民出版社，2009：521.

"自然意义上的产品"①。这就是说，劳动作为人类有目的的脑力、体力支出，其产品总是与一定有用性联系在一起的；与这种结果相联系所考察的劳动就是生产劳动。

马克思在此处对所谓劳动有用性质做了抽象：劳动目的的特定内容不见了，从而劳动的具体有用性质不见了。生产活动直接就是有用劳动。马克思写道：

> 要生产……就需要进行特定种类的生产活动。这种生产活动是由它的目的、操作方式、对象、手段和结果决定的。由自己产品的使用价值或者由自己产品是使用价值来表示自己的有用性的劳动，我们简称为有用劳动。②

用这种观点来认识劳动，劳动产品无论以物质形态出现，还是以精神形态出现，或者以活动形态出现，都具有使用价值。如马克思所说："**服务**只是劳动的**特殊使用价值**的表现，因为服务不是作为物而有用，而是作为活动而有用。"③ 而"各种使用价值或商品体的总和，表现了同样多种的，按照属、种、科、亚种、变种分类的有用劳动的总和，即表现了社会分工。"④ 正因为如此，当特拉西谈到"任何有用劳动都是真正的生产劳动，社会上的任何劳动阶级都同样应当称为生产阶级"⑤ 时，马克思肯定他"谈得都对"⑥。

然而，一般意义生产劳动仅仅是对人类生产劳动最基础认识。如果就此不前，无疑把生产劳动等同于劳动。马克思指出："至于劳动在生产，是生产活动，这也就是说，劳动是劳动，因为劳动除了'生产'以外什么也不是。"⑦ 而人们研究劳动生产性的目的，总是从特定历史条件出发，对劳动行为做出符合自身利益的判断和选择，停留在一般意义上的生产劳动理论自然是不够的。

正确把握劳动生产性，自然需要涉及劳动不同形态，这就要联系劳动的社会形式来进行，其中主要是考察不同性质劳动行为的生产性。

(一) 协作劳动生产性

所谓协作劳动，是与个人劳动相对立的一种劳动方式；它由若干劳动者联

---

① 马克思恩格斯全集：第 30 卷 [M]. 北京：人民出版社，1995：231.
② 马克思恩格斯文集：第 5 卷 [M]. 北京：人民出版社，2009：55.
③ 马克思恩格斯文集：第 8 卷 [M]. 北京：人民出版社，2009：529.
④ 马克思恩格斯文集：第 5 卷 [M]. 北京：人民出版社，2009：55.
⑤ 马克思恩格斯全集：第 33 卷 [M]. 北京：人民出版社，2004：328.
⑥ 马克思恩格斯全集：第 33 卷 [M]. 北京：人民出版社，2004：330.
⑦ 马克思恩格斯全集：第 30 卷 [M]. 北京：人民出版社，2004：269.

合起来，按照生产工艺不同要求实行一定分工，共同生产某种产品。

显然，协作劳动规定性具有两个特点：第一，它是一种最基本社会劳动形式，具有基础意义。它以分工为基础，但不像一般分工概念那样，既可以指社会产业分工，又可以指行业分工，还可以指工艺分工；协作劳动仅指工艺分工。同时，协作劳动不是特指某种固定社会基层劳动组织形式。例如，它不是特指以性别、年龄分工为特征的原始社会氏族劳动组织，也不是特指手工工场，还不是特指当代企业或车间，但却可以同上述任何一种具体劳动组织相联系。

它仅仅从生产力意义上确定劳动组织。在这方面，它同联合劳动概念有所不同。联合劳动概念曾在多种意义上被人们使用。马克思曾拿"联合劳动"同雇佣劳动、奴隶劳动和农奴劳动相对立，把它视为劳动者在生产资料公有制条件下，自愿组织起来的一种劳动形式①。就此而言，联合劳动不仅强调了劳动者客观上是合作生产，而且强调了劳动者在主观上是自愿联合的。协作劳动则只肯定劳动者合作的客观性质，并不从社会关系原则方面去做判断。

可见，协作劳动是对人类特定社会劳动形式的一种抽象。这种抽象强调了劳动者出于同一目的而相互配合、共同劳动的事实。这一概念具有广泛适用性，成为我们从社会关系角度探讨生产力问题的基本出发点。

概括起来，协作劳动生产性表现在三个方面。

其一，协作劳动是以分工为基础而形成协作关系的。它客观上分解了劳动过程，为劳动者更好地发挥自身能力提供了选择可能性。由于客观原因，劳动者能力具有性别和年龄不同，也具有兴趣和爱好差别，由于文化环境原因，劳动者能力在知识层次、智力水平上，也有所不同。这些差别归根结底是人们在脑力和体力上的差别。还应看到，任何劳动者都无法做到全知全能。劳动事业越发展，这种情况就越难看到。而劳动者生产率取决于他所承担分工任务与其能力状况相一致的程度（当然这里没考虑生产资料技术水平这种客体因素）。在协作劳动条件下，原来由一位劳动者自始至终要完成的生产过程，转变成相互连接的若干道工序。其中，每一位劳动者只需承担一部分劳动任务，只需要熟悉一个局部技术过程。这不仅减轻了劳动者学习负担，而且大大增加了劳动者依据自身能力素质选择劳动岗位的可能性。生产过程越复杂，涉及的工种越多，为人们提供的这种选择余地就越大。一旦人们找到了自己能够做好、也愿意去做的劳动岗位，不仅体现了人尽其才，也实现了物尽其用。因此，协作劳动使主客体两种要素都有可能表现出更高的生产能力。

---

① 马克思，恩格斯. 马克思恩格斯选集：第3卷［M］. 北京：人民出版社，2012：9.

其二，协作劳动在分解生产过程的同时，也简化了劳动程序，为劳动者改进生产技术条件打下了基础。同复杂的整体生产相比，单纯生产环节更能训练出较高劳动技巧。不仅如此，在某些情况下，由于劳动者长久地专注于某些行为程序，会使他们形成更为敏锐的职业感觉，生成独特的专业眼光，有助于激活他们在生活经历中的联想，导致发现或发明，创造出新的工具或工艺，改善自身的劳动状况。人类许多伟大发明创造，来源于与之相关实践中的劳动者，并不是偶然的。当然比较起来，第一种情况更为常见。而这两种情况任何一种，都能推动生产发展，使协作劳动表现为更高生产力。

其三，协作劳动集中了众多劳动者，形成了以不同于个人主体为特征的集团主体，属于一种新的劳动者类型。它往往以超出个人劳动若干倍的力量出现，使人们有可能去化解众多个人无法应对的难题。不仅如此，集团主体具有自身特有活动机制：首先，它具有主动配合功能。由于共同利益导向作用，集团主体中的个人成员，一般都能做到相互帮助。这不仅有助于不同岗位劳动者之间在工序上配合，也有助于他们在劳动时间、劳动空间上彼此协调，以避免因种种偶然因素而出现生产过程中的空档现象。其次，它具有互相激励功能。社会心理学研究表明："在群体中，只要有别人在场，一个人的思想、行为和他单独一人时就有所不同。"① 一般说来，别人在场无意之中会使当事人暗含竞争情感，往往又会唤起有关他人正在对自己进行评价的想法。这种内驱力出现虽然会对复杂劳动产生不利影响，但却能对简单操作起到很大推动作用。再次，它具有彼此监督功能。这方面作用显然同激励作用渠道是一致的。所不同的是，激励功能是通过自我心理暗示完成，而监督功能则是通过对他人有意或无意注意所完成的。后者同样能使协作劳动保持一种较为紧张状态，对生产力提高发挥重要作用。

当然，上述关于协作劳动分析主要针对一般物质生产过程而言，而且其中所涉及主要是以体力支出为主的劳动。至于在精神生产过程中的协作劳动现象，与之表现不同。脑力劳动天生是依靠社会关系而存在的。某种具体精神产品所需要的脑力协作，在时间上可以不同步，在空间上可以不同处。但这只能说明，脑力劳动及精神生产所需要的协作劳动，体现了更为自由的组合形式，包容了更为宽泛的时空背景。

可以认为，协作劳动以分工为基础，作为一种劳动社会形式，不是它所包含个人劳动能力的简单相加，而是能够提供超出个人劳动之和的劳动能力。就

① L. 弗里德曼. 社会心理学 [M]. 高地，译. 哈尔滨：黑龙江人民出版社，1985：551.

此而言，协作劳动本身就具有生产性。

（二）交换劳动生产性

就交换劳动本意而言，是指被用于交换的劳动，而不是特指从事商业活动、行使流通职能的劳动。交换劳动通常是指不同协作劳动之间的交换。这种交换既可以采取产品交换方式，又可以采取活动交换方式，但实质上是劳动者的劳动活动之间的交换。

换句话说，如果认为劳动活动注定只能在一定社会形式中生成或进行，哪怕它只表现为个体劳动行为，也在一定程度上具有协作劳动意义。当然，狭义协作劳动中，主体关系是相互联系形成的，而广义协作劳动则不具有这种特征，劳动当事人可以单向度运用他人（例如前人）劳动成果，则无须对他人予以回报。

交换劳动与狭义协作劳动有关。狭义协作劳动属于本来意义协作劳动，而广义协作劳动则表现为社会性劳动。狭义协作劳动本身就存在某种劳动交换：每一位劳动者都用自己特定劳动换得他人劳动，从而最终获得对协作劳动产品的分配权。

一般交换劳动都是以分工为前提，没有分工，就谈不上交换。协作劳动如果体现出分工性质，或者更确切些说，如果体现出社会范围内的分工地位，它本身就属于交换劳动。这意味着，它不仅要完成内部交换过程，还要参与外部的、与其他劳动的交换。

无论协作劳动还是交换劳动，双方所形成劳动分工都具有客观性质，劳动交换也都具有必然性质。它们都体现出人类与自然界关系，并且，都是采取现实社会合作方式体现这种关系的。

但是，协作劳动所形成的交换受生产工艺过程支配，而与协作劳动相对立的交换劳动受生产力总体水平支配；前者通常取决于具体生产资料技术水平，后者通常取决于生产资料系统的基本布局。如果说，协作劳动是确定了主体的交换劳动，那么，交换劳动则是不确定主体的协作劳动。对于交换劳动而言，交换是必然的，同何方交换是偶然的，采取何种比例交换也是偶然的。

交换劳动的特殊性质使它成为具有独立意义的社会劳动形式，在人类生产发展中起着重要作用。

其一，交换劳动扩大了人们同自然界的关系。人们在某种劳动对象上投入劳动，形成某种使用价值；通过交换，则能获得众多使用价值形式。这就客观上使个别劳动成为普遍劳动，使个人成为社会，使个人面对整个自然界。在这种情况下，所谓人类与自然界关系，演化成人们在协作劳动中同特定劳动对象关系，也即个人劳动与协作劳动关系，或者说是个人与社会关系。换句话说，交换劳动的存在，使人们在每一个别劳动场合，都可能把整个自然界作为劳动对象，从而为生产活动发展提供了无限空间。

其二，交换劳动深化了人们同自然界的关系。人们要想扩大与自然界关系，必须使自己的个别劳动具有更大交换价值，这样才能使它具备普遍劳动功能。劳动者要在单位劳动时间内生产出更多使用价值，必须采用更为先进技术手段，即运用效率更高工具系统来进行生产。先进工具系统主要标志是运用更强大自然力来取代生产过程中已相形见绌的旧的自然力。它只能产生于对自然物质运动规律的进一步把握。这意味着，交换劳动现象越是普遍，交换活动越是深化，人们对自然界认识就越是深入，与自然界关系就越是和谐。

其三，交换劳动提高了人们劳动能力。交换劳动的典型方式是产品交换；特定产品蕴含着特定劳动能力，因而，实际上是劳动能力交换。劳动本质上是脑力劳动，劳动能力本质上是一种精神生产能力（如劳动质的规定性中所论述），所以交换劳动实质上是交换精神产品。由于精神产品在交换中不会产生损耗，也不会导致交换主体自身丧失其产品，所以，从理论上看，这是一个纯粹增量过程。一种精神产品，越是具有普遍使用性，它的交换价值就越大，所能交换到的其他劳动产品就越多，而它自身所体现劳动能力就越强。问题当然在于，劳动产品虽然本质上是精神的，却无一不具有物质载体；与本来意义精神产品不同，物质产品所内含精神生产能力与其物质结构相比，并不总能占据其交换价值主要部分，有时则只能占很次要的部分。具体所占比例一方面要看原材料本身价值，另一方面要看制成品所体现的科技水平。这里一般地突出劳动产品交换实质是劳动能力交换即精神生产能力交换，无疑是一种抽象。它只是从理论上描述交换劳动的生产意义。虽然它与实际存在的交换现象并不矛盾，但并不能取代对具体交换问题的研究。

交换劳动以分工为前提。所谓交换劳动代表着更高生产率，意味着对分工现象经济价值的一般肯定。在交换中，有关劳动主体实际上承认：某些产品由他人生产比自己生产对自己更为有利，否则的话，人们将宁肯自己去从事各种各样的劳动，而不必采取交换劳动的途径了。

上述三个方面论述表明，人类利用交换劳动，就是利用自己得天独厚的两大优势：卓越意识能力和无所不在社会关系。如前所述，劳动本质是脑力的，而脑力成果作为精神产品天然是社会的；利用社会形式传播脑力成果，是使人类个体能力达到人类整体能力的一条康庄大道。当然，人类还要在这条路上远行。在这一漫长过程中，交换劳动发展程度既是社会生产力进步主要标志，也是社会关系进步主要标志。

值得一提的是，交换劳动生产性导致了一种特殊劳动方式形成，通常人们将之称为商业劳动。学术界认为，商业发展表现为两个阶段。在前资本主义时期是所谓商品经营资本现象。它以简单商品生产为基础，活动于简单商品流通流域，为买卖双方的直接消费服务。它的主要特点是贱买贵卖。人们认为，商业利润的来源，一是瓜分奴隶主和封建主剥削奴隶和农奴所获得的剩余产品，一是攫取小生产者（个体农民、手工业者等）的剩余产品和一部分必要产品。正因为如此，传统理论把商人看成是"一个真正的寄生阶级。它根本不从事生产，而是以中间人的地位对买卖双方的生产者进行剥削"①。

资本主义商业是所谓货币经营资本现象。它被看作是从产业资本中独立出来部分。它从属于产业资本，并为产业资本运作服务。马克思认为，商业资本家的活动"只是为了把生产者的商品资本转化为货币所必须完成的活动，只是对商品资本在流通过程和再生产过程中的职能起中介作用的活动。"② 然而，"因为商人资本本身不生产剩余价值，所以很清楚，以平均利润的形式归商人资本所有的剩余价值，只是总生产资本所生产的剩余价值的一部分。"③ 这种看法与马克思对商品经济基本否定联系在一起。

马克思对商品经济否定不是偶然的，甚至也不仅仅是因为商品经济所表现出的生产无政府状态，而是与他关于理想社会基本思路相联系的。但马克思对商品经济否定本身却对社会主义理论经济学产生了巨大影响，使学术界对交换现象的社会功能在总体认识上失之偏颇。

毫无疑问，商业劳动是交换劳动发展到一定水平的结果。从历史上看，商业是继社会两次大分工（第一次是畜牧业中分离出农业，第二次是农业中分离出手工业）之后第三次社会大分工的产物。商业的劳动性质只能从社会总劳动中才能得到肯定。商业劳动的产品是实现交换劳动，就此而言，交换劳动生产性恰恰是商业劳动生产性。

不仅如此，在一定意义上，商业劳动是人类第一次把自身关系作为劳动对象的劳动，发挥了优化人及其劳动这种生产要素配置的功能。它在人类历史上第一次以实践形式提出了人与社会自然界的关系问题。而它本身的存在，又创

---

① 许涤新. 政治经济学辞典 [M]. 北京：人民出版社，1980：179.
② 马克思恩格斯全集：第25卷 [M]. 北京：人民出版社，2001：301.
③ 马克思恩格斯全集：第25卷 [M]. 北京：人民出版社，2001：314.

造性地形成了又一种社会关系的生产形式。传统社会主义理论对这个问题的忽视，贻误了相关研究，迟滞了相关实践发展。

（三）管理劳动生产性

从社会角度考察，商业劳动不仅使交换劳动得以实现，而且它本身也因为实现了交换劳动而属于社会交换劳动的一种类型。商人正是以自己特定劳动方式同其他产业劳动者交换劳动的。

问题在于，同其他劳动方式比较起来，商人劳动具有特殊有利位置。其他劳动的劳动对象是自然界，面对的是恒定物质运动；而商业劳动对象是社会，面对的是可塑性较强的社会利益关系。商人在各种社会劳动之间的中介作用，使它在一定程度上成为唯一可以支配他人劳动的劳动。通过控制交换双方的真实信息，他们能够获取因交换劳动所增生的大部分甚至全部好处，即交换劳动所形成的剩余价值。

严格说起来，单就商人同某一种劳动者的关系而言，无论对方是买者还是卖者，都无所谓剥削，只有从整个社会的角度，即从同等劳动应该获取同等报酬的角度来看，商人才能同剥削相联系。这里似乎有一个如何运用公平尺度的问题。但商人存在本身，就决定了对他们劳动的衡量只能在社会总体范围内进行。因为，商人本身无法真正实现同任何一种劳动的交换。他作为买者，是为了作为卖者；他在作为卖者时，是由于首先做了买者。这种情况决定了，由于人类社会合作所带来的价值增量，无论是采取协作劳动方式，还是采取交换劳动方式，都应该由全体劳动者共同分享，如果商人从中攫取了大部分甚至全部好处，客观上也就剥削了其他劳动者。

历史事实表明，商业现象出现时，商人对待社会，像人类其他劳动者对待自然界一样，都是自觉地去获取最多劳动成果，往往并不自我约束，也做不到把自己所得控制在一个合理范围内。相反，人类最早的商人同时兼作强盗。他们能商则商，能抢则抢，若能抢则不商。如此任意施为，遑论区区暴利？民间流传所谓"无奸不商"，这种商声不振，应该说是有缘由的。

但是，商业劳动在人类发展史上的划时代意义是决不应被抹杀的。它第一次开辟了一块希望田野，引导人类通过发展自身关系去促进与自然界关系的发展；虽然当年的商人尚且意识不到他们为人类指示了一座富矿，虽然他们刚一开始试图在这个矿区狂采乱掘，但他们启动了利用劳动力的劳动却是真的。在一切自然力中，唯有人力是最强大的，因为人力是唯一可认识并利用其他自然力的自然力。现在出现了一种利用人力的人力，就标志着人类开始把发展自身的努力，部分地转移到社会关系上来；也就标志着社会关系作为一种劳动对象，将获得发展，归根结底，它将通过人们之间利益关系的协调，形成愈益广泛、愈益深入的社会合作。这是人类以整体面对自然界的开始，也是人类获得迅速进步的开始。

这种辉煌开始却是以一系列破坏性行为登场的。原始社会末期的"英雄时代"证明，自从人类有了剩余产品，就同时出现了两种处置剩余产品形式，一是商业交换，二是战争抢掠。双方这样密不可分，说明人类社会关系的最初发展完全是自然性质的。人们还不懂得在走出血缘关系的氏族圈子之后，如何去面对其他外人。他们所采取办法，类似于动物本能，人对人像狼对狼一样。

为了消除伴随交换劳动而出现的这种破坏性现象，一种新的劳动方式——管理劳动形成了。

管理劳动概念无疑可以在诸多层次上被应用。例如，任何协作劳动都包含着某种程度管理，可以说，凡属社会合作的劳动都要求管理劳动存在。管理对象就是人的关系，管理劳动产品就是社会关系有序化，或者说就是社会合作局面的形成和发展。

与协作劳动、交换劳动相对立而存在的管理劳动是指对社会总劳动的管理。迄今为止，人类所形成的典型管理劳动方式是国家管理。国家管理不仅是对社会劳动管理，它本身也因管理了社会劳动而变成一种特定社会劳动。在通常情况下，管理劳动者由两部分人组成：一是一支官吏队伍，一是一支军事队伍。像柏拉图笔下的哲学家和武士一样，这两种力量分别承担了头脑和拳头职能，使管理劳动具有了人格化特征。双方往往在国家首脑人物那里达到高度统一。

经典马克思主义把国家看作是阶级压迫工具，这包含了一定道理。它揭示了管理劳动由于自身特殊地位，往往自觉与不自觉地掠夺其他劳动者的历史事实。但是，仅仅停留在这种认识上则是片面的。国家现象本质上是一种文化现象，是人类在自身发展进程中的一种文明成果。如果说，商业劳动出现，首次从直接物质生产出发，确认了社会关系可作为劳动对象的话，那么，管理劳动出现，则直接把社会关系当作劳动对象。值此，管理劳动正式开辟了人类劳动面对的第二自然界，即社会自然界。它使人类文明向前跨出了一大步。

马克思主义明确反对各式各样的国家崇拜，这是正确的。社会管理所运用的国家方式只宜同人类发展一定历史时期相联系，随着人类发展，人类将扬弃这种管理方式，进入一种不需要国家的新的社会关系境界。但是，确认这种目标客观性并不应导致对国家问题的主观理解。如果看不到国家本质上承担着人类发展的经济职能，就可能形成一种片面国家观。当社会主义还需要国家甚至在一定程度上还需要强化国家作用时，上述认识误区就会使我们不能真正运用好国家这种强大工具。

概括起来，以国家管理为特征的管理劳动生产性，表现在下述方面。

其一，管理劳动通过节制商业劳动，使全社会均分由于发展协作劳动和交换劳动所增加的利益。它一旦做到了这一点，就能使各种社会劳动分工合作常态化，实现一种稳定进步。

如前所述，商业劳动虽然拥有生产性，但由于其特殊社会地位而不能自制。而商业劳动自由发展会最终导致自身欲望极度膨胀，在商品经济发达情况下，会使其所获得利益降至社会劳动平均收益水平以下，客观上形成对它的抑制。但在自然经济条件下，商业劳动膨胀主要后果是对其他产业劳动的遏止作用。由于后者不能获得发展所必需的追加价值，就只能长久停留在较低水平上。可见，商业劳动是双刃剑，既对社会有利，也会有害。

管理劳动对商业劳动控制是通过两个途径完成的：对外是控制外国商业活动的入境规模。民族国家之间的战争归根结底是出于经济利益需要。无论是殖民地、半殖民地，还是最惠国待遇、经济制裁，都是在市场问题上做文章，核心是由谁来获得交换劳动所形成的利益，以及获得其中多少利益。马克思曾说，国家存在的经济体现就是关税。这个话是从一定角度说的。如从国际经济关系说，国家存在的经济体现首先是关税。一个主权国家，只能在有利于本民族利益条件下去开展对外贸易，虽然也必须让他人有利可图，但绝非听任外国商业活动通行无阻。当然，发达国家与发展中国家相比，由于双方生产力水平存在落差，在贸易活动中占有先天优势，因而可以设置较少关税壁垒。而发展中国家则不能不小心谨慎，如果对外国商品门户大开，或许会使一部分国内中间商获利，但其他产业则有破产之虞。国内商界获利与外国资本丰厚利润相比，不过属残羹剩饭而已；而国内其他产业委顿状态，将导致整个社会经济停滞或倒退，随之将出现社会购买力下降。这个时候要获得需求满足，就不能不依靠举债一途了。它最终导致整个民族对外国资本的依附。

在国内方面，管理劳动对商业劳动控制一是在规模上，二是在获利水平上。两个问题联系在一起，但也都有各自独立性。中外历史上程度不同都出现过"重农抑商"政策，表明许多民族都面临过商业发展势头过盛的矛盾。从理论上说，自由的商业发展将能控制它的获利水平。但这个周期较长，将使社会其他产业付出较高代价。事实还证明，商业领域由于存在某种共同利益，完全有可能形成某种类似于行业垄断局面，联起手来捞取超过社会总劳动中等劳等酬水平的利益。有鉴于此，管理劳动有责任专门制约商业劳动的获利标准。

管理劳动对商业劳动的控制实质是扬其长、避其短。就此而言，管理劳动生产性正是为了保证交换劳动生产性。

其二，管理劳动通过某种计划，使交换劳动更普遍、更完全得以实现。它所体现社会总劳动的综合平衡原则，尽可能地避免了资源和人力浪费现象。

马克思曾指出：人人"同样知道，要想得到与各种不同的需要量相适应的产品量，就要付出各种不同的和一定量的社会总劳动量。这种按一定**比例**分配社会劳动的必要性，绝不可能被社会生产的**一定形式**所取消，而可能改变的只是它的**表现形式**，这是不言而喻的"①。这是社会自然界的客观规律。然而，交换劳动自身不能自动完成对社会总劳动量的上述调整。资本主义社会不能避免经济危机现象，就说明了这种情况。而当代资本主义在自由市场经济基础上引入国家干预机制，在某种意义上大大缓解了经济危机烈度，则说明管理劳动通过计划方式，有可能解决这一问题。

应该承认，任何国家形态都能与一定计划管理相联系，从而都能对交换劳动实现发挥积极作用。但是，不同国家由于拥有不同客观条件，其计划管理广度和深度有所不同。例如，以公有制为基础的社会主义国家就比以私有制为基础的资本主义国家更宜于在多个领域推行计划管理举措。

计划管理实质上起到了避免了生产力浪费作用，在这个意义上，它由于维护了生产而本身具有生产意义。

其三，管理劳动通过协调生产与消费，使社会物质生产与人口生产保持正确比例，有助于社会总劳动持续发展。

从消费角度看生产与消费关系，实际上是手段与目的关系；从生产角度看生产与消费关系，实际上是现在生产和未来生产关系。无论前者还是后者，都表明以消费为形式的人口生产，与以生产为形式的物质生产存在着密不可分联系。在通常情况下，这种联系真实性质并不能自然而然被人们所把握；即使已被人们认识，由于它涉及人们眼前利益与未来利益矛盾，如欲正确处理，也需要一系列客观条件，需要由管理主体精心安排、精心设计、循序渐进予以实现。

正因为如此，这是一个大有潜力领域。管理劳动在这方面如何施为，绝非无足轻重。而一般地说，管理劳动由此而形成生产性则不容置疑。

管理劳动在上述三方面作用，涉及了社会总劳动中内部劳动与外部劳动、内部劳动各个部分以及内部劳动现在和未来等诸多关系。从根本上说，它反映的是社会总劳动均衡发展要求。显然，一方面，人类发展需要通过社会总劳动

---

① 马克思，恩格斯. 马克思恩格斯选集：第4卷［M］. 北京：人民出版社，2012：473.

均衡发展来实现，另一方面，人们至今尚未找到一种使其自然均衡发展机制。这就注定要依靠管理劳动，也注定了管理劳动在社会总劳动中举足轻重地位。就此而言，管理劳动生产性内含在其他劳动生产性之中，是所有其他劳动实现其生产性的总前提。

可见，协作劳动、交换劳动、管理劳动都具有生产性，都属于生产劳动的社会形式。任何一种社会经济形态，都不能不包含着这三种劳动类型。它们缺一不可。比较起来，协作劳动构成社会劳动基础部分，交换劳动构成了社会劳动核心部分，而管理劳动则构成了社会劳动最高形式。

然而，这仅仅是从一个方面对劳动与生产之间联系的考察。

第二节 劳动与生产对立性

劳动与生产统一性以对社会劳动抽象考察为基础。在这种考察中，人都作为劳动者而存在，劳动者都从事社会劳动。然而事实上，在每一个具体社会形态，生产劳动不仅同具体劳动量（价值）联系在一起，而且也同具体劳动质（使用价值）联系在一起。

马克思通过分析资本主义生产劳动问题，阐述了自己关于具体社会形态的生产劳动理论，而这是与对亚当·斯密理论的评论相联系的。

斯密曾提出，生产劳动是直接同资本交换的劳动，非生产劳动是直接同收入交换的劳动。马克思认为，斯密这一定义"触及了问题的本质，抓住了要领"，是"他的巨大科学功绩之一"①。但是，斯密还有另一种提法。他认为，生产劳动就是生产商品的劳动，非生产劳动就是生产个人服务的劳动；把生产劳动同劳动产品的物质规定性联系在一起。马克思对此不以为然，认为斯密的这种见解"从片面的传统观点出发"②，是"错误的"③"比较浅薄的见解"④。

马克思对斯密两种见解的不同评价不是偶然的。马克思一向认为，支配资本主义生产方式的绝对规律是它对剩余价值的追逐。这就决定了资本主义生产方式对生产劳动的一般规定性：凡是能够取得剩余价值的劳动就是生产劳动。

---

① 马克思恩格斯文集：第8卷 [M]. 北京：人民出版社，2009：218.
② 马克思恩格斯全集：第33卷 [M]. 北京：人民出版社，2004：315.
③ 马克思恩格斯全集：第33卷 [M]. 北京：人民出版社，2004：139.
④ 马克思恩格斯全集：第33卷 [M]. 北京：人民出版社，2004：358.

按照这一标准，

> 只有为资本家生产剩余价值或者为资本的自行增殖服务的工人，才是
> 生产工人。如果可以在物质生产领域以外举一个例子，那么，一个教员只
> 有当他不仅训练孩子的头脑，而且还为校董的发财致富劳碌时，他才是生
> 产工人。校董不把他的资本投入香肠工厂，而投入教育工厂，这并不使事
> 情有任何改变。因此，生产工人的概念决不只包含活动和效果之间的关系，
> 工人和劳动产品之间的关系，而且还包含一种特殊社会的、历史地产生的
> 生产关系。①

正是这种"特殊社会的、历史地产生的生产关系"规定了具体的生产劳动，
成为人们理解劳动与生产对立性的理论出发点。

（一）生产方式对劳动生产性制约

学术界有一种颇具影响力的观点，它否认生产劳动相对性，试图寻找到适
用于人类一切生产方式的生产劳动理论。这种观点认为，从马克思关于人类与
自然界关系的论述中就能确定这一理论。

马克思指出，劳动首先是人和自然之间的过程，是人和自然之间的物质变
换过程。就此而言，就"不必来叙述一个劳动者与其他劳动者的关系。一边是
人及其劳动，另一边是自然及其物质，这就够了"②。"在劳动过程中，人的活
动借助劳动资料使劳动对象发生预定的变化。过程消失在产品中。它的产品是
使用价值，是经过形式变化而适合人的需要的自然物质。"③ 因此，单就人和自
然界的关系而言，生产劳动就是生产出符合劳动目的的物质产品的劳动。

从人与自然界关系方面所考察的生产劳动，较之上节所述一般意义的生产
劳动；获得了进一步规定性。它从人类劳动生产出的一般使用价值（包括物化
形态使用价值和活动形态使用价值）中，划分出物化形态使用价值。马克思指
出，这种意义生产劳动，"是不以一切社会形式为转移的人类生存条件，是人和
自然之间的物质变换即人类生活得以实现的永恒的自然必然性"④。马克思正是
由此出发，形成了唯物史观。他和恩格斯曾指出：

> 人们为了能够"创造历史"，必须能够生活。但是为了生活，首先就需

---

① 马克思恩格斯文集：第5卷 [M]. 北京：人民出版社，2009：582.
② 马克思恩格斯文集：第5卷 [M]. 北京：人民出版社，2009：215.
③ 马克思恩格斯文集：第5卷 [M]. 北京：人民出版社，2009：211.
④ 马克思恩格斯文集：第5卷 [M]. 北京：人民出版社，2009：58.

要吃喝住穿以及其他一些东西。因此第一个历史活动就是生产满足这些需要的资料，即生产物质生活本身，而且，这是人们从几千年前直到今天单是为了维持生活就必须每日每时从事的历史活动，是一切历史的基本条件。①

所以，人类社会任何一个历史时期，都必须首先从社会总劳动中分出相当部分来从事物质产品生产，以满足自身基本需要。

由此看来，从人与自然界关系出发，对生产劳动问题判断应该是正确无误的了；所谓超越具体生产方式、适用于任何时期的生产劳动，就应该是生产物质产品的劳动。

人们显然不能否定从这种角度认识生产劳动问题的意义。但是，指出一种适用于任何时代的生产劳动现象，对于解决特定时代对劳动认识问题并不能提供特别帮助。正因为这种抽象生产劳动理论通行于一切时代，所以它对任何时代都只能具有有限意义。

正确选择是人们以此为基础再将问题深化一步，即对每一个特定时代而言，它将如何配置社会总劳动，才能最有效地从事物质产品生产。

这还是抓住物质产品生产不放，但视野却必须超越物质生产领域本身了。毫无疑问，对问题这种深化并不会使人们迷失方向，以至于忘掉了自身存在根本仰赖于同自然界的物质交换；它只能帮助人们开阔视野，更好地解决满足自身物质需要问题。在某种意义上说，人同动物区别也就在于，人类在解决自身物质需要问题时，并不局限于物质生产领域本身。人类依靠自己聪明智慧，依靠自己社会联系，设法把各种直接因素、间接因素以及各类现实条件、未来条件，组织成为一个系统工程。这个工程总目标是为了更好地解决人类与自然界物质交换关系，或者干脆说是为了生产更多更好物质产品。但工程的许多环节却并不直接是物质生产，有的属于精神生产，有的属于人口生产。如果一味地强调直接物质生产，否认其他形式生产行为，则将从根本上破坏人类系统工程健康运行。迫使人类返回到动物水平上去了。

正因为如此，马克思在分析了抽象的生产劳动规定性后，接着就把目光投向了社会关系领域。马克思指出，对于人类来说，"他们只有以一定的方式共同活动和互相交换其活动，才能进行生产。为了进行生产，人们相互之间便发生一定的联系和关系；只有在这些社会联系和社会关系的范围内，才会有他们对

---

① 马克思，恩格斯．马克思恩格斯选集：[M]．北京：人民出版社，2012：158.

自然界的影响，才会有生产"①。

在这里，马克思同样认为，一般地断定物质生产属于生产劳动仅仅在有限意义上正确，这是因为：这种结论只在抽象领域存在，即只有认识问题和分析问题的价值，却不能解决具体问题。

还应看到，承认物质生产活动是在社会关系中进行的，虽然打开了认识生产劳动现象的思路，却仍然是一种抽象。一旦谈到特定社会形态生产劳动，即具体生产劳动问题，就必须展开关于社会关系研究。马克思说：

> 从单纯的一般**劳动过程**的观点出发，实现在**产品**中的劳动，更确切些说，实现在**商品**中的劳动，对我们表现为**生产劳动**。但从资本主义生产过程的观点出发，则要加上更切近的规定：生产劳动是直接使资本增值价值的劳动或生产**剩余价值**的劳动……②

关于资本主义生产劳动认识一旦与增殖资本目的相联系，就表明，这是从社会关系角度认识的；更确切些说，这是从社会关系中一方、即对整个社会关系起支配作用资本家一方去认识的。如果换上雇佣劳动者立场，他们将不这么认识。那么，对于一个统一生产方式而言，有没有一个统一的生产劳动存在呢？应该说有。

这样的生产劳动需要具备两个特征：从社会关系角度而言，它应该超出阶级利益对立，对其中任何一个阶级都具有生产意义；从生产力角度而言，它应该表现为社会劳动，是人们从不同行业协力解决所面临生产任务的劳动形式。

如果从相反方面说，特定生产方式存在特定生产劳动现象，那么，只要弄清制约人类一般劳动成为生产劳动的因素，就可以知道生产劳动与非生产劳动对立的缘由了。在有了本书之前论述之后，事实上认同劳动发展具有无限可能性。然而，一种劳动倘若只被看作非生产性的，就意味着社会需要对它的存在和发展予以限制。那么，对劳动生产性研究，就转化为对人类发展条件研究。它的意义就超出了生产劳动问题本身了。

通常说来，一种生产方式所容纳生产劳动是一定的。这取决于多方面条件，但其中最关键的是取决于生产力水平。生产力水平对生产劳动制约主要表现在对劳动对象的确定上。这大体可分为两个层次：

一是某种劳动对象有无问题。人类对劳动对象认识和选择并不取决自身主

---

① 马克思，恩格斯. 马克思恩格斯选集：[M]. 北京：人民出版社，2012：340.
② 马克思恩格斯文集：第8卷 [M]. 北京：人民出版社，2009：520.

观愿望，而是取决于自身开发和利用该劳动对象的实力。就此而言，劳动对象存在状况是人类生产力水平衡量尺度。例如，在原始社会生产力条件下，由于缺乏稳定剩余产品，氏族社会不允许有一个脱离直接物质生产而专事脑力劳动的群体。在当时人们看来，脑力劳动是不生产的；在他们的生产劳动中，不存在具体物质形态以外的劳动对象。而在自然经济条件下，农业劳动一度被视为唯一生产劳动，工业劳动是不生产的，更不用说商业劳动了；甚至到了近代，当工业生产日益崛起的时候，西方还出现"重农学派"，否认工业劳动生产性。

二是某种劳动对象多少问题。人类生产活动发展一直在不平衡状态中进行。一种新的生产能力形成乃至与之相关劳动对象出现，一开始总是个别的、少数的。它能否就被承认为社会劳动，或者进一步说，能否被看作生产劳动，人们认识并不统一。例如，服务性劳动是以人为对象的劳动，在文明史大多数年代里，一直是少数统治者专享。长期以来，它被社会主义者说成是有寄生色彩的仆役现象，是剥削阶级奢侈生活标志，自然与生产劳动是不沾边的。但共产党人掌握政权之后，却从中发现了用低价值劳动时间替换高价值劳动时间，能更充分地发挥高价值劳动作用，从而恢复了这种劳动应有的社会平等地位。时至今日，随着社会生产力发展，以人为直接服务对象的第三产业获得了迅速进展，它形成了衣食住行无所不包的一整套服务网络。当今社会，一方面个人需要众人为之服务，另一方面个人需要服务于众人。这客观上使服务性劳动具有了生产劳动地位。

从另一个角度看，劳动对象问题也就是劳动资料问题。有了一定技术水平劳动资料，才能确定与之相联系的劳动对象。正如人们只有掌握了炼铁技术，才可能把开采铁矿当作生产劳动一样，人们也只有掌握了计算机技术，才可能把软件开发算作是生产劳动。同样，由于劳动资料技术水平发展不平衡。常常会出现同一类产品由不同技术劳动资料来生产的情况。在拖拉机不足情况下，用牛耕地也可以属于生产劳动。有时，电子计算机旁边也摆着算盘。

这就是说，一种生产方式所拥有生产劳动只能是大体确定的。在实际上，很难完全避免旧的生产劳动存留和新的生产劳动萌生并存现象。这种新旧杂陈与其说涉及生产劳动定性问题，不如说涉及定量问题。而本来意义生产劳动，恰恰是定性与定量两方面的统一。

（二）劳动组织对劳动生产性制约

生产劳动问题，归根结底是人类与自然界关系问题。正因为如此，不同生产力水平将确定不同生产劳动概念，而以特定生产力为基础建立起来的生产方式，也将拥有特定生产劳动范围。

在实践中情况更为复杂。任何一种文明社会形态，从事同一生产活动劳动都是由不同劳动组织来进行的。其中，有的劳动组织能够将自己劳动转化为生产性劳动，有的能够将它部分转化为生产性劳动，有的则不能实现这种转化。具体探索其中原因，当然可以从诸多方面进行。这里，我们假定：在同一种生产活动中，人们所拥有生产力水平是同样的——生产力水平差别主要体现在劳动资料和劳动对象的差别，对此上面已经做过分析，这里权且不予考虑——那么，影响劳动生产性因素就只能在劳动主体上寻找原因。劳动主体在这里不能是泛指的，不能是指所有劳动者；而是特指的，是指在劳动组织中起支配作用的管理者。正是不同管理方式直接决定劳动组织运行状况，即决定着它所拥有生产力的发挥状况。劳动组织对劳动生产性制约大体表现在两个方面：

首先，管理劳动能否在劳动组织中形成一种合理而又和谐的内部协作关系，以保证人尽其才，物尽其力，财尽其用，充分发挥本劳动组织所拥有全部潜力？一般说来，实现一种良好内部协作局面，需要解决两个基本问题：一是实行正确分工原则，或者说，实现劳动者与劳动资料正确结合。这需要按照生产资料技术水平去配备具有相应能力劳动者，由此奠定发挥既定生产力水平的基础。二是实行正确分配原则，或者说，实现一套激励劳动的机制。这要求按照劳动者能力表现大小，即按照他们具体劳动成果来决定他们所分配消费品的数量，由此促使人们去各尽所能。

合理分工决定了充分发挥既定生产力的静态条件，合理分配决定了充分发挥既定生产力的动态条件。一个劳动组织要实现健康运行，必须同时做到这两条。它们是劳动组织完善其内部机制的标志。事实证明，这两条中任何一条都不是自发实现的，其实现取决于两个条件。

其一，取决于劳动组织管理者的劳动能力，即他的管理能力。按照生产资料技术水平配备劳动者，实际上是把劳动者抽象化，作为拥有特殊能力物质力来看待。即使完全不考虑管理者个人亲疏好恶情感因素，也要求他既知事又知人才能够做到这一点。而按照劳动能力大小分配又要求管理者把每一位劳动者都看作具体人，当作特定劳动行为具体主体来看待。这在管理技术上难度是不言而喻的。管理者必须从复杂生产过程中划分出各个岗位劳动者不同责任，才能使每一位劳动者劳动行为具有单独核算可能性，也才使利益上奖惩措施具有客观尺度。要完全做到这两条，管理者只是深入实际，掌握全面情况还不够，还必须具备创造性地运用相关信息知识、从整体上予以科学再组织的能力。

其二，取决于管理者能够正确认识并对待自己的二重身份。管理者既是生产过程设计者、监督者，又是生产过程参加者。管理者劳动客观上融入生产过程总劳动之中。因此，管理者也必须受到总劳动既定过程制约，同时也成为被管理者。不仅如此，管理者是决定其他劳动者利益分配的人，而他本人也要参与利益分配。一般情况下，管理者地位决定了他个人利益同劳动组织利益是一致的；但在所有权与经营权相分离条件下，则可能由于管理者个人利益与其经营劳动成果之间某种不合理联系，破坏这种一致性。而无论前者还是后者，都不能绝对排除所有管理者都不会利用自身特殊地位，使个人利益与整体利益对立。在这方面，影响管理者做出正确抉择的因素至少有：管理者个人利益与整体利益联系程度及方式；管理者个人理性思维能力；管理者个人道德素质，等等。

上述较为复杂的劳动关系，使任何层次劳动组织都不啻一个小社会。而某一劳动组织在社会总劳动中表现得如何，首先取决于它自身，即取决于该劳动组织管理状况。这就使劳动组织构成了对自身劳动生产性的限制。那些由于种种原因跌入谷底的劳动组织——只要人类社会是在竞争中发展的，这种情况将永远存在——他们的劳动将得不到社会承认，因而丧失了生产性。

但这仅仅涉及了问题的一方面。

其次，管理劳动能否创造出一种有助于自身发展的外部交换关系，使劳动组织所形成劳动生产力在社会交换活动中得到实现，以保证其产品价值与社会必要劳动时间一致。

作为社会劳动存在的劳动活动，本质上属于交换劳动。它的衡量尺度不是产品所表现的使用价值，而是产品所体现的价值。如马克思所说："一旦人们以某种方式彼此为对方劳动，他们的劳动也就取得社会的形式。"① 社会劳动之间交换就必须遵循社会必要劳动时间的尺度。"社会必要劳动时间是在现有的社会正常的生产条件下，在社会平均的劳动熟练程度和劳动强度下制造某种使用价值所需要的劳动时间。"② 社会劳动的产品按照价值交换，也就是按照社会必要劳动时间交换。

一般说来，某种劳动产品实际价值是否等同于社会价值，或者说，它在生产过程中所用必要劳动时间是否等同于社会必要劳动时间，取决于特定劳动组织的劳动生产率。关于决定劳动生产率的因素已在前面做了分析。现在的问题是，对劳动生产率确定仅仅涉及同类产品不同生产主体之间的比较，还没涉及

---

① 马克思恩格斯文集：第5卷［M］. 北京：人民出版社，2009：89.
② 马克思恩格斯文集：第5卷［M］. 北京：人民出版社，2009：52.

不同产品之间交换关系。后者关系对劳动生产性的另一种认识。在前一种劳动关系中，如果说，某种产品个别价值高于或等于这类产品社会价值，那么，它所蕴含劳动就具有生产性，否则就将失去了生产性。当然，这并不妨碍它取得生产性外观；只是它只能作为过去劳动具有生产性，而不能作为现在劳动具有生产性。

至于交换活动所带来的生产性，完全属于另一种性质问题。它涉及的是不同产品之间的劳动关系。

孤立或抽象地考察产品交换活动，以社会分工为前提。这里无所谓市场竞争。真正竞争只在同类使用价值生产之间才存在。因此，不同使用价值之间交换必然是等价交换，即按各自所体现劳动时间（也是该类产品社会必要劳动时间）进行交换。其中，任何一方劳动生产率提高，都会引起对方作为相对价值形态变化。但是，这里包含了一种前提，即由此形成的分工状态可以自由流动：其中既不考虑生产资料所有制所产生的障碍，也不考虑劳动能力的差别问题；任何一种分工劳动，任何人都可以去从事，并且任何劳动者去从事都会带来相同产品。显然，这种设定只具有理论研究意义。

为了进一步说明这个问题，此处假定，人类在每一种生产方式中，客观上都会形成某种自然劳动能力。它具有两个规定性：一是这种劳动能力是社会特定文化环境所自然形成的，不需要社会特殊培养；虽然这种自然劳动能力在不同生产方式将有所不同（例如在自然经济条件下它一般只涉及人口生产中生命生产环节，而在现代则意味着某一程度普及教育），但在同一生产方式中却大体一样。二是这种劳动能力如果按其转移到产品中价值来衡量，则表现为某种社会平均值，虽然其中难免存在劳动者个体差异，但总体上却基本一致。

具有这种自然劳动能力劳动者进入分工领域后，其劳动能力发生变化。这种情况我们已在分析协作劳动生产性问题时做了说明。变化过程实际上是劳动能力提高过程。每一种分工劳动都将形成提高自然劳动能力局面。而提高劳动能力需要付出时间。不同劳动产品之间交换则使分工双方劳动者都节省了这种时间。在这个意义上，一种生产方式分工越发达就越经济。

问题在于，人类社会只在最初时期流行过产品之间直接交换。当出现了货币这种一般商品之后，已演变为各种产品都同货币交换。货币登场在很大意义上改造了人们劳动关系。它使人类避免了不同产品价值缺乏可比性的烦恼。现在，各种生产劳动竞争客观上都表现为所得货币量的区别，而实际在形式上，仍然是同行业竞争。

因此，对一个劳动组织来说，其劳动生产性直接依靠它在扣除成本之后的货币增量来衡量，而这就意味着，它必须一往无前地去占领市场并扩大市场。

当代市场经济实践证明，企业促销活动在重要性上并不亚于提高劳动生产率本身。优质产品也要努力扩大宣传。俗话"酒好不怕巷子深"只在酒家寥寥情况下才正确；如果酒家林立，各领风骚，谁不张扬自己而只是一味躲在小街深巷，就很难避免无人问津、难于为继命运。企业形象设计以及与之相关广告宣传和公共关系工作，成了衡量一个劳动组织管理水平重要尺度，它直接参与决定了劳动的生产水平。

（三）劳动者对劳动生产性制约

生产方式乃至劳动组织的劳动生产率变化，归根结底体现在劳动者能力变化上。对后者考察，不仅涉及同一劳动组织中不同劳动者劳动关系即交换关系，也最终涉及不同劳动组织之间劳动交换关系。

劳动者是具有一定劳动能力的人。一般说来，人们劳动能力既是确定的，又是不确定的。所谓确定，是指人们劳动能力在脑力素质和体力素质上是确定的。例如，就脑力而言，通常取决于受教育程度；就体力而言，通常取决于性别、年龄及健康状况。所谓不确定，是指人们劳动力素质发挥状态不确定。

在劳动力水平一定前提下，如何做到使劳动者尽其所能，就成为形成劳动生产性关键问题。

要使劳动者充分发挥自身能力，可以从两个方面努力：首先为劳动者发挥自身能力提供优化的客体环境，即按照劳动者主观劳动条件配备客观劳动条件，并形成合理的整体劳动秩序。如前所述，这主要不取决于劳动者本人，而是取决于管理者科学安排。其次是造成自觉的主体意识，使劳动者在劳动过程中表现出积极性和主动精神。这取决于劳动者与劳动活动之间的联系性质，即劳动者的需要能否通过劳动活动得到实现。

劳动者需要通常表现为两个环节：一是物质需要，即获得生存和发展所需要的物质使用价值；二是精神需要，即为体现自己在社会关系中与他人平等主体地位所产生的对精神使用价值的消费需求。

不难看出，一个正常发展社会，劳动者物质需要和精神需要的满足，必然同他的劳动能力条件相一致。也就是说，社会通过按劳动能力分配来满足劳动者需要。这意味着，人们所获得实际消费条件并不相同，因为他们劳动能力存在着差别。劳动者无论寻求何种需要的满足，都必须依靠自己劳动来实现。劳动者能力越强，对劳动方式的选择余地就越大。

然而，劳动者在能力上差别并不必然导致需要差别。这就出现了矛盾。一些劳动者一方面不满意自己消费地位，另一方面又不能表现出更高劳动能力。解决这一矛盾有两个可能的选择：一是拉平人们消费地位差别，消除一些人出现的不满情绪；二是引导人们把消费活动转化为消费劳动，尽快形成水平相近的劳动能力。显然，第一种选择是以牺牲劳动生产性为代价的，第二种则将带来张扬劳动生产性的局面。

劳动者能够把个人消费品一部分自觉地转移到消费劳动方面，是历史发展结果。它的出现标志着人类除了满足最基本生存需要之外，还拥有了剩余产品；它的普遍存在则意味着一般劳动者都有了除生命生产需要之外的剩余产品。一般说来，满足生命生产所需消费品具有绝对性质；虽然它在具体数量上会因时代条件不同和人类个体差异表现出某种差别，但总体上看，它对人类制约具有自然必然性。而一旦出现了剩余产品，人们就在如何消费问题上获得了一定自由度，可以对消费投向做出选择了。

资本主义生产方式经过长期发展，显然在较为普遍意义上跨过了这道历史门槛。这使人们对传统的工资理论有了进一步的认识。

在古典经济学中，斯密有两种工资理论：一是在所谓"原始状态"社会中，工资是劳动者全部生产物；而在资本主义生产方式中，或者如斯密所说在资本积累和土地私有权发生之后，工资成了劳动价格，是劳动生产物一部分。工资具有相对稳定性，它等于工人为维持自己及其家属所必需的生活资料价值或价格。斯密将之称为劳动的"自然价格"。而劳动的"市场价格"是围绕这个价格而变动的。

马克思则认为："工资不是它表面上呈现的那种东西，不是劳动的价值或价格，而只是劳动力的价值或价格的隐蔽形式。"① 他认为，在资本主义商品经济中，劳动力是一种特殊的商品，决定其价值的，不仅有一个纯生理的因素，而且还有一个历史的或社会的因素。

在当代，当工资收入除了满足劳动者一般生存需要之后还有所剩余的时候，就形成了将之投入到消费劳动可能性。这样一来，劳动力存在就由常量变成了变量。换句话说，劳动力不再像马克思时代那样，一般由生命生产环节完成，劳动者能力通常是被生产的结果，因人们在满足生命生产需要方面的条件大体相似而呈现出某种稳定性质。现在，劳动者本人已有可能进行劳动力自我更新；并且，由于人们在是否从事消费劳动以及从事多少上有所不同，而在劳动力生产方面形成差别。一旦人们改变了自己劳动能力，当然要求与之相当的工资报

---

① 马克思，恩格斯. 马克思恩格斯选集：第 3 卷 [M]. 北京：人民出版社，2012：370.

酬。在这种情况下，劳动力工资报酬开始越来越多地受到有关主体消费劳动状况的影响。从而，他们劳动状况也越来越多地受到他们本身主观选择的影响。这构成了劳动者能够决定劳动生产性的重要原因。

上述三个方面，即生产方式、劳动组织和劳动者，从不同层次都对人们劳动发挥了作用；这些作用共同特点是从量上影响到劳动生产性。劳动生产性在量上的差别体现的是人们经济关系。在竞争条件下，在市场经济中，这种量的差别完全可能导致某种产品不能作为商品得到实现；一旦如此，量差就转化为质差，劳动的生产性就被彻底否定了，劳动与生产形成了对立关系。

第三节　生产劳动理论的辩证把握

劳动与生产的联系既是统一的，又是对立的。这种情况使生产劳动理论成为人们争论的焦点之一。

自社会主义国家出现之后，有不少学者试图建立社会主义生产劳动理论。例如，苏联学者斯·古·斯特鲁米林（С·Г·Струмилло）在 1926 年提出：在社会主义社会里，任何劳动都是生产性的，在社会主义制度下不可能有非生产性劳动。苏联国民收入的计算，不应扣除非生产领域工作人员的收入，这种扣除仅仅对于资本主义社会才是正确的。① 后来，由于种种原因，这一观点被其他观点击败了。在社会主义国家，一直占支配地位的观点是："在社会主义经济制度下，生产劳动仍然是人在与自然界相互作用过程中为把自然物变为适于消费的物质财富而耗费的劳动。"② 我国理论界在 20 世纪 60 年代和 80 年代围绕这个问题曾出现过激烈争论，吸引了众多知名学者参与，至今虽趋淡化，却仍然没有对此形成明确的统一认识。

关于生产劳动和非生产劳动理论，涉及对一定社会形态中劳动不同评价，是人们对社会再生产过程实行干预的理论准备。它不仅关系社会物质财富生产，也关系社会精神财富生产，往往对社会全面发展产生重大影响。

综观理论界不同意见，人们注意力仍然集中在生产劳动是否仅仅局限于物质产品这个问题上。这几乎和一百多年前马克思面临局面一样，区别在于：当

---

① 科尔冈诺夫. 论国民收入 [M]. 常琦卒，译. 上海：三联书店出版社，1961：357.
② 亚·波利亚佐夫，M·C·阿特拉斯. 社会主义社会的国民收入 [M]. 蔡沐培，程源等，译. 北京：中国财经出版社，1981：64.

年马克思同庸俗经济学者争论，是围绕对斯密关于生产劳动第二定义不同评价进行；今天争论，则主要集中在如何理解马克思对斯密第二定义评价问题上。

原因在于：在《剩余价值学说史》这部手稿中，马克思除了对斯密关于生产劳动第一种见解做了肯定性评价，并对第二种见解做了尖锐批评之外，还在另一些地方，对斯密第二种见解做了多次肯定性评论。

后人争论当然源于实践活动需要，但从形式上看却与马克思对同一问题的不同论述有关。争论各方都从马克思著作中找到了根据。要正确理解生产劳动理论，必须从正确认识马克思有关论述做起。

（一）马克思生产劳动理论的实质

马克思认为，在斯密关于生产劳动理论两种见解（见本章开头）之间，存在"隐蔽的思想联系。不固定在商品上的种种劳动，按其性质来说，大多数不能从属于资本主义生产方式；其他各种劳动，则可能从属于资本主义生产方式"①。因此，第二种区分"补充了"第一种区分。②

> 资本主义生产方式的特点，恰恰在于它把各种不同的劳动……分离开来，分配给不同的人。但是，这一点并不妨碍物质产品是所有这些人的**共同劳动的产品**，或者说，并不妨碍他们的共同产品对象化在物质财富中；另一方面，这一分离也丝毫不妨碍：这些人中的每一个人对资本的关系是雇佣劳动者的关系，是在这个特定意义上的**生产工人**的关系。所有这些人不仅直接从事物质财富的生产，并且用自己的劳动**直接**同作为资本的货币交换，因而不仅把自己的工资再生产出来，并且还直接为资本家创造剩余价值。③

这里，马克思把资本主义生产劳动直接视为生产物质产品的劳动。

那么，由此是否可以认为，马克思已经修改了对斯密两种见解的评价，转而同意他原先称之为"从片面的传统观点出发"的"错误见解"了呢？当然不能做这种理解。完整判断马克思思想，就不难发现，马克思对斯密第二种见解的肯定，是在特定论战环境中并对问题做了限定之后才形成的。

马克思指出：

---

① 马克思恩格斯全集：第33卷［M］. 北京：人民出版社，2004：223.
② 马克思恩格斯文集：第8卷［M］. 北京：人民出版社，2009：416.
③ 马克思恩格斯文集：第8卷［M］. 北京：人民出版社，2009：418.

亚当·斯密的反对者无视他的第一种解释即符合问题本质的解释，而抓住第二种解释，并强调这里不可避免的矛盾和不一贯的地方。而且他们把注意力集中在劳动的物质内容上，特别是集中在劳动必须固定在一个比较耐久的产品中这样一个规定上，以此来使自己的论战变得容易些。①

马克思认为，庸俗经济学者攻击斯密的第二种解释，挑起"这场特别激烈的论战"，是出于三个方面考虑：②

一是在理论上为社会上层阶级提供辩护，为这些"非生产劳动者"中纯粹寄生的那部分"恢复地位"，为其中不可缺少的那部分的过分要求提供依据。

二是剥削阶级之间妥协的结果。随着资本主义发展，资产阶级中的寄生虫开始增多，于是，"作出妥协并且承认不直接包括在物质生产当事人范围内的一切阶级都具有'生产性'的时候"到了。

三是随着自然科学被用来为物质生产服务，就说任何一个活动领域都同物质财富的生产"联系着"。

对此，马克思愤慨地写道："对奴仆、仆役的颂扬，对征税人、寄生虫的赞美，贯穿在所有这些畜生的作品中。"③ 和这些相比，斯密关于生产劳动第二种见解对可尊敬的上层阶级的嘲笑尽管"粗率"，仍不失为对现有制度的批判。在这种形势下，马克思当然要起身捍卫有利于雇佣劳动者的见解。但是，马克思作为一代理论大师，不是简单这么做的，而是在限定了前提后，才赞同斯密关于生产劳动第二种见解的。

首先，不涉及精神生产问题。

马克思指出，

> 在精神生产中，表现为生产劳动的是另一种劳动，但斯密没有考察它。最后，两种生产的相互作用和内在联系，也不在斯密的考察范围之内；而且，两种生产的相互作用和内在联系只有在物质生产就其自身的形式被考察时，才不致流于空谈。④

事实上，马克思在对资本主义生产方式进行考察并形成自己的生产劳动理论时，也没有专门论述精神生产，尽管他指出了关于精神生产的一系列基本原则。造成这一情况的根本原因是马克思认为，除了统治阶级强加于劳动者的社

---

① 马克思恩格斯文集：第8卷［M］．北京：人民出版社，2009：235.
② 马克思恩格斯文集：第8卷［M］．北京：人民出版社，2009：236－239.
③ 马克思恩格斯全集：第33卷［M］．北京：人民出版社，2004：362.
④ 马克思恩格斯全集：第33卷［M］．北京：人民出版社，2004：345.

会管理以外，当时的精神产品并没有进入大多数社会成员的生活；已有的精神生产尚处于同物质生产相脱离的状态。

正因为如此，马克思断言：从事精神生产的"这些人直接参加物质财富的消费，而不是参加物质财富的生产"①。对于被剥削的广大劳动者来说，在脑力劳动领域划分生产劳动和非生产劳动并不具有重要意义。如果说，斯密的理论是在为资产阶级提供同地主阶级进行斗争的理论武器的话，那么，马克思则是在为无产阶级提供同资产阶级做斗争的理论武器。两个人都有充分理由对自己所面临社会的整个上层建筑及其意识形态持否定态度，从而都会对当时一般精神生产的存在价值持否定态度。

然而，马克思从未否认脑力劳动可以是生产性劳动，也从未否认精神产品同样构成了人类财富。马克思曾强调，一旦资产阶级夺取了政权，他们的学者就要改变态度，转而论证反映自身利益的精神生产的合理性。② 至于未来共产主义社会的精神生产问题，按照马克思的一贯思想，由于在全社会范围内对劳动实行计划分配，已无须特殊强调哪一种劳动属于生产劳动了。因此，一般说来，事情将如同恩格斯所讲的那样："在一个超越利益的分裂……的合理状态下，精神要素自然会列入生产要素，并且会在经济学的生产费用项目中找到自己的位置。"③

其次，不涉及劳动能力问题。

马克思指出，把生产劳动归结为生产商品或生产物质产品的劳动，要有一个前提，"如果我们把劳动能力本身撇开不谈"的话。④ 马克思写道："加入劳动过程的使用价值在劳动过程中划分为两个在概念上有严格区别的要素和对立物……一方面是物的生产资料，**客观的**生产条件，另一方面是活动着的劳动能力，有目的地发挥出来的劳动力，**主观的**生产条件。"⑤ 从逻辑上分析，如果作为客观生产条件的生产资料是通过生产劳动来形成的，那么，作为主观生产条件的劳动能力也应该由生产劳动来形成。但是，劳动能力生产毕竟不同于生产资料生产，它涉及更为复杂的情况。

劳动能力形成首要条件是人类生育行为。但是，它只有具备了下述前提才对我们讨论的问题有意义：出生者将成为生产劳动者；生育是从优生学角度进

① 马克思恩格斯全集：第 33 卷 ［M］. 北京：人民出版社，2004：345.
② 马克思恩格斯文集：第 8 卷 ［M］. 北京：人民出版社，2009：240 - 241.
③ 马克思恩格斯文集：第 1 卷 ［M］. 北京：人民出版社，2009：67.
④ 马克思恩格斯文集：第 8 卷 ［M］. 北京：人民出版社，2009：234.
⑤ 马克思恩格斯文集：第 8 卷 ［M］. 北京：人民出版社，2009：458 - 459.

行；生育纳入了全社会的统一计划。由于当时资本主义发展水平所限，所有上述要求都无法予以保证。因而，单纯就劳动力人口而言，它是无须资本家破费分文的一种社会自然资源。

体力或者说以体力支出为主的劳动能力，构成劳动能力形成问题又一内容。马克思指出："谁谈劳动能力，谁就不会撇开维持劳动能力所必要的生活资料。"①"工人的个人消费，不论在工场、工厂等以内或以外，在劳动过程以内或以外进行，总是资本生产和再生产的一个要素，正像擦洗机器，不论在劳动过程中或劳动过程的一定间歇进行，总是生产和再生产的一个要素一样。"② 但是，"资本的思想家即政治经济学家认为，个人消费中只有工人阶级为了延续自己并增加人数所必要的部分，才是生产的消费……除此以外，劳动者为了物质的满足和精神的满足而可能花费的一切，都是非生产消费"③。在资本家眼中，劳动者不是作为人而存在，而是作为一种物力不能取代的人力而存在。由于维持这种人力所必需的生活资料仅仅来自物质生产领域，所以，当斯密撇开劳动能力生产问题不谈，认为生产劳动就是物化为商品的劳动时，马克思并不持异议。

再就是脑力劳动能力的形成问题。马克思指出，脑力劳动"比普通劳动力需要较高的教育费用"④。然而，对于广大体力劳动者来说，教育费用是"微不足道"的⑤。至于为物质生产提供了科学技术的脑力劳动，往往是社会上的学者完成的，资本家拿过来为己所用时并不需要为此破钞。同时，马克思在预测资本主义发展时，虽然一般肯定了科学技术将不断扩大其在生产中的应用，从而使"发明成了一种特殊的职业"，并且"会造就一小批具有较高熟练程度的工人"，但同时也认为："科学在生产过程中的上述应用和在这一过程中压制任何智力的发展，这两者是一致的。"⑥ "科学，作为社会发展的一般精神成果……劳动能力的贫乏化是与此同时并进的。"⑦ 既然如此，关于资本主义生产劳动的理论就有理由撇开劳动能力形成问题。

与劳动能力有关的最后一个内容是医务劳动。马克思曾把医疗费用视为劳

① 马克思恩格斯文集：第5卷［M］.北京：人民出版社，2009：201.
② 马克思恩格斯文集：第5卷［M］.北京：人民出版社，2009：660.
③ 马克思恩格斯全集：第49卷［M］.北京：人民出版社，1982：215.
④ 马克思恩格斯文集：第5卷［M］.北京：人民出版社，2009：302.
⑤ 马克思恩格斯文集：第8卷［M］.北京：人民出版社，2009：229.
⑥ 马克思恩格斯文集：第8卷［M］.北京：人民出版社，2009：358.
⑦ 马克思恩格斯文集：第8卷［M］.北京：人民出版社，2009：536.

动能力"修理费"，并指出，"在任何情况下，医生的服务都属于生产上的非生产费用"①。这显然与医疗费用使用时的下述特点有关：

一是它在可能性上是面对一切人的。生产劳动者只是其中一部分。

二是就生产劳动者而言，医疗费用仅仅对其中需要者才是实际支出。

三是即使属于需要支付医疗费用的劳动者，其费用也没有同资本的生产费用发生直接联系。因为，资本购买的活劳动是能够正常发挥劳动能力的人，劳动者可能由于出现疾病而失去劳动机会。

上述关系生命生产、能力生产以及它们的维护情况表明，马克思正是全面分析了当时资本主义生产的实际情况，才认为可以撇开劳动能力生产问题，单独把客观生产条件生产视为生产劳动。也正是由于同样原因，马克思才以赞扬口气肯定斯密以正确本能避免了遵循逻辑推理所可能造成的实际错误。马克思说：

> 虽然如此，商品表现为过去的、对象化的劳动这个说法还是对的，因而，如果它不表现为物的形式，它就只能表现为劳动能力本身的形式……由此可见，生产劳动原本或者是生产商品的劳动，或者是直接把劳动能力本身生产、训练、发展、维持、再生产出来的劳动。亚当·斯密把后一种劳动排除在他的生产劳动项目之外；他是任意这样做的，但他是受某种正确的本能支配，意识到，如果他在这里把后一种劳动包括进去，那他就为各种冒充生产劳动的谬论敞开了大门。②

综上可见，马克思在论战中对斯密第二种见解所做有保留的肯定，并不能完整反映马克思关于生产劳动问题的思想。在当代新的历史条件下，认为可以简单搬用马克思这部分观点来说明社会主义生产劳动问题，势必陷入误区。马克思生产劳动理论实质只能体现在"资本主义生产劳动是为资产阶级带来剩余价值的劳动"这一科学表述之中。

概括起来，"资本主义生产劳动是为资产阶级带来剩余价值的劳动"包括相互联系的两个方面：（1）资本主义生产劳动是为资产阶级创造"使用价值"——它表现为生产过程中的剩余价值——的劳动。（2）资本主义生产劳动是以能够创造出剩余价值的生产率为基础的劳动。

马克思曾指出："劳动过程的实质在于生产使用价值的有用劳动。在这里，

① 马克思恩格斯文集：第8卷［M］．北京：人民出版社，2009：229．
② 马克思恩格斯文集：第8卷［M］．北京：人民出版社，2009：234．

运动只是从质的方面来考察……在价值形成过程中，同一劳动过程只是表现出它的量的方面。"① 就此而言，马克思关于资本主义生产劳动表述的第一个方面揭示了生产主体（即资本家）的需要性质，构成了资本主义生产劳动质的规定性，而上述表述的第二个方面揭示的生产客体满足主体需要的条件，构成了资本主义生产劳动量的规定性。现实资本主义生产劳动，就是两种规定性的统一。

这就是我们在研究劳动生产性问题时，可以从中获得启迪的马克思生产劳动理论的实质性内容。

（二）社会主义生产劳动

从马克思关于生产劳动理论中可以知道，对生产劳动和非生产劳动的确定，根本目的在于，从劳动关系角度划分出生产劳动者，以确定其在社会经济发展中相应的经济地位，从劳动力角度划分出生产劳动，以确定其在财富积累中的地位。前者涉及劳动关系的调整，后者涉及劳动力的调整。

基于上述认识，当一个社会使全体成员都成为平等劳动者（拥有相同劳动权利和义务），能够按照各种需要事先安排全部社会劳动时，从劳动关系方面确定生产劳动者与非生产劳动者就失去了意义；同时，在此前提下，如果这个社会能使全体劳动者都自觉劳动，因而无论是社会财富积累，还是个人消费品获取，都无须采用价值尺度来计算，那么，从劳动力方面确定生产劳动与非生产劳动就失去了意义。在马克思那里，未来共产主义社会就是使生产劳动问题失去存在意义的社会。

但是，现实社会主义社会是在资本主义不甚发展的国家中，通过暴力革命建立起来的。由于生产力水平较低且参差不齐，社会主义社会不得不采用包括全民所有制、集体所有制以及个体、私营和外资、合资在内的多种经济成分；同时，不同所有制乃至同种所有制的劳动之间在生产力方面差别很大。这些决定了社会主义既无法在社会总劳动分配上实行无所遗漏的计划，又无法在劳动者消费品分配上实行对社会总产品的直接分配，而必须使社会主义生产成为商品生产，借用价值规律作用完成这一切。

社会主义生产作为特定商品生产，使研究生产劳动问题仍有必要。如果说，在商品生产中，价值规律作用表现出客观性，属于社会生产系统内部自发机制的话，那么生产劳动理论恰恰反映了人们对价值规律作用的认识，表现了对社会生产的自觉干预要求。

---

① 马克思恩格斯文集：第 5 卷 [M]. 北京：人民出版社，2009：227 – 228.

　　如前所述，生产劳动质的规定性，取决于劳动活动所包含的劳动关系。在马克思那里，这种劳动关系被转化为资本家与雇佣工人之间的关系，但这只是一种形式上把握。就实质而言，它反映了两种不同劳动方式对劳动生产性的不同认识（参见本章第一节）。在社会主义条件下，源于劳动主体在利益对抗条件下的生产劳动观点对立不存在了。社会主义生产劳动质的规定性，是从劳动者角度出发对于社会总劳动的选择。一般说来，凡是能够满足劳动者不断增长物质需要和文化需要而从事的社会劳动，是社会主义生产劳动。按照这一理解：

　　第一，社会主义生产劳动既包含物质生产劳动，又包含精神生产劳动，还包含从事这两种生产所需要的各种服务性劳动，即社会的全面生产活动。在这种社会生产旁边的人口生产，除了单纯人类生育行为以外，归根结底是物质生产和精神生产结果，正如物质生产和精神生产的目的归根结底是为着人口生产一样。双方联系在于：就现实性而言，社会生产总是物质生产和精神生产，而就历史性而言，社会生产总是一定发展过程中的人口生产。

　　第二，社会主义生产劳动必须是社会劳动。生产劳动问题的提出就是为了正确认识和对待劳动关系，因此，它天然是以社会为主体的。这使它区别于一般所谓对劳动生产性的考察。在劳动者当家做主条件下，社会劳动意味着劳动者劳动目的既是为自己的，又是为社会的。与之不同，一切家务劳动、学习劳动、体育锻炼等等都是非生产劳动。这些劳动对个人生命或能力生产当然不乏意义，而且归根结底会影响到社会劳动行为，但从现实上讲，由于它们不能同时为社会提供使用价值却需要消费来自社会创造的使用价值，因而不能属于生产劳动。正是这一点，说明社会主义社会尚未达到人类发展最高境界，它不得不在一定程度上强调个人利益与整体利益对立的一面。

　　第三，社会主义生产劳动是按比例构成并实现的社会总劳动。它所形成的使用价值，不仅可以用来满足劳动者需要，还必须在实际上达到这种满足。在需要和生产方面建立一致联系，是发展社会经济客观要求。实践证明，这是体现劳动生产性的基本标志。

　　总之，从质的方面讲，在社会主义条件下，一切为社会创造使用价值的劳动都属于生产劳动。

　　社会主义生产劳动量的规定应从劳动产品价值方面来确定。马克思曾指出"假定不存在任何资本，而工人自己占有自己的剩余劳动，即他创造的价值超过他消费的价值的余额。只有对于这样的劳动才可以说，这个劳动是真正生产的，也就是说，它创造新价值。"① 这里关键是劳动生产率。换句话说，社会主义生产劳动是以一定劳动生产率为前提的劳动。

显然，不同劳动领域的生产率水平是不相同的。生产劳动所要求生产率具有相对性质：其一，对具有可比条件的产品生产来说，是指为满足需要所要求的边际生产率；其二，对于独家产品或其使用价值具有整体性消费特点的产品来说，则取决社会对其接受程度，这通常与同类劳动所形成历史最高生产率相关。

在商品生产条件下，物质生产凡是达到或超过社会必要劳动时间所要求的生产率，其劳动是生产劳动。

"甚至**精神**生产也是如此。"马克思、恩格斯提出，"如果我想合理地行动，在确定某种精神作品的规模、结构和计划时，难道我不必考虑生产该作品所必需的时间吗？"② 要确定精神产品生产率，必须首先确定精神生产可比性。据有些学者研究：在精神生产过程中，可以有相同或不同内容，相同或不同感情媒介，相同或不同整合原则。三者的一定"集合"就构成特殊精神生产部门，其产品就是特殊意识形态或意识形式。只有在同一精神生产部门的同种意识形式之间，才能产生生产率的比较问题。

值得一提的是关于服务性劳动的生产率。这里所谓服务性劳动，仅指以提供劳务为特征的劳动；或者说，是指其成果既不表现为具有独立价值的物质产品，又不表现为具为独立价值的精神产品的劳动。这种劳动所创造使用价值，没有从运动形式转变为实物形式，所以就不能作为物离开劳动者独立存在。其劳动成果随生随灭，流通时间等于零。这种劳动，把劳动能力同人本身直接相等同，使劳动能力所实现价值在一定程度上同人本身"价值"直接等同。可见，这是一种代价极高的劳动。

但是，如果把服务性劳动视为按比例分配的社会总劳动组成部分，服务劳动所具意义就完全变了。在社会总劳动中，服务劳动表现为其中一个必不可少环节，就像在许多大机器生产过程中，人力表现为其中某些必不可少环节一样。孤立地看待机器生产中人力环节，仿佛是回到了生产率极低的手工劳动；完整地考察大机器生产过程，人力融入自然力之中，所表现生产率则很高。因此，服务劳动生产率也应该从两方面衡量：从其本身看，它与劳动者所提供服务劳动的量与质有关；从社会生产总过程来看，它包含在所参与形成的物质产品或

---

① 马克思恩格斯文集：第 8 卷［M］. 北京：人民出版社，2009：214.
② 马克思恩格斯文集：第 1 卷［M］. 北京：人民出版社，2009：270.

精神产品的生产率之中。由于后一种情况，一旦服务劳动价值用货币予以衡量，就像其他物质产品或精神产品的生产劳动一样，表现为超出自身消费所值的量。当这种劳动所提供的服务成为一种日常社会消费时，它就像其他产品一样，成为一部分社会流通货币的稳定的商品体现者。

总之，社会主义生产劳动量的规定性，要求生产劳动必须以不断提高劳动生产率为基础，产品生产必须按照价值规律来进行。

社会主义生产劳动质的规定性表明：每一种社会劳动，都属于生产劳动；而社会主义生产劳动量的规定性表明，只有那些能为社会带来新价值或提供纯收入的劳动，才属于生产劳动。而现实的社会主义生产劳动，必然是上述质与量规定性的统一。

（三）生产劳动理论一般

无论是资本主义生产劳动，还是社会主义生产劳动，都是具体形态生产劳动，都与特定生产方式联系在一起，也都属于从静态角度考察的生产劳动。而从动态角度认识这一问题，则是形成生产劳动理论一般的前提。

如前所述，根据劳动概念本身性质，凡劳动必然是生产的。如果再进一步提出劳动的生产与否的问题，不过是说，不同劳动之间比较起来，有的属于生产劳动，有的不属于生产劳动，对生产劳动考察只能以劳动发展形态为对象，或者说，只能建立在对处在不同发展阶段劳动能力的考察基础之上。劳动发展水平不同，其所处劳动关系地位也不同，这直接影响到它的生产性。对此可从两个方面来认识。

第一，从劳动的组织形式看，人类发展使劳动关系不断从个人劳动向协作劳动转变。个人劳动当然也是在一定社会关系形式中才能进行，但作为一种体现特定劳动目的的生产活动，其过程由个人完成，相比之下，协作劳动则是指若干人共同生产。人类劳动进步表现在，个人劳动在社会总劳动中所占据比例越来越小，而协作劳动所占比例越来越大。

第二，从劳动的价值形式看，人类发展使劳动关系不断从私人劳动向社会劳动转变。私人劳动和社会劳动是与商品生产相联系的劳动概念。前者是指劳动者用于同他人劳动交换但未能实现这种交换的劳动，而后者实现了这一交换。私人劳动要成为社会劳动，必须在社会必要劳动时间内完成对于特定使用价值生产，通过在市场中"惊险的一跳"，达成交换。如前所述，交换劳动既体现了交换双方劳动的等量关系，同时对任何一方又都体现了劳动的增量关系。所以，社会劳动本质上是一种更高劳动生产率劳动，劳动发展就是社会劳动发展，是私人劳动不断向社会劳动转化的过程。

私人劳动——社会劳动同个人劳动——协作劳动一样，都反映了社会劳动关系对劳动生产性的制约作用，但双方又有区别。在一定意义上，个人劳动——协作劳动概念是从产品使用价值角度体现劳动生产性，而私人劳动——社会劳动概念是从产品价值角度体现劳动生产性。在迄今为止文明史中，两类概念劳动交错并存：个人劳动既可以是私人劳动，又可以是社会劳动；协作劳动既可以是社会劳动，又可以是私人劳动。随着个人劳动不断向协作劳动转化，私人劳动不断向社会劳动转化，协作劳动将越来越直接成为社会劳动。一旦个人劳动完全成为协作劳动——如前所述，脑力劳动本质上是协作劳动——而协作劳动具有全社会规模时，私人劳动也将随之消失，人类一切劳动都将变成社会劳动。

不再与私人劳动相对立的社会劳动，将失去竞争性质，因而不同社会劳动之间交换也无须再采取商品交换途径。

按照劳动质的规定，劳动作为对自然界的改造，包含了人类一切生命活动，至少从可能性上可以这么理解。如果说，私人劳动时间加上社会劳动时间之和，等于生产劳动时间加上消费劳动时间之和，因而是社会总劳动时间两种不同形式的话，那么，私人劳动时间和社会劳动时间之间比值的缩小，同消费劳动时间和生产劳动时间之间比值的增大一样，都是劳动不断发展，社会不断进步的标志。二者的统一，必然是以人口生产为目的消费劳动不断从私人性向社会化方向的转变。

由此，可以这样来一般地认识劳动生产性问题：人类一切创造性活动都是劳动，一切劳动都是生产的，所以，一切劳动者都是生产劳动者；其中，如果劳动所形成的新值；只用于劳动者自身消费，是个人生产劳动，同时提供给社会消费，则属于社会生产劳动。在商品生产条件下，一切社会劳动都属于社会生产劳动，一切从事社会劳动的人都是社会生产劳动者。

显然，这是从广义上把握的劳动，从而也是在广义上把握的生产劳动。较之传统生产劳动理论，这里把一般物质生产过程延伸至人口生产领域。它为认识生产劳动问题提供了一个新的前提，客观上从人本身存在的价值意义上去把握他们的劳动活动。

这一生产劳动理论的意义在于：

它有助于划清劳动和非劳动界限。劳动质的规定要求产品具有创造性，劳动量的规定要求产品体现一个大于消耗的增量。因此，任何一种人类活动，只要它表现出上述生产性，无论以质变还是以量增的形式，或者以二者统一的形式，都可以被称作劳动；而任何一种人类活动，只要它没有表现出上述生产性，无论以物质还是以精神的形式，或者以二者统一的形式，都应该被称作非劳动。非劳动属于人的活动，可以具有人类生命活动所特有的脑力支出形式，但不能体现人的活动的本质。它属于人类在发展过程中努力摆脱的动物性质的生命活动。确定人类生命活动中劳动与非劳动的界限，有助于增强社会成员的自律性。

它还有助于划清社会劳动和非社会劳动的界限。社会发展是个人发展条件，但又取决于个人发展。问题是，个人发展本身并不等于社会发展。社会发展最高目标是每一个成员发展。因此，任何个人发展只有在与这一目标相统一条件下才同时具有社会发展意义。毫无疑问，社会只能鼓励这样一种个人发展。因此，现实社会必须明确区分个人生产劳动和社会生产劳动，并且，只承认社会生产劳动的生产性，以此增强社会发展的自律性。

一般生产劳动理论存在的价值既是绝对的，又是相对的。它关于劳动和非劳动之间界限的划分，在任何历史时期都不会失去意义。通过区别劳动与非劳动，将激励人们以不断进取精神对待自己的生命活动，不断用劳动行为去改造生命活动的内容，在发展与自然界关系方面，从必然王国向自由王国迈进。但是，它关于社会劳动和非社会劳动之间界限的划分却受到了历史条件限制，仅仅在人类发展特定阶段才有意义。

如果说，对劳动与非劳动的区分是以人本身为尺度，从而是对人类发展状况的一种判断标准的话，那么，对社会劳动与非社会劳动的区分则是以人的社会关系为尺度，从而是对社会发展状况的一种判断标准。二者都与一般生产劳动理论有关。但更具实践意义的生产劳动理论，取决于对社会劳动与非社会劳动的区分。而恰恰在这一问题上，需要人们具体把握生产劳动理论的适用范围。

从逻辑上说，不是在任何情况下，都有必要去区别社会中生产劳动与非生产劳动问题。一旦出现下述任何一种历史局面，社会生产劳动理论就会失去存在价值。一是生产力极其低下，人们不得不把获取最基本生存资料当作劳动全部内容；此时迫于自然界压力，人们不可能去对劳动做出选择。二是生产力获得相当发展，社会生产实现了商品化；此时依靠市场价值规律这只"看不见的手"来左右一切，人们已无须再对劳动取向重新选择了（甚至在此背景下出现的国家干预，通常也是以市场机制为基础的）。三是生产力高度发达，社会劳动实现了信息化；此时人类依靠计算机体系这个洞察一切的"大脑"，在改变了生产方式条件下，将能按照人们需要安排一切，已无须考虑生产劳动与非生产劳动问题了。

不难看出，上述三种情况的共同特点在于客观上都实现了对社会总劳动的分配与布局。与之相反，如果出现了下述情况，社会生产劳动理论有必要存在：生产力水平有所发展但仍比较落后，人们不得不十分谨慎地把获取生存资料视为劳动投入重心；社会分工有所发展，但其结构和布局受到权力意志一定程度干预表现出不稳定性；社会成员之间存在着不同经济权利，个人生产劳动同社会生产劳动具有对抗性质。

从理论上看，劳动既然在社会形式中进行，社会本身就取得了一定意义主体地位；生产劳动理论就是社会行使主体权力，对人们劳动行为做出判断、选择与调整的思想基础。实践证明，围绕生产劳动问题所出现的争论，既有社会生产力水平局限性问题，也有社会关系内部利益对立的原因。但是，所有这一切，都不能掩盖一个基本事实：人类发展将告别这种过渡状态。这是因为，随着社会生产力进步，将出现全面发展的个人；他们将通过全面占有由社会所体现出的生产力，而取得自由劳动的权利。

然而，正是为了这个伟大目标的实现，人们应该从现在起就明确自身所处的位置，应该通过认识生产劳动理论的现实意义，把眼前努力同未来理想连接在一起。

第六章 劳动与分配

一般劳动的生产性问题虽涉及对劳动量的考察，也涉及对劳动社会形式考察，但并不能直接引出分配问题；同样，一般劳动的创造性问题虽涉及对劳动质的考察，也涉及对劳动所体现与自然界关系考察，也并不能直接引出分配问题。分配属于主体内部利益关系，其存在状况既取决于劳动质的规定性，又取决于劳动量的规定性，是双方在一定意义上的统一。

按照通常理解，分配是联结生产与消费中间环节，一般指社会在一定时期内新创造出来产品或价值（即国民收入）的分配。它当然包括生产资料分配和生活资料分配两个部分。但是，如前所述，如果不是仅从物质生产方面考察，也不是仅从人口生产方面考察，而是从人本身发展角度考察，隶属于生产资料分配的生产活动不过是劳动能力消费，而隶属于生活资料分配的消费活动不过是劳动能力生产。换句话说，劳动能力取决于分配，而生产水平取决于劳动能力，分配怎样生产也怎样，生产怎样人类发展也怎样。就此而言，对劳动与分配关系的认识，也就是对人类发展机制的认识。

然而，在劳动具有普遍分工性质的前提下，分配往往首先取决于交换，或者说，劳动产品只有通过交换过程才能实现自身价值，进而进入分配环节。凡是存在劳动合作的地方就存在着劳动交换。主宰一切社会劳动关系的是交换关系。社会本身建筑在交换关系基础之上。社会关系就是人与人之间交换关系。

毫无疑问，交换遵循自愿原则，体现某种平等尺度。在社会不同历史阶段，人类所采取主要交换方式是有区别的。迄今为止，人类实现劳动交换主要采取三种方式，即活动交换、价值交换和智能交换。它们共同构成人类分配关系的递进特征。

第一节 劳动活动交换与生存平等分配原则

劳动活动不是一般的人的活动，而是具有劳动性质的人的活动。这通常意味着：这种活动具有明确劳动目的；活动进行过程中脑力和体力支出无论在质或量上都合乎某种规范；整个过程中往往需要使用劳动资料，同时还具备了相应劳动对象。

（一）劳动活动交换性质

劳动活动交换以劳动过程被分解为前提。这里所谓劳动过程，是以生产某种特定使用价值所需要的劳动为衡量尺度的。劳动作为主体活动，只能与客体相联系才能得到正确解释。在一个具体生产过程中，生产资料技术水平越高，所要求主体活动就越少，也越简单，而生产资料技术水平越低，对主体活动要求就越多，也越复杂。当然，劳动过程的分解，并不主要取决于劳动者本身，而是取决于生产资料技术性质。有什么样生产资料，就要求什么样劳动组织，从而也就形成什么样劳动分工。

在可以想象的未来，人类仍然需要采用劳动分工方法来形成社会生产力；换句话说，人类生产过程由诸多不同劳动形式组成（当然，这并不排斥一系列物质力的介入）具有客观性质。这意味着，首先，人们还没有达到用物质力完全取代生产过程中人力的发展水平，其次，人们也没有达到把生产过程中人力完全简化为同一种劳动活动的发展水平。这种情况对于具体生产过程可以是相对的，因为人类完全有可能在某些生产领域解决上述两个问题，要么用物质力完全取代人力，要么使人力简化为同一种劳动活动。但对于社会总体生产而言，人们总在不断开拓新的生产领域，而新的生产领域出现，一开始总要投入大量各种类型的人力，进而在发展过程中逐步达到用物质力来取代人力的水平。

这就是说，社会总是需要劳动交换的，不同劳动主体通过互相交换其劳动活动，才能形成社会生产力。

劳动交换首先涉及不同类型劳动活动交换，各种劳动除了同是人类脑力和体力支出之外，并不具有可比性。它们的劳动对象（即使是生产同一种产品，每一劳动环节也会形成独有的劳动对象）不同，劳动资料不同，脑力与体力运用方式也不同，形成相互补充、相辅相成关系。

例如，在社会生产过程中，只要还需要专门体力劳动，体力劳动就是社会总体劳动有机组成部分，在产品价值构成上也与脑力劳动起着同样作用。无论是单纯脑力劳动，还是单纯体力劳动，都只能构成劳动行为一个部分，离开另一部分劳动协助，就不能达到生产使用价值目的，更无法实现所谓剩余价值。因此，对脑力劳动和体力劳动，必须采用同一尺度即劳动时间予以衡量。孤立地提出脑力或体力价值问题没有意义，同样，孤立地提出脑力劳动者或体力劳动者作用问题也没有意义。那种认为脑力劳动属于复杂劳动，体力劳动属于简单劳动，而复杂劳动是数倍的简单劳动的认识，仅仅对于分析劳动纵向发展有一定意义，它不应该也不可能成为判断劳动横向分工地位的依据。

也就是说，单从劳动与使用价值联系来看，每一种劳动都会形成特定使用价值，而每一种使用价值都具有特殊地位，它们在满足社会生产需要方面起着同等重要作用。仅就这个层次劳动关系而言，不同劳动在地位上完全相同，研制火箭发动机劳动固然重要，生产火箭所需一个装配螺丝同样重要，二者同样制约着火箭能否升空，与此相联系，不同劳动者在社会上也是完全平等的，社会健康运行需要国家主席，同样需要清洁工人，两种职业并无贵贱区别。

然而，不同分工岗位所要求的具体劳动是不相同的，归根结底是对其劳动能力要求不相同，而不同劳动能力再生产条件也不相同。例如，体力劳动一般以健康生命存在为标志，其劳动能力再生产往往只涉及人口生产中生命再生产环节，而脑力劳动除此之外，还要延伸至能力生产环节，因此，它的劳动力再生产费用表现出一个增加额。

任何处于正常状态的社会，即使要实现社会简单再生产，也必须使不同劳动能力都获得与其再生产费用相一致的消费条件。按照马克思使用的概念，劳动力再生产取决于相应生活资料，它的价值也表现为这些生活资料价值。满足劳动能力再生产条件，就必须采用按劳动力价值分配办法。

在这里，劳动力价值表现为常量。同等水平劳动力，其再生产条件大体相同。无论属于生命生产环节消费需要（这取决于生命机体自然需要），还是属于能力生产环节消费需要（这取决于智力增长文化需要），都将因为人们在生物属性和社会条件上相似，而基本一致。

另外，即使不同劳动力之间，例如脑力劳动和体力劳动之间，劳动力再生产条件也不会太过悬殊。这取决于两个因素：首先，脑力劳动再生产条件往往有一部分是由社会提供的，社会这么做，是因为发展脑力对全体社会成员有利。其次，脑力劳动者之所以能够获得较为优越劳动力生产条件，在一定意义上是由于体力劳动者合作结果，体力劳动者没有取得能力生产条件，不是因为他们没有资格这样做，而是因为社会能够提供条件有限。尽管社会对脑力劳动者认可，是在一定竞争机制中完成的，但这种竞争只在形式上是公平的，实质上则具有偶然性。事实已经无数次证明：人同人之间天赋差别极其有限。一位体力劳动者，一旦获得机遇，同样能表现出卓越能力。正因为如此，仅凭劳动力再生产条件区别，不至于带来消费水平过大差别，如果按马克思所说的劳动力价值分配，大体上也是一种相对均等的分配。

人就是他的劳动，他的劳动就是他的劳动力。按所谓劳动力价值分配，也就是按劳动者分配，如果一般地把人都看作劳动者，那么，按劳动者分配也就是按人分配。这中间当然包含着分配差别，但这种差别不会过分悬殊，以至于我们可以在一定程度上将之视为平均分配。中国在改革以前的所谓平均主义、大锅饭，就是在八级工资制以及农村工分制条件下产生的。人们把这种直接按所谓劳动力价值分配，当作平均主义，就是因为其间分配差额极小，使它实际上属于按人分配。

然而，至少从概念本身而言，按劳动活动分配同按劳分配并不矛盾。既然劳动活动、劳动价值、劳动者都可以与按劳分配中那个"劳"挂上钩，为什么按劳动活动分配不可以是按劳分配呢？

但劳动活动同人的劳动并不是一回事。判断前者只需看其是否从事劳动即可，判断后者则需要同时看其劳动状态：劳动者可以平平常常地干，也可以积极努力地干，还可以消极怠工地干。就此而言，不能绝对断言脑力劳动与体力劳动之分就是复杂劳动和简单劳动之分。失去创造性脑力劳动无疑属于简单劳动。它同表现为体力劳动的简单劳动相同之处在于，双方都按照固定程序来改变劳动对象。区别仅仅在于：脑力劳动以大脑为工具，付出注意力，劳动对象呈符号状态；体力劳动以四肢为工具，付出肌肉力，劳动对象呈物质状态。相反，体现了创造性体力劳动无疑属于复杂劳动。体力劳动作为劳动，自然包含有脑力支出成分。这部分脑力活动放大，将对整个生产过程产生积极影响，它或者改造劳动资料，或者革新工艺过程，都表现了新的创意。人们在实践中已知道，同样设备不同人操作，劳动生产率会出现相当大差距。

总之，劳动活动交换要求按劳动分工分配。这里认识的劳动，是作为人类一种活动方式来把握的。它只规定了质，即只规定了活动是属于劳动性质活动，各种分工劳动与不同使用价值相联系，它们都具有不可被其他劳动所替代性质，在这个意义上，所有分工劳动都是同等的。建立上述观念具有重要意义，是形成社会合作的经济理论基础。

（二）劳动活动交换特征

当劳动作为活动交换的时候，人们注意到的是质的等同性，并不注意其间蕴含量的差别性。这种交换模式构成了人类最早理解的平等关系。

社会关系实质是一种交换关系。人类之所以能超越动物界，并不在于它能形成社会合作局面——仅限于此，动物界也能做到，而在于人的社会合作局面是通过交换形成的。这种交换的强大活力源于交换本身越来越具备了智力交换性质，它使交换变成了一种能力持续增长过程。从理论上讲，交换最终发展将使个人拥有人类整体能力，这种前景马克思已经预料到了。但是，要达到这种交换水平，人类必须经历漫长阶段，其中包括交换模式转变。劳动活动交换是人类最基本的、也是最早形成的交换模式。

凡交换就要求体现平等原则。交换不是强夺，不是赠予，而多多少少依靠主体自觉自愿。显然，人们只有在意识到某种平等关系存在的时候，才可能形成一种自愿心理，也才能去从事交换活动。

但是，平等原则表现方式多种多样。有的来自主体尺度，有的来自客体尺度，有的来源于精神标准，有的来源于物质标准。一般说来，主体尺度是宏观的、大体的尺度，它不可能十分明确，十分具体，因为主体之间所理解尺度往往并不绝对一致；而客体尺度则是微观的、具体的尺度，它总是十分明确，十分肯定，客体存在本身排除了人们主观意志模糊性质而表现出唯一性。同样道理，精神标准要依赖主体感觉和认知水平，它往往因人而异；而物质标准则自在独立，不以人们意志为转移。

人类交换的平等关系是从主体精神判断向客体物质标准发展的。这符合事物发展一般规律。与客体物质标准相比，主体精神判断属于较为简易、较为初级的衡量水平，它经过长期实践发展，才能逐步形成客体物质标准。社会关系发展，总是从低级向高级进行的。当然，依照否定之否定规律，主体精神判断也可以呈现出对客体物质标准的扬弃，但那只能有待于客体标准充分发展之后。届时，新生精神判断虽然与最初主体判断形似，但境界已大不相同。

这就是说，劳动关系采取活动交换方式形成，它所内蕴平等原则只能来自主体精神判断。这种判断的特点是只要求质的相同，而不追求量的相等。它具有显而易见的模糊性。如果套用列宁关于按劳分配的两层意义的解释，那么，劳动活动交换所需要平等原则只是第一层意义上的，即"不劳动者不得食"，它不涉及第二层"多劳多得"要求。

逻辑发展往往就是历史发展。人类历史上最初采取的劳动交换恰恰是这样进行的。这取决于当时的客观条件。

所谓"不劳动者不得食",反过来就是,凡劳动者皆得食。人们在什么情况上会淡化"多劳多得"意识,而只满足于"不劳动者不得食"原则呢?显然,是两层意义十分接近的历史条件下:如果劳动者必须多劳动,只有多劳动方能得食,换句话说,如果凡劳动即是"多劳","多劳"亦无法"多得",人们就只需强调"不劳动者不得食",而无须理会"多劳多得"了。

人类历史最初一个时期,恰恰就是这么一种情况。原始氏族公社成员几乎每天都要为寻找生存必需品而劳动。他们的劳动成果没有剩余或者几乎没有剩余。氏族成员的劳动分工大体是依照自然能力进行的,即按照性别和年龄分担劳动任务。人们共同劳动成果也由人们共同消费,没有人去计较谁干得多,谁干得少,唯一重要的是,每一个人都在尽力劳动。

这种活动交换隐含最大秘密是:依靠这种交换模式,每一个人都维持了生命存在,人与人之间平等关系体现为生存权利平等或生命安全平等。

通过劳动活动交换,使自己能够活下去,这是一种最原始需要,是人类尚未真正告别动物界的反映。但是,人类即使在这个阶段也有别于动物。人们在实践中越来越清楚看到,劳动活动交换,使人类从自然界中体力较弱种群逐渐强大起来。从中自然形成两个信条:一是个人离不开社会,个人必须在与他人合作中生存;二是生存问题是最先也是最高选择,需要各尽所能、平等对待。

不管人们实际上能否表达这两个信条,也不管在表达时使用什么语言,二百多万年原始社会客观上已经把二者积淀成类似于潜意识的东西,一遇特定条件就会顽强表现出来,对人们行为发挥着重要作用。

即使到了今天,当人们被各种各样价值观操弄得精明异常的时候,也总是通过各种方式来表现两个信条制约作用。这里值得强调的是人口生产关系。

人口关系是从社会关系开始的。夫妻关系就是一种社会关系。它的发展导致了亲子关系产生。像所有社会关系一样,无论夫妻关系,还是亲子关系,都包含着劳动活动交换。这种交换关系最大特点就是只要求劳动活动交换本身,并不过分强调劳动活动量上对等性。从实际上看,每一代新人出现,都受惠于自身父母养育,而他们长大成人后,又反过来对渐趋衰老父母予以报答。动物界普遍存在着第一个环节,他们凭本能养育下一代,以此完成种的延续,但一般不存在受到下一代回报现象。就此而言,只有人类在生命生产中形成了交换关系。

人类在人口生产中渗透了交换关系,与人类思维能力是一致的。动物凭本能,只能顾及自身生命起点,无法照顾到生命终点。人类一旦把自身自然界当作劳动对象，就会把关注目光投向生命全过程。而唯一能够体现对生命全程关照的，就是人口生产关系。原始氏族公社就是以血缘关系为纽带建立起来的。后来一夫一妻制家庭，则把这种血亲关系变得更加稳定，更加具体。它客观上提供了劳动活动交换的规范，即交换对象的固定。无论后来协作劳动中还是家族劳动中，通行的都是劳动活动交换，实用的都是各尽所能、平等消费原则。这种交换关系使劳动者个人命运同家族集体紧密连接在一起，一方面，每个人都在劳动，却不计较报酬多少，另一方面，一旦自身劳动能力变弱，仍可享受消费权利。这种交换关系无疑是人类对付多变人生的一道良策。它虽具有道德外貌本质却是经济的。这种交换关系仰赖交换主体的稳定存在。

思想家从一开始就注意到了通过人口生产所提供的这种劳动关系，把其中劳动活动交换原则理想化，由家族推向全社会。《论语·季氏》中说："丘也闻有国有家者，不患贫而患不均，不患寡而患不安。盖均无贫，和无寡，安无倾。"孔子把用于家族关系的"孝悌"之道扩大成为"忠恕"原则，用于制约君臣关系，两者共同构成其"仁"的思想主张。孟子更是由这种人口生产关系为起点，设想了一种理想社会形态。他认为，仁政始于正经界："方里而井，井九百亩，其中为公田。八家皆私百亩，同养公田；公事毕，然后敢治私事，所以别野人也。"① 如果照此办理，"五亩之宅，树之以桑，五十者可以衣帛矣。鸡豚狗彘之畜，无失其时，七十者可食肉矣。百亩之田，勿夺其时，数口之家可以无饥矣。谨庠序之教，申之以孝悌之义，颁白者不负戴于道路矣"②。如此一来，人们就会"死徙无出乡，乡田同井，出入相友，守望相助，疾病相扶持，则百姓亲睦。"③

这种源于人口生产关系的劳动活动交换原则，到了《礼记》中，变成了"大同"社会支柱。在该书《礼运》篇中写道："大道之行也，无下为公，选贤与能，讲信修睦。故人不独亲其亲，不独子其子，使老有所终，壮有所用，幼有所长，矜寡孤独，废疾者有所养。男有分，女有归。货恶其弃于地也，不必藏于己；力恶其不出于身也，不必为已。是故谋闭而不兴，盗窃乱贼而不作，故外户不闭。是谓大同。"

毫无疑问，中国传统社会由于相对封闭地理环境条件，得以形成有别于西方国家发展模式，其重要特征，就是强调了劳动活动交换的社会关系原则。从

---

① 孟子 [M].滕王公上.
② 孟子 [M].梁惠王上.
③ 孟子 [M].滕王公上.

根本上说，这不仅表现为道德伦理原则，还是经济性质的劳动关系规范。

（三）劳动活动交换发展

劳动活动交换体现劳动者之间平等关系，而不是劳动者劳动之间平等关系。这种平等关系在历史上发生与发展都不是偶然的。

在自然经济时期，由于生产力水平较低，人们始终面临两大威胁：一是自然灾害。它降临突然，破坏性大，往往使缺少积蓄的小生产经济不堪一击。二是暴力侵掠。它萌生于部族（中国尤其体现在农耕民族与游牧民族）之间矛盾，双方时战时和，关系时好时坏，往往使分散的小生产者疲于应付，无法自保。因此，普通劳动者最大企冀，是能够全心全意地对付一小块土地，并在灾荒之年能够获得必要周济，或者有处借贷。这种需要客观上推动了社会劳动分工发展，它自然而然使劳动活动交换走出了人口生产关系范围，演变成了一般社会生产关系。

最初劳动活动交换当然属于经济交换，也构成了生产关系。但是，这种生产关系采用了人口生产关系形式，劳动活动以氏族为单位进行，分工和亲属称谓在一定程度上是一致的。"父亲、子女、兄弟、姊妹等称呼，并不是单纯的荣誉称号，而是代表着完全确定的、异常郑重的相互义务，这些义务的总和构成这些民族的社会制度的实质部分。"① 这是因为，"劳动越不发展，劳动产品的数量，从而社会的财富越受限制，社会制度就越在较大程度上受血族关系的支配"②。

原始社会末期的氏族战争，孕育了超越血族关系的更大社会共同体。原来以劳动活动交换为特征的社会关系，真正开始进入了文明史。

可以看到，文明社会形态在劳动关系方面最大变化，不仅仅突破了人口生产关系界限，更引人注目的是形成了脑力劳动分工。如前所述，人类产业大分工与脑力劳动从体力劳动中分离相比较，其意义也稍逊一筹。脑力劳动出现不仅是文明时代诞生标志，也是人类自身发展的划时代标志；在一定程度上，还是人类开始形成真正劳动的标志。

脑力劳动一出现，就支配了劳动活动交换。值此，最基本劳动活动交换变成了体力劳动与脑力劳动的交换。这种交换，实质上也是物质生产和精神生产的交换；当然，也可以说是在物质生产领域中，一般产业劳动与社会管理劳动

---

① 马克思，恩格斯．马克思恩格斯选集：第4卷［M］．北京：人民出版社，2012：37.
② 马克思，恩格斯．马克思恩格斯选集：第4卷［M］．北京：人民出版社，2012：13.

之间的交换。

如果说，在整个自然经济时代，社会交换关系都是以劳动活动交换为特征的话，那么，在告别原始社会进入文明社会之后，这种劳动活动交换先是在奴隶制基础上进行，后来又在封建制基础上进行。整个自然经济时代都处在马克思所谓"人对人的依赖关系"状态。虽然仍旧是劳动活动交换，但双方地位已经不再平等；发展生产的好处，大部分被脑力劳动者霸占了。

古代大思想家孟子认为，社会上必不可少的有两种人，即"君子"和"野人"。他认为"无君子莫治野人，无野人莫养君子"；"有大人之事，有小人之事。……故曰：或劳心，或劳力。劳心者治人，劳力者治于人，治于人者食人，治人者食于人；天下之通义也"。① 那么，这些"劳心"之人，能够发挥什么作用呢？孟子认为，他们应该确保"劳力者"安居乐业："是故明君制民之产，必使仰足以事父母，俯足以畜妻子，乐岁终身饱，凶年免于死亡。然后驱而之善，故民之从之也轻。"②

不难看出，孟子要求脑力劳动者所施仁政，就是提供安定社会劳动环境，使一般体力劳动者都能够衣食无忧，维持一种稳定的生命存在。但是，脑力劳动者作为"食于人"者，却不仅仅是维持生命存在了。孟子没有规定他们生活水平标准，而只是指出了他们的分工责任。这就意味着，脑力劳动者消费条件是"上不封顶的"，他们可以尽享发展生产所带来的好处。

但是，至少在形式上，脑力劳动与体力劳动的交换是成立的：脑力劳动者通过"劳心"，为体力劳动者提供一种稳定社会环境和劳动秩序，而体力劳动者通过"劳力"，为脑力劳动者提供生活消费品。这是一种劳动活动与另一种劳动活动交换，双方都需要对方帮助。

很难说一开始这种交换就具有不公平色彩，也很难说一开始体力劳动者就坚决抵制这种交换。如前所述，刚刚告别了原始社会人们，放在第一位的仍然是维持自己生命存在。而要做到这一点，就必须劳动。要劳动，就要获得相应生产资料，就要有一个允许和平劳动的社会秩序。如果体力劳动者通过向国家管理者交纳贡赋办法取得这一点，他们是不会反对的。就是沦为奴隶地位，也比在混战和饥饿中死去，要稍微好一点，因为奴隶毕竟获得了避免战乱的栖息地，也有了稳定的消费品来源。

然而，正如人们十分熟知的观点所揭露的，脑力劳动与体力劳动之间交换

---

① 孟子 [M]. 滕文公上.
② 孟子 [M]. 梁惠王上.

一开始就潜伏着巨大对抗：这种交换由于缺乏明确量的规定性，它的主动权显然握在拥有管理权的脑力劳动者手中。仅就此而言，就不能保证脑力劳动者不"越界"去侵犯体力劳动者利益。孔子曾从宏观上提出了"君子喻于义，小人喻于利"主张。然而事实上，统治者很难做到不贪得无厌，很难克制自己不与民争利。一旦他们这样做，他们在劳动活动交换中优势地位就会推动他们作为一个剥削阶级压在体力劳动者头上；这不仅会剥夺体力劳动者占有剩余劳动成果权利，常常还会掠去他们的必要劳动成果，迫使他们起来做斗争。人类在自然经济时期所经历战争如此之多，如此之严酷，充分反映了这一事实。

用唯物辩证法考察上述现象，应该看到，它反映了人类发展所必然经历的一个阶段。在自然经济条件下所生产出的剩余产品，由于生产本身水平较低，只能是一个相对较少的量。它被一小部分统治阶级大部或全部据为己有，无疑是出自后者贪欲。但是，这客观上为脑力劳动发展提供了物质基础。他们为了满足奢侈生活而修建宫殿楼阁以及生产精美工艺器具，也激励了人们需要持续发展。

不过，用劳动活动交换来建构社会关系的弊端是越来越突出了。随着社会生产力缓慢进步，剩余产品也有所增加，劳动活动交换所体现平等原则的灵活性，逐步演变成破坏平等原则的随意性。这直接伤害了体力劳动者积极性。这种交换模式不改变，就不可能进一步推动劳动生产率发展。中国长久徘徊在自然经济的条件下，关键在于劳动交换总是滞留在活动交换的水平上。

第二节 劳动价值交换与能力平等分配原则

如果说，劳动活动交换体现了人对人的依赖关系，与人类自然经济时期相联系的话，那么劳动价值交换则体现了人对物的依赖关系，则是与商品经济时期相联系。由活动交换向价值交换转变是社会发展史一次质变也是一次飞跃，它把人类劳动关系一下子带到了一个新天地。与劳动活动交换相比，劳动价值交换具有两大优点：

一是开拓了交换领域，使社会关系向广度与深度发展。劳动活动只有与劳动主体相联系才能进行，只有与使用价值相结合才能交换。因此，劳动活动交换只能在相关主体之间才能进行，也只能在对某种使用价值需要前提下才能实现。这种局限对于劳动价值交换来说是不存在的。劳动价值形态只与抽象劳动相联系，它既不涉及劳动主体，也不涉及具体劳动的使用价值。这使它取得了在所有劳动者中间发展交换关系的条件。

二是明确了交换尺度，使经济关系有了客观标准。如前所述，劳动活动交换所固有的模糊性既是优点，也是缺点，在满足人们基本生存需要限度内，在人口生产范围内，实行劳动活动交换方式对人们普遍有利，但在出现了日益增加的剩余产品之后，在不同生产领域关系日益复杂的时候，劳动活动交换模糊性就是有害的了。劳动价值依靠市场决定，避免了主观意志支配，也就避免了争议，自然成为各方乐于接受的交换方式。可以说，劳动价值交换取代劳动活动交换具有历史必然性。

（一）劳动价值交换性质

一切生命现象都在新陈代谢上证实自身活力。换句话说，生命是依靠交换而存在的。而不同物种区别，也在于交换方式不同；它们进化水平高低，则取决于交换能力大小。

人类依靠交换而生存。这种交换，归根结底是与自然界的交换，也是一种物质形态交换。但是，人是通过社会形式与自然界发生物质交换关系的。这是人类生命活动特点，也是他们的优点。社会在形式上是人类按某种方式组织起来的共同体，实质上是遵循某种原则而形成的交换关系。社会交换可以采取多种方式进行，实质都具有精神交换性质。如前所述，人类劳动本质上是脑力劳动。劳动交换不论是采取活动方式进行，还是采取产品方式进行，都可以归结为一种精神产品交换。正因为如此，人类交换就蕴藏着自身发展最大秘密。社会交换客观上呈现为由物质形态向精神形态不断转变的过程，一旦社会交换完全转变为精神形态，人类对社会自然界开发利用就达到了最高水平，个人能力将与社会能力等同，人类生存状态将达到一个全新境界。

然而，作为起步，社会交换只能从物质形态开始。这种物质形态，不能不首先表现为人本身，即表现为人们作为劳动者的活动。在所有社会交换中，人与人之间劳动活动交换，是最直观的，也是最容易被接受的交换。它的存在表达了一种朴素的平等意识，即由于人与人劳动活动具有平等交换地位，所以人与人本身也就形成了平等社会地位。

但是，人与人毕竟不一样，他们的劳动活动也毕竟不一样。在面临生命存在问题时，人们首先只能考虑生存问题。当解决生存问题需要社会合作，当这种社会合作只能运用劳动活动交换方式形成时，人们不会顾及也不能顾及每一种具体劳动的衡量问题。然而，一旦社会出现了剩余产品，而且这种剩余产品无法满足全体社会成员需求，这时，由谁拥有这些剩余产品问题就变得突出了。

在经历了漫长自然经济时期之后，人们渐渐不再满足用"君权神授"或"唯上智与下愚不移"来解释人们的不同分工地位，也渐渐不再满足总是由贵族阶级独占发展生产所带来的好处。人们希望出现一种公平衡量彼此劳动的办法。它对一切劳动活动都适用，对所有劳动者都公平。

马克思通过区分劳动的使用价值和价值，从理论上说明了商品交换的根据。他指出：

> 就使用价值说，有意义的只是商品中包含的劳动的质，就价值量说，有意义的只是商品中包含的劳动的量，不过这种劳动已经化为没有进一步的质的人类劳动。在前一种情况下，是怎样劳动，什么劳动的问题；在后一种情况下，是劳动多少，劳动时间多长的问题。①

劳动价值交换的基础，是在各种具体劳动之上发现抽象劳动。作为具体劳动产品，商品表现为使用价值。如果把商品使用价值撇开，商品就只表现为劳动产品。

> 随着劳动产品的有用性质的消失，体现在劳动产品中的各种劳动的有用性质也消失了，因而这些劳动的各种具体形式也消失了。各种劳动不再有什么差别，全都化为相同的人类劳动，抽象人类劳动。现在我们来考察劳动产品剩下来的东西。它们剩下的只是同一的幽灵般的对象性，只是无差别的人类劳动的单纯凝结，即不管以哪种形式进行的人类劳动力耗费的单纯凝结。这些物现在只是表示，在它们的生产上耗费了人类劳动力，积累了人类劳动。这些物，作为它们共有的这个社会实体的结晶，就是价值——商品价值。②

时隔一百多年后，马克思关于劳动价值的论述，仍然是最好的。从这一论述中可以看到，劳动价值交换所体现的平等原则，已经不是以劳动者为尺度，而是以劳动或劳动力为尺度了。比较起来，劳动活动交换体现劳动者平等关系，平等根源在于人们都通过自身劳动活动，提供了特定使用价值。劳动活动交换，就是使用价值交换。从每一种使用价值都能满足人们的一种特殊需要而言，使用价值之间不存在相互替代关系，也缺乏可比性。显然，不同主体在不同场合对使用价值需要也将不同。豪华饭店一顿晚宴也许无法贬低茫茫沙漠中一壶水作用，一个小小指南针对于瀚瀚林海中行路者也不会逊色于一台高级电脑作用。

---

① 马克思恩格斯文集：第5卷［M］. 北京：人民出版社，2009：59.
② 马克思恩格斯文集：第5卷［M］. 北京：人民出版社，2009：51.

正因为如此，劳动活动交换就是一种按劳动者分配。它以劳动所带来使用价值为基础建立了劳动者之间平等关系。

劳动价值交换仍然以物质使用价值为载体，但起作用的却是这种使用价值所含价值。价值是看不见、摸不着的东西，这里没有一个物质原子。它体现了人类所特有的意识能力。人们运用自身意识能力推动了社会交换关系发展，这本身就说明：虽然社会交换总是以物质为基础的，但它却越来越采取了精神形式。

当然，价值交换并不是完全的精神产品交换。它只是在交换形式上注入了精神因素。与人类当今正在发展的信息交换相比，价值交换仍只是向精神交换（既指内容又指形式）的一种过渡。

劳动价值交换的过渡性质对认识这种交换方式当然是有意义的。按照马克思理论，商品经济到了资本主义社会，就达到了它的发展顶峰，其标志是劳动力也变成了商品。因此，社会主义社会将在不存在商品、货币的条件下运行。马克思没有否认理想社会仍然存在着交换关系。他曾认为，一般社会分工是人类发展与自然界关系的基本形式。分工既存在，交换就在所难免。但马克思不再让"价值"插手交换过程。学术界把这种不考虑价值的交换叫作"产品经济"，以与商品经济相区别。

问题在于，由于没有一般地提出交换问题，即没有一般地把交换关系理解为社会关系实质与核心，就不可能去研究交换关系规律性。如果说，研究生产资料对社会关系的作用，是从客体方面认识社会发展规律性的话，那么，研究交换关系对社会关系的作用，则是从主体方面认识社会发展规律性。双方不是相互排斥关系，而是从不同角度相互补充的关系。

在社会主义改革选择了市场经济体制之后，搞清上述问题就更有必要了。我们必须了解劳动价值交换发生原因和发展条件，也必须了解劳动价值交换形式必然被新的劳动交换方式所替代的客观性。只有以这些科学认识为基础，我们才能真正懂得社会主义市场经济的地位。

（二）劳动价值交换特征

马克思曾指出："我们现在知道了价值的**实体**。这就是**劳动**。我们知道了价值的**量的尺度**。这就是**劳动时间**。价值的形式（正是它使**价值**成为**交换价值**），有待分析。"① 马克思在这里提出了认识劳动价值交换的三个基本问题，即价值

---

① 马克思恩格斯全集：第 23 卷 [M]. 北京：人民出版社，1972：54（编者注）.

的实体、价值量和价值形式。

在分析了劳动活动交换之后，我们可以采取对比办法重新认识这三个基本问题。如前所述，由于马克思没有从一般交换关系去论述社会关系，所以，并没有把劳动活动交换视为人类最初的交换关系，而只是指出过劳动活动交换这种现象。马克思下大力所考察的交换就是商品交换，所以，他把劳动看作价值实体时，应该说是有道理的。

但是，如果我们认定人类自始至终都依靠交换而形成社会关系，并且认为交换存在着三种形式，那么，显然就不宜一般地只说劳动是价值实体，在所有交换中，都是劳动交换，劳动构成了所有交换形式实体。所应该区别的是，劳动者活动构成了劳动活动交换的实体；劳动者能力构成了劳动价值交换的实体。前者强调劳动者活动形式方面，后者强调的是内容方面；或者说，劳动活动交换是从形式方面进行交换，它只要求交换对象是为了生产某种使用价值而付出人的脑力和体力，而劳动价值交换是从内容方面进行交换，它要求具体判断上述人力支出情况，从而要求确认是哪一位劳动者在劳动，他的劳动力水平怎样。

这里，我们把劳动力看作内容，把劳动看作形式。正如马克思曾说过的，劳动不过是劳动力的表现。这是从劳动者本身角度，即从劳动者生命活动角度所判断的内容和形式。所谓劳动，构成了劳动者生命活动形式，所谓劳动力，构成了劳动者生命活动内容。只有关于劳动的判断，可以确定劳动者的存在，加上关于劳动力的判断，才能确定是哪一位劳动者。

这种关于劳动者生命活动内容与形式的判断，着眼的是人们的社会关系，是为了认清人们在社会中的地位。它与前述劳动内容与形式（参见第一章）的研究不同，不是为了认识人与自然界关系。

这就是说，一方面，劳动自身有着内容与形式问题，这是从人与自然界角度考察的劳动。其中，劳动内容是物质——精神性的，劳动形式是个体——社会性的。另一方面，劳动本身又是劳动力形式，而劳动力是什么呢？它不过是从生命活动意义上认识的劳动者，或者说是从劳动活动意义上认识的人。这方面考察，是为了判断现实存在的人，是为了区分彼此不同的劳动者，是为了把握和建构合理的社会关系。

在社会经济关系中，人不能以"劳动"面目出现，而只能以"劳动力"面目出现。如果以"劳动"面目出现，就无法彼此区别，而以"劳动力"面目出现，人与人差别就会显露，彼此关系性质就会清晰。正因为如此，构成价值实体的不是劳动，而是劳动力，与此相联系，在劳动活动交换中，构成交换活动实体则是劳动。

　　接下来是关于价值量的尺度问题。

　　马克思既然把价值实体直接看成是劳动也就自然而然把价值量看成是劳动时间。现在我们把价值实体认作是劳动力，又将如何把握价值量的尺度呢？仍然是劳动时间，不过是特定劳动力在联系社会经济条件下所表现出的必要劳动时间。这种社会必要劳动时间是马克思提出并论述清楚的。毫无疑问，社会必要劳动时间是一种劳动时间。当马克思说价值量尺度是劳动时间时，并不意味着他否认社会必要劳动时间就是关于价值量的具体尺度。马克思对社会必要劳动时间论述表明，他实际上就是把社会必要劳动时间与价值量联系在一起的。

　　然而，劳动时间这一概念本身并不就是社会必要劳动时间。它更多强调自然劳动时间，即劳动活动自然运行所经历时间。在自然劳动时间意义上，一小时劳动所创造"价值"同任何其他一小时劳动所创造"价值"是完全一样的。而换成了社会必要劳动时间之后，这种情况就不一定了。任何一小时劳动所创造价值都可能与其他一小时劳动所创造价值是不相同的，可能大于对方，可能小于对方，也可能等于对方。

　　劳动时间这一概念既可包含社会必要劳动时间，又可包含自然劳动时间。马克思把劳动时间看作价值量尺度，显然考虑到这种区别。在一定意义上，也可以说马克思是有意这么做的。

　　从把价值实体看作劳动，到把价值量尺度看作劳动时间，给人强烈印象是马克思在淡化人与人在劳动能力方面差别。他承认这种差别存在，但不认为这种差别应该影响人们在社会中地位平等。他认为，一种理想社会形态，应该是在默许这种差别存在前提下去建构社会平等关系。他为共产主义高级阶段所树立的一面旗帜就是："各尽所能、按需分配"。这种理想经济原则，并不计较人与人劳动能力区别，只要求人们努力劳动；而在分配权利上人们则完全平等，并不与他们所尽劳动义务多少挂钩。

　　评价马克思这种观点是否正确是一回事，判断马克思具有这种观点是另一回事。可以肯定地说，马克思关于理想社会设想，与他关于资本主义商品经济的认识，都与同一个问题有关，这就是劳动力问题。

　　马克思发现，他所面临的社会，其成员在劳动能力上差别很大。这种差别，既表现为脑力劳动与体力劳动之间质差，也表现为脑力劳动之间和体力劳动之间量差；有些差别可以消除，例如，使用了大机器生产方式之后，体力已不再重要，繁重操作过程已由机械完成，人力只需做些辅助性工作——资本主义企业大批吸收女工、童工取代青壮年男工，就是证据；但有些差别消除则颇费时日，例如脑力劳动与体力劳动所要求的能力不同，其中脑力劳动能力需要专门教育过程；还有一些劳动能力差别根本无法消除，如脑力劳动之间差别，除了受教育条件之外，还在一定程度上与个人先天禀赋有关。

正因为马克思看到劳动能力差别无法根本消除，所以他不能同意把劳动能力作为理想社会分配尺度，认为如果这样做，就不能从根本上解决人们经济地位平等问题。

事实上，马克思从未使用过"按劳分配"这一概念表达理想社会分配关系，并且与同时代空想社会主义者如德萨米等人一起，批评过这一主张。当年，德萨米等人认为"按劳分配"会导致"能力贵族"出现。在《德意志意识形态》中，针对"真正的社会主义者"库尔曼所主张的人们占有和消费都应取决于他的劳动的观点，马克思、恩格斯指出："人们的**头脑**和智力的差别，根本不应引起**胃和肉体需要**的差别。"为此，必须用"按需分配"代替"按能力计报酬"，使"活动上，劳动上的差别不会引起在占有和消费方面的任何**不平等**，任何特权"①。他们还进一步指出，"按能力计报酬，按工效定能力"来自圣西门的最高原则，即"保证所有的人的天资得到最自由的发展"，但是，这一原则"以我们目前的制度为基础"，不可避免地"要求通常的社会阶级划分"。②

此后，在《资本论》和《哥达纲领批判》中，马克思深化了他和恩格斯在20世纪40年代关于按劳分配问题的认识，意识到在最终实行"按需分配"之前，必须经历一个实行"按劳分配"的过渡性阶段。但是，马克思并没有简单地肯定一般性质按劳分配原则，而是提出了与自己理论体系在逻辑上相一致的"按劳分配"主张。概括起来，马克思在多种场合提及并在《哥达纲领批判》中予以集中表述的"按劳分配"主张，具有三项特殊界定：一是强调"按劳分配"中的"劳"是劳动时间，由此淡化了劳动者本身能力差别的重要意义；二是强调"按劳分配"需在没有商品和货币条件下实行，这就杜绝了拥有剩余消费资料劳动者通过货币积累将其转化为生产资料，并通过与劳动力商品交换，最后去剥削雇佣劳动的可能性；三是强调"按劳分配"在原则上体现的仍然是资产阶级权利，只能在共产主义第一阶段实行，社会主义者不应停留于此，必须创造条件，向共产主义高级阶段的"各尽所能，按需分配"发展。

显然，理论界流行观点与马克思本意有出入。中国社会主义改革实践要找到与马克思主义基础理论对接点，只能从正确认识马克思思想开始。

最后一个问题是价值形式问题。

---

① 马克思恩格斯全集：第3卷［M］. 北京：人民出版社，1960：636－638.
② 马克思恩格斯全集：第3卷［M］. 北京：人民出版社，1960：597－598.

价值形式涉及价值实现途径。价值实现使价值取得了交换价值外观。问题在于，交换价值量并不会完全等同于价值量，它表现为以价值量为核心的上下波动。正如恩格斯所指出的："商品的价格与商品价值的不断偏离是一个必要的条件，只有在这个条件下并且只是由于这个条件，商品价值才能存在。只有通过竞争的波动从而通过商品价格的波动，商品生产的价值规律才能实现，社会必要劳动时间决定商品价值这一点才能成为现实。"①

竞争所带来商品价格波动，显然不是劳动形式造成的，而是劳动力内容变化引起的。同时，市场经济中需求和供给之间不平衡状态，也会导致交换价值与价值之间不一致。当供大于求时，卖者竞相出售，商品价格下跌到它的价值以下，当求大于供时，买者竞相争购，商品价格上涨到它的价值以上。但是，从一个较长时期看，高于或低于价值的价格，会大体相互抵销，而从全社会看，商品价格总额同商品价值总量是趋于一致的。就此而言，商品总是按照价值规律要求进行交换的。

（三）劳动价值交换发展

从理论上说，随着商品交换和商品生产发展，劳动价值交换形态也将不断变化。马克思曾指出，它将从简单的价值形态、总和的价值形态、一般价值形态最后发展到货币形态。

但从实践中看，上述历时态演进有时也会以共时态形式出现。这里关键在于，商品价值形态在受供求关系支配时，有时其使用价值性质会变得更为重要，以至于在总体上虽体现劳动价值交换，却常常出现劳动活动交换的情况。

上述现象，使劳动价值交换的发展呈现比较复杂态势，也使商品与市场的联系具有二重性。

首先，就商品是用来交换的劳动产品而言，它具有可交换性。这取决于商品使用价值。没有使用价值的东西不会被对方视为可交换物，就不能成为商品。商品使用价值交换服从社会分工规律，强调了商品对他人的有用性。与之联系的市场，往往限于物质空间的规定性，它通过有形场所，为不同使用价值相互交换提供了条件。

当然，既为交换，就会形成对商品的价值衡量，就需遵从等价交换原则。但是，商品使用价值交换重视的是有用性交换，交换所体现等价原则只具有相对意义。因此，商品价值表现形态既可以是货币形态和一般价值形态，也可以

---

① 马克思恩格斯文集：第4卷［M］．北京：人民出版社，2009：209.

是总和的或扩大的价值形态，甚至是简单的或偶然的价值形态。从历史上看，商品价值表现形态有一个循序渐进发展过程；现实中，由于社会分工形态不断变化，各种价值表现形态都可能在一定条件下屡屡再生。供求关系波动以及所谓主观偏好所推动的交换现象，就是佐证。

一般说来，商品经济作为以交换为目的的社会生产活动，同自然经济、产品经济是对立的。但同时，只要自然经济或产品经济社会中存在着某种意义的商品交换，由于相互作用原因，其他产品也就具有潜在或现实的商品性质，因而商品经济又可以同自然经济、产品经济相统一。这一意义商品经济在价值表现形态上具有不确定性。往往体现为劳动活动交换与劳动价值交换的共存或交叉。它包含着以社会总劳动为基础的价值衡量，但不归结为这种价值衡量，与此相一致，它包含着整个社会经济活动的市场化，但不归结为这种市场化。

可见，从使用价值交换角度认识的商品经济，商品被看作有用物质，其实现交换所需要的市场同样属于物质形态，受社会分工规律支配，其价值表现形态往往取决于供求关系：某种商品供过于求，形成买方市场，某种商品求过于供，则形成卖方市场。这种意义商品经济，商品是内容，市场是形式。有什么样商品生产，就有什么样市场形态。

其次，就商品交换须遵循一定尺度而言，它实质是价值交换。价值交换只有通过抽象劳动才能解释。它撇开了劳动具体特点，抽去可以感觉到的商品有用属性，化为一般人类劳动。生产商品的社会必要劳动时间决定商品价值量。社会必要劳动时间只能通过市场来显示。

市场交换起点是存在不同主体。任何交换行为在形式上都可以归结为两相交换。但是价值交换本质上不是两个主体之间关系，而是一种社会群体关系。在这个群体中，每个人都是主体，又同时被他人视为客体，人们可以自主选择交换对象，却不能单方决定成交标准。这一标准即社会必要劳动时间是人们劳动状况共同形成的。它影响到每一个人，但任何个人都不能随意改变它。

对于一个社会来说，商品价值交换有着确定含义。它要求社会生产都属于以交换为目的的生产，产品都作为商品出现，商品交换都以社会必要劳动时间为尺度。这样，每一种商品价值衡量只能以社会总劳动为基础，因而也只能以整个社会经济活动市场化为前提。这个意义商品经济，同自然经济或产品经济截然不同。后者虽然也能伴生商品交换，却不可能产生相对稳定的价值尺度，因而也无法形成以信息形式进行的期货交易和虚拟资本交易。

在上述意义上，从价值交换角度认识的商品经济，商品被看作是抽象劳动，其实现交换所需要的市场同样属于抽象存在；受价值规律支配，其价值量往往取决于劳动生产率：体现较高劳动生产率的商品取得交换价值也高，反之则低。这种意义商品经济，市场是内容，商品是形式。有什么样市场规模，就有什么样商品交换。

可见，就使用价值是价值交换载体，价值是使用价值交换尺度而言，无论以使用价值交换为主要形式的社会交换关系，还是以价值交换为主要形式的社会交换关系，都不能在绝对意义上相互区别。实际存在的社会交换关系，总是以价值（在特定意义上，它可以被理解为某种社会经济平等尺度）交换为内容，以使用价值交换为形式。它的发展形态，通常并不表现为某种交换方式直线式前进，而表现为双方结为一体的滚动式发展，即两种交换的统一。

马克思曾指出："商品按照它们的价值或接近于它们的价值进行的交换，比那种按照它们的生产价格进行的交换，所要求的发展阶段要低得多。按照它们的生产价格进行的交换，则需要资本主义的发展达到一定的高度。"① 这就是说，当商品生产只在一个部门内展开竞争时，商品将按行业的社会价值或有限的市场价值进行交换，当不同部门之间也展开竞争时就会使不同部门的等量资本获得相等利润，从而使价值转化为生产价格。这种价格无疑是社会商品生产实现了市场化所形成的价值形式。

如果我们不是仅仅从商品角度去认识人类社会交换关系，或者，如果我们把商品交换仅仅理解为社会交换关系的一种特定形式，那么，就可以说，不仅商品有着自身发展过程，人类一般交换关系同样具有自身发展过程。

从劳动活动交换发展为劳动价值交换，明确了交换尺度量的规定性。如上分析，价值量确认，要视社会关系范围而定。社会经济交往范围越大，参与决定价值量因素就越多，价格围绕价值波动现象就越显著。但同时，劳动价值交换是自发要求扩大交换范围的，因为，交换对象越多，相关主体利益就越大。从另一方面看，由于解决了交换尺度量的规定性问题，也为交换扩大铺平了道路。它直接推动了社会交换关系发展，使地域经济上升为国家经济，使国家经济上升为区域经济，直至变为全球经济。

正是在这种发展趋势中，一种新的经济形式萌生了，这就是信息经济。

随着交往范围扩大，人们面临着日益增加的信息要素。需要主体多极化，生产能力多样化，竞相增长，相互影响。为了使这些潮水般涌来的信息有序化，在理论上，人们形成了系统论、控制论和信息论，研究和探讨了其中的规律和应对之策；在技术手段上，则形成了以微电子技术为先导的一场新型产业革命，

---

① 马克思恩格斯文集：第 7 卷 [M]. 北京：人民出版社，2009：197.

其重大成果是互联网和大数据运用。依靠这方面推动，人类经济生活一下子进入了一个前所未有时代，其中显著特征就是知识急剧膨胀和迅速传播。

"知识就是力量"这句名言直到今天才被人们切实体会到了。知识不仅是生产过程加速器，而且正日益取代有形物质地位。"社会知识系统上的许多变化可直接转变为商业行动。这一知识系统对公司环境的渗透力，甚至连金融系统、政治体制或能源系统也望尘莫及。"①

从技术上看，为了适应市场需要的转产，是企业不能不做但须付出极高代价的事情。它需要玩命的工具制造工、模具工和其他技术工，并向他们付出高额报酬，它还导致在转产期间的设备闲置。而由计算机驱动的制造技术设备，使产品多样化的成本趋于零。

从能源、原材料上看，更加深奥的知识可使人们将处于分子状态的物质按照一定要求改制成具有理想的导热、导电或机械特性的物质，装上电脑的车床会变得无比聪明，使产品更小，更轻，也更经济。同时，新的知识还将改变产品从生产到销售的过程，使其周期更短、投入更少。随着经济的知识化、信息化，原有一些经济发展概念变得靠不住了。它客观上出现了一种淡化等价交换的趋势，而寻求知识容纳新、形成能力快。

信息经济大潮的势头只是初起，当它全面展开时，自然会有一番新的气象。但可以从理论上断言，这是继劳动活动交换、劳动价值交换之后，人类所形成的另一种社会交换关系。

信息就是知识。信息经济就是智能经济。无论知识或是智能，仍然都是人类劳动产物。只是，这一次强调了人类精神生产，是指脑力劳动产品。它表明，人类在经历了文明史数千年艰苦跋涉之后；现在终于找到了真正体现自身力量的途径，来到了一条康庄大道上。

信息经济所体现的劳动智能交换将在很大程度上改变人类社会关系性质。马克思主义创始人当年囿于历史条件，无法准确预料信息经济出现。但他们关于理想社会设想，在原则上与信息经济发展趋势是相契合的

毫无疑问，正如劳动活动交换发展自然导致劳动价值交换一样，劳动价值交换发展也将自然导致劳动智能交换。人类交换关系在性质上转变具有渐进特点，并且，从根本上说，这种转变是为了适应人类发展与自然界关系需要，是不以人们意志为转移的客观要求。

---

① 阿尔温·托夫勒. 权力的转移［M］. 刘红，等，译. 北京：中共中央党校出版社，1991：96.

当然，三种交换方式递进发展是从总体意义上讲的。这只是说，在人类发展特定阶段，某种劳动交换方式成了主要社会关系形式；而不是说，在一个时期，就只有一种劳动交换方式。相反，自从文明时代一开始，三种劳动交换方式就都出现了。它们在不同社会阶层，运用不同表现形式，在不同程度上体现着自身存在。正如三种交换方式历时态演进体现社会发展规律一样，其共时态存在同样也具有必然性。

第三节　劳动智能交换与主体平等分配原则

劳动作为分配尺度，必须展示内在差别。学术界在研究按劳分配理论过程中，已区别了劳动"三态"：一是劳动潜在形态。这是从静态角度把握的劳动，即根据劳动者既有能力素质所做的判断，在前述劳动活动交换的论述中，被概括为生存平等原则的依据。二是劳动外化形态。这是从成果角度把握的劳动，它可以物化为产品，也可外化为活动，但一般显示为价值。在前述劳动价值交换的论述中，被概括为能力平等原则的依据。三是劳动流动形态。这是从动态角度把握的劳动，它以劳动时间为载体，展示了劳动智能形态方向，劳动智能交换被概括为主体平等原则的依据。

在叙述方法上，本节作为对"劳动与分配"研究的最后部分，将对三种"按劳分配"形式之间的关系予以总结。

（一）劳动智能交换性质

人类智能是通过改善自身生命活动而表现出来的，首先，它能够选定活动方向，让活动沿着有利于自身生存的目标发展，其次，它能够选定活动方式，让活动循着投入最小产出最大的原则进行。人类正是因为具备了这种智能，才使自身生命活动与其他生物区别开来。

人类生命机体中的脑力和体力共同构成了"人"这种自然物质能量。人类进步事实表明，人的体力状态并没有发生显著变化，而脑力变化则十分明显；与之相一致，推动人类进步主要原因是脑力而不是体力。

脑力发展主要表现在大脑储存信息量的增加上。信息，无论反映的是真相还是假象、局部还是整体，都为人们判断与自然界关系提供了思维材料，所有信息都必须在实践活动中接受验证。就此而言，一切信息都有价值：假象信息展示对象复杂性，真相信息展示对象确定性。每一信息都缩小了人们可能选择的空间。

可以从两个角度认识信息：就其客体性即信息所指谓物质内容而言，信息可标识自然界一切物质运动过程，具有无限性；就其主体性即信息所表现的精神形式而言，信息只与人类理性能力有关，具有针对性。前一种信息的意义在于其实在性，通过它才能认识物质运动；后一种信息的意义在于其选择性，通过它才能认识人的行为。

一方面，第一种信息存在构成第二种信息发生的前提；另一方面，第一种意义信息从属于第二种。当人们用信息概念描述自然物质运动、社会关系发展和自身思想活动时，都暗含一个价值判断，即有助于人类认识并把握客观的规律。申农（C. E. Shannon）认为：信息是人们对事物了解的不确定性的消除或减小。这是狭义信息论。广义信息论则把信息定义为物质在相互作用中表征外部情况的一种普遍属性，它是一种物质系统的特性以一定形式在另一种物质系统中的再现。这个意义的信息概念演变成一种具有普适性科学方法，即运用信息观点，把事物看作一个信息流动系统，通过对信息流程分析和处理，达到对事物复杂运动规律性的认识。它的特点是撇开对象具体运动形态，只把它作为一个信息流通过程加以分析。

在这里，广义信息概念可以被看作主体使客体纳入了对象化认识，其信息内容具有客体性质；而狭义信息概念则是主体对客体的把握本身，其信息内容是主体对客体的反映。

所谓人类交换关系中的信息，只能是指狭义信息。简言之，广义信息论是泛信息论，它涉及客观世界全部运动与变化；而狭义信息论仅指人们所认识了的客观世界的运动和变化。毫无疑问，就内容而言，广义信息是狭义信息的不尽源泉，而且狭义信息只有在与广义信息相一致情况下才能真正产生价值。两种信息统一在通信工程技术规范之中，其中，主体信息取得了客体信息外观。但是，从另一方面讲，严格意义信息只存在于主体参与关系中，脱离了主体，客观世界变化只有过程，没有历史，只有反应，没有选择，一切变化都只取决于物质性质。就此而言，信息现象是一种主客体关系现象，只能在人类生命活动中存在。

人与自然界交换归根结底是一种物质交换，而人类之间交换本质上是信息交换。如果说，人类结成社会活动是与生俱来的本能的话，那么，进入文明时代以来，社会关系建构就具有自觉性质，一定意义信息交换就开始了。

文明时代以社会关系突破血缘联系范围为开始标志。它表明，人们发展与自然界关系的物质生产活动，得以在更为广泛社会联系中进行。它第一次使一般社会管理上升为一种独立劳动分工。古希腊哲学家柏拉图（Plato），就曾经把管理国家技术等同于航海掌舵技能，都称为控制论。而所谓社会管理，是为了实现确定目标而不断对社会关系进行计划、组织和控制的过程。管理的意义在于，它采用信息方式对社会关系进行组织和控制。维纳（Norbert Wiener）把控制和通信视为同一类问题，进而把信息作为研究控制和通信的关键因素。他认为，信息是人对外界进行调节并使这种调节为外界所了解时而与外界交换来的东西。

社会管理对社会关系的调控，不管采取何种方式，实质是维系一种使相关各方都能够接受的利益平衡关系。这种利益关系不要求相同，但要求某种性质的平等。例如，封建时代的"君君臣臣父父子子"，主张各守其道。其间的"平等"就在于认可各自规范准则及其对等性。倘君不守君道，就无法要求为臣者忠君，倘父不慈就很难指责子不孝。至于其间利益大小的不同，则取决于人们在社会总劳动中不同的分工岗位。所谓"信息"，无非是对特定平等原则的确认。只有对这种"信息"达成了共识，才能形成稳定的社会关系，也才能推动对自然界关系的发展。

由此看来，社会管理功能包括三个环节：一是发现并确定维系社会合作的共同利益，即形成特定平等关系尺度；二是为不同分工的社会成员确立与之利益地位相当的责任范围，并采取政治方式予以维持；三是及时协调因各种变动而导致的利益关系失衡局面。

社会管理无疑是通过信息交换方式进行的。它证明，人类社会进入文明时代后，信息就发挥着关键作用。

信息可以在两种意义上被认识。一是仅与人们感觉器官相联系的信息。这种信息表现了人这种特定物质机体同其他物质之间的联系。它反映了广义信息内涵，是人类与其他物质运动共有现象。人类在接触到这类信息时，会产生具有自发性质反应。二是仅与人们大脑相联系的信息。这类信息往往采取符号形式出现，例如语言、文字、宗教、艺术等。符号信息不能脱离物质载体，但它本质上是精神的，是人类对客观物质世界规律认识的成果。一定意义上说，只有人类能够创建这样的信息世界。

在人类生存活动中，感觉信息和知觉信息是交织在一起的，但体现人类生命活动特征的是知觉信息。如果说，感觉信息导致了人的反应的话，那么，知觉信息则导致人的判断选择。前者与人类自然性相联系，后者与人类文化性相联系。正如人的文化性可以与自然性相互转化一样，与它们相联系信息的性质也可以相互转化。

信息对人类的意义表现在：它的产生机制决定了它与人们实践活动的某种联系；实践的客观性往往决定了其信息真实性。由于人类实践本身局限，例如在实践目的、方式、时空条件等方面的限制，其客观性是有限的，因而其信息真实性也是有限的。这并不意味着信息内容的真假区别，而是它所反映对象深度与广度问题，也即信息量的大小。

信息作为对不确定性的消除，本身表现着某种确定性。人类运用信息的目的就是建立行为和目的之间一致联系。它使人类与自然界物质交换方式减少了被动性而增加了主动性，也使人类与自然界物质交换内容减少了单一性而增加了选择性，还使人类与自然界物质交换结果减少了偶然性而增加了必然性。利用信息是人类生命活动具有自由自觉性质的基本原因。它使人类有可能以最小投入获得最大产出，创造与自然界物质交换又多又快又好又省的途径。就此而言，信息经济本质上针对了劳动流动形态，归根结底体现为劳动时间缩短；充分和完整的信息意味着生产过程简化，也意味着劳动时间减少，同时标志着人们能够以最小投入获得最大产出，这是理性向往的主体利益最大化目标。

人类信息交换本质上是智能交换。智能虽然采取了精神表现方式，实质却在于使自然物质力之间相互作用。自然界各种物质力并不能通过精神力本身就结合在一起，要改变其存在形式，要调整其存在时空条件，人类都必须握有干预其自然存在的物质力量。换句话说，智能的物质力作用，是建立在一定水平工具系统之上的。可以说，信息交换之所以发展至今日才被人们当作一种正式社会关系形式来认识，原因就在于人类必然要经历一个过程，使一般物质性工具系统得到发展完善。

以微电子技术为先导的新型产业革命，为人类社会生产迈向一个新目标奠定了基础。它催生的互联网和大数据，大大开阔了人们眼界，使人们发现信息的经济意义及其巨大潜力。由于目前仍然处在这场新型产业革命开端，人们有充分理由预言智能生产方式将是人类特有的物质生产方式。

现实变化改变了人们对未来的预测，也就同时要求修正对历史的认识。由于新的发展目标出现，历史乃至现实都表现为对这一目标趋近过程，构成了向该目标演进的一个环节。这不能不引起历史观中价值尺度的变化。

如果说，未来人类劳动将体现脑力劳动特征的话，那么，脑力劳动发展状况就构成了人类劳动发展的基本尺度，而脑力劳动萌芽也就构成了人类劳动的真正开始。

（二）劳动智能交换特征

劳动智能的交换，说到底就是个体之间劳动能力交换；它与活动交换和价值交换的区别在于，既不采取某种使用价值交换方式，也不采取某种商品形态交换方式，而只是一种精神产品交换。这种精神产品作为智力，能够支配其他物质力，因而具有推动物质生产发展的作用。

劳动智能交换在形式上表现为社会关系扩大。一种劳动智能，被人们接受范围越广，其提供者所形成社会关系就越多。假设每一个他人都不是白白受惠，而是做了相应回报，即都把自己智能成果予以回馈，那么，一个人社会关系多广，他的个人能力就多大，其能力将是相关他人能力之总和。马克思曾说：

> 全面发展的个人——他们的社会关系作为他们自己的共同的关系，也是服从于他们自己的共同的控制的——不是自然的产物，而是历史的产物。要使**这种**个性成为可能，能力的发展就要达到一定的程度和全面性，这正是以建立在交换价值基础上的生产为前提的，这种生产才在产生出个人同自己和同别人相异化的普遍性的同时，也产生出个人关系和个人能力的普遍性和全面性。①

显然，关于个人全面发展，可以从两个角度来认识：

一是处于全面交换关系之中的个人。不论他是否使个人能力与社会能力趋于一致，只要他是社会关系成员，只要其个人劳动成为社会劳动，那么他客观上就具有了社会能力。马克思指出：

> 在现代世界，生产表现为人的目的，而财富则表现为生产的目的。事实上，如果抛掉狭隘的资产阶级形式，那么，财富不就是在普遍交换中产生的个人的需要、才能、享用、生产力等等的普遍性吗？财富不就是人对自然力——既是通常所谓的"自然"力，又是人本身的自然力——的统治的充分发展吗？财富不就是人的创造天赋的绝对发挥吗？这种发挥，除了先前的历史发展之外没有任何其他前提，而先前的历史发展使这种全面的发展，即不以**旧有的**尺度来衡量的人类全部力量的全面发展成为目的本身。在这里，人不是在某一种规定性上再生产自己，而是生产出他的全面性……②

---

① 马克思恩格斯文集：第 8 卷 [M]. 北京：人民出版社，2009：56.
② 马克思恩格斯文集：第 8 卷 [M]. 北京：人民出版社，2009：137.

马克思用生产产品即财富直接表明了个人发展的全面性。

二是个人实际能力的全面发展。他不是通过产品形态客体属性而是通过智力水平主体属性来显示个人全面发展的。个体将利用社会生产力发展所提供的自由时间来实现个人能力全面发展。恩格斯说：

> 正是由于这种工业革命，人的劳动生产力才达到了相当高的水平，以致在人类历史上破天荒第一次创造了这样的可能性：在所有的人实行明智分工的条件下，不仅生产的东西可以满足全体社会成员丰裕的消费和造成充足的储备，而且使每个人都有充分的闲暇时间去获得历史上遗留下来的文化——科学、艺术、社交方式等等——中一切真正有价值的东西；并且不仅是去获得，而且还要把这一切从统治阶级的独占品变成全社会的共同财富并加以进一步发展。①

上述两种不同情况表明，个人客观的全面发展是与劳动价值交换关系相一致的。按照马克思观点，只要把私有制变为公有制，由资本主义商品生产所造成的全面交换关系在共产主义计划经济条件下将采取另一种形式被继承下来。毫无疑问，这也成为理想社会中个人全面发展的最初形态，它与资本主义条件下的状况已有显著区别，即消除了使劳动者感到屈辱的奴役形式。在共产主义发展中，将迎来个人主观的全面发展。这时，个人全面能力已不再体现在产品之中，而是体现在人本身；发展这种全面能力已不再依靠劳动时间，而是依靠自由时间。

如同我们提出"消费劳动"概念所表明那样，马克思"自由时间"概念也表明了人类通过消费环节增进自身能力的观点。马克思说：

> 真正的经济——节约——是劳动时间的节约（生产费用的最低限度——和降到最低限度）。而这种节约就等于发展生产力。可见，绝不是禁欲，而是发展生产力，发展生产的能力，因而既是发展消费的能力，又是发展消费的资料。消费的能力是消费的条件，因而是消费的首要手段，而这种能力是一种个人才能的发展，生产力的发展。②

这种生产力发展取决于自由时间增加。而

> 节约劳动时间等于增加自由时间，即增加使个人得到充分发展的时间，

---

① 马克思恩格斯文集：第3卷［M］．北京：人民出版社，2009：258．
② 马克思恩格斯文集：第8卷［M］．北京：人民出版社，2009：203．

而个人的充分发展又作为最大的生产力反作用于劳动生产力。从直接生产过程的角度来看，节约劳动时间可以看作生产固定资本，这种固定资本就是人本身。①

这样，马克思就超越了"劳动时间"和"自由时间"对立，客观上揭示了本书所谓消费劳动现象。他认为：

> 自由时间——不论是闲暇时间还是从事较高级活动的时间——自然要把占有它的人变为另一主体，于是他作为这另一主体又加入直接生产过程。对于正在成长的人来说，这个直接生产过程同时就是训练，而对于头脑里具有积累起来的社会知识的成年人来说，这个过程就是（知识的）运用，实验科学，有物质创造力的和对象化中的科学。对于这两种人来说，只要劳动像在农业中那样要求实际动手和自由活动，这个过程同时就是身体锻炼。②

然而，由于历史条件局限，马克思、恩格斯对理想社会中人的全面而自由的发展，不是通过智能交换这种形式来理解的。他们认为，需要通过个人超越社会分工的限制予以实现。恩格斯提出：由整个社会共同地和有计划地来经营的工业，更加需要才能得到全面发展、能够通晓整个生产系统的人……教育将使年轻人能够很快熟悉整个生产系统，将使他们能够根据社会需要或者他们自己的爱好，轮流从一个生产部门转到另一个生产部门。③ 他形象地说：

> 总有一天会不再有职业的推小车者和职业的建筑师，曾经在半小时内作为建筑师发号施令的人也要推一段时间的小车，直到再需要他从事建筑师活动时为止。④

在这里，所谓个人全面发展，表现为劳动者通过教育，通晓了社会生产各种技能，所有劳动岗位对他们来说，都是可以胜任的。而所谓个人自由发展，表现为劳动者选择劳动岗位的自由。马克思和恩格斯曾设想：

> 在共产主义社会里，任何人都没有特殊的活动范围，而是都可以在任何部门内发展，社会调节着整个生产，因而使我有可能随自己的兴趣今天干这事，明天干那事，上午打猎，下午捕鱼，傍晚从事畜牧，晚饭后从事

---

① 马克思恩格斯文集：第 8 卷［M］. 北京：人民出版社，2009：203.
② 马克思恩格斯文集：第 8 卷［M］. 北京：人民出版社，2009：204.
③ 马克思恩格斯文集：第 1 卷［M］. 北京：人民出版社，2009：688 - 689.
④ 马克思，恩格斯. 马克思恩格斯选集：第 3 卷［M］. 北京：人民出版社，2012：581.

批判，这样就不会使我老是一个猎人、渔夫、牧人或批判者。①

马克思、恩格斯关于理想社会设想，显然包含了交换关系。这种交换首先是劳动岗位交换，其次包括了劳动产品交换。但前一种交换受社会发展计划性支配，个人选择岗位自由也应该与计划需要相一致，后一种交换将不再通过价值尺度来进行，而只需考虑劳动时间。

马克思、恩格斯还以上述理解为前提，论述了公有制取代私有制的必然性问题：

> 各个人必须占有现有的生产力总和，这不仅是为了实现他们的自主活动，而且从根本上说也是为了保证自己的生存。这种占有首先受所要占有的对象的制约，即受发展成为一定总和并且只有在普遍交往的范围里才存在的生产力的制约。因此，仅仅由于这一点，占有就必须带有同生产力和交往相适应的普遍性质。对这些力量的占有本身不外是同物质生产工具相适应的个人才能的发挥。仅仅因为这个缘故，对生产工具一定总和的占有，也就是个人本身的才能的一定总和的发挥。②

这要求实行生产资料公有制。在大机器生产条件下，联合起来的个人对全部生产力总和的一致关系，为消灭私有制创造了客观条件。"在无产者的占有制下，许多生产工具必定归属于每一个个人，而财产则归属于全体个人。现代的普遍交往，除了归属于全体个人，不可能归属于各个人。"③

不难看出，马克思、恩格斯这些设想，在逻辑上是严谨的。在当时条件下，他们只能就物质生产领域本身去思考未来社会人们的全面和自由发展。而信息时代的到来，从技术手段上拓宽了人们视野，使人们有可能从精神生产角度去认识物质生产的发展问题。在这种情况下再来看人的全面和自由发展问题，含义就不会与经典理论完全相同了。

首先，人们全面发展将不再表现为对所有社会分工岗位熟悉和把握上，而是需要接受完整系统的教育，使每一个人在知识和智力水平上都获得平等的、尽可能全面的发展；换句话说，现在需要人们形成同等水平的、最高标准的精神生产能力，而不是形成胜任各种劳动岗位的物质生产能力。

其次，人们的自由发展将不再表现为选择劳动岗位的自主权利，而是体现

---

① 马克思，恩格斯. 马克思恩格斯选集：[M]. 北京：人民出版社，2012：165.
② 马克思，恩格斯. 马克思恩格斯选集：[M]. 北京：人民出版社，2012：209.
③ 马克思，恩格斯. 马克思恩格斯选集：[M]. 北京：人民出版社，2012：210.

在从事创造性劳动的自主权利上。未来社会中，人们可以按照客观需要去选择劳动目标。它通常表现为新的理论、新的技术，将对革新物质形态工具系统、改善现存社会关系以及优化人们生活条件，发挥积极作用。

然而，马克思与恩格斯仍然在主要特征上把握了未来社会本质，即使是在信息经济条件下实行智能交换，也是如此。

一是在未来社会必须实行生产资料公有制。即便是对精神生产，生产资料公有制也具有决定性意义。当今世界对知识产权保护是以个人、集体、民族之间的利益分裂和对抗为基础的，在市场竞争条件下具有不言而喻的积极意义。但如果认定人类将停留在这种状态则没有根据。稍有理性者就可以看出，对科学技术成果相互封锁，是以人类付出超额劳动为代价的。马克思、恩格斯揭示了物质生产资料私有制弊端，从逻辑上也就预示了精神生产资料私有制的弊端。

二是在未来社会将体现劳动产品公有制。这意味着，在精神生产条件下，智能作为劳动产品将是公有的。一方面，每个人都能利用他人精神产品，以作为自己从事精神生产的生产资料；另一方面，每个人都能把自己精神产品提供给他人。这客观上体现了一种交换关系，即劳动智能交换。但这种交换关系平等性仅仅取决于每一位劳动者都提供了精神产品，或者说，交换关系平等性取决于交换行为本身。这时，已不需要著名的价值插手其间了。

三是在未来社会按需分配将通过按劳分配形式来实现。发达的社会生产力为需要个性化奠定基础。在信息经济充分发展条件下，人们通过采用不同软件生产出不同消费品已不再是神话，例如初现端倪的3D打印机。这种以精神选择为形式的分配方式，大大突破了传统以物质形式为主的分配方式。在某种程度上意味着：人们需要什么，就去生产什么。按需分配与按劳分配在这里实现了统一。马克思甚至在物质生产本身的范围内就已经预见到这种情况。他提出，一旦工人自己占有剩余劳动，自由支配时间和必要劳动时间的对立将不复存在，"社会的个人的需要将成为必要劳动时间的尺度"。①

四是在未来社会中劳动将成为人们生活第一需要。劳动一旦从体力劳动转变为脑力劳动，它就为人们劳动行为创造性提供了前提；劳动一旦从受控劳动转变为自由劳动，它就为人们劳动行为自觉性提供了前提。如前所述，随着自由时间增加，劳动将历史地从物质生产向精神生产转移，生产劳动与生命活动的界限将逐步缩小。此时，劳动自然而然变成了一项自由创造活动，它既有益于社会发展，又满足了身心活动要求和个人利益需要。马克思从逻辑上判断劳

---

① 马克思恩格斯文集：第8卷［M］．北京：人民出版社，2009：200.

动成为乐生需要必将为历史发展所证实。

综上可知，马克思、恩格斯关于理想社会的预料，在劳动智能交换条件下，变得更加清晰可见了，以至于我们可以说，劳动智能交换的社会特征，是两人最早揭示的。

（三）劳动智能交换发展

在劳动活动交换、劳动价值交换、劳动智能交换的分析中，不难看出其中内在联系：人类任何一种经济形态，都表现出个人对社会的依赖关系：这种关系通过个人与他人之间劳动交换完成，在不同社会生产力条件下，劳动交换所采取基本形式不同，但所有交换都贯注了一定意义社会平等原则。在劳动活动交换中，适应人们生存条件基本需要，实行了按劳动者分配，体现了劳动在使用价值意义上的平等；在劳动价值交换中，适应人们竞争条件的基本需要，实行了按劳动能力分配，体现了劳动在价值意义上的平等；在劳动智能交换中，适应人们自由发展的基本需要，实行了按劳动主体分配，体现了劳动在创造意义上的平等。

按劳动者分配及其生存平等原则、按劳动价值分配及其能力平等原则、按劳动主体分配及其社会平等原则，一定意义上都可以称之为按劳分配。这就是说，按劳分配是人类一切社会形态客观存在的分配原则。

劳动规定性可以归结为劳动具有生产性。社会存在必须以一定劳动生产率为基础，而社会发展必然依靠劳动生产率提高。要维持并提高劳动生产率，必须在消费方面采取鼓励劳动措施。正如恩格斯所说："只要分配为纯粹经济的考虑所支配，它就将由生产的利益来调节，而最能促进生产的是能使**一切**社会成员尽可能全面地发展、保持和施展自己能力的那种分配方式。"① 这种因果关系，致使一切社会形态都只能实行按劳分配，以保证社会的存在与发展。

当然，不同内涵的按劳分配所体现平等原则不一样，一种平等原则放入另一种社会背景下去认识，体现的不是平等，而是不平等。正是这种情况，妨碍了人们对人类社会关系与按劳分配之间一致联系的判断。

社会主义者对按劳分配问题认识呈现了比较复杂的情况。在一般情况下，人们是从消灭剥削的直观意义上接受按劳分配原则的；既然是以"劳"为标准，那么，所有的不"劳"与非"劳"，都将不在考虑之列。这对于长期目睹社会贫富不均的普通劳动者来说，无疑是一个最理想措施，他们认为，恰恰是社会

---

① 马克思，恩格斯. 马克思恩格斯选集：第 3 卷［M］. 北京：人民出版社，2012：581.

上的富人，不像他们那样辛辛苦苦地在从事体力劳动。

这种影响力很大的心态首先表现在对劳动与非劳动的确认上，进而表现在对劳动者与非劳动者的确认上。人们自然而然地从历史中否定了脑力劳动生产性，也否定了脑力劳动者在社会总劳动中的关键作用。这样一来，当然也不可能承认除社会主义社会以外的其他社会存在过按劳分配了。

社会主义者这种对历史考察具有独特视角，它以现实眼光来认识历史发展，所得出结论曾大大鼓舞了亿万人民奋起反抗旧的社会制度，为处在社会最底层的无产阶级翻身解放发挥了巨大作用。但是，上述认识毕竟具有片面性，在需要科学组织社会主义经济活动的今天，它不得不被调整和修正。

然而，马克思主义关于前社会主义社会存在着统治阶级对被统治阶级的剥削和压迫的指控，并非无中生有，而是揭示了一种历史事实。它表明，在按劳分配的实施过程中，有可能自发衍生出用劳动剥削劳动的现象。这大体表现出两种情况。

第一种情况是按权分配。

权力是一种有组织暴力，即社会强制力。它以对社会关系管理为目标，用法的形式确定了公共生活准则，并迫使人们共同遵守。权力作为文化现象，是脑力劳动成果，但表达形式是体力。因此，权力客观上要由两部分劳动者组成：一是作为法或秩序精神代表的"首脑"及其官僚队伍；二是以服从命令为天职的武装队伍组成的"铁拳"。首脑加铁拳构成了超过任何个人大脑和双手的能力，成为凌驾社会之上的力量。权力劳动直接产品是秩序，形成秩序的最高或最终手段是暴力。

为一些人津津乐道的原始社会，氏族成员对小圈子以外世界往往不无敌意。原始社会末期的普遍战争（所谓"英雄时代"），是人们争夺首批剩余产品的流行方式，它进一步扩大到掠夺土地资源和人口。当时，打仗和抢掠被尊奉为唯一生产性劳动，军队中汇集了最优秀人才，而农业、手工业劳动则遭到鄙薄，只由庸众和战俘担任。人类第一个文明社会即奴隶制就是以此为基础建立起来的。

奴隶制暴力作为社会关系文化发端，从两个方面促进了物质生产力发展：一是防御并制止了外部敌对力量和内部动乱势力对劳动者突发性伤害，稳定了社会生产秩序；二是强制一部分人从事体力劳动，保证了物质生产发展所必需的劳动力。

从总体上看，这个时期分配存在着两个层次：首先，劳动产品在奴隶和奴隶主之间分配，即按劳动的体力和脑力分配。体力劳动者所得仅够人力再生产，而脑力劳动者则拿走除此之外全部产品；其次，劳动产品进一步在奴隶主中分配，这种分配实际上是按有无权力和权力大小分配，即按权分配。

按权分配的致命弊病在于否定了社会多数成员分配剩余劳动产品权利，因此，它无法通过利益杠杆来进一步调动奴隶劳动积极性。并且，社会物质生产力发展对权力需求具有客观限度：一是内外暴力对劳动秩序形成的现实和潜在的侵害程度；二是物质生产力能够供养的非物质生产劳动者数量。事实证明，权力同任何其他暴力一样，容易滋生自我迷信，把作为工具的强大误作为强大的工具，一方面带来举措失当，另一方面造成以权谋私，在运用中往往突破社会的合理需求。而权力一旦超过客观限度，就会由消除暴力转化为恣意施暴，这样必然导致反抗和不满，直至这种权力被迫改变，回归到其应有范围内。

第二种情况是按资分配。

资本具有某种物质形态，但本质上是一种具有二重性的生产关系：一是它为活劳动提供了发挥作用的机会，给资本家和雇佣劳动者都带来了一定经济利益；二是它反映了物化劳动对活劳动的支配和所有者对无产者的支配，造成了劳动异化。

资本是一种历史现象，它存在直接原因是，一部分社会成员占有全部生产资料，其余人因之失去了劳动的客观条件。而更深刻原因则是：人类个体之间劳动能力发展不平衡，一部分人无法通过劳动收入获得积累，并进而取得与他人同等的客观劳动条件；人类总体生产力水平处在较低阶段，主要依靠耗资很大的外延扩大再生产，而不是依靠耗资较少的技术进步，物质条件在劳动中还起着关键的作用。

理论意义的按资分配是按资本数量分配，在其现实性上则是按经营资本能力分配，二者在总体趋势上往往一致：资本数量是经营资本能力的静态表现。

按资分配也存在两个层次：一是它只在资产阶级中分配，排除了无产者权利；二是它在资本家中按照他们运用所有权的能力分配。然而，还应看到，无产者劳动从属于资本家劳动，在资本家中按劳分配结果，一定程度上成为在无产者中按劳分配的前提。在一般意义上，资本家劳动是经营资本，属于生产过程中的脑力支出，无产者劳动是被资本经营的人力，属于生产过程中的体力支出。不同经济地位造成了双方利益对立，但同属于一个生产过程，又蕴含了双方共同利益。

资本性质的关系在封建社会已有所显示，地主把土地租给农民并收取地租就类似于此。但是，封建的按资分配是在按权分配前提下实现的。因此，地主既无法选择农民，农民也被强制固定在既定土地上。而资本主义按资分配包括了双向选择过程：资本家可以自由挑选工人，工人也可以自由选择资本家。这样，一方面加剧了工人之间竞争，客观上有利于资本家利益；另一方面，也加剧了资本家之间竞争，客观上有利于工人利益提高。可见，同按权分配比较，按资分配使所有劳动者都能从生产发展中获得相应利益，较为普遍地调动了劳动者积极性，是更为进步的分配关系。

但是，按资分配带来的进步同它存在的弊端密切相连。同按权分配相比，按资分配否定了政治权力对劳动者自主选择劳动岗位的干预，但又通过经济途径恢复了这种干预权力。资本家控制了生产资料，也就等于控制了劳动权。就此而言，按资分配蒙有按权分配的浓重阴影。

无论是按权分配，还是按资分配，都使本来意义按劳分配走上了自我否定道路。它们使该经济关系中内含的平等原则被破坏。但是，人们却无法否认，按权分配是在劳动活动交换过程中形成的，在一定意义上并不与按劳动者分配相冲突，与此相同，按资分配是在劳动价值交换过程中形成的，在一定意义上并不与按劳动力分配相冲突。正如有无权力和权力大小也是对劳动活动的一种衡量尺度一样，有无资本以及资本多少也是对劳动力的一种衡量尺度。

马克思主义一向主张，对任何问题分析都应该将其纳入特定历史条件之中。按权分配、按资分配也是与人类发展一定时期相联系才具有合理性。今天社会主义者重新认识这个问题，就是因为它们时代已经或将要属于历史。

社会主义所主张按劳分配更贴近本来意义按劳分配。从理论上说，由于实行生产资料公有制，它将消除因按资分配所产生的社会不平等；由于强调管理者的普通劳动者地位，它将消除因按权分配所产生的社会不平等。按权分配—按资分配—按劳分配，是从另一个角度认识的按劳动者分配—按劳动力分配—按劳动分配。人类所经历每一种生产方式都同时具有这三种形式，但就其主导的分配关系而言，在自然经济时期是按权分配，在商品经济时期是按资分配，在信息经济时期则是按劳分配。上述三种分配方式顺序，既具有历史性，又具有逻辑性。

首先，就劳动支出领域而言，按权分配时期脑力劳动被排除在物质生产之外，按资分配时期雇佣工人脑力劳动被排除在物质生产之外，只有按劳分配使全部劳动都进入了物质生产领域，显示了人类劳动逐步向物质生产方向集中的客观性。

其次，就劳动支出方式而言，按权分配体现了一般劳动活动的体力性质，按资分配是脑力与体力的结合，而典型的按劳分配将是以脑力支出为特征的，反映了人类劳动方式逐步由体力劳动向脑力劳动的转化。

最后，就劳动关系性质而言，按权分配以脑力劳动者与体力劳动者在经济与政治地位不平等为基础，按资分配则体现了两种劳动者在政治地位平等和经济地位不平等，而按劳分配最终将带来劳动者的全面平等，说明了人类发展所展示的社会平等化趋势。

下　篇

03

| 劳动方式 |

　　劳动作为人类理性支配的生命活动，在发展过程中，会逐步形成自身愿景；后者成为劳动努力目标，指引人们前进方向。在通常情况下，理想目标包括两个环节：一是主体所达到状态；二是实现该状态所运用的方式。马克思依据唯物史观，认为人类将达到"每个人的自由发展"或"个人全面发展"的共产主义理想社会，而公有制计划经济将是其生产方式。

　　问题在于：个人全面发展和公有制计划经济是何种关系？如果是并列关系，那么，个人全面发展与公有制计划经济将互相补充，同时成为理想社会标志；如果是因果关系，要么个人全面发展是实现公有制计划经济的条件，要么公有制计划经济是实现个人全面发展的前提。

　　马克思在三种社会形态理论中，明确把"建立在个人全面发展以及他们的共同生产能力成为他们的财富基础之上"作为前提条件，该条件通过物的依赖关系充分发展来提供。给人印象是：个人全面发展是前提，应该在商品经济发展过程中予以实现；而公有制计划经济是其跟进的并列条件，通过社会主义革命予以实现。如果此论成立，就意味着，所谓"个人全面发展"一方面承接着资本主义生产方式成果，另一方面又在共产主义社会中得到真正呈现。

　　这样一来，就不单单是公有制计划经济实现"个人全面发展"目标了，而是私有制市场经济积累了这一目标实现的历史条件。要准确理解马克思相关思想，需要具体解读马克思心目中"个人全面发展"的内涵。

从马克思下决心消除商品货币来看，他力推计划经济——这是他认为社会主义在生产力方面优于资本主义的依据。当马克思认为脑体分工导致阶级分野，因而不合理时，他对所谓"个人全面发展"的想法就不再是既发展体力又发展脑力了，而是着眼于消除"分工"限制。换句话说，个人全面发展有两种模式：

一种是马克思设想的模式——以劳动分工自由转换为标志，即人们可以从一种分工岗位自由转移至另一种分工岗位；做到这一点需要两个条件：首先是大机器生产存在，人们劳动技能大大简化，转换劳动岗位相对比较容易；另一个是生产资料公有制实现，人们转移劳动岗位不再考虑所有制限制，只需按照需要经过简单培训即可。

另一种是当代经济呈现的趋势——以劳动方式脑力化为标志；做到这一点也需要两个条件：一是社会生产力高度发展，财富积累总量已经达到足够满足全体社会成员发展需要水平；另一是市场机制充分运用，竞争压力已经充分传递到每一个人身上，使其把提高劳动能力上升成为一种自觉行动。

马克思认为，脑体分工是一种不当抑或错误，是一部分人把本应自己承担体力劳动任务强加给他人；只是在当时条件下，由于生产力水平限制，人们可以接受这种现实。而对错误的历史性纠正，取决于大机器生产出现。马克思认为，"个人全面发展"就是消除脑体分工，这将是理想社会显著标志。

种种迹象表明，马克思心目中的理想社会，体力劳动仍然占据为主位置。只是随着大机器出现，体力支出越来越避免了过分疲劳和危险；一旦卸掉了固定分工所造成的压力，生命存在就呈现出自由状态。所谓工农差别、城乡差别、脑体差别，具有实质意义的是脑体差别，前面两种差别都可通过改变劳动外部条件消除，唯有脑体差别需要改变劳动者本身条件。

19 世纪工业革命所推动的脑力劳动进入直接物质生产，引发后者迅速变化。《共产党宣言》说，"资产阶级在它的不到一百年的阶级统治中所创造的生产力，比过去一切世代创造的全部生产力还要多、还要大"[①]，但后续事实表明，这仍然是风之起于青萍之末，脑力劳动鼓荡拉动的经济狂飙，以更猛势头、更强力度，席卷了全球，支配了全人类。经济全球化、信息网络化、生产智能化，推动整个世界日新月异。21 世纪与 19 世纪相比，最为重大区别在于：人类生产方式从以体力支出为主转变为以脑力支出为主。马克思至多考虑到了两种劳动方

---

① 马克思，恩格斯. 马克思恩格斯选集：第 1 卷 [M]. 北京：人民出版社，2012：405.

式消除对抗之后的均衡发展问题，根本没有想到脑力支出完全主导劳动方式局面的出现。也许，一切的一切，都可以归结为：自从脑力劳动进入直接物质生产领域，发展不仅是成倍进行，而且是连续成倍进行。

在 19 世纪，人类通过生物进化论、细胞学说、物质不灭与能量守恒理论，在全新高度上认识了物质世界，在一定意义上，重建了人类与自然界关系；在此基础上所形成的蒸汽机技术，实现的是体力方面解放。而 100 多年后，到了 20 世纪，人们通过信息论、控制论、系统论，逐步逼近了脑力劳动领域，进而通过微电子技术和互联网，实现了脑力劳动解放。这是完全不同的一种进步。也是马克思时代很难想象的一种发展。它所展示的前景，是人类整体能力升级换代。先是体力性质发展，再是脑力性质发展，正在进行外脑性质发展，后者作为智能生产所展示前景无限性与人同自然界关系发展无限性是趋同的。

人们当然没有理由要求马克思当年就预料到人类今天的进步。马克思已经在其时代做到了最好，他的思想体系所显示方法理论原则，仍然是当代社会主义者必须遵循的科学理论；与此同时必须清晰地知道，正是马克思主义方法理论，要求必须用发展马克思主义方法去坚持马克思主义，无论坚持唯物史观，还是坚持剩余价值理论，都必须考虑到：21 世纪人类发展主线已经从以体力劳动为主转变为以脑力劳动为主；目前对历史规律考察和对剩余价值来源判断，都应该建立在这一发展主线转移的基础之上。

如果说，19 世纪马克思主义把生产力第一致动要素确认为生产资料技术水平，从而把大机器出现视为消灭阶级的物质条件，进而把公有制计划经济看作理想社会目标的话，那么，21 世纪马克思主义则把生产力第一致动要素确认为劳动者能力水平，从而把劳动方式脑力化视为消灭阶级的基本条件，进而把社会主义市场经济看作达到共产主义的必由之路。

第七章　劳动与理想

理想一开始就主宰着人类生命活动，也成为劳动的灵魂。这意味着，劳动始终具有目的性，而整体劳动、长期劳动无一不是与某种理想联系在一起的。

应该看到，由于劳动在社会关系中进行，人们理想最直接诉求往往体现在社会关系领域，要么是自身分工地位改善，要么是自身分配地位提高；而社会变革努力，也常常与社会关系调整有关。列宁当年这么概括唯物史观——从社会关系中发现起决定作用的经济关系，又从经济关系中发现起决定作用的生产力，为此形成了生产力与生产关系矛盾运动来解释历史规律。这当然很重要。然而，对唯物史观中生产力的认识，存在两个角度，一个侧重现实目标即从社会关系出发，一个侧重理想目标即从自然关系出发。科学社会主义就其内容来说，首先是对现代社会中普遍存在的阶级对立和经济危机"这两个方面进行考察的结果"①，"仅仅运用自己的知识去探讨人民自己进行的社会运动"②，证明马克思主义侧重现实目标，是从社会关系角度出发的。

显然，应该把与自然界关系视为根本内容，去考察作为形式的社会关系问题，否则就容易在历史观方面跑偏。

第一节　人类劳动对生命自由目标的追求

人类面对第一关系就是与自然界关系。马克思说："**自然界**是**关于人的科学**的直接对象。"③"在实践上，人的普遍性正是表现为这样的普遍性，它把整个

① 马克思，恩格斯. 马克思恩格斯选集：第 3 卷［M］. 北京：人民出版社，2012：775.
② 马克思，恩格斯. 马克思恩格斯选集：第 3 卷［M］. 北京：人民出版社，2012：341.
③ 马克思恩格斯文集：第 1 卷［M］. 北京：人民出版社，2009：194.

自然界——首先作为人的直接的生活资料，其次作为人的生命活动的对象（材料）和工具——变成人的**无机的**身体。"① 而人类是通过劳动来发展与自然界关系的。"首先，劳动这种**生命活动**、这种**生产生活**本身对人来说不过是满足一种需要即维持肉体生存的需要的一种**手段**。而生产生活就是类生活。这是产生生命的生活。一个种的整体特性、种的类特性就在于生命活动的性质，而自由的有意识的活动恰恰就是人的类特性。"②

人拥有意识能力决定了其生命活动的最高价值就是自由。首先，自由是发挥意识能力的基本形式，是实现意识能力最大化的必然选择。意识是主体借助于大脑对客观世界的反映；主体需要的动态性和发展性，决定了其生命活动多样性和复杂性，相应要求意识能力具有自主存在和自由运用特点。其次，自由是意识追求的基本内容，是人类生命活动目标。自由是对必然的认识，意识能力使人"懂得按照任何一个种的尺度来进行生产"③，从而"通过他所做出的改变来使自然界为自己的目的服务，来**支配**自然界"④，"文化上的每一个进步，都是迈向自由的一步"⑤。而文化成果的持续积累将使人类不断拓展与自然界关系，获得越来越多、越来越大的生命活动自由。

（一）马克思、恩格斯关于"自由王国"论述

马克思曾从多种角度论述人与自然界关系所呈现的规律性，其中，依据"自由的有意识的活动"所做的关于必然王国和自由王国的论述，从总体上表达了人类历史发展对生命自由理想的趋近：

> 事实上，自由王国只是在必要性和外在目的规定要做的劳动终止的地方才开始，因而按照事物的本性来说，它存在于真正物质生产领域的彼岸。像野蛮人为了满足自己的需要，为了维持和再生产自己的生命，必须与自然搏斗一样，文明人也必须这样做；而且在一切社会形式中，在一切可能的生产方式中，他都必须这样做。这个自然必然性的王国会随着人的发展而扩大，因为需要会扩大；但是，满足这种需要的生产力同时会扩大。这个领域内的自由只能是：社会化的人，联合起来的生产者，将合理地调节

---

① 马克思恩格斯文集：第1卷 [M]. 北京：人民出版社，2009：161.
② 马克思恩格斯文集：第1卷 [M]. 北京：人民出版社，2009：162.
③ 马克思恩格斯文集：第1卷 [M]. 北京：人民出版社，2009：163.
④ 马克思，恩格斯. 马克思恩格斯选集：第3卷 [M]. 北京：人民出版社，2012：997 - 998.
⑤ 马克思，恩格斯. 马克思恩格斯选集：第3卷 [M]. 北京：人民出版社，2012：492.

他们和自然之间的物质变换，把它置于他们的共同控制之下，而不让它作为一种盲目的力量来统治自己；靠消耗最小的力量，在最无愧于和最适合于他们的人类本性的条件下来进行这种物质变换。但是，这个领域始终是一个必然王国。在这个必然王国的彼岸，作为目的本身的人类能力的发挥，真正的自由王国，就开始了。但是，这个自由王国只有建立在必然王国的基础上，才能繁荣起来。工作日的缩短是根本条件。①

马克思关于必然王国和自由王国的思想，是从整体上对人类生命活动发展形态的判断，也是从人的特性角度对历史规律的判断。追求生命自由构成人类发展与自然界关系的基本价值目标：首先，必然王国自由体现为生命延长——人类在自然规律许可下将使自身生命时间达到最长状态，即取得生命存在的最大自由；其次，自由王国自由体现为自主增加——人类随着意识能力的提升将获得更多自主活动空间，即取得生命活动的最大自由。诺贝尔经济学奖获得者阿马蒂亚·森也认为，发展的本质是实现自由。

恩格斯表达过类似观点：

一旦社会占有了生产资料，商品生产就将被消除，而产品对生产者的统治也将随之消除。社会生产内部的无政府状态将为有计划的自觉的组织所代替。个体生存斗争停止了。于是，人在一定意义上才最终地脱离了动物界，从动物的生存条件进入真正人的生存条件。……只是从这时起，人们才完全自觉地自己创造自己的历史；只是从这时起，由人们使之起作用的社会原因才大部分并且越来越多地达到他们所预期的结果。这是人类从必然王国进入自由王国的飞跃。②

马克思、恩格斯使用必然王国与自由王国概念，从总体上概括了人类"自由的有意识的活动"的两种基本形态及其相互关系：

1. 必然王国呈现"必要性和外在目的规定"的性质，是"为了维持和再生产自己的生命"，通常体现在"真正物质生产领域"。

2. 必然王国的自由体现在人与自然界之间的物质变换中，一是运用"消耗最小的力量"的生产力，二是实行"在最无愧于和最适合于他们的人类本性的条件下"的生产关系。

3. 自由王国呈现"作为目的本身的人类能力的发挥"的性质，"存在于真

① 马克思恩格斯文集：第7卷 [M]. 北京：人民出版社，2009：928-929.
② 马克思，恩格斯. 马克思恩格斯选集：第3卷 [M]. 北京：人民出版社，2012：815.

正物质生产领域的彼岸"，即精神生产领域。

4. "自由王国只有建立在必然王国的基础上，才能繁荣起来"，生产力水平提高所导致"工作日的缩短是根本条件"。

由上面论述可以得出如下结论。

第一，人类文明史既体现为必然王国与自由王国始终共存的过程，又体现为从以必然王国为主向以自由王国为主的发展过程。

第二，无论人类处在必然王国还是自由王国，生命活动的目标都是自由：首先是物质生产领域的自由，其次是精神生产领域的自由。

第三，人类历史大体分为三个阶段：1. 争取必然王国的自由时期——人们经历长期发展，逐步告别自然经济状态，生存必需品获得普遍和稳定满足，脑力劳动进入直接物质生产领域；2. 达到自由王国的开始时期——科学技术成为第一生产力，人们采取精神方式从事物质生产，脑力劳动占据了主导地位；3. 实现自由王国的繁荣时期——精神产品实现了个性化和公有化，脑力劳动实现了普遍化和同等化。

必然王国和自由王国的理论是马克思为社会发展规律提供的一种具有独立价值意义的解释。它以人类与自然界关系的发展为背景，以人的生命活动所具有的意识能力为主线，从宏观上概括了历史发展的两种基本形态。而社会主义理想社会的必然性，体现在人类从以必然王国为主向以自由王国为主转变的完成，一方面，它实行了"在最无愧于和最适合于他们的人类本性的条件下"的生产关系，呈现出"作为目的本身的人类能力的发挥"的局面，另一方面它做到了"消耗最小的力量"来发展生产力，实现了"工作日的缩短"。显然，无论前者还是后者，都拥有发展空间，从而也使必然王国和自由王国的理论具有宽泛的解释能力。与唯物史观其他理论思路相比，更少受到具体时代条件的局限，可称为马克思为社会主义运动提供的压箱之宝。

不仅如此，两种王国理论还提供了观察两种社会制度演变的另一种视角。无论人们从何种状态开始，要实现从必然王国向自由王国的发展，都必须解决两个问题：第一，真正的自由王国只能出现在物质生产领域的彼岸即精神生产领域，意味着人们已能运用精神方式解决物质生产问题，科学技术不仅成为第一生产力，而且成为主要生产力；第二，自由王国所呈现的"作为目的本身的人类能力的发挥"的局面，意味着"每个人的自由发展"基本完成，脑力不仅成为一般劳动方式，而且脑力劳动者都能够选择个性化发展形式。正是这一视角，解释了市场体制替代计划体制的必然性。

（二）市场经济发展与"自由王国"目标

目前，人类正处在自由王国的开始时期，市场体制之所以成为普遍选择，是因为赋予了以意识运用和发展为特征的个人自由以制度化形式，适应了该时期的需要：首先，通过法制前提，它使个体行为被控制在不损害他人自由的范围内，保证了自由选择最大化；其次，通过利益竞争，它使个体行为趋向意识能力最强化，实现了对智力发展的不断激励。二者共同提供了每个人生命活动自由的最大空间。

由此使市场体制具有两个基本优势：其一，它运用市场这一客观评价机制推动劳动者之间竞争，形成了对意识能力的持续激励，维持了社会生产力的向好趋势；其二，它提供了法制前提下竞争行为选择的最大自由，并通过财富分配的多寡予以衡量，形成对个体潜力的积极发掘，开启了意识能力个性化发展的广泛空间。

与此同时，市场体制也存在两种弊端：首先，竞争所带来的利益对抗，使意识成果不能展现其公有本性，人们往往以邻为壑，妨碍了整体利益发展；其次，竞争所导致的优胜劣汰，使社会财富向强者手中集中，其积累效应使按资分配比重加大，破坏了竞争公平性，引发越来越多的社会对抗。"积累起来的劳动，或者说私有制……就它在劳动的范围内同劳动相对立来说，是从积累的必然性中发展起来的。"①《共产党宣言》指出："在资产阶级社会里，活的劳动只是增殖已经积累起来的劳动的一种手段。……因此，在资产阶级社会里是过去支配现在……资本具有独立性和个性，而活动着的个人却没有独立性和个性。"②

正是由于其优势，使社会主义选择市场体制；而正是由于其弊端，使社会主义改造市场体制。在运用市场体制方面，如果说，资本主义坚持的是"每个人的自由竞争"原则的话，那么，社会主义坚持的应该是"每个人的自由发展"原则。双方因都包含了"个人自由"而体现了人类从必然王国向自由王国发展的客观趋势，但是，双方的历史方位存在区别："每个人的自由竞争"侧重于人们既有能力的发挥，突出了发展生产力的需要，主要体现了必然王国的自由追求；而"每个人的自由发展"侧重于人们既有能力的提高，兼顾了生产关系的改善，对接了自由王国的目标。

---

① 马克思恩格斯文集：第 1 卷 [M]. 北京：人民出版社，2009：579.
② 马克思，恩格斯. 马克思恩格斯选集：[M]. 北京：人民出版社，2012：415.

不难看出，资本主义"每个人的自由竞争"，属于市场体制的原创形式，在展示其推动生产力发展优势的同时，其优胜劣汰机制将不可避免带来贫富分化；而后者的积累在一定程度上消解了市场体制对人们劳动的激励作用。无论为了形成赶超资本主义的生产力，还是为了最终实现"每个人的自由发展"目标，市场体制都是社会主义不可或缺的发展方式。但是，社会主义不能沿袭资本主义运用市场的窠臼，而需要从一开始就坚持共同富裕原则，对市场体制扬长避短。

显而易见，资本主义市场经济经历了多个世纪发展，已呈成熟形态，而社会主义打算建立的市场经济处在初创阶段，无论在体制还是机制上都需要经历某种试错过程，才能逐步完善。因此，从总体上看，目前双方优劣难分伯仲，甚至社会主义市场经济在某些方面稍逊一筹，存在了更多矛盾和问题。但这并非后者的本质状态。只要假以时日，社会主义市场经济一定能够充分展现自身潜力，创造出人类新的更为优越的发展模式。

如果说，选择市场经济是中国改革最大的实践突破，而历史证明自发市场经济只能导致资本主义的话，那么，中国只有改造市场经济才能实现社会主义的共同富裕，后者要求用生命本身平等目标代替生命活动平等目标。

生命自由属于人类与自然界关系层次的价值观，具有元价值观意义。首先，它把人类作为客体即自然存在来认识，其生存与自然界规律具有一致性，其价值确认亦属必然性或规律论。其次，它把人类作为整体及其历史过程来认识，其价值内容表明了人类发展基本规定性，具有衍生出各种具体价值观的逻辑张力。

（三）马克思人性三概念与生命自由目标①

人类与自然界关系所呈现的价值观与人的一般性质有关，马克思关于人性的三个概念对此提供了很好的启迪。一是人们的需要即他们的本性。它源自人的生物规定性，决定了所有人都拥有满足自身需要的生命活动目的。二是人脑组织所具有的意识功能体现了人类生命活动自由自觉的特性。意识成果所形成的累积效应，决定了人类生命活动能力呈现不断发展的特点。三是社会关系的总和体现了人的本质。人的现实本质取决于所拥有的社会关系，其发展形态则体现为社会关系的扩大。

按照上述关于人性的理解，人的本性、特性和本质的历史统一所形成的发

---

① 可参阅本书第一章相关内容。

展趋势，构成抽象意义或一般意义的价值观。

人的本性决定了人类需要的相同，人的特性和本质决定了人类满足需要的方式相同，由此决定了人类存在着共同价值观。马克思说：

"人们之所以有历史，是因为他们必须**生产**自己的生命，而且必须用**一定的**方式来进行；这是受他们的肉体组织制约的，人们的意识也是这样受制约的。"① 而"意识一开始就是社会的产物，而且只要人们存在着，它就仍然是这种产物"②。马克思明确把受"肉体组织制约"的需要分为不同部分：如果说，在"必须生产"这个环节人类与动物相同的话，那么，按照"一定的方式"生产则体现了与动物的区别。"动物只是在直接的肉体需要的支配下生产，而人甚至不受肉体需要的影响也进行生产，并且只有不受这种需要的影响才进行真正的生产；动物只生产自身，而人再生产整个自然界；动物的产品直接属于它的肉体，而人则自由地面对自己的产品。"③

为此，"人们为了能够'创造历史'，必须能够生活。但为了生活，首先就需要吃喝住穿以及其他一些东西。因此第一个历史活动就是生产满足这些需要的资料，即生产物质生活本身……"④ "第二个事实是，已经得到满足的第一个需要本身、满足需要的活动和已经获得的为满足需要而用的工具又引起新的需要，而这种新的需要的产生是第一个历史活动。"⑤ 马克思把第一事实作为"一切历史的第一前提"，把第二事实作为"第一个历史活动"本身。前者体现的是与动物无区别的自然性，后者体现的才是受意识支配的人类独有的本性。社会关系是意识能力的实现形式，"在这里是指许多个人的共同活动，至于这种活动在什么条件下、用什么方式和为了什么目的而进行，则是无关紧要的。"⑥ 它体现了人的特性和本质在特定生命活动中的统一；迄今为止，个人或共同体拥有的社会关系总和往往不同，这导致其现实性本质的区别，进而带来具体价值观的不同。

一般价值观从总体上体现了人类生命活动的规定性，是任何时候任何主体在一定程度上都具有的；而具体价值观，直接取决于特定个人或集体的生命活动条件，主体之间往往存在差别。就像人们不断创新具体价值观一样，一般价

---

① 马克思，恩格斯. 马克思恩格斯选集：[M]. 北京：人民出版社，2012：160 注（1）.

② 马克思，恩格斯. 马克思恩格斯选集：[M]. 北京：人民出版社，2012：161.

③ 马克思，恩格斯. 马克思恩格斯选集：[M]. 北京：人民出版社，2012：57.

④ 马克思，恩格斯. 马克思恩格斯选集：[M]. 北京：人民出版社，2012：158.

⑤ 马克思，恩格斯. 马克思恩格斯选集：[M]. 北京：人民出版社，2012：159.

⑥ 马克思，恩格斯. 马克思恩格斯选集：[M]. 北京：人民出版社，2012：160.

值观虽属客观存在，对其认识同样需要经历发展过程。从宏观上说，当人类不仅名义上作为整体存在，而且拥有了一致利益或面临了共同难题的时候，一般价值观意识的形成就具有了某种客观条件；共同利益或难题越多，人们对一般价值观的认识就越深刻，所实行的具体价值观就越能体现其要求。那么，如何认识一般价值观问题呢？

按照前述关于人性的理解，人与自然界关系具有两个规定。其一，人类是自然界形成的物质现象，其存在方式是被确定的：一方面，只能以个体的有限生命方式存在，另一方面，个体生命延续需要与外部物质条件实行交换。其二，人类生命机体拥有大脑组织，其活动受意识支配：一方面，意识成果的产生来自个人，另一方面，意识成果的传播取决于社会。由此形成的价值判断是：人类在被自然界许可的范围内，借助个人意识成果的社会积累将走出一条不断发展的历史道路，即持续扩大自身的生命自由——既是个体生存时间延长，又是个体自主活动增加。

这里，马克思关于本性、特性、本质的判断相互补充，其中：本性强调了人对自然界的依赖，构成认识人类发展的前提和基础：人类存在归根结底取决于自然界的生态环境，其发展只能在自然界许可下进行；特性体现了人类发展的动力，正是"自由的有意识的活动"能够使人类"再生产整个自然界"①；本质体现了人类发展的水平，社会关系总和是衡量意识能力形成基础、运用状况的现实尺度。当代两大事实对应了上述解释：一是科学技术成为第一生产力，使意识能力在人类历史进程中的主导作用得到展现；一是经济全球化，使社会关系作为意识能力发展的载体作用得到肯定。

现代西方学者观察到了同样的事实。阿伦特认为意识承载着历史的进步，其既定成果构成每一代人思维的前提条件，"过去的丧失对于生活在地球上的人来说意味着无限深刻的灾难"，"不仅意味着传统的丧失所必然带来的范畴和基准的丧失，也意味着我们存在的所有的维度全部决定性地丧失。"②"这正是人们共同感觉的丧失。假如根据康德的说法，这种倾向可以理解为：那是缺乏把被称为愚蠢的事物、把个别事例包括进普遍的法则里去的能力。"③她在实际上意识到，社会关系从纵向意义上承载了人类意识的成果。"在被共同感觉所接

---

① 马克思恩格斯文集：第 1 卷 [M]. 北京：人民出版社，2009：534.

② 汉纳·阿伦特. 马克思与西方政治思想传统 [M]. 孙传钊，译. 南京：江苏人民出版社，2007：124.

③ 汉纳·阿伦特. 马克思与西方政治思想传统 [M]. 孙传钊，译. 南京：江苏人民出版社，2007：126.

受、所吸收这一点上，正有着传统的本质。所谓共同感觉，就是我们个人特有的、彼此相互不同的感觉都转化成适合共同生活世界的那种感觉。"①

从与自然界关系方面判断意识能力，是从质上做判断；如果从量上考察，就需要从意识能力所覆盖的社会关系范围来认识。在一定意义上，人的生命活动特性构成认识本性和本质的中间环节，其质确定了人类与自然界的关系，其量确定了人类自身的关系，而双方存在互动。意识成果的精神存在方式具有重要价值意义：首先，它复制成本很低；其次，它可以无限复制。这意味着：社会关系容纳的主体越多，人们运用并交换意识成果的范围就越广，能够"再生产整个自然界"能力就越强，与自然界的关系就越自由。当马克思说人的本质在现实性上是社会关系的总和时，无疑蕴涵了两个意思：一是"社会关系关系的总和"体现了人的本质；二是人的本质随着社会关系总和的变化而改变。

人类既然是依靠增强意识能力取得了与自然界关系的更大自由，那么，促使意识能力最大化就成为获取生命自由目标的必然选择。这里涉及两个环节：

一是意识能力的发生取决于个体——其最佳状态是每个人能力都得到自由发展，此时人类整体能力将达到最大化，从而人类与自然界关系所实现的自由也达到最大化。

一是意识成果的积累取决于集体——其最佳状态是该集体能够自由拥有所有个体的意识成果，并自由为所有个体提供这种成果，从而人类个体像整体一样获得与自然界关系的最大化自由。

上述两方面相互关联。由于人类是依靠意识能力发展与自然界关系，而意识能力的发生仅仅与个体有关，所以，价值观对有用性的判断是从个人出发的，其归属也体现为个人生命质量的提高。问题在于，意识能力同时是通过社会积累和传播的，一方面，个人只能通过接受教育，从社会精神成果积累中获得形成自己意识能力的基础，另一方面，个人意识成果也只能通过在社会关系中的传播达到效益最大化；如果说个人价值取决于自身意识能力的话，那么，意识能力运用的起点和终点都来自社会——一个人拥有的社会关系总和才构成其价值实现的尺度。

这样，我们就有了关于一般价值观的两个结论：从内容上，每个人都拥有越来越多的生命自由，表现在生命时间延长和生命活动自主；从形式上，个人拥有越来越广泛的社会关系，表现在意识能力强化和意识成果泛化。无论内容

---

① 汉纳·阿伦特. 马克思与西方政治思想传统 [M]. 孙传钊，译. 南京：江苏人民出版社，2007：127.

还是形式都是不断发展的过程。比较起来，一般价值观的内容是从质的方面对人类与自然界关系做出的判断，其指标只能通过人类整体来衡量，具有相对稳定性，而其形式是从量的方面做出的判断，其指标往往通过人类具体来衡量，具有相对灵活性。

第二节　实现生命自由需要社会平等关系

从与自然界的关系衡量人类发展趋势：一方面是意识能力的强化，既是个人所占有社会关系的不断增加，又是形成这种占有能力者的不断增多，每个人能力全面发展将带来整体能力增长；另一方面是意识成果的泛化，既是特定意识成果得到越来越广泛的社会运用，又是该成果得以越来越完整的进入历史积累，个人能力运用方向趋于一致将带来整体能力统一。意识能力不断提升和积累不仅呈现出生命自由的价值取向，而这一趋势渗透到实践领域，又导致两个次生价值目标。

（一）　生命自由价值衍生的个人平等原则

首先，人类能否在个体差别基础上实现平等？

这里首先要科学认识人类的个体差别。据张实在《体质人类学》中介绍，生命的物质基础由蛋白质和核酸两大类生物分子组成，蛋白质主管代谢，核酸主管遗传。核酸的遗传信息决定蛋白质的性质，蛋白质的催化作用又控制着核酸的代谢，二者相互配合，相互制约。生命一旦出现，进化过程就转变为由变异、遗传、自然选择等因素驱动的生物进化。[1] 仅就性细胞生成时的遗传物质重组及两性基因在形成受精卵时重组所造成的变异而言，"就如同洗牌，人类遗传这副牌有10万多张，变换出无数的组合。人类因此成为各不相同的个体"[2]。在自然界漫长历史中，生命物种在进化中借助遗传和变异所形成的多样个体性状，在较好应对环境变迁的同时，也在特定时期埋下了个体之间不平等的种子——只有那些拥有适应该环境条件的生命性状的个体，才能成为强者，并因此获得比其他个体更多的发展机会，而拥有另一些性状的个体呈现为弱者，其生存和发展受到抑制。其实，按照系统论的观点，生命性状的个体差异往往需

---

① 庄孔韶. 人类学概论 [M]. 北京：中国人民大学出版社，2006：98.
② 庄孔韶. 人类学概论 [M]. 北京：中国人民大学出版社，2006：99.

要置放在该生命系统中去认识，其中的显性表达往往是反映差异存在的一部分，还有许多隐性存在往往被忽视或没有能力去把握。众多事实表明：人类个体中的天才现象在生理学意义上也是异常现象；并且，其优于常人的能力往往伴随着某些劣于常人的禀赋。对于自然界而言，特定物种所呈现的个体多样性，是长期自然选择的结果：不同个体所面临不同生态条件以及它们在繁衍过程中各种随机因素导致了自然禀赋的多样性。这种多样性无疑增加了该物种适应生态环境的选择性，对物种保存具有积极意义。然而，自然环境在特定时期的确定性意味着它只为对其适应的遗传性状提供有利的发展条件，与拥有这类遗传性状的个体相比，其他个体都处在劣势地位；只有环境发生某种较大变化才能改变这一局面。

一般动物只能在长远的物种保存需要和现实的适应环境需要之间形成某种妥协，很难逃脱被自然界支配的宿命。正因为如此，达尔文认为将进化表达为进步是错误的，不同的生命形式"绝不能说高等或低等"①。就像马克思所说，动物是受本能支配，属于自然界本身，并不构成与自然界的关系，当然也无所谓进步或高低问题了。② 人类则不同，除了遵从生物进化的自然规律之外，还形成了意识成果所构成的文化体系。后者越来越对人类生命活动发挥主导作用，不仅成为历史进步尺度，而且使不同自然禀赋的个人成为人类开发与自然界关系的巨大宝库：社会越是为所有个体提供全面发展的条件，就越是具备全面发展与自然界关系的能力，人类整体在自然界面前就越是拥有更大自由；换句话说，人类是自然界中唯一能够兼顾长远的物种保存需要和现实的适应环境需要的生命物种。这在很大程度上改变了个人之间的强弱性质之分：依靠文化所形成的智力发展，拥有不同自然禀赋的个体可以达到同样或接近的认知水平，从而消除彼此之间的社会不平等现象。

其次，人类将怎样实现个体之间的能力平等？

从生命是蛋白体的新陈代谢过程而言，放弃这种与外部世界实行物质交换的机会就意味着放弃生命，而实现这一过程就必须在动态中满足相关条件，即做到最先到达有利的交换位置并充分占有物质交换对象，就意味着某种努力与争取。就此而言，竞争可以被看作是自然赋予生命的一种存在方式。文化性可以改变竞争方式，但很难改变竞争本身。竞争意识是天赋的，人们可以选择要

① 庄孔韶．人类学概论［M］．北京：中国人民大学出版社，2006：99.
② 马克思，恩格斯．马克思恩格斯选集：第 1 卷［M］．北京：人民出版社，2012：161 - 162.

么物质要么精神的目标，要么野蛮要么文明的方式，要么眼前要么长远的范围，要么积极要么消极的态度，却通常不会放弃竞争本身。

人类发展与自然界关系需要张扬意识能力，而社会竞争也越来越是意识能力竞争。在一定意义上，人类自然禀赋的差别，例如种族、性别、体力等，都不能构成具有积极意义的社会竞争，只有意识能力才产生着真正意义的竞争：一方面，意识成果形成取决于个体思维对人类文化资源的认识、判断和选择，不仅不同的人会有差别很大的结果，即便是同一个人由于投入精力不同，也会产生重大区别；另一方面，意识成果只有首先经过精神形态的对抗、比较、辨析——既是主体之间又是主体自身——并成为最优选择，才能取得进入实践的资格，而这都需要在社会关系环境中完成。意识能力的检验最终依靠实践，成功与胜利是无可辩驳的尺度。仅就竞争本身而言，推崇的价值观是英雄主义，营造的是自强不息精神；只有这样才能鼓动生命之帆，创造生命奇迹。

人类文明史以来总体上处在物质财富相对匮乏状态，竞争目标主要是生存和发展条件，人们的不同生物禀赋因此发挥了重要作用；一方面，社会只鼓励自身发展所需要的素质，例如人际上的悟性，战场上的勇敢，市场上的心计等，另一方面，只允许最早表现出这种素质的社会成员获得发展条件。而诸如内向性格导致的过分藏匿，友善个性造就的不忍之心，偏于细致伴随的狭窄眼界，往往不能很好适应团队结盟、你死我活、纵横捭阖的竞争场景。

一旦社会财富已经积累到能够让更多成员发展自身能力的时候，社会需要尺度开始向个人需要尺度转移，每个人自由发展的局面开始形成，其结果就是在能力基础上的个人平等。这里的逻辑关系是：人类是以能力发展与自然界关系的——社会是以利益竞争主导能力发展的——当人类能力从体力为主转向脑力为主的时候，每个人的能力发展都将对所有人有利——社会平等将在能力平等基础上实现。

马克思关于理想社会的设想中，实际上让大机器扮演了具有公共性质的意识成果的角色，并成为实现人们在劳动力方面平等的前提[①]。阿伦特说：

> 霍布斯的伟大及其对近代政治思想、政治运动的巨大影响的原因，在于他发现了人的本性本身具有平等的积极的特性，抓住了关于劳动力的人类平等。而且之所以会下新的定义，因为他很清楚"人的平等这个概念，

---

① 余金成. 从宏观上认识马克思主义中国化向现代化转变的必然性 [J]. 江汉论坛, 2008 (2).

成了对此已经完全习惯了的人们先入为主的观念"。①

　　按照霍布斯的说法，这种平等是源于自然状态的东西。他把"扼杀能力的平等"作为公约数，从这个根本的假设推导出人类的政治组织。这种逻辑的严密程度并不亚于从各生产力推导出人类社会基础的马克思。②

无论是霍布斯还是阿伦特，都没有意识到人类可能在能力充分发展的基础上实现个人平等。

一旦个人获得自由发展，人们将在意识水平上达到平等地位，虽然人们之间由于个体差异还存在着意识内容和形式上的不同，但这些区别只表明在意识关注领域和方向上不同，就其对人类生命自由的有用性而言，并无实质差别；恰恰相反，这是人类适应个体生命特殊性的需要，是一种最高形态的社会平等目标。

从总体上看，在个人平等的实践环节，需要运用利益差别基础上竞争方式，分别体现为战场——市场——职场的运行机制；其中，战场通过胜败决出利益有无，市场通过优劣决出利益大小，职场通过分工决出利益种类。即便是每个人都能够充分发展自身能力，由于个体之间客观存在差别，真正平等或彻底平等也只能通过个人自由来体现；自由是平等的灵魂。自由发展所体现的个人平等，即每个人在自主选择——导致在发展方向和领域上相互区别——基础上，实现能力全面发展所带来的个体能力水平的趋于同等。

最后，能力意义的个人平等与流行的平等观念有何区别？

一般理解的社会平等实质上属于外在平等，来自社会作为主体提供的权利规范：或者是经济领域的平等，或者是政治领域的平等；恩格斯曾说："无产阶级抓住了资产阶级所说的话，指出：平等不仅仅是表面的，不仅仅在国家的领域中实行，它还应当是实际的，还应当在社会的、经济的领域中实行。"③ 而他和马克思所说的"每个人的自由发展"体现了能力基础上的社会平等，属于内在平等，是主体自身在生命活动领域所表现的自主性，人们因都能具有这种自主性而具有了平等性。

权利平等形成于能力不平等占支配地位的社会状态，是人们为了稳定社会

---

① 汉纳·阿伦特. 马克思与西方政治思想传统［M］. 孙传钊，译. 南京：江苏人民出版社，2007：36.
② 汉纳·阿伦特. 马克思与西方政治思想传统［M］. 孙传钊，译. 南京：江苏人民出版社，2007：37.
③ 马克思恩格斯文集：第9卷［M］. 北京：人民出版社，2009：112.

秩序在总体不平等中设定的部分平等关系；而后者的范围大小和权利多少，取决于能力平等所达到的程度，换句话说，这种平等本质上也是以能力为平等尺度的。权利平等的发展指向能力平等目标。

按照上述理解，人类距离理想目标还十分遥远。一方面，人类按照当下发展的需要，还必须承认自然禀赋的重要作用①，甚至将之定性为优劣区别，并通过优胜劣汰、先来后到方式把资源条件集中在一部分人手中；另一方面，人类创造了繁复的意识形态体系，试图把这种人类在特定历史时期的客观选择说成是永远的秩序，为这种做法的合理性提供解释和辩护。

可见，"生命自由"价值观体现的"竞争方式——能力趋同——个人平等"原则，表明人类在发展与自然界关系中所要求的自身整体能力最大化方向；在一定程度上，这是关于个人与个人之间关系的价值观，可概括为"差别平等"原则。

（二）生命自由价值衍生的社会民主原则

消除个体之间能力差别依靠社会财富的更多增加，这还需很长的历史过程，其间有限的资源往往被集中在能力强者手中，以使其发挥最大作用；这种不平等的现实与追求平等的目标只能共存于民主机制设定的社会秩序之中。但自由始终是民主的灵魂。个人自由意志所体现的社会民主，即每个人在共同规约——通过法律与道德规范——基础上实现个人利益与社会利益的逐步趋同。

民主在需要少数服从多数的时候通常具有政治性质，其彻底实现是人人做主，即达到了社会民主。在人们利益存在对立情况下，只能运用政治民主方式达成一致，其体现物是法制。法制既然是通过民主程序实现的，那它肯定是只照顾到多数人的利益。

从形式上要求，民主体系或民主机制首先要解决的是个人与社会之间的关系，准确些说，是个人必须学会服从社会秩序，不论是经济秩序还是伦理秩序；这里的服从并不取决于任何个人认同，因为社会秩序生成表达了多数人的理性愿望，是对任何个人理性的超越。就此而言，民主精神实质是个人利益对社会利益的服从精神，任何一个社会成员，都必须养成这种精神。这是经济现代化所必然要求的人的现代化。服从精神体现的是规则意识。现代化在全球范围内

---

① 马克思说，以劳动为尺度的平等，默认"劳动者的不同等的个人天赋，从而不同等的工作能力，是天然特权"。（马克思恩格斯选集：第 3 卷 [M]. 北京：人民出版社，2012：364.

配置资源，把人类带入了空前迅速的发展。这里，民主所追求的个人利益最大化，逻辑地体现在实施现代化所要求的行为规则上，服从这种规则才能使经济机制运行起来。

无论法制还是道德，从价值观角度看，所体现的都是个人对社会的服从。因为，它们不仅都是个人之外的存在，还很有可能是与自己意愿不同甚至相反的存在。这就构成了挑战。人类文明的一个基本尺度是能够靠理性形成人人遵守的社会秩序，不然人类就会像动物那样陷入丛林法则支配状态——而人类正是告别了这种法则才取得了现在的成就。

当然，任何规则都存在不完善方面，但修正规则同样也需要遵守程序规则；而能够制约程序的只能是人类的道德意识。人类对法制的依赖之所以具有严峻性质，是因为它背后的利益内容，如果利益关系不再对抗，道德的主导地位就顺理成章了。而人类一旦发展到这种局面，民主就彻底实现为人人自主。

在社会民主的实践环节，需要运用民主程序形成社会秩序，分别依次体现为少数—多数—整体的意志转移过程，在相互区别的意义上，一般少数人意志秩序属于阶级民主，手段是暴力；一般多数人意志秩序属于政治民主，手段是法制；一般整体人意志秩序属于社会民主或人人自主，手段是道德。

这种关于个人与社会之间关系的价值观问题，体现了"法制约束—道德认同—个人自律"的发展方式，可概括为"自觉他律"原则。

"生命自由"所衍生的"个人平等"和"社会民主"最终都呈现为个人意义上的自由。阿伦特认为，要在复杂的、经常变化的人类社会事务中找到一种绝对尺度，其"定义显示出的必然是相对性"。"这个绝对的尺度标准，因为与所有事物有着联系，所以，不能在政治领域里被发现。在人与人之间是不能发现这个标准的，只能在各人自己身上发现，只能在他的心灵（psychē）中发现。"① 这种个人生命自由尺度要求人们接受"受到限制的真理"，"也就是以固有的不能替代的个人生命那种人的形态，和现象的事物发生关系，保持着不能替代的人的关系"。

这样，"我们对世界的了解变得明白起来，它是我们共同拥有的，存在于我们之间的，既与我们相联系，又与我们相分离。这个共同的世界正以每个人具

---

① 汉纳·阿伦特. 马克思与西方政治思想传统［M］. 孙传钊，译. 南京：江苏人民出版社，2007：76.

有卓越的不同及其固有特性的形态来呈现其姿态"①。由此构成人类与自然界关系视阈中的生命自由价值观，与任何具体价值观不同，它展示的是人类在历史过程中始终体现的一般价值，不管人们是否意识到，这种一般价值都将发挥作用。

第三节　社会平等关系仰赖劳动方式脑力化

在人类与自然界关系层次上，无论体现为一般价值观的生命自由，还是其衍生的个人平等、社会民主原则，其中自由、平等、民主都属耳熟能详的概念，人们很早就捕捉到它的基本精神，区别往往在于对其认识的深度和转化的实践原则。恩格斯认为科学社会主义"就其理论形式来说，它起初表现为 18 世纪法国伟大的启蒙学者们所提出的各种原则的进一步的、据称是更彻底的发展"②；理想社会将是一个真正民主、自由、平等、博爱的社会。③

（一）人类意识能力即脑力发展的两种路径

以意识能力为内容、以社会关系为形式，按照人类与自然界关系视角认识的自由、平等、民主问题，被赋予新的时代含义。总体上看，个人平等体现为意识能力平等，指向人类能力最大化方向，为生命自由提供越来越大的可能性；社会民主体现为个人自主的社会参与，指向人类能力最大化的实现，为生命自由提供越来越大现实性。然而，无论其内容抑或形式，都具有独立功能——意识能力强调了意识成果形成，社会关系强调了意识成果运用，双方在特定历史条件下相互转化，并导致两种发展模式：一是以意识能力激励为导向的社会组织原则，主张个人主义价值观；一是以社会关系改善为导向的社会组织原则，主张集体主义价值观。按照人类与自然界关系发展的需要考察，两种模式各擅胜场：在自然经济时期，集体主义原则占优；在商品经济时期，个人主义原则占优；在信息经济时期，应该体现双方的辩证统一。

西方文化是以古希腊罗马文化为基础、在整个中世纪渐及欧洲并引领了资

① 汉纳·阿伦特. 马克思与西方政治思想传统 ［M］.孙传钊，译. 南京：江苏人民出版社，2007：73.
② 马克思，恩格斯. 马克思恩格斯选集：第 3 卷 ［M］. 北京：人民出版社，2012：775.
③ 马克思恩格斯全集：第 36 卷 ［M］. 北京：人民出版社，1974：113.

本主义生产方式的文化，早期生成于环东地中海区域，源头在南欧，东接小亚细亚，南通北非，该地区经济交往频繁，数度产生横跨欧亚非大陆的帝国，基督教、犹太教、伊斯兰教等世界性宗教在此诞生并传播。西方文化具有"地域广阔——交流频繁——多元竞争——自然发展"的形成特点，核心理念可以概括为"权益竞争基础上的个体图强"，人们的利益关系通过法治前提下的竞争实现从无序走向有序。这种个人主义价值观采用了超越所有个人之上的外在尺度作为社会活动原则：规律——法律——上帝分别从经济——政治——道德方面规范竞争活动，构成了三位一体的实践模式。

中华文化形成于地域辽阔且相对封闭、农耕文明为主且游牧文明相伴的历史环境，呈现为"相当规模——相对封闭——一端独大——二元要素"的文化生态，在自然经济条件下始终面临两个难题：一是在广大内地如何保证农耕民族经济社会秩序的稳定？二是在辽阔北疆如何形成农耕民族与游牧民族的和平相处？在智力资源未能直接进入物质生产情况下，改善社会关系成为发展经济、稳定政局的最佳选择。中华文化的核心理念可以概括为"差别有序基础上的整体协作"。这种源于人口生产的集体主义在很大程度上演变成一种文化精神：人们对彼此地位的认同以及强者对弱者的主动帮助，推演到国家行为，就成为王道政治的民本主义。

当代世界秩序以西方文化即个人主义价值观为主导。它成功地把人类带入一个空前繁荣、快速发展的时代；然而，随之出现的生态问题、恐怖主义却使这个世界变得危险，在一定程度上证明人类能力发展脱离了与之匹配的社会关系形式。马克思在一个多世纪前就指出了这个发展方式的内在弊端，预言它将要被新的社会主义社会所替代。只是人们需要进一步确认：社会关系改善不应以牺牲甚至放弃意识能力发展为代价；这意味着，需要依据新的时代条件重新梳理个人主义与集体主义的关系。

个人是具体存在，但只能存在于社会中；集体是抽象存在，归根结底须体现为个人。所谓个人主义、集体主义都是围绕个人利益形成的，都把个人存在及其利益当作基础和目标。双方区别不在于要否而在于如何实现个人利益：个人主义强调具体的、静止的个人，集体主义则强调了抽象的、动态的个人；个人主义通过肯定个人本位来实现个人利益，集体主义通过肯定集体本位来实现个人利益。个人与集体的内在关联决定了两种主义都具备了一定客观基础，并获得某种逻辑自洽形式——即通过都达到彻底性时相互转化来包含对方。但迄今为止人类都不能提供实现上述彻底性的条件，致使双方在发挥实践作用时都具有片面性，因而不得不在某种程度上去补足对方缺位所造成的弊端。正如马克思、恩格斯所说：

> 共产主义者既不拿利己主义来反对自我牺牲，也不拿自我牺牲来反对利己主义，理论上既不是从那情感的形式，也不是从那夸张的思想形式去领会这个对立，而是在于揭示这个对立的物质根源，随着物质根源的消失，这种对立自然而然也就消灭。……共产主义者不向人们提出道德上的要求，例如你们应该彼此互爱呀，不要做利己主义者呀等等；相反，他们清楚地知道，无论利己主义还是自我牺牲，都是一定条件下个人自我实现的一种必要形式。①

从逻辑上看，个人主义使人类摆脱了作为社会化动物对群体的依赖，使个体独立并依靠自身去解决生存和发展难题，迫使个人发掘潜能，张扬了奋斗精神和英雄主义，使人类在自然界面前保持进取锐气。然而，个人主义是在社会关系中形成价值定位的，属于强者表达自由的话语，会对弱者形成巨大压力，进而激励其趋强——其合理性主要取决于人们能力严重不平等的环境，对人类提升整体实力有利；一旦每个人得以自由发展并形成能力趋同局面，人类主要精力转移到与自然界关系上，个人主义的积极意义就将不复存在。

不应把集体主义看作单纯道德主张，即便它在比照个人主义时具有道德性质，归根结底仍然是经济需要。人类在生物进化水平上的相同，决定了所有个体都拥有大体一致的意识潜力，区别仅仅在于被开发程度不同。一般而言，社会内部的利益区别既不能过大，维持时间也不能过长，否则，利益低端群体一旦发现无论怎么努力也无法改变窘迫处境时，就会质疑社会秩序本身的合理性，就会挑起政治斗争，社会稳定就会被破坏，原本用于发展与自然界关系的意识能力就用来内战。就此而言，集体主义现象自文明史以来一直存在。它成为个人主义发展的一种补充和制衡。只有当人们确信能够实现社会平等的时候，集体主义的旗帜才被正式打出来；社会主义作为理想社会，应当体现为集体主义。人类在不能实现完全的社会平等之前，民主机制实际上是在为实现社会平等选择范围或尺度。民主只有在彻底实现即每个人自主行动的时候，才真正体现了社会民主价值观；在此之前，它的政治民主状态不过是对集体主义的认同方式。

个人主义价值哲学有一个十分诱人的判断：个人是唯一的，不可替代的，因而是一切价值的起点和归宿。"人是作为他人不能取代、取代不了而出生、生存、死亡的。而且在个人关心的私人事务中，并不期待身后在这个世上留下什

---

① 马克思恩格斯全集：第 3 卷 [M]. 北京：人民出版社，1960：275.

么自己的生存足迹。"① 这种彻底的个人主义同时是彻底的现实主义。这是人类理性对自我生命现象最自然主义的洞察。对它的制衡很难来源于理论逻辑本身，唯一的出路是个人主义在实践逻辑中形成了对集体主义的需要：当个人利益的实现必须通过整体利益的实现来落实的时候，才能由阿伦特所说的"共同感觉"走进共同需要，从一种不确定状态演变成确定状态。

第一步，主观的个人主义导致客观的集体主义。由于每个人都是从自己出发的，并且每个人都知道这种情况，那么，在涉及与他人或社会关系的事务中，避免单纯的个人利益考虑就变成了首先需要判断的条件；在通常情况下，一个人越是远离个人利益，其言行就越是容易获得他人或社会的信任，就越是有机会在实践中得到成功。其间的奥妙也许在于：个人运用集体主义方式表达的是对自身利益的包含，或者说，他们采取了以自己的间接利益或长远利益，与他人或社会的现实利益对接，从而完成了对一己之利的超越。从逻辑上说，个人主义越彻底，集体主义的客观性就越显著；人们由于无法信任个人动机转而信任对个人动机的超越。

第二步，客观的集体主义导致自觉的集体主义。人类是依靠意识能力支配自己的生命活动的，当集体主义形成了自身客观性的时候，它就成为意识对象，就会有越来越多社会成员关注并研究其存在与发展的规律；当然，以此为基础，集体主义就被当作是人类社会中的必然要求，成为人们在思想和行为方面的自觉选择，客观的集体主义就会逐步演变成自觉的集体主义。与主观的个人主义所体现的自然性相比，自觉的集体主义体现是文化性。自觉的集体主义扮演了文化性，在涉及社会行为时将成为主导性选择；主观的个人主义扮演了自然性，在只涉及个人行为时将成为主导性选择。

第三步，自觉的集体主义导致普遍的个人利益。当越来越多的社会成员都能够自觉地选择集体主义的时候，一方面，每个人都会做到从集体利益出发，另一方面，任何个人都将处在被诸多他人关心的地位，就会出现所谓"一人为大家，大家为一人"的社会关系格局。此时，个人利益与集体利益将逐步趋同，自觉的集体主义将演变成普遍的个人利益。

上述过程与生产方式有关。如果社会以物质生产为主，或者人们主要是体力劳动的话，主观的个人主义可以呈现为客观的集体主义，但很难完全转变为自觉的集体主义，除非是特定的以社会为对象的分工行业。当人们的眼界被局

---

① 汉纳·阿伦特. 马克思与西方政治思想传统 ［M］. 孙传钊，译. 南京：江苏人民出版社，2007：148.

限在具体物质条件之中时，很难认识到特定分工所具有的一般社会利益。如果人们是以脑力劳动为主，其劳动成果无论附着在什么物质产品上，都是它所体现的意识能力发挥着决定性作用。此时，人们将因其可无限且简易复制的性质而变得"大度"，只要所有人都把意识成果提供给社会，又都从社会获得任何意识成果，社会合作成本将大大降低，效率将大大提高，规模将大大拓展，人类整体发展将出现最佳状态。

如果从政治领域认识上述过程，个人主义与集体主义展示的实践各具特点：

依据个人主义，政治是必不可少的坏东西。履行政治功能的是具体个人，为防范他们不以权谋私，需要实行权力民主、权力分离、权力监督，个人主义把政治这个特殊分工领域在程序上予以最大可能的限制，使其所可能发生的危害被降低到最低限度；其弊端则是妨碍了人们对政治工具的使用，在使当代人避免受到损失的同时，往往迟滞了后代人的发展。个人主义在面对整体利益问题上，天生是低效率的：一方面，人们往往无暇关注自己以外或距离较远的整体利益，缺乏参与的热情；另一方面，即便是整体利益的抉择来到眼前，也往往见仁见智，迟迟不能形成统一。当哈耶克认为人类只能循着自然秩序的扩张之路发展时，他是把个人主义作为基本价值观的①。

依据集体主义，政治是必不可少的好东西。集体主义政治能够设计发展战略，实现有序推进，并使决策快捷、行动迅速，但存在两个问题：其一，政治决策往往属于对利益归属的选择性判断，究竟是否合理值得存疑；人们完全可以问"为什么在利益分配方面存在有无或多少的差别？"其二，政治决策者能否撇清利益选择的自私考虑，这是人们对这种模式诟病的主要原因。化解途径在于：首先，集体主义只能通过集体利益得到张扬才能被认同，任何政治决策都不能把涉及整体利益的结果推向过远的未来；不能长期运用部分人获利方式来发展，也不让过大的社会利益差距长期存在。其次，对于权力系统中的贪腐现象必须保持巨大压力，需要时不惜动用极刑；同时逐步形成制度化的防范措施，并为政治运作过程的民主化、公开化、透明化创造越来越完善的条件。

从历史上看，西方文化侧重于个人主义价值观，中华文化侧重于集体主义价值观，双方在历史发展过程中都创造过灿烂的文明成果。但是，自人类进入第一次科技革命以来，历史的天平开始倾向于西方文化：作为意识能力的承载者，个人之间的竞争更有利于意识成果的形成和推广。西方文化所支配的民族建成了最早的现代化国家。与此相比，以否定资本主义为目标的社会主义实践，

---

① 哈耶克. 致命的自负 [M]. 冯克利，等，译. 北京：中国社会科学出版社，2000：32.

过早用集体主义原则取代了个人主义原则，并没有实现预期发展目标。中国选择市场经济在一定程度上是选择了直接诉诸个人利益的发展方式，实践证明了这一选择的合理性。

（二）人类意识能力发展的基本走势

在自然界中，结成社会而生存的动物远非人类一种。但是，人类生命活动特性却使其个体关系具有动物不可比拟的性质。动物活动受本能支配，受制于自然条件变化，个体之间永远呈现"适者生存，优胜劣汰"状态。而人类生命活动具有自由有意识的特性，形成了三个基本特征：

其一，人类生命活动能力取决于所形成的意识能力：人们拥有意识成果越多，能力就越强；

其二，意识能力的精神成果具有可无限复制的特点：既可以做横向传播，又可做纵向积累；

其三，历史发展伴随着意识成果积累的不断增加：整体能力将持续增强，人类发展不断向好。

上述特征从根本上影响到个体与整体、个体与个体的关系。

首先，在意识能力生成机制方面，个体与整体之间存在着互补趋势："正因为人是类存在物，他才是有意识的存在物。"① 从历史上看，意识形成于个体，其起点却源于社会：一方面，社会意识成果取决于个体意识水平；另一方面，个体意识水平取决于社会意识成果积累总量。其理想目标是每个人的自由发展所标志的个体与整体的能力最强状态。

其次，在意识能力的运用机制方面，个体与个体之间存在着共享趋势：如果说，社会合作归根结底体现为某种交换关系的话，那么，一旦交换演变成为意识成果交换，交换者所获得的将都是增量，无论个体还是整体，其能力尺度都体现在所拥有社会关系的总量上，其最大化则是个体把意识成果交付社会，而从社会意识成果中获得自由运用的权利。人类的共产主义无疑是其生命活动最优状态，届时，个体之间将是"个性自由，人人平等"关系。

按照上述逻辑，人类越是依赖意识能力发展与自然界的关系，就越是需要扩大和拓展社会关系。社会关系的总和不仅决定着人们的意识水平，也决定着与自然界关系的水平。"通过实践创造对象世界，改造无机界，人证明自己是有意识的类存在物，就是说是这样一种存在物，它把类看作自己的本质，或者说

---

① 马克思恩格斯文集：第 1 卷 ［M］. 北京：人民出版社，2009：162.

把自身看作类存在物。"人、社会、自然界借助于意识成果的共产主义性质在理想社会中达到了统一。

共产主义是对**私有财产即人的自我异化**的积极的**扬弃**，因而是通过人并且为了人而对**人的本质**的真正**占有**；因此，它是人向自身、也就是向**社会的**即合乎人性的人的复归，这种复归是完全的复归，是自觉实现并在以往发展的全部财富的范围内实现的复归。这种共产主义，作为完成了的自然主义，等于人道主义，而作为完成了的人道主义，等于自然主义，它是人和自然界之间、人和人之间矛盾的**真正**解决，是存在和本质、对象化和自我确证、自由和必然、个体和类之间的斗争的真正解决。它是历史之谜的解答，而且知道自己就是这种解答。①

而"自由的人就是共产主义者。"②

意识成果精神存在方式的可复制性表明："建立共产主义实质上具有经济的性质。"③ 意识成果的社会化运用意味着：随着意识能力增强以及社会关系容纳主体增多，人类运用并交换意识成果的范围就越广，能够"再生产整个自然界"能力就越强，与自然界的关系就越自由。

自由取决于人们的意识能力，后者体现为某种性质和规模的社会关系。当马克思说人的本质在现实性上是社会关系的总和时，无疑蕴涵了两个意思：一是"社会关系的总和"体现了人的本质；二是人的本质随着社会关系总和的变化而改变。正是后者导致平等原则的历史变化。社会合作往往内含某种平等关系——个体把合作当作意识对象，从自然性的利己动机出发，能够接受的就是体现了平等原则的合作方式——既体现权利方面又体现义务方面；文明时代以降，社会合作超越了血亲关系束缚，转而仰仗平等原则来结成共同体。在个体需要千差万别的情况下，人们唯一能够接受的是平等达成自己的愿望；愿望本身并不一定平等，却能够构成某种当下的共同需要，即体现所谓木桶中短板规定的平等。恩格斯说："没有共同的利益，也就不会有统一的目的，更谈不上统一的行动。"④

按照人的生产能力或意识能力为尺度衡量社会关系，马克思概括了其发展的三种基本形式：人的依赖关系；以**物的**依赖性为基础的人的独立性；建立在

---

① 马克思恩格斯文集：第 1 卷［M］．北京：人民出版社，2009：185 – 186.
② 马克思恩格斯文集：第 1 卷［M］．北京：人民出版社，2009：162.
③ 马克思恩格斯文集：第 1 卷［M］．北京：人民出版社，2009：574.
④ 马克思，恩格斯．马克思恩格斯选集：［M］．北京：人民出版社，2012：573.

个人全面发展和他们共同的、社会的生产能力成为从属于他们的社会财富这一基础上的自由个性。"第二个阶段为第三个阶段创造条件。……随着商业、奢侈、**货币**、**交换价值**的发展……现代社会则随着这些东西同步发展起来。"①

通常说来，人们需要与其能力存在正相关联系。然而，平等本身既是社会合作基本需要，又因人们能力所处不同层次而具有不同的性质规定。大体说来，文明史中经历了生命安全、生命活动、生命本身三种平等原则，分别对应于马克思所谓人的依赖性、人的独立性、人的自由性三种不同社会形式。②

第一，生命安全平等强调了自然经济时期即人的依赖性状态下所形成的社会合作原则：人们从国家所建构的社会合作中共同获取的基本权利是生命存在的保证，这一平等模式所标志的进步体现在两方面：首先，国家设置了得到权力保障的社会秩序，使人们避免了因利益争夺而出现的生命伤害；其次，国家稳定了物质生产的条件和秩序，使人们在正常情况下免遭冻饿之虞。生命安全意义上的平等性较之原始社会的生命无常是一个显著进步，使奴隶与奴隶主、农民与地主虽然地位悬殊、苦乐不均，但仍然能够维持基本的社会合作局面。

按照上述理解，奴隶制存在着某种平等关系。马克思认为：奴隶同样从事着"有偿的劳动"，"奴隶因为要工作，自然必须生活，他的工作日的一部分就用于抵偿他自己维持生活的价值"③。仅就这部分交换而言双方具有平等性质。恩格斯指出：

> 在当时的情况下，采用奴隶制是一个巨大的进步。④
>
> 当人的劳动的生产率还非常低，除了必要生活资料只能提供很少的剩余的时候，生产力的提高、交往的扩大、国家和法的发展、艺术和科学的创立，都只有通过更大的分工才有可能，这种分工的基础是从事单纯体力劳动的群众同管理劳动、经营商业和掌管国事以及后来从事艺术和科学的少数特权分子之间的大分工。这种分工的最简单的完全自发的形式，正是奴隶制。……甚至对奴隶来说，这也是一种进步；成为大批奴隶来源的战俘以前都被杀掉，在更早的时候甚至被吃掉，现在至少能保全生命了。⑤

---

① 马克思恩格斯文集：第8卷 [M]. 北京：人民出版社，2009：52.
② 参见本书第六章"劳动与分配"。
③ 马克思恩格斯文集：第3卷 [M]. 北京：人民出版社，2009：59.
④ 马克思恩格斯文集：第3卷 [M]. 北京：人民出版社，2009：59.
⑤ 马克思恩格斯文集：第9卷 [M]. 北京：人民出版社，2009：189.

奴隶制的进步意义在其发展过程中逐步消失，取而代之的封建制给农民提供了更大利益空间：在奴隶制条件下，奴隶无论如何劳动，所获得的永远限于其生存需要，剩余产品完全归奴隶主；而封建制则是规定了农民上交的产品数量，如果他们劳动收入多，所得就会多，这当然激励了农民劳动积极性。

第二，生命活动平等强调了商品经济时期即人的独立性状态下所形成的社会合作原则：人们依循市场体制保证了劳动能力之间的自由竞争，这一平等模式的实质是：1. 运用法制方式规范劳动行为选择，即个人自由须不妨碍他人自由；2. 运用民主政治形成法制体系，保证后者能体现多数人意志；3. 市场决定劳动成果的价值，保证了评价的客观公正。较之生命安全平等，生命活动平等无疑把标准从满足生存需要提高到满足发展需要，属于更为高阶的平等原则，体现了毋庸置疑的人类进步。

马克思认为，在商品经济条件下，生命活动平等所体现的"**平等的权利按照原则仍然是资产阶级权利**"，它体现的主要是资产阶级的发展需要，而不是所有人的发展需要。"生产者的权利是同他们提供的劳动**成比例的**；平等就在于以**同一尺度**——劳动——来计量。"① "这种**平等的**权利，对不同等的劳动来说是不平等的权利。它不承认任何阶级差别，因为每个人都像其他人一样只是劳动者；但是它默认，劳动者的不同等的个人天赋，从而不同等的工作能力，是天然特权。"要避免这一弊病，需要采取"各尽所能，按需分配"的分配方式，即"权利就不应该是平等的，而应当是不平等的"②。

第三，生命本身平等强调了理想社会即人的自由个性状态下所形成的社会合作原则：每个人的自由发展成为一切人自由发展的条件。一方面，社会能够为每个人提供自由发展的条件，另一方面，每个人的自由发展持续地推动社会整体进步。较之生命活动意义上的平等，个体差别不会成为制约人们平等的条件，人们顺应个体生命状态的需要所实现的自由发展，将构成人类整体能力的最强状态，形成最为有利的与自然界的关系。

以劳动为尺度的平等消除了阶级特权，所有人都必须运用自己的劳动能力参加竞争。这造成了普遍的动员力量，很好地解决了生产力持续发展问题。以生命活动为尺度的平等原则，十分接近问题的本质——人们所展示的只能是自己的生命活动；但是，人类之所以不能停留在这一水平，是因为生命活动很大

---

① 马克思，恩格斯. 马克思恩格斯选集：第 3 卷 [M]. 北京：人民出版社，2012：364.
② 马克思，恩格斯. 马克思恩格斯选集：第 3 卷 [M]. 北京：人民出版社，2012：364.

程度上也取决于先天禀赋和后天际遇等个人不能掌控的客观条件，后者所显示的差别使人们质疑这种平等的公平性。对立或反抗情绪会寻找各种渠道表达，人类当代所出现的非传统安全问题表明，这种矛盾正在成为威胁人类的越来越重要因素。

（三）社会主义对资本主义发展观的超越

人类个体之间不同等是客观存在。用马克思的话说："如果他们不是不同等的，他们就不成其为不同的个人。"① 要在不同个人之间形成平等关系，必须具备两个基本前提：一是该平等权利必须包容不同的个性存在；二是由社会提供该平等权利的担保条件。能够兼具这两项原则要求的只有"自由"。换句话说，当社会能够为每个人的自由发展提供相同的条件和支持的时候，生命本身的平等就实现了。

由此可见，社会主义价值观对资本主义价值观的超越体现在：社会主义主张生命本身平等，而资本主义主张生命活动平等。与之相一致，生命活动平等体现在每个人的自由竞争上，而生命本身平等体现在每个人的自由发展上。正像每个人的自由竞争蕴涵着每个人的自由发展一样，生命活动平等也是生命本身平等的必由之路。

两种自由与人们意识能力的运用和发展相联系，两种平等与人们生命活动的展开状态——生命活动平等采用的是社会尺度，生命本身平等采用的是个体尺度——相联系，它们都存在于市场体制中。这是因为，"以**物的**依赖性为基础的人的独立性"所需要的市场体制，是推动人类生命活动即其意识能力发展的不可或缺的社会形式，"在这种形式下，才形成普遍的社会物质变换、全面的关系、多方面的需要以及全面的能力的体系"。后者不仅创造了源源不断的社会财富，而且创造了能力显著增长的劳动者，为人类进入理想社会提供了所需要的基础条件。但是，这一事实并不意味着，市场体制能够自动地导致理想社会的实现，恰恰相反，市场体制只能是经历某种程度的变革才能转向理想社会目标。从历史上看，这一变革时机与其说取决于市场体制的财富积累水平，不如说取决于其矛盾积淀的程度。

早期市场体制即马克思时代的商品经济，困扰于周期性经济危机和因遭受剥削而失去生活保障的无产阶级反抗资产阶级的斗争。马克思据此认为，社会主义取代资本主义的条件已经成熟。而当代市场经济萎靡于金融危机和因贫富

---

① 马克思，恩格斯. 马克思恩格斯选集：第3卷 [M]. 北京：人民出版社，2012：364.

分化而出现的社会斗争。这一事实证明，社会主义决不能简单照搬现有市场体制就能达到自身目的。这两个历史节点都表明：资本主义对市场经济运用的不经济性一旦暴露，即它所带来的问题超过了所解决的问题，就能够为社会主义取代或创新市场经济提供条件。

正如市场经济的历史作用取决于它对脑力劳动的肯定与张扬一样，社会主义创新市场经济取决于对脑力成果公有性质的揭示与运用。当年，马克思对大机器生产资料公有制的强调，表达的就是这一主张。①

资本主义开启了人类运用精神方式实现物质生产目标的历史进程，其基本标志是科学技术成为生产力。科技革命发展的事实证明，科学技术对生产力的覆盖经历了一个沿着劳动资料—劳动对象—劳动者顺序的发展过程，对生产力三要素的全覆盖表明科学技术成为第一生产力；即便如此，科学技术也仅仅完成了对生产力广度覆盖，并不意味着完成了深度发展，后者仍然具有无限进步空间。然而，从历史角度看，情况已有很大不同：首先，当科学技术进入生产力领域时，社会主义生产方式就具备了一定物质基础，即具备了自身存在的必要条件，马克思、恩格斯正是据此形成科学社会主义理论的；其次，当科学技术覆盖了整个生产力领域时，社会主义生产方式就具备了取代资本主义的物质基础，即具备了自身存在的充分条件；最后，人类进入社会主义时代后，为着实现与自然界关系的更大生命自由，以提升科学技术为标志的生产力发展，仍将持续进行。

在上述过程中，公有制与其说是社会革命的结果，不如说体现了生产力本身的客观属性。马克思说：大工业"是自动体系。（它）造成了大量的生产力，对于这些生产力来说，私有制成了它们发展的桎梏……"② 意识能力及其成果公有制，无疑是人类能力最大化，是其生命活动特性的最佳体现，也是历史发展的必由之路。每个人的自由发展则是其基本实现形式。

现在之所以无法实现精神产品公有制，是因为科学技术对劳动者的覆盖刚刚开始，它的完成既需要全体劳动者都成为脑力劳动者，又需要人们脑力劳动能力达到了同等水平。为了创造这些条件，一方面，社会主义需要坚持市场经济的发展方式，运用法制体系和竞争原则持续地发掘人们劳动潜能，创造出不断增加的社会财富；另一方面，为了实现共同富裕目标，社会主义需要创新市

---

① 余金成，于峰. 对马克思恩格斯理想社会生产力条件的再认识［J］. 江汉论坛. 2012（4）.
② 马克思恩格斯文集：第 1 卷［M］. 北京：人民出版社，2009：566.

场经济模式，改造其运行机制，即在资源配置方面使市场发挥基础作用和政府发挥主导作用统一起来，在知识产权领域使鼓励个人发明创造与扩大社会运用结合起来。中国特色社会主义的实践需兼顾这两方面要求，其关键举措在于坚持运用集体主义原则取代个人主义原则。

第八章 劳动与市场

劳动是发展与自然界关系的基本方式，对劳动的激励却往往需要通过社会关系途径予以解决。这是因为：与自然界关系的发展是一个无限过程，其具体实现却取决于现实发生的社会关系；无论人们在与自然界关系领域走了多远，其成果获得仍然仰仗社会合作中自身所分配的那部分。该事实导致了，人们对劳动问题的关注，更侧重社会关系角度；后者的积累与综合，才呈现出人们整体所处的与自然界关系状态。

人类从自给自足的自然经济进入以相互交换为目的的商品经济，最大进步体现在把个人劳动纳入整体竞争的范围，从而为劳动者各尽所能提供了广泛的、持续的激励机制，历史性地解决了对劳动者动员和对劳动促进问题，使人类发展与自然界关系步入了正道。

第一节 现代市场经济本质是按劳分配的

人类以自身生命活动来实现与自然界之间的物质交换，其中最重要的是劳动活动。对劳动激励的最有效方式是按劳分配。按劳分配在文明史中经历了不同形式，市场经济因其对劳动者动员普遍性、对劳动成果评价客观性、对劳动过程管理简约性，成为当代人类共同选择。社会主义市场经济要实现对资本主义市场经济的超越，必须正确判断"超越"所由发生的起点，即两种制度重大区别的重心已经不再是昔日的"有无剥削"，而是今天的"何种平等"①；其中的关键就是确认现代市场经济本质上是按劳分配的，双方虽然均以此为载体，但诸多事实表明：社会主义市场经济将从"劳动平等"尺度逐步转变为"劳动

---

① 余金成，张金金. 社会主义与资本主义两大区别的当代演变 [J]. 探索，2016（2）.

者或主体平等"尺度,而资本主义市场经济将止步于"劳动平等"尺度。

市场经济历史发展证明:"现代市场经济本质上是按劳分配的";以此结论为前提,社会主义市场经济拥有超越资本主义市场经济的客观地位。

(一) 市场经济激励劳动体现的两种分配原则

"劳动首先是人和自然之间的过程,是人以自身的活动来中介、调整和控制人和自然之间的物质变换的过程。"[①] 对劳动激励无非体现在两个方面:其一,增加变换物质的丰裕程度,其二,提高物质变换的自由程度;后者归根结底助力前者,所以激励劳动通常采取增加劳动者物质利益方式。劳动被激励体现在劳动者"使自身的自然中蕴藏着的潜力发挥出来,并且使这种力的活动受他自己控制"[②],该潜力预示人类"自由的有意识"的生命活动,具有无限开拓空间和无尽发展前景。

自由有意识生命活动体现了理性作用:"理性何等强大,就何等狡猾。理性的狡猾总是在于它的起中介作用的活动,这种活动让对象按照它们本身的性质互相影响,互相作用,它自己并不直接参与这个过程,而只是实现自己的目的。"[③]当年,马克思曾经以劳动资料为例,说明黑格尔所论理性"中介作用"的重要性:"劳动资料是劳动者置于自己和劳动对象之间、用来把自己的活动传导到劳动对象上去的物或物的综合体。劳动者利用物的机械的、物理的和化学的属性,以便把这些物当作发挥力量的手段,依照自己的目的作用于其他的物。"[④]

马克思把劳动资料的使用和创造,看作是"人类劳动过程独有的特征",提出:"各种经济时代的区别,不在于生产什么,而在于怎样生产,用什么劳动资料生产。劳动资料不仅是人类劳动力发展的测量器,而且是劳动借以进行的社会关系的指示器。"[⑤] 劳动资料"显示一个社会生产时代的具有决定意义的特征"[⑥]。显然,劳动资料成为衡量人们理性能力的重要尺度,客观上也成为他们获得物质利益的重要条件。

① 马克思,恩格斯. 马克思恩格斯选集:第 2 卷 [M]. 北京:人民出版社,2012:169.
② 马克思,恩格斯. 马克思恩格斯选集:第 2 卷 [M]. 北京:人民出版社,2012:169.
③ 马克思,恩格斯. 马克思恩格斯选集:第 2 卷 [M]. 北京:人民出版社,2012:171 注 (2).
④ 马克思,恩格斯. 马克思恩格斯选集:第 2 卷 [M]. 北京:人民出版社,2012:171.
⑤ 马克思,恩格斯. 马克思恩格斯选集:第 2 卷 [M]. 北京:人民出版社,2012:172.
⑥ 马克思,恩格斯. 马克思恩格斯选集:第 2 卷 [M]. 北京:人民出版社,2012:172.

人类运用物质利益方式激励劳动遇到一个很难跨越的障碍：由于先天禀赋和后天际遇不同，个体之间在劳动能力方面永远无法等同；实行按劳分配的结果，将导致强者多得，弱者少得。在市场经济条件下，强者为了实现自身利益最大化，会把"多得"部分积累起来，达到一定程度就将之转变为生产条件，例如转变为生产资料。这样一来，沿此前行的有产者就获得了两次分配机会：一次是自身支付劳动所得报酬，另一次是提供所拥有生产资料的报酬；前者属按劳分配或按活劳动分配，后者属按资分配或按死劳动即积累劳动分配。在多数情况下，资本拥有者往往以企业形式从事经营资本活动，在与其他资本家竞争中，按资分配从静态转变为动态，资本数量消长变化，体现为资本拥有者在经营管理领域中的优胜劣汰，在一定意义上，这种按资分配属于附加了客体条件的按劳分配。

上述过程证明资本源于劳动。恩格斯说：

> 我们已经看到，资本和劳动最初是同一个东西；其次，我们从经济学家自己的阐述中也可以看到，资本是劳动的结果，它在生产过程中立刻又变成了劳动的基质、劳动的材料；可见，资本和劳动的短暂分开，立刻又在两者的统一中消失了；但是，经济学家还是把资本和劳动分开，还是坚持这两者的分裂，他只在资本是"积蓄的劳动"这个定义（亚当·斯密）中承认它们两者的统一。由私有制造成的资本和劳动的分裂，不外是与这种分裂状态相应的并从这种状态产生的劳动本身的分裂。[①]

然而，资本所体现的财力，无论呈现为对劳动者所拥有人力的占有，还是呈现为对生产资料这种物力的占有，归根结底属于强者支配弱者的生产关系。该生产关系对生产力发展具有显著推动作用，马克思说："资本所以是生产的，因为它（）作为进行剩余劳动的**强迫**力量，（2）作为社会劳动生产力和一般社会生产力（如科学）的吸收者和占有者。"[②] 应该看到，强者对弱者"强迫"不仅是指劳动纪律的强加，而且是指分工关系的强推，双方都有助于生产力提高；至于资本对"社会一般生产力"的"吸收和占有"——马克思一直认为，体现在生产资料中的科学技术属于人类历史发展的产物，是"社会劳动"所为，资本家将之物化到生产资料之中，同样有助于生产力提升。

这就是说，资本出现将带来生产资源条件增加，进而推动生产领域扩大。

---

① 马克思，恩格斯. 马克思恩格斯选集：[M]. 北京：人民出版社，2012：32.
② 马克思，恩格斯. 马克思恩格斯选集：第2卷 [M]. 北京：人民出版社，2012：852.

"新生产部门的这种创造，即从质上说新的剩余时间的这种创造，不仅是一种分工，而且是一定的生产作为具有新使用价值的劳动从自身中分离出来；是发展各种劳动即各种生产的一个不断扩大和日益广泛的体系，与之相适应的是需要的一个不断扩大和日益丰富的体系。"①

不难看出，资本不仅是劳动产物，而且是强势劳动产物；如果说人类劳动通常区别为脑力劳动和体力劳动、而前者更能展示人类生命活动特性的话，那么，资本的产生和发展更多地体现为脑力性质的劳动成果。马克思在说到雇佣劳动关系时认为："工人没有头脑和意志，他们只是作为工厂躯体的**肢体**而存在，这是资本的**合法权利**；正因为如此，资本才作为**头脑**而存在。"②

可见，在人类存在劳动能力重大差别——尤其是脑力劳动和体力劳动这种质的差别——情况下，要想解决对劳动激励问题，不能不认同资本现象出现；任何过早放弃按资分配或者拦截阻断资本产生的做法，就是对劳动本身的制约和圈束，而且首先是对劳动能力强者的制约和圈束，其结果必然导致生产力发展迟滞。就此而言，按资分配不仅属于按劳分配，而且属于按劳分配升级版。

据此，马克思指出了资本在人类社会发展史中不可或缺的地位：

> 资本的伟大的历史方面就是创造这种剩余劳动，即从单纯使用价值的观点，从单纯生存的观点来看的多余劳动，而一旦到了那样的时候，即一方面，需要发展到这种程度，以致超过必要劳动的剩余劳动本身成为普遍需要，成为从个人需要本身产生的东西，另一方面，普遍的勤劳，由于世世代代所经历的资本的严格纪律，发展成为新的一代的普遍财产，最后，这种普遍的勤劳，由于资本的无止境的致富欲望及其唯一能实现这种欲望的条件不断地驱使劳动生产力向前发展，而达到这样的程度，以致一方面整个社会只需用较少的劳动时间就能占有并保持普遍财富，另一方面劳动的社会将科学地对待自己的不断发展的再生产过程，对待自己的越来越丰富的再生产过程，从而，人不再从事那种可以让物来替人从事的劳动，——一旦到了那样的时候，资本的历史使命就完成了。③

那么，怎么理解马克思所说资本来到世间，从头顶到脚底都流着血和肮脏的东西呢？

---

① 马克思，恩格斯．马克思恩格斯选集：第2卷［M］．北京：人民出版社，2012：715.
② 马克思恩格斯全集：第8卷［M］．北京：人民出版社，2009：362.
③ 马克思恩格斯全集：第8卷［M］．北京：人民出版社，2009：69.

（二）传统市场经济按资分配对按劳分配的遮蔽

如果说，市场经济一般原则是通过竞争实现按劳分配的话，那么，按劳分配在劳动能力强者那里会衍生出按资分配；就此而言，按资分配属于强者群体之间的按劳分配。这样，再加上一般劳动者或弱者之间的按劳分配，就有了两种内涵按劳分配。问题在于，市场经济是一个整体，两种按劳分配交织在一起，并且往往按资分配主导着按劳分配，即强者经营资本能力决定着弱者按劳分配水平。

按资分配同样取决于市场竞争结果。"资本主义生产的发展，使投入工业企业的资本有不断增长的必要，而竞争使资本主义生产方式的内在规律作为外在的强制规律支配着每一个资本家。竞争迫使他不断扩大自己的资本来维持自己的资本，而他扩大资本只能靠累进的积累。"① 由此决定了资本主义生产方式特征是：

> 剩余价值的生产是生产的直接目的和决定动机。资本本质上是生产资本的，但只有生产剩余价值，它才生产资本。在考察相对剩余价值时，进而在考察剩余价值转化为利润时，我们已经看到，在这上面怎样建立起资本主义时期所特有的一种生产方式，这是劳动社会生产力发展的一种特殊形式，不过，这种劳动社会生产力是作为与工人相对立的资本的独立力量而发展的，并因而直接与工人本身的发展相对立。②

资本主义市场经济初级阶段或者说传统市场经济时期，市场竞争法制条件尚不完善，人们行为往往遵循本能性质的丛林法则。资本的出现，不仅仅表达了强者对弱势群体的傲慢与冷漠，而且展示了对弱者的残酷与野蛮；即便不提资本原始积累时期灭绝人性的奴隶贸易以及屠城灭族的殖民战争，仅就市场竞争本身而言，资产阶级之间竞争无一不是以牺牲雇佣劳动者利益为基本形式的，后者付出的往往是生命性质代价。

通过劳动养活自己，是人类拥有的自然权利，但传统市场经济侵犯这种权利的现象俯拾皆是。马克思说："我们把劳动力或劳动能力，理解为一个人的身体即活的人体中存在的、每当他生产某种使用价值时就运用的体力和智力的总

---

① 马克思，恩格斯．马克思恩格斯选集：第 2 卷 [M]．北京：人民出版社，2012：267.

② 马克思，恩格斯．马克思恩格斯选集：第 2 卷 [M]．北京：人民出版社，2012：650－651.

和。"① "劳动力的价值，就是维持劳动力占有者所必要的生活资料的价值。……和其他商品不同，劳动力的价值规定包含着一个历史的和道德的要素。"② 按照这一理解，此处所谓"劳动力"体现了以体力支出为主特点，附着在成年自然人身上，直接具有"人力"性质。因此，对劳动力价值实现与否的判断，往往可以通过劳动者作为一般人的生命延续情况来衡量。

《资本论》指出：

> 资本由于无限度地盲目追逐剩余劳动，像狼一般地贪求剩余劳动，不仅突破了工作日的道德极限，而且突破了工作日的纯粹身体的极限。它侵占人体的成长、发育和维持健康所需要的时间。它掠夺工人呼吸新鲜空气和接触阳光所需要的时间。它克扣吃饭时间，尽量把吃饭时间并入生产过程本身……③

资本逐利重心放在体力劳动者身上，后者遭受的剥削直接体现在人的生命机体受损上，表现为生存质量下降、生命时间缩短。

> 可见，资本主义生产——实质上就是剩余价值生产，就是剩余劳动的吮吸——通过延长工作日，不仅使人的劳动力由于被夺去了道德上和身体上正常的发展和活动的条件而处于萎缩状态，而且使劳动力本身未老先衰和过早死亡。它靠缩短工人的寿命，在一定期限内延长工人的生产时间。④

按资分配对按劳分配的阻碍是因为前者是强者之间按劳分配——体现为有产者对于所拥有资本的管理使用能力，而该能力是在市场环境中与其他有产者进行竞争呈现的；后者是弱者和强者之间以及弱者和弱者之间的按劳分配；而由于弱者作为雇佣劳动者是受雇主即强者支配的，进而按劳分配就受到按资分配的主导；强者为了实现自身利益最大化，即为了在按资分配中占据优势，往往采取了压榨弱者剩余劳动方式，这才出现了《资本论》所表述的一幕。从逻辑上说，为了使按资分配体现有产者之间按劳分配的性质，并使其不致干扰无产者或雇佣劳动者之间以及无产者和有产者之间的按劳分配，必须对双方作用边界做出界定；要保证后一种按劳分配不受到前一种按劳分配影响，杜绝有产者竞争以牺牲无产者利益作为代价，需要法制体系予以规范。一旦做到了这一

---

① 马克思，恩格斯. 马克思恩格斯选集：第2卷 [M]. 北京：人民出版社，2012：164.
② 马克思，恩格斯. 马克思恩格斯选集：第2卷 [M]. 北京：人民出版社，2012：165.
③ 马克思，恩格斯. 马克思恩格斯选集：第2卷 [M]. 北京：人民出版社，2012：191.
④ 马克思，恩格斯. 马克思恩格斯选集：第2卷 [M]. 北京：人民出版社，2012：192.

点，市场经济无论在按资分配环节还是在按劳分配环节，都能够展示按劳分配原则。所谓"现代市场经济本质上是按劳分配的"，就是针对这一目标的实现而言。

不能不看到，马克思时代正是传统市场经济大行其道时期。传统社会主义理论站在无产阶级立场上，针对有产者对无产者发生了剥削和压迫的事实，一度把按资分配归结为剥削所得，从而彻底否认了按资分配合理性，进而否认了管理能力是一种劳动能力。此论依据了确凿无疑的客观事实，由此所推动的社会主义运动和无产阶级革命当然具有历史合理性。

激励劳动是历史正道，不论是激励强者劳动还是激励弱者劳动，都是客观需要；但是强者劳动竞争不应该以牺牲弱者利益为代价——这种做法归根结底弱化了弱者劳动能力，最终对整体社会生产力发展不利。资本主义生产方式之所以能够在其后发展中，逐步对这一弊端进行纠正，就在于弱势群体受到伤害，会波及强势群体受损。应该说，市场经济对劳动激励包含着对理性的持续启迪和仰赖，这一机制构成资本主义市场经济能够在一定范围自我完善的根本原因。

马克思说："**资本是生产的**，也就是说，是**发展社会生产力的重要的关系**。只有当资本本身成了这种生产力本身发展的限制时，资本才不再是这样的关系。"①经济危机周期性发生，使马克思断言资本所体现生产关系已不能满足生产力需要，应立即退出历史舞台。"资本的生产是在矛盾中运动的，这些矛盾不断地被克服，但又不断地产生出来。不仅如此。资本不可遏止地追求普遍性，在资本本身的性质上遇到了限制，这些在资本发展到一定阶段时，会使人们认识到资本本身就是这种趋势的最大限制，因而驱使人们利用资本本身来消灭资本。"②

马克思强调：资本推动的生产社会化，遇到了生产资料私有制制约，其生产无政府状态导致产品过剩，引发了经济危机；要化解危机，必须实行生产资料公有制，并以此为基础实现计划经济。后者能够使大机器生产力得到充分利用，并带来物质财富充分涌流，由此才能实现理想社会"各尽所能，按需分配"。这一社会主义路线图中，最为关键环节是实现生产资料公有制。按照马克思设想：无产阶级反对资产阶级的斗争将导致无产阶级专政；该专政历史使命是变生产资料私有制为公有制。因此，阶级斗争就成为社会主义事业成败关键。目睹无产阶级因经济危机而频频陷入困境，马克思对无产阶级能够很快战胜资

---

① 马克思恩格斯全集：第8卷 [M]. 北京：人民出版社，2009：70.
② 马克思，恩格斯. 马克思恩格斯选集：第2卷 [M]. 北京：人民出版社，2012：716.

产阶级报以极大信心。

历史并没有按照预想道路发展。现在看来，正是市场经济始终保持着对劳动的激励，使其具备了某种自我修正、自我完善的能力——无论是有待实现的目标，还是当下面临的矛盾，客观上都上升成为一种社会需要，并因此成为新的劳动对象。市场经济推崇资本作用没有错，资本追求利润最大化也没有错，但资本对利润最大化追求不一定非要采取剥削雇佣劳动者方式不可；事实证明，资本正是在这个环节上做出了调整，这种修正仍然出于对利润最大化追求——当年，在没有法制约束情况下，直接压榨雇佣劳动者剩余劳动，无疑成本最低，是实现利润最大化捷径；随着社会主义运动兴起，雇佣劳动者有组织的反抗大大增加了资产阶级管理成本，当后者有可能分出一部分利润用于改善雇佣劳动者生活条件的时候，资产阶级发现反而更容易实现利润最大化。雇佣劳动者因生活条件向好而表现出愿意合作态度，稳定的经济秩序显著提高了生产效率。

其实，这一趋势当年在马克思时代已初现端倪。马克思、恩格斯期望甚殷的最发达国家英国，其工人阶级并没有积极投身推翻资本主义制度的暴力革命，反而愿意接受"做一天公平工作，拿一天公平工资"的工联主义。这一现象预示了：随着资本主义发展，它有可能化解初始时期资本所表现出来的戾气，使市场经济回归常态的按劳分配原则。

从市场经济所展现趋势看，无论是全面的按劳分配，还是被按资分配遮蔽了的按劳分配，都会对生产力发展发挥正面促进作用：一方面，提升了劳动者能力水平，另一方面，增加资本家财富总量。这使资本追逐利润最大化重心从直接诉诸雇佣劳动者剩余劳动，转变为诉诸科学技术进步，或者说，从倚重体力劳动转变为倚重脑力劳动。正是在这一历史过程中，资本主义市场经济实现了从传统模式向现代模式的转变。

（三）现代市场经济对按劳分配原则的回归

资本主义市场经济从传统向现代的转变，从根本上说，是其逐利重心从体力劳动转变为脑力劳动；科学技术成为第一生产力标志该转变基本实现。与此相一致，资本主义市场经济也相应完成了一系列经济政治关系调整，即相继建立了支撑现代市场经济的制度体系。

一是建立了完整法制体系。现代市场经济运用法治方式对市场作用和政府作用两种机制、雇主和雇员两大主体行为进行了规范，其中包括一系列劳动保护条例，尤其是对工作时间和劳动条件进行了限制，基本上杜绝了马克思时代频频出现的无度压榨雇佣劳动者剩余劳动现象。

二是健全了民主政治体系。现代市场经济所推动的发展体现了不断创新性质，使相应法制建设也呈现为一个持续过程，而民主政治体系使该过程遵循了一定意义的民主原则，使法制生成能够表达多数人民意，进而使"自由竞争"得以采取公平有序方式进行。

三是提供了社会保障体系。资本主义发达国家实行社会保障体系，基本保证了全体社会成员生存需要，是该层面"按需分配"原则的体现；它不仅大大缓解了"优胜劣汰"原则对弱势群体生存状态的严重冲击，而且在一定程度使社会阶级斗争出现由政治诉求向经济诉求的转向。

四是形成了普及教育体系。科学技术成为第一生产力的事实，使现代市场经济把人力资源视为人力资本，在教育领域投资被看作生产性投入。资本主义发达国家形成普及教育体系，不仅使其处在有利竞争地位，而且使弱势群体获得了一定的东山再起机会，增加了他们对生活前景的希望。

现代市场经济设置四大体系的实质是：有产者竞争避开了借助剥削压迫雇佣劳动者方式，而表现为在相同雇佣劳动关系背景下，有产者凭借自身配置资源能力，去追求自身利益最大化。在此前提下，所实现按资分配具有按劳分配性质，不过是有产者层面按劳分配。当然，这意味着承认管理是劳动，管理能力竞争是劳动竞争，竞争结果体现按劳分配。

上述四大体系支撑起来的现代市场经济，大体稳定了"自由竞争，优胜劣汰"机制的稳定运行，使按劳分配原则得以实现。

首先，它更大限度地解放了劳动，人们所获得的迁徙自由、择业自由使劳动权得到了切实保证，意味着按劳分配的"劳动"成为个性化选择产物，保证了按劳分配在主体层面或劳动活动层面的公正。

其次，市场主体行为的规范要求，使每个人既是市场主体又是市场客体，人们劳动成果只能在市场这种客体环境中予以衡量，其价值实现具有客观性，保证了按劳分配在客体层面或劳动成果层面的公正。

最后，市场经济的竞争机制，使上述劳动活动和劳动成果衡量始终处在动态过程，每个人都必须不断努力持续创新，才有可能在竞争中立于不败之地，就此而言，市场经济抓住了劳动的创造本质，真正体现了按劳分配推动人类历史进步的作用。

正因为现代市场经济本质上是按劳分配的，所以，它客观上属于一种激励劳动方式，人类在任何时期都必须通过该方式解决自身生存和发展问题。因此，邓小平才有足够根据提出，市场是发展经济的方法，资本主义能用，社会主义也能用。作为一种旁证，当中国提出与美国建立"不冲突、不对抗、相互尊重、合作共赢"的新型大国关系时候，表达的也是社会主义制度与资本主义制度的新型关系；现代资本主义市场经济既然已经体现出按劳分配性质，就意味着获得了社会主义者"尊重"的前提，同时也实现了与之"合作"的基础。

人们依据马克思、恩格斯拒绝在理想社会中运用商品经济的结论，总是认为社会主义对市场经济运用属于权宜之计，一旦生产力获得提高就需对之放弃；却忽视了两人判断针对的是传统市场经济，忽略了那个时代的按资分配，资本属于"来到世间，从头顶到脚底，都流着血和肮脏的东西"的魔鬼，今天的资本主义已经不再是昔日状态，其市场经济经历了从传统向现代的嬗变，按资分配已大体展现了按劳分配的衍生性质。

也就是说，传统市场经济按资分配的血淋淋性质淹没了其源自按劳分配的事实，使整个资本主义生产方式变成了剥削的渊薮，变成了一种戕害无产阶级的罪恶制度；而现代市场经济按资分配环节已不再针对无产者人身的压迫，这就在一定程度上凸显了它与按劳分配的关联。

上述观点是一个新的视角。既然把按资分配视为按劳分配的衍生现象，意味着把双方看作连续的经济过程，当按资分配是以牺牲雇佣劳动者的生存权益为发展途径的时候，资本的罪恶性质理所当然得到凸显。这一事实不仅遮蔽了它与按劳分配的逻辑关系，而且使按资分配所体现的对生产力的促进作用一并被忽视，人们看到的主要是其罪过。应该说，马克思主义原创理论以此作为基本依据，宣布理想社会不应采取商品经济方式，宣布社会主义将运用暴力革命方式将资本主义赶出历史舞台，具有历史合理性。

问题在于：资本作为魔鬼化身并非其永久形象。从逻辑上说，资本主义"自由竞争、优胜劣汰"体现的是对劳动的激励，就此而言，它是人类历史规律的客观要求。当年，恩格斯之所以强调，马克思主义是在"在劳动发展史中找到了理解全部社会史的锁钥"，就是把考察劳动作为认识历史主线，把激励劳动作为历史发展动力。肯定现代市场经济属于按劳分配，就堵住了重返传统社会主义的老路，除了认同改革的创新成果即社会主义市场经济的历史必然性之外，已经别无选择了。

市场经济作为激励劳动的一种发展方式，具备自我调整和自我修正能力。无论与自然界关系方面出现的问题，还是社会关系方面出现的问题，都会成为劳动投入对象，都会形成新的化解方案。从根本上说，市场竞争就是人类发展的动力机制。理性会不断地观察和检视现实，会组织劳动资源投入到修正失误和弥补缺陷之中，所以，当资本主义通过运用市场经济傍上了劳动之后，就拥有了某种自我完善能力。当然，市场经济也拥有自己的逻辑"天敌"——作为利用利益差别激励劳动的发展方式，它无法采取取消利益差别方式来消除自身弊端，因为它的结果就是它的原因，就好像一位大力士不能揪着自己头发使身体离开地面一样。这使社会主义代替资本主义具有了历史必然性，因为社会主义主张共同富裕，强调了每个人的社会平等，从价值理念层面区别于资本主义。

第二节　按劳分配与市场经济关系的理论演进

按劳分配是按照人们所提供劳动的质与量进行产品分配的原则。人们已经认识到：一方面是性别、年龄、先天禀赋等自然因素导致的差别，另一方面是家庭出身、成长环境、生活际遇等社会因素导致的差别，致使人与人在劳动能力方面存在种种不同。显然，如果实行按劳分配，必然导致贫富分化。为此，社会主义要实现社会平等，只能主张按需分配原则。19世纪前的空想社会主义者单纯从理论逻辑方面考虑，都主张未来社会按需分配；到了三大空想家时期，开始具体考虑理想社会与现实对接的问题，圣西门强调了按劳分配，而傅立叶则主张按劳分配与按资分配的并行。

可以从两个角度认识一般意义的按劳分配。

其一，劳动作为人类生命活动，是实现与自然界物质交换的基本方式；人们付出了什么劳动，就获得了什么成果，按劳分配贯穿人类历史始终。作为历史过程的按劳分配，上承弱肉强食的丛林法则，下启按需分配的理想社会。

其二，劳动属于人类特有的生命活动，其自由有意识性质使劳动成果得以不断积累；随着劳动方式不断向脑力转变，"积累"现象上升成为文化体系。动物依靠遗传机制实现对生命经验的积累，而人类除此之外，还有文化机制来积累生命经验。

按劳分配内含的上述辩证关系，使其在社会主义发展史上具有重要地位，也成为一个重大的理论与实践问题。笔者试以马克思、列宁在按劳分配问题上的不同解读为线索，阐释马克思主义者探索社会主义建设规律的过程。

（一）马克思主张在取消商品经济条件下使用按劳分配原则

马克思、恩格斯在《德意志意识形态》中提出：

　　共产主义的最重要的不同于一切反动的社会主义的原则之一就是下面这个以研究人的本性为基础的实际信念，即人们的**头脑和智力**的差别，根本不应引起胃和肉体需要的差别；由此可见，"按能力计报酬"这个以我们目前的制度为基础的不正确的原理应当——因为这个原理是仅就狭义的消费而言——变为"按需分配"这样一个原理，换句话说：活动上，劳动上的差别不会引起在占有和消费方面的任何**不平等**，任何**特权**。①

这一观点与大多数空想家的思想是一致的。

后来在《哥达纲领批判》中，马克思深化了这一思想，认为在共产主义第一阶段可以保留某种程度的按劳分配，但为了不使其转变为按资分配，需取消商品货币。同时，这里的"按劳分配"仅仅是按照劳动时间分配，只考校"干多干少"，并不计较"干好干坏"；其前提是实行了大机器生产方式。后者淡化了劳动者个人工艺水平差距——主要的技术环节都由机器完成，人只是在配合机器，发挥着辅助作用。

马克思没有立即推出按需分配。后者需要物质财富的极大丰富，只能通过一个积累阶段完成。在《共产党宣言》中，他和恩格斯认为，无产阶级夺取政权之后，应该"尽可能快地增加生产力的总量"②。而完成此事又是在特定的社会形态中进行的："我们这里所说的是这样的共产主义社会，它不是在它自身基础上已经**发展了的**，恰好相反，是刚刚从资本主义社会中**产生出来的**，因此它在各方面，在经济、道德和精神方面都还带着它脱胎出来的那个旧社会的痕迹。"③ 按劳分配所体现的这种问题具有客观性："这些弊病，在经过长久阵痛刚刚从资本主义社会产生出来的共产主义社会第一阶段，是不可避免的。权利决不能超出社会的经济结构以及由经济结构制约的社会的文化发展。"④

种种迹象表明，马克思并没有认为共产主义第一阶段转向高级阶段需要经历很长时间。这通过《哥达纲领批判》中的用语就能予以判断，他认为第一阶段属于"刚刚"脱胎于旧社会的那个时期，应该说，这一时期通常不应该超过一代人的时间；也就是说，从按劳分配转变为"各尽所能、按需分配"，大体上有二三十年时间即可。马克思之所以反复强调按劳分配原则上属于"资产阶级权利"，是因为这是在共产主义社会之初，为了尽可能快地增加生产力总量以转变为按需分配，而不得不采取的一种权宜之计。按劳分配正是为了该目的而提出的过渡性原则。在这方面，马克思既没有担心生产力持续发展问题，也没有

① 马克思恩格斯全集：第3卷 [M]. 北京：人民出版社，1960：637 - 638.
② 马克思，恩格斯. 马克思恩格斯选集：第1卷 [M]. 北京：人民出版社，2012：421.
③ 马克思，恩格斯. 马克思恩格斯选集：第3卷 [M]. 北京：人民出版社，2012：363.
④ 马克思，恩格斯. 马克思恩格斯选集：第3卷 [M]. 北京：人民出版社，2012：364.

怀疑转向按需分配的条件能否具备。他关于共产主义社会设想的似乎就是需要一个"生产力的总量"积累,这依靠不太长时间就能够完成。

马克思显然注意到了"'按能力计报酬'这个以我们目前的制度为基础的不正确的原理",即注意到了按劳分配向按资分配转变的可能性。在商品货币存在条件下,按劳分配的结果通过积累,会不可遏止地从消费条件转变为生产条件,即把本来用于消费的财富转而用于从事生产,带来按资分配现象。从生产力角度看,按资分配意味着有一部分资源从消费环节进入了生产环节,扩大了资源的总量,对生产力发展有利;从生产关系角度看,按资分配意味着有产者不仅可以凭借活劳动(经营能力)参与分配,还可以凭借死劳动(生产资料)参与分配,后者加剧了财富拥有的两极分化,会增加社会矛盾和冲突。

当年,正是看出了后一种趋势,马克思关于理想社会的设想明确强调取消商品货币,他指出:

> 在一个集体的、以生产资料公有为基础的社会中,生产者不交换自己的产品;用在产品上的劳动,在这里也不表现为这些产品的**价值**……每一个生产者,在作了各项扣除以后,从社会领回的,正好是他给予社会的。他给予社会的,就是他个人的劳动量。……显然,这里通行的是调节商品交换(就它是等价的交换而言)的同一原则。内容和形式都改变了,因为在改变了的情况下,除了自己的劳动,谁都不能提供其他任何东西,另一方面,除了个人的消费资料,没有任何东西可以转为个人的财产。至于消费资料在各个生产者中间的分配,那么这里通行的是商品等价物的交换中通行的同一原则,即一种形式的一定量劳动同另一种形式的同量劳动相交换。①

> 在这里**平等的权利**按照原则仍然是**资产阶级权利**,虽然原则和实践在这里已不再互相矛盾,而在商品交换中,等价物的交换只是**平均来说**才存在,不是存在于每个个别场合。②

马克思认为:本来意义按劳分配所体现的平等权利存在着"原则和实践""互相矛盾"的地方,原因在于:一旦按劳分配转变为按资分配"实践",与按劳分配"原则"就构成了"互相矛盾"。而消除了商品经济的等劳等酬原则,则避免了双方的矛盾。

---

① 马克思,恩格斯. 马克思恩格斯选集:第 3 卷 [M]. 北京:人民出版社,2012:363.
② 马克思,恩格斯. 马克思恩格斯选集:第 3 卷 [M]. 北京:人民出版社,2012:363 - 364.

马克思洞悉了按劳分配向按资分配转变的客观性，肯定按劳分配在商品经济条件下会导致资本主义发生，故而并没有在反对剥削的意义上解读按劳分配原则，即没有把按劳分配直接指认成社会主义原则。正如恩格斯所说：

> 马克思在《资本论》中再清楚不过地证明……商品生产达到一定的发展程度，就转变为资本主义的生产……即使我们排除任何掠夺、任何暴力行为和任何欺骗的可能性，即使假定一切私有财产起初都基于占有者自己的劳动，而且在往后的全部进程中，都只是相等的价值和相等的价值进行交换，那么，在生产和交换的进一步发展中也必然要产生现代资本主义的生产方式，生产资料和生活资料被一个人数很少的阶级所垄断，而另一个构成人口绝大多数的阶级必然沦为一无所有的无产者…… ①

一旦消除商品货币现象，即便还在实行按劳分配，即便仍然存在着利益分配差距，这种差距也不至于出现积累效应，仍然可以杜绝多劳多得者把所拥有财富从消费领域挪移到生产领域，带来按资分配现象。这是马克思一改 20 世纪 40 年代《德意志意识形态》断然否认按劳分配的观点，在 70 年代《哥达纲领批判》中转而主张共产主义第一阶段有限实行按劳分配的原因。

按照当代事实，马克思做上述选择，在很大程度上忽视了按资分配所体现的增加生产资源的作用，客观上不利于提高生产力水平；但是，马克思当年关于生产力的判断集中在生产资料的技术水平上，共产主义社会的生产力，是通过计划经济方式对大机器生产条件的充分利用，所以，从其理论逻辑上说，并没有影响理想社会的生产力基础。

（二）列宁认为按劳分配属于社会主义性质

列宁对马克思在《哥达纲领批判》中的思想做过详细分析研究。他在《国家与革命》中说：

> 在共产主义社会的第一阶段（通常称为社会主义），"资产阶级权利"**没有**完全取消，而只是部分地取消，只是在已经实现的经济变革的限度内取消，即只是在同生产资料的关系上取消。"资产阶级权利"承认生产资料是个人的私有财产。而社会主义则把生产资料变为**公有**财产。**在这个范围内**，也只是在这个范围内，"资产阶级权利"才不存在了。

---

① 马克思，恩格斯．马克思恩格斯选集：第 3 卷［M］．北京：人民出版社，2012：542 - 543.

但是它在它的另一部分却依然存在，依然是社会各个成员间分配产品和分配劳动的调节者（决定者）。"不劳动者不得食"这个社会主义原则已经实现了；"对等量劳动给予等量产品"这个社会主义原则也已经实现了。但是，这还不是共产主义，还没有消除对不同等的人的不等量（事实是不等量的）劳动给予等量产品的"资产阶级权利"。①

仅仅把生产资料转归全社会公有（通常所说的"社会主义"）还**不能消除**分配方面的缺点和"资产阶级权利"的不平等，只要产品"按劳动"分配，"资产阶级权利"就会**继续通行**。②

列宁的上述观点值得关注。应该说，他在两个问题上体现了与马克思思想的差别。

其一，马克思没有一般地肯定按劳分配原则属于社会主义性质，而列宁则认为按劳分配体现了社会主义性质。

如前所述，马克思从两个角度认识按劳分配问题：一是一般意义的按劳分配。按劳分配在运用过程中势必衍生出按资分配现象，导致剥削发生；因此属于"以我们目前的制度为基础的不正确的原理"，是"反动的社会主义的原则"。二是"共产主义第一阶段"中的按劳分配。由于该阶段消除了商品货币存在，客观上阻断了按劳分配向按资分配的转化，按劳分配将始终是按劳分配，"原则和实践在这里已不再互相矛盾"，因此，可以为共产主义第一阶段所用。

列宁的理解与马克思有所不同。他认为按劳分配体现了社会主义的两个基本原则：一是"不劳动者不得食"；二是"对等量劳动给予等量产品"。列宁宣示的"不劳动者不得食"，强调了按"劳"分配字面上的反对不劳而获意义，忽视了马克思揭示的按劳分配向按资分配的转化，从马克思对该原则的动态理解转向了静态理解，屏蔽了其可能导致的剥削现象，使按劳分配原则在"共产主义第一阶段"过渡性质的合理性，上升成为社会主义社会的基本原则。列宁当然承认按劳分配存在缺陷，但却不是从其可能衍生出按资分配角度判断其缺陷，而只看到该原则体现的平等属于低阶平等——仅仅是"劳动"尺度的平等，比较共产主义所追求的人本身的平等还不够，必须向"按需分配"转变。

其二，马克思没有明确把"共产主义第一阶段"独立出来，而列宁则判断该阶段就是"社会主义"阶段，具备了相对独立性。

马克思使用"第一阶段"和"高级阶段"来描述共产主义社会，其本意应

---

① 列宁. 列宁专题文集：论社会主义 [M]. 北京：人民出版社，2009：34.
② 列宁. 列宁专题文集：论社会主义 [M]. 北京：人民出版社，2009：34.

该是表达共产主义社会的"初始时期"和"成熟时期"，并不是试图划分共产主义所包括的发展阶段，否则就不会使用"第一"和"高级"这两个并不对称的概念了；尤其是在《哥达纲领批判》这种差不多对"每一个字"都进行批判①的论战文章中，应该肯定他选择概念的严谨和刻意。所谓"共产主义第一阶段"，属于"刚刚"脱胎于旧社会的阶段，时间应该很短，否则就失去了"刚刚"这一前提。可见，列宁把"共产主义第一阶段"解释成为"社会主义"，客观上赋予前者以相对独立、历时较长的含义，并不完全符合马克思本意。在马克思、恩格斯那里，"社会主义"与"共产主义"一度被视为同义语。马克思早年为社会主义思潮所吸引时，并不排斥把自己的理论视为社会主义理论，后来，也在一定程度上继续这么使用，恩格斯所写《社会主义从空想到科学的发展》一文，表明马克思和他都认为自己的思想属于"科学的社会主义"；在一定意义上，共产主义是与"科学社会主义"一致的概念。

不难看出，中国进入社会主义建设时期后，之所以把"各尽所能，按劳分配"作为基本原则，与列宁对该原则的解读有着直接关系。后来，当列宁把共产主义第一阶段解读成社会主义之后，社会主义就成为共产主义的次一级概念，只是体现后者的一个阶段：共产主义可以包含社会主义，社会主义不可以代替共产主义。并且，由于落后国家率先进入社会主义，至今未能超越资本主义发展水平，客观上使马克思主义关于理想社会的理论与实践搁浅在社会主义阶段。

列宁对马克思观点的上述小小"调整"，直接导致了双重模糊：既模糊了对资本主义的判断，又模糊了社会主义的自我认识。但是，由于按劳分配本身在内涵上的辩证关系，人们没有察觉列宁"调整"所造成的重大影响。人们十分解恨的是给资本主义戴上了"剥削制度"的帽子，全没有意识到，资本主义依靠对劳动的激励，才成就了今天的发展成果———一种令当代社会主义者也眼热的经济成果。

如果人类是依靠劳动发展与自然界关系的话，那么，只有充分地施展劳动才能最大限度地满足人们实行与自然界物质交换的需要；而充分施展劳动的最恰当经济环境只能是市场经济。市场经济所提供的"自由竞争"环境，为劳动者自由发挥自身能力提供两项必要条件：一是劳动选择自由，即自由时间、自由地点、自由择业、自由转业开启劳动活动；二是劳动运行自由，即自由开始、自由继续、自由变换、自由终止安排劳动过程。当劳动者拥有这些劳动自由权利的时候，应该是他们充分展示自身能力的时候。比较起来，计划经济不仅妨

---

① 马克思，恩格斯. 马克思恩格斯选集：第3卷［M］. 北京：人民出版社，2012：349.

碍了劳动选择，也固化了劳动运行。计划经济之所以在生产力发展方面落后于市场经济，最根本原因在于：前者束缚了劳动，后者放开了劳动。

其实，问题还不止于此。当列宁认为社会主义是"按劳分配"的时候，资本主义就只剩下"按资分配"了。岂不知，按资分配源头是按劳分配，后者发展到彻底程度，才会演变为按资分配；因此，反而是"按资分配"的资本主义有效地利用了劳动资源。而半截子的或形式上的按劳分配留给社会主义，却让后者徒有虚名，反而因堵截按资分配无法真正利用强者劳动的力量。其结果是：主张按劳分配的社会主义，反而在生产力发展上落后于剥削压迫劳动的资本主义。

按劳分配被界定为社会主义分配原则，列宁发挥了关键作用。但是列宁也好，毛泽东也好，一开始就没有打算止步于按劳分配原则，在这个问题上，两人都领悟了马克思的本意。

第三节　中国改革对社会主义市场经济的选择

中国改革作为一场社会革命，涵盖了经济、政治、思想文化诸多内容，从其中任何一个方面解读改革，都具有一定合理性，也能够满足某种认识需要。然而，按照唯物史观，社会主义归根结底是一种生产方式，社会主义改革归根结底是一种生产方式再选择。依据此论，社会主义市场经济取代计划经济，构成改革实践发展主线，汇聚了思想解放过程焦点，而社会主义市场经济确立则相应成为新型社会主义生产方式；坚持此论，就守住了社会主义改革灵魂，不仅有助解释历史，而且有利推动未来，不仅助力中国梦圆，而且启迪人类梦想。

学界存在两股潜流，二者均怀疑"社会主义"与"市场经济"相结合的可行性：一是认为社会主义市场经济不能体现社会主义共同富裕目标，社会主义与市场经济牵手只能作为策略存在于社会主义初级阶段，一旦后者转变，仍需回归经典文本所主张的计划经济；一是认为社会主义市场经济不能达到市场经济效率目标，唯有千方百计压减政治权力施为空间，形成像资本主义市场经济那样政府只针对"市场失灵"发挥作用格局，才是真正市场经济。不难看出，前者往往伴生走"老路"的思想主张，后者往往伴生走"邪路"的心理倾向。双方虽然都有所依据，却共同忽略了一点：改革是一项"全新的事业"，任何秉持既有理论既有实际的判断均不足为训。社会主义市场经济本质上是因应时代条件变化所形成的创新成果，它对历史与现实的超越是必然的，它所获得最有力、最强大的证明来自所实现的发展成就。令人欣喜的是，社会主义市场经济已取得了自证合理的这一成就。

四十当不惑。中国共产党人在纪念改革40周年时，已经积累了充分实践条件从整体上观察社会主义改革进程，也已经具备了丰富理论条件从前景上判断社会主义市场经济地位。

（一）作为经济体制的目标设定

中国改革之所以始于"经济体制"，终于"发展模式"，或者说，改革历程之所以沿着"经济体制—生产方式—发展模式"的顺序前行，关键在于：人类社会形态也好，发展模式也好，归根结底属于生产方式；资本主义是一种生产方式，社会主义同样是一种生产方式。而生产方式的固化形态集中体现在"经济体制"层面，无论是组织体系固化还是制度规范固化，客观上都形成特定生产方式的基本表达。正因为如此，当某种生产方式出现了挫折，或者如马克思所说，当其生产关系已经无法适应生产力发展需要的时候，要改变这一困局，首当其冲的是改变固有的经济体制，既要求改变其组织形态，又要求改变其制度设计。不难看出，拿既有经济体制开刀，就是致力于现有生产关系的调整——既然生产关系无法适应生产力发展的需要，唯一正确选择就是修正该生产关系，即进行经济体制改革。这一环节实质上是瞄着生产力发展的需要，对相关生产关系规范进行调整。

改革开放是社会主义运动在中国发展中的必然选择，其最直接原因是计划体制失去了经济发展中对资本主义的比较优势。传统社会主义"以阶级斗争为纲"的发展理念，在国内陷入了频繁政治运动的纷争，在国际恶化了贸易往来的环境。而与此同时，资本主义借助二战之后新型科技革命成果，显著提升了社会生产力水平，通过建立社会保障体系稳定了社会秩序，并利用战后新的国际关系格局，形成了较为完整的世界经济政治秩序，开启了经济全球化进程。两相对比，社会主义被迫走上了改革之路。

改革意味着对既有发展模式"动刀"，具体说来，就是改变经典作家设定的公有制基础上计划经济。邓小平说："我们把改革当作一种革命。"这首先是艰难的思想解放过程。邓小平在十一届三中全会前夕明确指出："思想一僵化，不从实际出发的本本主义也就严重起来了。书上没有的，文件上没有的，领导人没有讲过的，就不敢多说一句话，多做一件事，一切照抄照搬照转。把对上级负责和对人民负责对立起来。"① 他还警示说："一个党，一个国家，一个民族，如果一切从本本出发，思想僵化，迷信盛行，那它就不能前进，它的生机就停止了，就要亡党亡国。"②

邓小平阶段的改革主要是针对经济体制，最终确认了社会主义市场经济的改革目标。这一确认虽然以农村联产承包责任制、城市经济特区、乡镇企业为实践依据，但要取得政治上或理论上对社会主义市场经济的认同，仍然并非易事。长期以来，人们已经习惯了"计划经济是社会主义""市场经济是资本主义"的思维定式，一改前辙再接受"社会主义市场经济"命题，需要经历一系列思想酝酿、实践探索过程才能做到。这一阶段的主要举措是：

首先，确立改革必须始终坚持的政治原则，强调改革属于社会主义自我完善性质，由此稳住了党心和民心。改革启动之初就设置了"四项基本原则"，邓小平说：

> 我们必须坚持社会主义道路，坚持无产阶级专政，坚持共产党的领导，坚持马列主义、毛泽东思想。中央认为，今天必须反复强调坚持这四项基本原则，因为某些人（哪怕只是极少数人）企图动摇这些基本原则。这是决不许可的。每个共产党员，更不必说每个党的思想理论工作者，决不允许在这个根本立场上有丝毫动摇。如果动摇了这四项基本原则中的任何一项，那就动摇了整个社会主义事业，整个现代化建设事业。③

进入改革之后，又进一步提出改革需要坚持两个目标：一是公有制主体地位，二是共同富裕目标。在一定意义上，这是四项基本原则在操作层面的体现。

其次，确立改革必须始终坚持的思想前提，通过确认"社会主义初级阶段"命题，使社会主义改革得以遵循实事求是原则去进行实践探索。社会主义初级阶段作为"不够格"的社会主义，当然无须按照经典文本的"规格"去衡量，而是按照实践标准去试去闯，文本要求计划经济，改革则可以使用市场经济。邓小平说：

> 我们党的十三大要阐述中国社会主义是处在一个什么阶段，就是处在初级阶段，是初级阶段的社会主义。社会主义本身是共产主义的初级阶段，而我们中国又处在社会主义的初级阶段，就是不发达的阶段。一切都要从

---

① 邓小平文选：第2卷［M］．北京：人民出版社，1994：142－143．
② 邓小平文选：第2卷［M］．北京：人民出版社，1994：143．
③ 邓小平文选：第2卷［M］．北京：人民出版社，1994：173．

这个实际出发，根据这个实际来制订规划。①

应该说，"社会主义初级阶段"命题之所以罩住了中国改革全程，就在于它能够在与经典文本并行不悖情况下，提供了充分的改革发展空间。

再次，推出了部分人部分地区先富、先富帮后富的"大政策"，宣示了改革的基本战略构想，引领民意认同改革举措。早在1983年年初，邓小平就提出："农村、城市都要允许一部分人先富裕起来，勤劳致富是正当的。一部分人先富裕起来，一部分地区先富裕起来，是大家都拥护的新办法，新办法比老办法好。"② 共同富裕的构想是这样提出的："一部分地区有条件先发展起来，一部分地区发展慢点，先发展起来的地区带动后发展的地区，最终达到共同富裕。"③ 改革推出的"先富"与资本主义"部分人富"在形式上并无区别，因此，能否达到"共富"存在某种或然性。为避免由此陷入口舌之争，邓小平强调，"不搞争论，是我的一个发明。不争论，是为了争取时间干。一争论就复杂了，把时间都争掉了，什么也干不成。不争论，大胆地试，大胆地闯。"④ 此举在特定历史阶段维护了全党思想统一和行动一致。

最后，从策略层面强调改革对市场经济的选择，淡化了执拗于市场经济制度属性所造成的对抗。早在1979年邓小平就提出"社会主义也可以搞市场经济"；此后又进一步指出："为什么一谈市场就说是资本主义，只有计划才是社会主义呢？计划和市场都是方法嘛。只要对发展生产力有好处，就可以利用。它为社会主义服务，就是社会主义的；为资本主义服务，就是资本主义的。"⑤ 把计划和市场都解读为发展经济的"方法"，资本主义和社会主义都能用，计划多一点还是市场多一点，不是区别社会主义与资本主义的标志，这样一来，就把社会主义对市场经济的选择搁置在发展经济的策略层面，化解了可能出现的制度层面的对抗。应该看到，在改革初期，为了打破坚冰、杀出血路，这样做既是必要的，又是合理的。

总之，邓小平面对计划经济落败于市场经济的事实，清醒认识到：

> 社会主义基本制度确立以后，还要从根本上改变束缚生产力发展的经济体制，建立起充满生机和活力的社会主义经济体制，促进生产力的发展，

① 邓小平文选：第3卷 [M]. 北京：人民出版社，1993：252.
② 邓小平文选：第3卷 [M]. 北京：人民出版社，1993：23.
③ 邓小平文选：第3卷 [M]. 北京：人民出版社，1993：373 – 374.
④ 邓小平文选：第3卷 [M]. 北京：人民出版社，1993：374.
⑤ 邓小平文选：第3卷 [M]. 北京：人民出版社，1993：203.

这是改革，所以改革也是解放生产力。①

沿着生产力发展是硬道理的思路，最终邓小平使中国改革走上了社会主义市场经济道路。

（二）作为生产方式的整体建构

问题当然在于，经由改革所选择的社会主义市场经济，是否一定能够创造出更高水平社会生产力，是需要实践检验的。由此一来，中国改革自然而然步入了自身发展的第二个逻辑阶段：从生产方式整体上推进改革举措，或者说，从生产力与生产关系相统一的角度认识社会主义市场经济。需要特别强调的是，中国改革既然属于社会主义自我完善，无论其生产力还是其生产关系，都不能背离社会主义本质。按照邓小平的定义：社会主义本质是"解放生产力，发展生产力，消灭剥削，消除两极分化，最终达到共同富裕"。这一本质对社会主义作为一种生产方式做出了完整界定——既包括生产力水平规定，又包括生产关系性质规定，社会主义本质可据此概括为"先进生产力和共同富裕生产关系"。任何单方面界定社会主义本质的观点，无论仅仅主张"先进生产力"，还是仅仅主张"共同富裕生产关系"，都不是社会主义本质完整体现。事实证明，这个领域并非风平浪静。从改革进程看，40年中江泽民时期和胡锦涛时期占据了大约一半时间，来探索和确定作为生产方式的社会主义市场经济。

江泽民在党的十五大报告中指出："把社会主义同市场经济结合起来，是一个伟大创举。……建设有中国特色社会主义的经济，就是在社会主义条件下发展市场经济，不断解放和发展生产力。"在这一基本前提下，当面临民营经济快速崛起时，如何看待这一新现象，能否认同民营经济在发展社会生产力中促进作用，就变成了执政党能否坚持社会主义市场经济方向改革的关键。

"三个代表"重要思想针对性地回答了这一问题。2000年2月江泽民在广东考察工作时提出：

> 总结我们党七十多年的历史，可以得出一个重要结论，这就是：我们党所以赢得人民的拥护，是因为我们党在革命、建设、改革的各个历史时期，总是代表着中国先进生产力的发展要求，代表着中国先进文化的前进方向，代表着中国最广大人民的根本利益，并通过制定正确的路线方针政

① 邓小平文选：第3卷 [M]. 北京：人民出版社，1993：370.

策，为实现国家和人民的根本利益而不懈奋斗。①

概括说来，"三个代表"重要思想展示了两大创意：一是通过对执政党性质调整，把原来"工人阶级先锋队组织"扩大为"中国人民和中华民族的先锋队组织"，使阶级性与人民性达到了统一；二是通过对执政党宗旨调整，把原来"全心全意为人民服务"拓展为"始终代表中国先进生产力发展的要求，始终代表中国先进文化前进的方向，始终代表最广大人民群众的根本利益"，运用"要求""方向""根本"这类指向性概念，显著深化了"全心全意为人民服务"内涵，使其得以与当下时代条件对接，进而为认同私营经济创造先进生产力的作用提供了空间，客观上使社会主义市场经济得到巩固和发展。

"三个代表"重要思想在操作层面是可以接受民营企业家入党，其实质却是认同"资本"在社会生产力发展方面的积极作用。经典文本依据19世纪资本主义实际，判断"资本"具有剥削性质，主张社会主义必须与之划清界限；那么，在当下改革中，社会主义生产方式能否运用资本以及在多大程度上运用资本，显然需要找到新答案。面对思想领域波动，江泽民提出：应该坚持"马克思主义的一个基本道理，就是不能用本本去框实践，而只能用实践去发展本本"②。"我们现在搞的是社会主义市场经济。我国社会主义基本经济制度已确立了几十年，这是观察和分析和社会生活中各种问题的政治上的大前提。因此，对很多问题的研究，不能简单地套用马克思、恩格斯、列宁研究当时资本主义社会而提出的概念。就是对当代资本主义，也不能简单地套用十九世纪时期的概念。……党的十五届五中全会提出要深化对劳动和劳动价值理论的认识，这次七一讲话进一步提出了这个问题，是有深刻含义的。"③ 这些思想原则，有效避免了误判民营经济崛起而可能导致的社会主义市场经济航船搁浅。

比较起来，胡锦涛时期面临形势又有所不同。胡锦涛同样肯定了"社会主义市场经济"的基本命题。他在中共十七大报告中指出："这场历史上从未有过的大改革大开放，极大地调动了亿万人民的积极性，使我国成功实现了从高度集中的计划经济体制到充满活力的社会主义市场经济体制、从封闭半封闭到全方位开放的伟大历史转折。"这意味着"社会主义市场经济体制初步建立"。然而，随着市场机制运行，在生产力取得长足进步同时，贫富分化、权力腐化、环境恶化的矛盾日益凸显。胡锦涛针对生产关系中出现的问题和矛盾，提出科

① 江泽民．江泽民文选：第3卷［M］．北京：人民出版社，2006：2.
② 江泽民．江泽民文选：第3卷［M］．北京：人民出版社，2006：338.
③ 江泽民．江泽民文选：第3卷［M］．北京：人民出版社，2006：342-343.

学发展观和和谐社会，对社会主义市场经济作为一种生产方式进行了及时补充和完善。

令人印象深刻的是，面对生产力领域取得重大进步和生产关系领域暴露出的问题，胡锦涛强调了从规律意义上认识社会主义市场经济："实现未来经济发展目标，关键要在加快转变经济发展方式、完善社会主义市场经济体制方面取得重大进展。……要深化对社会主义市场经济规律的认识，从制度上更好发挥市场在资源配置中的基础性作用，形成有利于科学发展的宏观调控体系。"①通过实现国民经济又好又快发展，必将进一步增强我国经济实力，以此彰显社会主义市场经济的强大生机活力。

十六届六中全会通过的《中共中央关于构建社会主义和谐社会若干重大问题的决定》指出，把中国特色社会主义伟大事业推向前进，必须坚持以经济建设为中心，把构建社会主义和谐社会摆在更加突出的地位。强调要处理好市场作用和政府作用的关系。要深化对社会主义市场经济规律的认识，从制度上更好发挥市场在资源配置中的基础性作用，形成有利于科学发展的宏观调控体系。"深化改革是加快转变经济发展方式的关键。经济体制改革的核心问题是处理好政府和市场的关系，必须更加尊重市场规律，更好发挥政府作用。"②

然而，利用私营经济推动生产力发展，是资本主义市场经济早已形成的做法，虽然社会主义市场经济凭借这一点抓住了先进生产力这一环节，并因此显著区别于传统社会主义；但是，如果不进一步砸实"共同富裕生产关系"这一目标，仍然落入了资本主义市场经济的窠臼，这当然有违社会主义改革初衷。胡锦涛提出"科学发展观"，补入了这一环节。中共十七大对此的阐释是：科学发展观的第一要义是发展。核心是以人为本，基本战略是全面协调可持续，方法是统筹兼顾。人们从中可以看出中国改革基本逻辑指向：继续追求"先进生产力"目标，其方略是坚持市场经济方式；与此同时，开始对其"两极分化"趋势进行制衡。"以人为本"虽然没有针对或否定市场经济对利益最大化目标的追求，但宣示了一种与之不同的发展目标——如果说，利益最大化竞争归根结底有利于劳动能力强者的话，那么，以人为本则强调了一般意义的人，即包括弱者在内的所有人，由此区别于资本主义市场经济自发呈现的"以强者为本"观念；而全面协调可持续发展理念，并没有排斥市场对资源配置的决定性作用，但是超出了市场一心逐利原则，由此区别于资本主义市场经济"主体自身利益

---

① 胡锦涛. 胡锦涛文选：第 2 卷 ［M］. 北京：人民出版社，2016：629.

② 胡锦涛. 胡锦涛文选：第 2 卷 ［M］. 北京：人民出版社，2016：628 – 629.

最大化"观念。科学发展观强调了国内经济发展的整体布局，针对中西部和老少边穷地区发展滞后问题，国家相继推出西部大开发、中部崛起、东北老工业区振兴等一系列举措，可以清楚地看到推进共同富裕的空间战略布局。

无论先进生产力还是共同富裕生产关系，都需要经历一个漫长实现过程，其间，已经"来到路上"的改革，却始终不能忘记或忽略对社会主义本质的坚守。所以，当改革话语体系演变为生产方式的时候，人们可以清晰地感受到经济体制改革正在进一步深化。

既然是市场经济，按劳分配势必衍生出按资分配现象——劳动能力强的社会成员，将利用自己逐步积累起的财富，将之转变为私有制生产资料，投入到新的生产过程，这既是生产力持续发展原因，也是按劳分配转化为按资分配进而造成两极分化原因。如果限制强者劳动，虽然能够缩小两极分化，但同时也会萎缩生产力水平。对于这一难题，江泽民提出"三个代表"重要思想，通过允许民营企业家入党，认同了私营经济崛起。与此同时，社会主义当然不能听凭社会两极分化，但又不能采取压制劳动能力强者方式，而只能另辟蹊径，采取帮助弱者方式来平衡贫富之间利益差距。所谓科学发展观，"以人为本，全面协调可持续发展"的理念，就是政治权力针对该目标所设置的发展理念。

从总体上看，江泽民和胡锦涛分别从认同强者和帮助弱者两个方面，完善了社会主义市场经济条件下的生产关系原则。这一做法，继邓小平从发展社会生产力角度引入市场经济之后，进一步规范了生产关系。值此，社会主义市场经济作为一种生产方式才得到全面呈现。

（三）作为发展模式的初始形成

如果中国改革经由"经济体制"环节选择了市场经济，并通过后者展开兼及了先进生产力和共同富裕生产关系两方面要求，即达到了完整生产方式要求的话，那么，生产方式稳定形态就具有了"发展模式"意义。严格说起来，社会主义市场经济只有作为完整生产方式出现的时候，它才算真正形成。因此，社会主义市场经济在"经济体制"意义上的确定是1992年，而在"生产方式"意义上的确定只能是2013年，其间经历了差不多20年实践与理论的陶冶，到了十八届三中全会，明确了在资源配置方面市场起决定性作用和政府更好发挥作用相统一，才算在生产方式意义上确立了社会主义市场经济。

中国特色社会主义进入新时代，在一定意义上，是以社会主义市场经济作为新型社会主义生产方式诞生为标志的。

其一，改革开放以来所取得重大经济发展成果，证明社会主义市场经济是正确选择。

社会主义市场经济继中华民族站起来之后，助推了富起来、强起来的伟大飞跃，展示了实现中华民族伟大复兴的光明前景。改革以来，我国稳定解决了十几亿人的温饱问题，总体上实现了小康。人均国内生产总值从 1978 年的 156 美元左右增长到 2016 年超过 8000 美元，已经达到中等偏上收入国家水平；城镇居民和农村居民人均可支配收入分别从 1978 年的 343.4 元、133.6 元提高到 2016 年的 33616 元、12363 元；农村贫困发生率从 1978 年的 97.5% 大幅下降到 2017 年的 4% 以下，远低于世界平均水平；九年义务教育全面普及，高等教育毛入学率在 2016 年达到 42.7%，高出世界平均水平近 10 个百分点；居民平均预期寿命 2015 年达到 76.34 岁，高于世界平均水平。①

事实证明，选择社会主义市场经济，使中国人民在短短 40 年中走过了其他国家上百年甚至数百年发展之路，使我们这样一个基础落后大国，稳定地解决了十几亿人的温饱问题，不久就将全面建成以普遍满足人们生存需要为特征的小康社会。

其二，中国特色社会主义理论体系形成，支撑了社会主义市场经济的历史地位。

社会主义市场经济作为一种生产方式确立，反映了关于改革认识的深化。最显著特征是：社会主义联手市场经济，很难单向度地从生产力需要出发，必须兼及生产关系方面内容。换句话说，与邓小平当年"选择"市场经济仅仅从发展生产力"手段"切入有所不同——邓小平当年这一判断并不具排他性，即并非同时否定市场经济也包含着"目的"——实际上，凡生产力必定伴随着生产关系，生产力只能是生产关系中的生产力，社会主义市场经济必须完成生产方式中定位，才算功德圆满，实现了自身逻辑表达。概括说来，社会主义市场经济作为新型社会主义生产方式取得了如下确定性理论成果：

1. 明确了资本在社会主义市场经济中的积极作用。十四届三中全会首次提出"允许属于个人的资本等生产要素参与收益分配"。中共十九大报告则提出："坚持按劳分配原则，完善按要素分配的体制机制"。这一提法的新意在于：双方针对的都是"分配"，前者说的是分配"原则"，后者说的是分配"体制机制"；"体制机制"是落实"原则"的逻辑衍生要求，是其在实践中具体体现。与此前情况不同，这里没有强调"按劳分配"与"按要素分配"的区别，不再像过往那样突出双方"为主—并存"的主次模式。虽然并没有明言"按要素分

---

①　党的十九大报告学习辅导百问 [M]. 北京：党建读物出版社，学习出版社，2017：21.

配"就是"按劳分配",但在一定程度认同了双方一致性。

2. 明确了非公有制经济在社会主义市场经济中的重要地位。我国基本经济制度是公有制为主体、多种所有制经济共同发展。习近平在十九大报告中提出,必须坚持和完善我国社会主义基本经济制度和分配制度,毫不动摇巩固和发展公有制经济,毫不动摇鼓励、支持、引导非公有制经济。把非公有制与公有制相提并论,表明不再从对抗性质层面理解公有制与私有制关系,而是肯定在获取先进生产力方面双方均能发挥积极作用。

3. 明确了市场作用和政府作用在社会主义市场经济中的基本关系。中国共产党人很早就察觉到:社会主义市场经济能否健康运行,关键在于处理好市场和政府的关系。自十四大明确建立社会主义市场经济之后,截至在十八届三中全会之前,党的正式文件使用的都是市场发挥"基础性作用",十八届三中全会改为"使市场在资源配置中起决定性作用,更好发挥政府作用"。十九大还强调"要素自由流动"和"要素市场化配置",对市场决定性作用做出进一步说明;与此同时,强调政府工作需"以人民为中心","必须始终把人民利益摆在至高无上的地位,让改革发展成果更多更公平惠及全体人民,朝着实现全体人民共同富裕不断迈进",对政府更好发挥作用做出进一步诠释。

4. 明确通过全面从严治党确保社会主义市场经济中政府更好发挥作用。社会主义政治权力必须坚定不移地帮助穷人,即实现共同富裕。要做到这一点,社会主义政治权力既需要强化,又需要净化:前者针对党领导人民进行的社会革命,突出"不忘初心、牢记使命",用理想信念凝聚党心民心,用"四个意识"保证组织统一和行动统一,进而实现国家治理体系和治理能力现代化;后者针对党的自我革命,把权力关进制度笼子,做到反腐败"无禁区、全覆盖、零容忍和重遏制、强高压、长震慑",使执政党的全部注意力和工作重心都用来满足人民美好生活需要。

5. 明确通过统筹国内国际两个大局形成社会主义市场经济的整体环境。首先是提出建立"不冲突,不对抗,相互尊重,合作共赢"新型大国关系;其次是坚持正确义利观,树立共同、综合、合作、可持续的新安全观;最后是倡导构建人类命运共同体,推出"共商共建共享"的国际合作原则,促进全球治理体系变革。在前述基础上,形成包括共建"一带一路"、亚洲基础设施投资银行等一系列举措,持续推动经济全球化进程。

6. 明确社会主义市场经济将承担实现共同富裕目标。习近平在十九大报告中,强调要"坚持社会主义市场经济改革方向","加快完善社会主义市场经济体制";并通过"两个十五年"规划设计,提出到2035年"基本实现社会主义现代化"，到本世纪中叶"基本实现共同富裕"。上述判断，明确了社会主义市场经济将直通社会主义现代化和共同富裕目标，肯定了其作为新型社会主义生产方式的历史地位。

其三，社会主义市场经济是人类发展模式创新。

社会主义市场经济作为一种发展模式推出，反映了全球化时代社会主义所具有的世界意义。中国是世界的中国，社会主义改革是当代人类创新奋斗的一部分。社会主义市场经济客观形成"中国经验—中国道路—中国模式"的持续发展，表明中国对世界事务的参与，已经从局部到整体、从顺应到创新、从偶然到必然的持续变化。中国已经成为世界民族大家庭中积极一员，所形成的发展模式，自然而然具备了某种人类普遍意义。在经济全球化背景下，一个国家越是融入全球化过程，所获得资源就越是充分，本民族资源配置就越是合理，取得发展速度就越是快速。这同时展示了自身作为竞争主体的优势，成为其他民族效仿对象。如果说，中国经验仅仅是具有自身规定性的某种做法，或许其成就能够获得他人关注和羡慕，而中国道路已经属于系统化经验体系，能够合理说明自身成果内容的话，那么，中国模式在上述基础上，已经形成相对完整的逻辑证明体系——它能够直通共同富裕就展现了这一逻辑完整性，进而表明了自身所拥有不可替代的历史地位。

从建构新型社会主义生产方式角度认识改革，在一定程度上是从理论归属上解决社会主义市场经济历史定位问题。中国共产党人在这个方面的底气是共同富裕目标的实现。对于人类而言，这属于一种划时代成功。社会主义利用自发趋向两极分化的市场体制，达到了共同富裕目标，既超越了现代资本主义，又超越了传统社会主义。按照这一理解，所谓"新时代中国特色社会主义"，也是社会主义市场经济在经历了"探索·确立"过程之后，进入了"运用·完善"的时代。用本书所采用概念表达：前者包括"面临路口"和"来到路上"两个环节，分别体现为"经济体制"和"生产方式"两种内涵；后者则意味着进入"创出新路"过程，将展示新型社会主义生产方式即人类发展模式创新完善。

社会主义市场经济意味着科学社会主义在 21 世纪重新焕发出强大生机活力，拓展了其他发展中国家走向现代化途径，给世界上那些既希望加快发展又希望保持自身独立性的国家和民族提供了全新选择，当然，也在一定程度为陷入发展困局的资本主义国家提供了某种借鉴，为解决当代人类问题贡献了中国智慧和中国方案。

第九章　劳动与社会主义

人类与自然界关系的发展，归根结底是生产方式或劳动方式的发展。社会主义生产方式的晚近形态就是社会主义市场经济。

第一节　社会主义市场经济具有新型价值理念

马克思、恩格斯依据时代事实，把脑体分工视为阶级分野基础，进而认为资产阶级及其知识分子与工人农民是剥削与被剥削关系，并缘此建立阶级斗争理论，推动社会主义运动从理论形态转变为实践形态。这一基本思想对后人产生了巨大影响，是中国进入社会主义改革之前的重要意识形态前提。

1978年3月全国科学大会上，邓小平提出："从事体力劳动的，从事脑力劳动的，都是社会主义社会的劳动者。"从发展趋势看，"直接从事生产的劳动者，体力劳动会不断减少，脑力劳动会不断增加"；那种"把今天我们社会里的脑力劳动与体力劳动的分工歪曲成为阶级对立"的观点，"正是为了打击迫害知识分子，破坏工人、农民和知识分子的联盟，破坏社会生产力"①。

科学大会召开为中国社会主义进入改革时代发挥了鸣锣开道作用：承认"脑力劳动是劳动"，社会主义事业才算迈上了经济发展康庄大道。

（一）社会主义改革对脑力劳动主导地位认识逐步深化
第一，肯定脑力劳动属于劳动。

1977年7月，复出后的邓小平在十届三中全会上说："毛泽东同志历来重视知识分子的作用，同时也非常注意知识分子要好好地改造世界观。应该承认，

---

① 邓小平文选：第2卷［M］. 北京：人民出版社，1983：89.

毛泽东同志曾经把他们看作是资产阶级的一部分，但是从整个革命和建设过程来看，毛泽东同志是重视知识分子的作用的。"

如前所述，脑力劳动通过支配物和人两种要素进行物质生产，自身往往并不直接参与其过程；这种中介性质作用只有纳入社会总劳动才能被辨识和认同。脑体分工以二者合作为前提，双方共同承担社会物质生产任务。否认脑力劳动是生产性劳动，无法真正发展社会生产力。邓小平强调：

> 一定要在党内造成一种空气：尊重知识，尊重人才。要反对不尊重知识分子的错误思想。不论脑力劳动，体力劳动，都是劳动。从事脑力劳动的人也是劳动者。将来，脑力劳动和体力劳动更分不开来。发达的资本主义国家有许多工人的工作就是按电钮，一站好几小时，这既是紧张的、聚精会神的脑力劳动，也是辛苦的体力劳动。要尊重知识，重视从事脑力劳动的人，要承认这些人是劳动者。①

邓小平认为我们事业的关键在脑力劳动者这种人才，他强调指出：

> 事情成败的关键就是能不能发现人才，能不能用人才。②

> 到中华人民共和国成立一百周年时……我们完全有能力把教育搞上去，提高我们的科学技术水平，培养出数以亿计的各级各类人才。我们国家，国力的强弱，经济发展后劲的大小，越来越取决于劳动者的素质，取决于知识分子的数量和质量。③

第二，肯定脑力劳动具有重要性。

1989 年十三届四中全会以后，江泽民指出：知识分子是"工人阶级中主要从事脑力劳动的一部分"④，"是工人阶级中掌握科学文化知识较多的一部分"⑤；表明脑力劳动不仅是劳动，而且是重要劳动。他在中共十六大报告中指出："包括知识分子在内的工人阶级，广大农民，始终是推动我国先进生产力发展和社会全面进步的根本力量。""必须尊重劳动，尊重知识，尊重人才，尊重创造，这是作为党和国家的一项重大方针在全社会认真贯彻。要尊重和保护一切有益于人民的劳动，不论是体力劳动还是脑力劳动，不论是简单劳动还是复

---

① 邓小平文选：第 2 卷 [M]．北京：人民出版社，1983：41．
② 邓小平文选：第 3 卷 [M]．北京：人民出版社，1993：92．
③ 邓小平文选：第 3 卷 [M]．北京：人民出版社，1993：120．
④ 江泽民．论科学技术 [M]．北京：中央文献出版社，2001：13．
⑤ 江泽民．论科学技术 [M]．北京：中央文献出版社，2001：35．

杂劳动，一切为我们社会主义现代化建设做出贡献的劳动，都是光荣的，也是必需的。都应当得到承认和尊重。"

随着改革形势发展，胡锦涛指出，人才资源开发在经济社会发展中具有"基础性、战略性、决定性作用"；"实施人才强国战略，是抓好和用好重要战略机遇期、应对日益激烈的国际竞争的必然要求，是全面建设小康社会、开创中国特色社会主义事业新局面的必然要求，是增强党的执政能力、巩固党的执政地位的必然要求"。①

第三，肯定脑力劳动主导性。

改革发展至习近平时期，党已经无须再通过"脑力劳动是劳动"这种初级方式动员脑力劳动，而是通过"人民"概念动员所有劳动者，普遍增强社会活力。习近平在十九大报告中提出："坚持以人民为中心。人民是历史的创造者，是决定党和国家前途命运的根本力量。"要求全面发挥脑力劳动在各个领域主导性作用："激发和保护企业家精神，鼓励更多社会主体投身创新创业。建设知识型、技能型、创新型劳动者大军。"

同时，也从战略上和全局性角度强调了对脑力劳动及其创新能力全面倚重："加快建设创新型国家。创新是引领发展的第一动力，是建设现代化经济体系的战略支撑。要瞄准世界科技前沿，强化基础研究，实现前瞻性基础研究、引领性原创成果重大突破。加强应用基础研究，拓展实施国家重大科技项目，突出关键共性技术、前沿引领技术、现代工程技术、颠覆性技术创新，为建设科技强国、质量强国、航天强国、网络强国、交通强国、数字中国、智慧社会提供有力支撑。加强国家创新体系建设，强化战略科技力量。深化科技体制改革，建立以企业为主体、市场为导向、产学研深度融合的技术创新体系，加强对中小企业创新的支持，促进科技成果转化。倡导创新文化，强化知识产权创造、保护、运用。培养造就一大批具有国际水平的战略科技人才、科技领军人才、青年科技人才和高水平创新团队。"

（二）社会主义改革对资本作用渐次认同

第一，改革初期主张可以利用资本力量。

邓小平时期，在对外开放中启用了资本。应该看到，邓小平此时虽然推出了"让一部分人先富起来"的"大政策"，属于"对内搞活"性质，但毕竟刚

---

① 以"三个代表"重要思想为指导大力实施人才强国战略 为全面建设小康社会提供坚强人才保证和智力支持［N］. 人民日报，2003－12－21.

刚起步，需要经历一定时间才能形成所需要的资本积累；与此同时推出"对外开放"举措，引进了大量闲置资本，尤其是与国内存在千丝万缕联系的港澳台以及华侨华人资本。成熟资本运作，可以按照特定目标对各种资源做跨时间跨空间配置。使用权多样化丰富了所有权内涵。人们可以按照效率最大化原则更为自由地去认识和配置资源。这意味着更高水平社会生产力。

1991年12月25日苏联解体，很像是催促邓小平1992年1月18日动身南方谈话的信号。中国共产党人不能再徘徊在"计划"和"市场"之间，不能再止步于"有计划的商品经济"这种看起来"全面"的概念上，而是要断然选择"社会主义市场经济"目标，把改革这篇大文章真正做下去。

在邓小平看来，社会主义本质是"解放生产力，发展生产力，消灭剥削，消除两极分化，最终达到共同富裕"；在策略原则上：一是坚持公有制主体地位；二是坚持共同富裕目标。

邓小平强调"不争论"原则。其实，在社会主义改革大背景下，争论是很难迅速形成共识的；人们很可能分为两派：一方固守经典文本，认为社会主义事业必须依循文本所宣示原则，否则就是背离甚至背叛；该派只能在有限意义上接受与文本有所不同的改革——例如社会主义市场经济属于"社会主义初级阶段"中实行的"方法"层面变革。另一方援引实践标准，认为资本主义在经济发展上先于社会主义是基本事实，改革需要按照前者模式调整发展原则和相关战略——主张按照资本主义蓝本建构社会主义市场经济，例如不能允许权力进入市场。

社会主义改革属于人类开创性事业，既有文本标准和实际标准，都很难为其提供可靠依据。中国改革对传统社会主义和现代资本主义的双重超越，只能伴随着一系列实践创新和理论创新。

第二，社会主义市场经济需要借助资本作用。

随着1992年社会主义市场经济推出，国内已形成民营经济崛起之势，相应诞生了以资本运作为特征的社会阶层。对这一群体持什么态度，是限制阻碍，还是鼓励支持？就变成了中国共产党人需要回答的一道重要难题。

江泽民主张允许私营企业发展：

> 第一，他们是在党和国家改革开放政策的允许下出现的；第二，他们是在社会主义公有制和社会主义上层建筑主导国家经济政治生活的总的条件下存在和发展的；第三，他们原先大都是一直受党教育的工人、农民、干部、知识分子或者他们的子弟；第四，他们的经营活动要遵守国家的法

律法规和政策。总之，他们不同于社会主义改造前的私营工商业者。所以我们说，他们也是中国特色社会主义事业的建设者。这就是我们党在政治上对他们的基本看法。①

江泽民认为，应该按照当下标准衡量改革开放新局面：

> 不能简单地把有没有财产、有多少财产当作判断人们政治上先进与落后的标准，而主要应该看他们的思想政治状况和现实表现，看他们的财产是怎么得来的以及对财产怎么支配和使用，看他们以自己的劳动对建设中国特色社会主义事业所做的贡献。……我讲这个话，就是要给大家解开一个紧箍咒。我们不能再搞过去那种越穷越光荣、越穷越革命的东西了。……如果还用解释资本主义社会和旧中国剥削与被剥削关系的那些概念来解释当今的中国社会，解释在我们社会主义条件下存在和发展的各种经营投资活动，显然是不适合的。②

江泽民提出"三个代表"重要思想，强调中国共产党既是工人阶级先锋队，也是中国人民和中华民族的先锋队。在此前提下，按照重要思想，民营企业家可以入党，这就化解了资本崛起所引发的政治争议。

胡锦涛提出科学发展观，既借助资本力量体现发展是"第一要义"，又力推"以人为本，全面协调可持续"原则扶植劳动。社会主义与资本主义根本区别在于：前者追求共同富裕目标，而后者止步优胜劣汰局面。

第三，社会主义市场经济需要鼓励资本发展。

市场是资本驰骋天地。社会主义改革在多大程度上接受市场，就是在多大程度上认同资本。从十四大以来20多年改革进程看，中国共产党人对政府和市场关系，一直在探索寻找新的准确定位。

十八届三中全会提出"使市场在资源配置中起决定性作用和更好发挥政府作用"。该提法表明社会主义市场经济第一次明确了自身结构规定性，完成了作为一种生产方式的要素标配。如果说，1992年邓小平推动中国改革选择了社会主义市场经济目标的话，那么，在经历了约20年实践探索之后，2013年才算从宏观架构上形成了社会主义市场经济体制。

十九大仍然采取了"使市场在资源配置中起决定性作用，更好发挥政府作用"的提法，与此同时，强调"要素自由流动"和"要素市场化配置"，对市

---

① 江泽民．江泽民文选：第3卷［M］．北京：人民出版社，2006：341－342.
② 江泽民．江泽民文选：第3卷［M］．北京：人民出版社，2006：343.

场决定性作用做了进一步阐释。

这意味着，社会主义市场经济最大难题是处理好市场和政府关系。其深层次表达仍然是资本与劳动关系：如果束缚甚至杜绝资本，会严重影响生产力发展；如果听凭资本控制劳动，两极分化局面势所难免。唯有同时推出市场作用和政府作用，才能兼顾资本作用和劳动权益，做到生产力发展和生产关系完善双赢。

与此同时，当现代资本主义规范了资本行为的时候，市场经济客观上形成了阶级合作模式。共产党人对理想社会目标追求，只能建立在社会生产力长期发展基础之上。为了拿到这一生产力，社会主义需要认同现代市场经济所营造的阶级合作局面，并相应要求共产党人用人民性原则代替阶级性原则；然而，共产党人最终实现共同富裕或解放穷人的目标并没有变化，社会主义市场经济需要"政府更好发挥作用"机制也没有变化。正是这两种"没有变化"展示与资本主义价值观和战略选择不同。坚持这种特定政治原则，是社会主义区别于资本主义、社会主义市场经济区别于资本主义市场经济重要标志，属于阶级立场要求；维护这种区别则具有阶级斗争性质；而当该政治原则受到严重威胁和冲击的时候，需要通过无产阶级专政方式予以坚守。

（三）中国改革营造劳动与资本并行不悖经济环境

第一，社会主义改革建构劳动与资本主从关系。

劳动与资本关系可以通过其分配地位清楚地展示出来，中国改革在这一领域经历了认识逐步深化过程。

改革开放初期至 20 世纪 80 年代中期；强调按劳分配原则的恢复。党的十一届三中全会明确提出，"按劳分配、多劳多得是社会主义，决不允许把它当作资本主义原则来反对"。

20 世纪 80 年代中后期至 90 年代初期（中共十四大）提出以按劳分配为主，其他分配形式为补充。

1987 年中共十三大明确提出，"以按劳分配为主体，其他分配形式为补充"。十四大沿用了这一提法。

这一提法从利益分配角度确立了发展社会生产力方面劳动与资本的主从关系，即以劳动作用为主，以资本作用为辅。社会主义改革找到了市场经济道路，这是一条与马克思设想不同的道路，既是生产力巨大调整，也是生产关系巨大变革。

第二，社会主义市场经济劳动与资本并行不悖。

在市场经济实践中，人们很快就发现：资本作为生产要素，其作用越来越超过劳动。原来强调"按劳分配为主体，其他分配为补充"的原则，并不符合生产力发展需要，这才有了"按劳分配为主体，多种分配方式并存"新提法。显然，资本与劳动的关系，从"对之补充"到"与之并存"是一种引人注目调整，表明了双方同等重要的经济地位。

值得一提的是：在改革进程中，对劳动之外生产要素类型逐步予以明晰。十四届三中全会提出"允许属于个人的资本等生产要素参与收益分配"，十五大提出要"允许和鼓励资本、技术等生产要素参与收益分配"，十六大提出要"确立劳动、资本、技术和管理等生产要素按贡献参与分配的原则"，到了十七大则提出"健全劳动、资本、技术、管理等生产要素按贡献参与分配的制度"。

新的突破出现在"新时代中国特色社会主义"。2017年中共十九大报告提出："坚持按劳分配原则，完善按要素分配的体制机制。"这一提法新意在于：双方针对的都是"分配"，前者说的是分配"原则"，后者说的是分配"体制机制"；显然，"体制机制"是落实"原则"的逻辑衍生要求，是其在实践中具体体现。与此前表述不同，这里没有强调"按劳分配"与"按要素分配"区别，不再突出双方"为主—补充"或"为主—并存"的主从模式，而是直接纳入相互补充的同一语义表达中。该新提法虽然并没有明言"按要素分配"就是"按劳分配"，但在一定程度认同了双方一致性，并因此开启了按资分配即按劳分配的逻辑通道。

第三，社会主义市场经济劳动与资本双重机制。

事实表明，体力劳动者阶级掌握了政权之后，并非一开始就能找到正确按劳分配方式。如同脑力劳动者长期通过"工具性"鄙视体力劳动者一样，体力劳动者一度通过否认其"劳动性"贬低脑力劳动者。

既然剩余价值来源于现在劳动对过去劳动成果的发掘利用，既然过去劳动成果属于历史积累，成为人类公共资源，那么，率先"发掘"该资源的脑力劳动和之后"利用"该资源的体力劳动，都是剩余价值创造者。

社会主义按劳分配需要兼顾差别分配和平均分配，并非单纯出于道德考虑，更为重要的是经济合理性的效率考虑。在漫长文明史过程中，脑力劳动者既是物质生产活动主导者，也是利益分配决策者。他们囿于自身立场，往往自觉不自觉地倾向于首先满足自身利益，然后才考虑体力劳动者利益。在正常情况下，双方尚能相安无事，一旦受到天灾人祸冲击，例如经济危机来临的时候，首当其冲是勉强温饱的弱势群体，而当体力劳动者生存条件受到威胁的时候，双方斗争就会浮上表面，直至采取暴力革命方式。

人类在多大程度上依赖于自身历史，只能通过生命活动特性予以解读。后者理性特征，就在于把握生产要素规律，越来越充分利用它们。当人类把握了尽可能多要素规律的时候，就可以让它们相互作用，使结果服从自身需要。换句话说，剩余价值增多与直接劳动减少相一致，人类越是进步，就越能抽身事外。在这一意义上，历史就是脑力劳动成果积累过程。人们对客观规律把握，只能渐进发展；理性中介作用，体现在梳理历史成果基础上深化对客观规律认识。所谓剩余价值来源于现在劳动对过去劳动的发掘利用，就是表达了这一观点。①

最为奇妙的是：人类对物种规律认识，首先是对自身认识。理性中介作用率先发生在人们相互为用范围，并非偶然。人是至今为止尚无任何机器所能超过的自动工具，个人不仅能够按照固定生产程序劳动，而且拥有随机判断处理突发事变的能力。不仅如此，任何对自然规律认识和运用，都只能通过人来进行，人能够支配万物。

唯物史观把经济基础定位于生产资料技术水平，虽然有某种道理，但道理并不充分。在漫长自然经济时期，生产力发展与其说取决于科学技术，不如说取决于社会管理。当生产资料技术水平停滞不前的时候，社会关系适时调整就变成了推动生产力发展主要原因。中华民族在自然经济时期拔得历史头筹，很大原因在于社会管理发挥了作用。

社会主义市场经济在资源配置方面，通过市场决定性在用，解决了按劳分配中差别分配问题，通过政府更好发挥作用，解决按劳分配中平均分配问题。要完全体现二者协调一致，创造出新型按劳分配模式，还需要逐步完善社会主义市场经济体制机制。这是一项划时代的历史任务。文明史至今，人类一致没有解决好如何组织劳动、合理协调劳动者利益关系的难题。社会主义市场经济明确展示了化解这一难题方向，这是一种巨大进步，完全值得期待。

改革中诞生的中国特色社会主义已历 40 年，中国已成为世界第二大经济体，其成就堪与西方上百年发展媲美。这一成果充分证明，中国特色社会主义理论、道路、制度和文化是正确的。

---

① 余金成．建构中国特色社会主义政治经济学与生产力再认识［J］．中国浦东干部学院学报，2018（2）．

第二节　按劳分配内蕴逻辑的历史张力

按劳分配原则肯定了两点：一是突出了劳动不可或缺的地位，二是强调了采用利益机制激励劳动发展。劳动产品能够满足人类与自然界关系最基本需要。所谓利益机制，针对的就是上述物质需要的满足。这是人类的基础性需要；其他需要都是以生存需要为前提的，是生存需要的发展形态。激励劳动属于人类生活方式的常态，而按劳分配也将与人类历史相始终，发生改变的仅仅是其内容和形式。

（一）作为发展过程的按劳分配自发衍生出按资分配①

人类总是以合作方式从事劳动。由于个体之间在劳动能力方面的不同，按劳分配往往导致人们利益所得的差别。后者使按劳分配向按资分配转变具有客观性：劳动能力强者在按劳分配中将获得更多财富，而弱者获得财富相应较少；其中，强者在自己财富积累到一定水平的时候，出于增值考虑，会把这些财富中的一部分转而投入到生产环节，使其成为生产资料——毫无疑问，这种做法使强者除了参与一般意义按劳分配之外，又获得了按资分配权利，进一步强化了其利益地位；与此同时，此举客观上也扩大了生产资源的总量，对提高社会生产力水平有利。一个生产力持续发展的社会，总是表现为资源条件不断改善和增加，而这往往体现在按劳分配成果不断转变成为生产资料。显然，当按劳分配衍生出按资分配的时候，有产者赢得了双重获利的地位，而无产者只有前者，两极分化自然加剧。这与社会主义者所主张的社会平等目标相悖。

只要存在商品货币现象，按劳分配都会导致贫富分化。这一判断与空想社会主义思想家的观点是一致的。所以，马克思在《哥达纲领批判》中，并没有明确地使用"按劳分配"概念，只是说等劳等酬原则。搞清楚这一点是重要的，早年空想家并没有生活在市场经济环境中，他们对按劳分配的否定没有与市场经济联系在一起。马克思强调，共产主义第一阶段等劳等酬所体现的平等交换关系，避免了积累劳动即资本参与，才使按劳分配原则贯彻始终；换言之，消除了商品货币的按劳分配，就是特指意义的按劳分配，或者说是现实劳动意义的按劳分配，而不是包含了积累劳动在内的按劳分配。

---

① 参见本书第六章相关论述。

在这方面，列宁的观点值得关注。他认为按劳分配体现了社会主义两个基本原则：一是"不劳动者不得食"；二是"对等量劳动给予等量产品"①。他与马克思不同之处在于：首先，马克思洞悉了按劳分配向按资分配转变客观性，肯定按劳分配在商品经济条件下会导致资本主义发生，因此并没有在反对剥削意义上解读按劳分配原则，更没有在一般意义上肯定该原则属于社会主义性质。列宁宣示的"不劳动者不得食"，则强调了按"劳"分配字面上反对"不劳而获"含义，突出了按劳分配的反剥削性质，一定程度奠定了其作为社会主义基本原则的基础。其次，马克思主张可运用等劳等酬原则的"共产主义第一阶段"，属于"刚刚"脱胎于旧社会的阶段，时间很短；而列宁判断该阶段就是"社会主义"阶段，具备了相对独立性，实际上可以历时很长。不难看出，中国进入社会主义建设时期后，之所以把"各尽所能，按劳分配"作为基本原则，与列宁对该原则解读有着直接关系。

事实上，马克思主张在共产主义第一阶段所运用的等劳等酬，最显著特点是取消了商品货币。这样一来，就杜绝了按劳分配向按资分配转移。列宁的主张强调按劳分配本身是反对剥削的，否认了它可能衍生的剥削现象，只是从按劳分配所体现的平等层次不够来认识其弊端——即所谓"事实上的不平等"。这种理解如果是针对《哥达纲领批判》中的观点，由于马克思在其中取消了商品经济的存在，直接认为按劳分配是否定剥削的，应该是正确的。但是，列宁没有刻意区别按劳分配的商品经济环境和无商品经济环境，使后人在理解时出现了混淆，误以为即便是在商品经济条件下，按劳分配也能够准确地体现社会主义性质。列宁的相关表述是：社会主义阶段"还需要有国家在保卫生产资料公有制的同时来保卫劳动的平等和产品分配的平等。国家正在消亡，因为资本家已经没有了，阶级已经没有了，因而也就没有什么**阶级**可以**镇压**了。但是，国家还没有完全消亡，因为还要保卫那个确认事实上的不平等的'资产阶级权利'。要使国家完全消亡，必须有完全的共产主义"②。

相比之下，列宁对按劳分配的认识比较表象。当然，这与他接受了马克思关于剥削的理论观点相关。他认同了剩余价值理论之后，再来看按劳分配，就具有了不同心态。对于马克思而言，所谓剥削发生在按劳分配衍生的按资分配环节，后者是按劳分配成果积累的产物，所以，他看到的是"完整"按劳分配；而列宁则是切割了按劳分配与按资分配之后，分别观察了按劳分配和按资分配，

---

① 列宁. 列宁专题文集：论社会主义［M］. 北京：人民出版社，2009：34.
② 列宁. 列宁专题文集：论社会主义［M］. 北京：人民出版社，2009：35.

其中，前者是社会主义的，后者是资本主义的。列宁的这种理解，可以解释为：俄国的资本主义经济不发达，只熟悉不劳动剥削劳动，不熟悉劳动剥削劳动。这种社会背景对列宁认识该现象产生了重要影响。

在商品经济条件下，按劳分配势必会导致劳动能力强者占有越来越多财富，致使他们有可能从中分出一部分转变为生产资料，进而带来按资分配现象。按照马克思观点，生产资料在生产过程中只是转移自身价值，并不提供新的价值，创造剩余价值的只能是活劳动。而在社会主义市场经济实践中，人们已经深切体会到：只要财富转变为生产资料，就意味着它已经被纳入生产过程，在生产活动中，无论是人的要素还是物的要素，都构成不可或缺生产要素，双方在创造价值方面具有同等重要地位；正因为如此，按资分配像按劳分配一样，成为经济发展客观需要。如果依循逻辑方式，按资分配是按劳分配衍生现象，属于按劳分配深度表达形式。

真正的或彻底的按劳分配，应该允许劳动充分展开，包括允许劳动能力强者将其所得向生产条件转变。如果人类是依靠劳动发展与自然界关系的话，那么，只有充分地施展劳动才能最大限度地满足人们与自然界实行物质交换的需要；而迄今为止充分施展劳动最恰当经济环境只能是市场经济。如果说，社会主义依靠生产力发展，而生产力发展依靠人类劳动，那么，劳动充分展开就需要实行彻底的按劳分配，进而就需要接受它向按资分配延伸。生产力之所以能够在这个过程中不断发展，就是通过劳动能力强者不断使积累劳动转变为新的生产资源来体现——这意味着新的资源结构、新的配置方式、新的生产效果——生产力水平提升通过资源扩大运用和创新配置来体现。

马克思认为自己找到了使生产力得以发展的标志物——大机器生产资料。所以，他相信只要实行计划经济，使大机器生产力避免无政府状态所造成的浪费，人类就可以获得充分涌流的消费品，实现"各尽所能、按需分配"的理想社会；因此，他像许多社会主义思想家一样，主张未来放弃按劳分配，仅仅是在历时不长的共产主义第一阶段需要采取等劳等酬原则。可见，他对按劳分配的认识与列宁存在区别。列宁虽然承认按劳分配原则体现的是"资产阶级权利"，但却没有意识到该权利本质上也是使资产阶级可以接受并不断产生的权利；列宁看到的按劳分配原则不足之处，只是认为它所体现的平等性比较低级，并没有意识到它同时潜伏着摇身一变转化为按资分配的魔力。

这就是说，列宁肯定按劳分配具有社会主义性质时所强调的两个原则，即不劳动者不得食和等劳等酬，马克思却只突出了后一方面，并没有刻意强调前一方面。即便是按照马克思的观点，剥削发生也只是借助了过去劳动，而不是干脆不劳动。事实是：马克思为了在共产主义第一阶段迅速增加生产力总量，小心翼翼地运用的等劳等酬这一策略原则，却被列宁放大成为体现社会主义性质的基本原则。

中国改革对社会主义市场经济的选择，以及确认让市场对资源配置起决定性作用，意味着完整地接受市场机制对劳动的持续激励作用，也意味着按劳分配向按资分配转变再无障碍。这是社会主义运动史上的创举，也是马克思主义思想史上的创新。它表明，中国特色社会主义将通过对劳动资源持续发掘，从此将牢牢守住生产力发展这一命脉。

（二）作为运行结果的按劳分配自发促劣变优

人类生命活动或劳动的动机是争取可支配财富的增加，只有这样，才能推动人们生命存在方式的不断向好。如果把不断获取新的剩余价值视为人类发展与自然界关系的基本方向，那么，资本主义以此作为自己的追求目标，也就不具有原罪性质了。市场经济了不起的地方在于四点：

第一，它通过法治体系，为人们自由竞争提供了公平前提——使劳动普遍动员具有了可能性。作为前提，规则设立是客体化存在，只要不予对抗，就不会对人们行为选择产生任何影响。一方面，人们可以发挥自己所长，自由选择表达自身能力的方式；另一方面，人们的自由选择，都必须遵守同一套法治规范，不能违反和逾越。

第二，它通过市场选择，为劳动成果评价提供了客观尺度——使劳动积极展开具有了现实性。作为结果，市场对劳动产品的评价经历的是客观过程，人们自我评价能否被市场接受，需要看实践。所有劳动成果无一例外地需经历市场检验，市场检验取决于随机供求关系即诸多主体按照自身需要的选择，因此，它具有客观性公正性。

第三，它通过主体努力，为市场竞争提供了无限循环条件——使劳动激励具有了持续性。作为过程，人们参与竞争会"生命不息、奋斗不止"，要改善生活就必须不断发掘自身潜能，在这方面，个体所具有的自觉性是不言而喻的。无论个体自身，还是代际延续，竞争都不会停留在某一环节或某一时段，而是一个不断再发生过程，由此，使市场经济具有持续创新能力。

第四，市场运行机制的全程都是自动进行的，管理成本很低——使组织劳动具有经济性。如前所述，市场机制的前提、过程和结果都无须人们主观介入，市场本身能做好一切。这无疑是有史以来管理成本最低的经济形式。好的经济机制，不仅要看其运行有效与否，还要看其所需成本是否简约。人们面临诸多选择时，简便总能成为被最终选上的理由。

以上四方面，是对市场机制本身特点或优势的梳理，即前提公平性、评价客观性、存在持续性、运行自动性。当然，这些都是针对现代市场经济而言，而现代市场经济是在古典或传统市场经济基础上逐步发展起来的。如果从16世纪初算起，人类差不多经历了500年，才形成了目前这一接近完善形态的现代市场经济。其间，所付出的巨大代价是有目共睹的。

人类文明之所以能够形成市场经济形态，最为关键的就是创造出了劳动的抽象形态——抽象劳动和具体劳动是马克思使用的概念，但它们作为经济现象却更早出现在历史过程中。对于马克思而言，抽象劳动是人们为了生产使用价值支出的一般意义脑力和体力，其抽象就在于这种一般性；而具体劳动是针对特定使用价值的。抽象劳动不仅可以是超越具体使用价值的抽象，还可以是超越具体价值的抽象；货币形态使后者成为可能。货币不仅因其超越具体使用价值而属于一般商品，而且因其超越具体价值而属于一般劳动。既然价值是人类劳动的体现，那么，货币同样是人类劳动的表现。人类劳动取得了货币这种表现形式，大大增加了劳动使用的自由度。在一定意义上，货币贮存功能具有劳动贮存性质；后者使劳动脱离了对劳动主体的依附，取得了货币这种一般形式，可以随时与活劳动进行交换，其流动就获得了最自由的形式。

人们需要考虑的是：如果把利益重心更多地向过去劳动倾斜，会不会使社会发展进入保守甚至停滞状态？——该观点不能说没有道理，但应该看到：首先，任何死劳动的使用，都离不开活劳动参与；也许两者比例会发生变化，例如随着科学技术水平提高，活劳动所占比例趋小，而死劳动所占比例趋大。但是，从整体上看，不过是表明劳动者自由时间增加——这本身就是一种财富形态，马克思曾把自由时间视为未来社会的财富尺度。个人所获得的自由时间，会转化为创造财富的能力。人类将因此进入自由时间和财富增加的良性循环。其次，死劳动越来越取代活劳动位置，表明人类社会的客观发展趋势，人们将逐步从直接劳动环境中解脱出来，自由本身就上升成为一种普遍需要。当然，在可以想象的意义上，死劳动越来越属于脑力劳动创造的精神成果，它之所谓"死"，主要是指作为一种既定成果，已经离开了对劳动者的依赖，而取得了独立存在性质，并不是真的失去了使用价值；一旦在现实生产过程中获得运用，就可起死回生。如果把死劳动对活劳动的置换理解为主体自由时间增加的话，那么，按资分配不仅不是一种缺点，反而成为一种优点。

但是，上述分析都不能无视一个明显事实：市场经济"自由竞争、优胜劣汰"机制的自发发展，不会带来共同富裕局面，也不能造成社会平等效果。按劳分配向按资分配转移的规模越大，后者在社会财富分配中的占比就越高，有产者与无产者、财产多者与财产少者占有社会财富的差别就越大，人们单凭劳动能力的提升取得平等经济地位就越困难。显然，这一事实对于走上了市场经济道路的社会主义者来说，要最终实现共同富裕目标，构成严峻挑战。

回应这一挑战，从可能性上讲，需要两个条件：其一，创造财富重心不断从资本向劳动转移，或者说从死劳动向活劳动转移，这样，积累劳动在利益分配中占比就会逐步减少；在科学技术持续发展进步的今天，人们的新观念、新材料、新技术不断在生产中涌现，可以说，较为显著地体现了这一趋势。其二，人们劳动能力之间差距在不断缩小，这样，即便是市场机制呈现优胜劣汰，也会由于优劣之间差距变小，而最终使利益分配趋于接近。当然，上述两个条件，前者体现为客观环境，是人类历史长期运行的产物，属于水到渠成的东西；而后者呈现为主观环境，可以通过人为努力改变其进展状况。社会主义之所以能够坦然地接受市场经济，首先是适逢科学技术成为第一生产力，具备了形成前一个条件的环境，其次是坚持了社会主义共同富裕理想，可以自觉地运用后一个条件。换句话说，社会主义市场经济命题的提出，并不意味着社会主义放弃了社会平等的共同富裕目标，更不意味着接受了资本主义市场经济的自发结果，而是有把握在市场机制中实现上述目标。

社会主义市场经济与资本主义市场经济的最大区别，从运行机制角度看，应该体现在政治权力的地位和作用不同。资本主义市场经济中，政府一般发挥"守夜人"作用（斯密理论），在经济危机时期则发挥"消防队"作用（凯恩斯理论）。这与资本主义价值观联系在一起。资本主义主张个体本位，所谓"自由"是指在法律前提下个人思想和行为自由；所谓"平等"是指竞争机会平等；至于自由竞争所造成的优胜劣汰，是社会成员必须自己承担的事情。西方学者沉溺于资本主义这种平等模式而孤芳自赏：

> 机会平等是对不平等的一种强有力合理性证明。如果所有的人都有平等的机会成为不平等的，那么不平等的结果就必须被认为是合理的和公平的，是对个人才赋的"天然"不平等的反映，而不是结构化的社会过程的反映。尽管真实的机会平等事实上从来就没有实现过，但认为其无论如何是一个**好东西**的假设，却在第二次世界大战以后主导了大多数西方社会流行的（社会）自由主义共识……①

---

① 罗斯玛丽·克朗普顿. 阶级与分层［M］. 陈光金，译. 上海：复旦大学出版社，2011：22–23.

这种心态使其很难自我救赎。应该说，资本主义市场经济所实行的这种"自由竞争、优胜劣汰"，很好地激励了人们的劳动，使资本主义生产方式保持了较高的生产力水平。但是，资本主义长期维持贫富对立局面，使社会对抗不断，同样也是一个事实。

社会主义价值观体现了社会本位原则，追求社会平等目标。社会主义市场经济要实现共同富裕社会，不可能照搬资本主义市场经济模式，而只能通过改变市场要素构成、调整市场机制方向才能遂愿。在资源配置上既要使市场起作用，还要再加上政府的作用，就是出于这一考虑。中国政府依循科学发展观，坚持"以人为本，全面协调可持续"发展理念，逐步形成了西部开发、中部崛起、东北振兴、东部领先的战略布局，客观上展示了"全面协调、促劣变优"的作用机制，成为对市场自发趋势的有力补充。据此可以判断：社会主义市场经济展现的将是"自由竞争、优胜劣汰；全面协调、促劣变优"机制。

应该看到，促劣变优并非外在于市场机制，而是市场机制的内在趋势。按劳分配的运行结果，一方面，呈现为优胜劣汰局面；另一方面，体现了对劳动的自发激励作用，呈现为促劣变优局面。只要市场实行优胜劣汰，劳动者为了获得所心仪的更大利益份额，必须设法使自己劳动能力变强，从客观上形成促劣变优趋势。但是，在资本主义市场经济中，劳动者尽管存在变强愿望，也只能是个体性分散性努力。社会主义市场经济则把资本主义市场经济中这种自发的、隐性的、偶然的趋势，转变为自觉的、显性的、必然的趋势。

按劳分配体现的优胜劣汰，从利益分配角度看，也可以是优多劣少。通常所说的赢者通吃，是指某种时段或某个环节的现象，而不是按劳分配一般状态。用优胜劣汰来表述，虽然显得狠了些，却不失真实。这种利益分配首先是满足生存需要，然后进一步体现为发展需要。应该说，无论前者还是后者，都是无限过程。

需要关注的是，优胜劣汰滋生的促劣变优现象会反过来改变优劣分野局面：如果认同人类所有种族、民族都处在同一种生物进化水平的话，那么，促劣变优进程就会持续地缩小优劣之间差距，进而对优胜劣汰局面形成某种制衡，直至最终改变优劣分野格局。因此，只要资本主义延续下去，总有一天会对优劣对抗局面形成自我扬弃。为资本主义市场经济提供辩护的主张显然是以上述演变逻辑为基础的；但是，尽管资本主义市场经济经历了从传统模式到现代模式的演变，却并没有从根本上消除其因利益对抗所导致的固有矛盾，从后者所引发的诸多危机来看，它很难长久延续下去。

如果说一般市场经济体现了"自由竞争，优胜劣汰"机制的话，那么，在

20 世纪下半叶，资本主义建成了完整的现代市场经济形式，使该机制拥有了不同的社会局面：针对"自由竞争"，资本主义提供了完备法制体系以规范"自由"范围，同时又提供了民主政治体系以保证法制形成合理性；针对"优胜劣汰"，资本主义提供了覆盖全体公民的社会保障体系以维护被"劣汰"者生存条件，同时又提供了普及教育体系使"劣者"获得提高自身能力的发展条件。值此，资本主义生产方式告别了前期对雇佣劳动者赤裸裸的剥削和压迫，尽管仍然存在阶级斗争，却使其诉求从改变政治制度转为改善经济条件，尽管仍然会发生经济危机，却并没有引起大规模社会动荡。

然而，资本主义有两道坎并没有迈过去：其一，优胜劣汰所导致的财产分配畸富畸贫现象，在当代科技革命不断发展条件下，由于富人掌控了越来越集中的发展资源，穷人很难单凭自身努力就改变不利经济地位，意味着社会将持续地呈现贫富分化状态——这是社会对抗根源。其二，优胜劣汰所导致的资源配置畸多畸少现象，随着科技开发能力普遍提升，正在趋向生态危机：一方面，人类开发自然资源总量正在冲击地球生态安全底线，另一方面，先进国家为了维护自身优势，落后国家为了解决生存需要，都在继续开发自然资源。正是上述两大难题又衍生出国际范围内的非传统安全危机，一边是日新月异的生产力发展，另一边却是一个危机四伏的生活环境。这种困局决定了人类很难沿着资本主义道路长期走下去。

自马克思以降，社会主义就树立了以"各尽所能，按需分配"为特征的共同富裕目标。中国改革对社会主义市场经济的选择，是实现该目标的现代形式。按照事物逻辑，既然是市场经济，当然运用的是"自由竞争，优胜劣汰"机制，意味着完整地实现按劳分配原则，即不仅体现按劳分配本身，也认同其派生的按资分配。但是，社会主义市场经济不会止步于此。如果说，市场经济体现的就是"优胜劣汰"即一部分人富起来的话，那么，社会主义主张的是共同富裕。

在一定意义上，社会主义市场经济在两个环节上体现了创新：首先，通过承认按资分配完整地运用了按劳分配原则，体现了对传统社会主义的超越；其次，通过促劣变优坚持了共同富裕目标，体现了对资本主义模式的超越。

社会主义市场经济是市场经济的最高形态，也是市场经济的最后形态。按劳分配内蕴的生产力发展趋势和生产关系改善趋势，属于客观规律现象。中国特色社会主义基础理论将借助对这一现象领悟而得以形成。这也是一种回归：人类与自然界关系是依靠劳动这种生命活动来实现的；由于自由的有意识的特性，劳动具备了自我成长的能力——这同时也是人类本身发展过程。社会主义只是在认识到这一规律的基础上，才设置了理想社会目标，而社会主义市场经济应该是唯一正确的通向该目标的发展途径。

（三）作为历史趋势的按劳分配自发连通到按需分配

人类始终是依靠劳动来发展与自然界关系的。从最初弱肉强食的丛林法则，中经市场经济的优胜劣汰，再到共产主义各取所需，都可以看到劳动方式的进步。这一进步大体上呈现如下过程：劳动形态经历"体力劳动—脑体共存—脑力劳动"演变；分配原则展示"弱肉强食—按劳分配—各取所需"历程；社会关系展现"丛林法则—法制时代—理想社会"演进。

劳动集中体现了人类生命活动特性，不仅使人类呈现出不断上升趋势，而且使共产主义理想具有历史必然性。这一必然性可简约表达为三个层次：

其一，人类面临的最基本关系是与自然界之间关系。

一方面，人来自自然界，其生命结构方式是自然形成的，决定了人类存活方式受制于自然界物质性。从静态看，人的诞生、成长和死亡过程是自然界规定的——人类可以凭借自己努力从量的意义上改变这一过程，但根本改变却是不可能的；从动态看，人的生命存在取决于与自然界之间无时无刻不在进行的物质交换，无论是空气、温度，还是水分、食物，都与特定质与量的要求相关，人类努力虽然可以扩大其中质与量的范围，但根本改变却是不可能的。

另一方面，人的生命活动本质上表现为对自然规律的顺从与掌控——即在自然规律前提下，为人类生命自由取得最大空间。从形式看，人类将不断延长自己生命存在时间，即越来越成功地实现与自然界之间的物质交换；从内容看，人类将使上述物质交换过程越来越体现自身意志，即按照有利于自身方式进行，使生命活动拥有越来越大自由度。

其二，人类依靠自身劳动发展与自然界关系。

以劳动方式出现的人类生命活动，体现出自由的有意识的特性，即理性。理性方式不仅在于黑格尔所指出的"中介作用"，还在于它的"复制作用"——理性成果一旦形成，一个人使用和所有人使用都不会影响到理性成果本身；显然，"复制作用"与"中介作用"是联系在一起的，正因为"中介"能够脱离相关主体发挥作用，属于游离在主客体之间的存在，这才使它可以在不影响到主体条件下被无限复制——当年，由于这种成果较多地体现在人文科学领域，人们虽然自觉地将其运用于社会管理方面，并因此使提供该成果的统治阶级获得了优越利益地位，但往往很少从与自然界关系角度思考它；只是当理性成果越来越直接地运用于物质生产领域时，这一"复制作用"才得到关注。然而出于利益方面考量，人们是通过知识产权保护来限制该"复制作用"自由使用的。撇开"复制作用"的当下遭遇不谈，从历史趋势上看，理性成果"复制作用"会在其上打下两种深刻烙印：

一是理性成果运用方式公有化。理性成果"复制作用"意味着特定成果能够发挥更大效益，从节约成本考虑，这是巨大诱惑。无论"学习现象"还是"教育现象"，看重的都是这种复制作用。从宏观上认识，人类之所以成为自然界中佼佼者，与其拥有这种独一无二能力分不开。人类可以通过学习方式继承所属物种的生命经验。按照这一判断，人类历史进步具有必然性——由于理性成果可复制，每一代人都将站在较前人更为丰厚文化基础之上，即便是他们付出与前人相似的劳动，所取得成果也将超过前人。

二是理性成果合作方式整体化。理性成果可复制意味着，主体之间交换具有累加效应——交换主体出让了自己成果却并没有失去它，而交换使交换者都获得了对方成果；一种理性成果所能满足对象主体越多，其拥有者交换所得就越多。所以，只要有可能，人们总是希望自身能够置于更为广泛社会合作关系之中，使自己理性成果得到更为普遍关注，以实现更大范围交换。当个人理性成果被置于所有人选择之中，或者说，当个人能够选择所有人理性成果的时候，人类就进入了最有效率也最为经济的时代。不难看出，马克思主义所描绘的共产主义理想社会，即所谓"个人全面发展和他们共同的、社会生产能力成为他们的社会财富"，就体现了这一逻辑前景。

其三，人类理想社会需要建立在脑力劳动方式基础上。

当代资本主义仍在发展的事实表明：当年马克思、恩格斯对理想社会生产力条件存在误判。他们认为出现了大机器生产方式，只要将之转变为公有制，通过计划经济就能够形成理想社会生产力条件。20世纪七八十年代，社会主义国家纷纷进入改革，取决于计划经济失败于市场经济这一事实。市场经济与计划经济根本区别在于：市场经济通过"自由竞争，优胜劣汰"机制建立了对劳动的激励机制——客观上导致了对人们理性能力的持续推动，不仅带来了"科学技术成为第一生产力"局面，而且促进了"经济全球化"进程；计划经济运用"统筹兼顾，协调发展"原则考虑了对人力、物力、财力合理布局——客观上形成了以物质条件为前提的发展思路，虽然逐步地使整个国民经济趋于稳定，但内在动力严重不足，长期不能摆脱匮乏状态，甚至连彻底解决民众温饱问题都没有做到。

社会主义改革从根本上说，是对理想社会生产力条件的反思：到底是让大机器这种物的要素发挥生产力主导作用，还是让劳动能力这种人的要素发挥生产力主导作用？如果选择前者，就是计划经济；如果选择后者，就是市场经济。

中国改革对社会主义市场经济选择具有根本意义。它不仅改变了一种发展方式，也改变了关于理想社会的理解。从逻辑上说，社会主义理想社会所追求的社会平等，不是客体条件带来的，即不是对大机器体系计划性运用带来的，而是主体条件本身带来的，即人们在劳动能力方面趋同或趋近带来的。毫无疑问，按劳分配原则内蕴的辩证关系使其可以担纲这一历史使命。

按劳分配作为过程连接着按资分配，可视为生产力发展形式；按劳分配作为结果孕育着促劣变优，可视为生产力发展内容。社会主义市场经济与资本主义市场经济最大区别，不在于上述过程和结果存在与否，而在于如何对待客观具有的这一过程和结果。社会主义对共同富裕目标坚持，使其在保留生产力发展形式的同时——即让市场对资源配置起决定性作用，还力求促进生产力发展的内容——即让政府更好发挥作用，这针对的是促劣变优环节。

理想社会生产力条件按照主体劳动能力尺度衡量，将是劳动方式脑力化。一旦这一目标实现，马克思主义所期待理想社会就真正获得了自身生产力条件。一方面，是每个人的自由发展，另一方面，是人们的各取所需。因为，此时脑力劳动成果已经公有化。

如果承认人类所面临基本关系是与自然界关系的话，那么，社会关系就是发展与自然界关系的形式。从理论上说，社会关系最佳状态应该具备两种条件：一是个体之间社会平等。二是每个人全面发展。前者意味着社会合作和谐状态，是管理成本最低的社会关系。后者意味着人类整体能力最大化，是合作效率最高的社会关系。所谓理想社会，应该是两种特征兼具。如果只有社会平等，而缺少个人全面发展，意味着该平等将发生在劳动能力差别很大基础上，根据木桶原理，真正平等往往以劳动能力较低水平尺度实现，这无疑只能形成低水平劳动生产率，将迟滞人类与自然界关系发展。而所谓每个人全面发展，首先是个人获得充分教育条件，使脑力劳动能力获得发展，因此，它意味着人们劳动方式脑力化；其次是个性化发展，如果是以脑力劳动方式为基础，就意味着人们精神生产活动内容和形式的不同。

劳动方式脑力化标志着人们生产活动获得了普遍精神生产性质，而脑力劳动个性化标志着人们可以从不同角度开拓与自然界关系。如果说精神生产特征体现在创新性方面，而不同使用价值创新对人类都具有不可或缺意义的话，那么，这不仅为人们之间经济平等关系奠定了基础，而且为每个人平等地向社会提供自己劳动成果，并且共享所有他人提供的劳动成果奠定了基础。

在一定意义上，以"个人全面发展"为基础的社会，合乎逻辑的解释就是劳动方式脑力化。脑力劳动成果的精神形态，是转变为共产主义的最佳前提，因为精神产品本身就具备了人类共享特质；它在今天之所以与某种专用或特享原则联系在一起，并非没有看到共享所带来的巨大社会效益，而是因为脑力劳动尚属于部分人拥有的稀缺资源，只有为其设置利益特权，才能激励其尽其所能，并促使更多脑力劳动出现。一旦脑力劳动从稀缺资源转变为普遍存在，即每个人都拥有同等或相近脑力劳动能力的时候，共产主义制度将是对所有人都有益的制度安排，能够顺理成章地实现马克思所谓人们"共同的、社会生产能力成为他们的社会财富"这一局面。而这同时是人类以最强阵容面对自然界，体现与自然界关系的最大发展。

按照上述理解，人类最终消灭阶级应该体现在消灭脑体分工现象方面；但是，与传统社会主义理解不同，对脑体分工现象消除，既不是让所有人均等地分担所有分工岗位，也不是让所有人都从事体力劳动，而是使所有人都取得脑力劳动能力，至于他们所从事的现实劳动岗位，则可以是以体力为主的，也可以是以脑力支出为主的。

人们劳动方式从体力为主转变为脑力为主，客观上要求所有人都必须经历相对完整的教育过程。要想使每个人都获得平等教育条件，社会必须拥有足够财富积累。而后者只能通过渐进过程完成。这就是说，在该目标达到之前，社会所拥有生产力水平，将决定着教育普及水平，也决定着劳动方式转变水平，从而也决定着消灭阶级条件的成熟程度。

社会主义市场经济所践行的"自由竞争、优胜劣汰；全面协调、促劣变优"，前一环节保证了生产力持续发展，使教育资源得到越来越充分积累；后一环节保证了生产关系持续完善，使教育资源得到越来越全面运用。当然，无论前者还是后者，都是逐步发展过程。而中国改革对市场经济的选择，在很大程度上满足了这一需要。

按劳分配之所以能够向按需分配转移，正是以"所有个人都把自己的成果提供给社会，而任何个人都能够共享社会所有成果"为前提的。个人只有在需要的时候，才会启动脑力从社会中寻找相关成果，并通过自己进一步劳动使之变成可供消费的物质资料。这使按劳分配与按需分配获得高度一致，当代出现的3D打印技术虽初现端倪，仍然可以看作对这种模式的客观支撑。

理想社会以精神产品公有制为基础，是一种符合人类生命活动特性的必然选择。如果说，人类生命活动是劳动的话，那么，劳动特性就是脑力性质的，依靠脑力劳动的发展逐步迈向理想社会，应该是人类社会发展规律的要求。这一判断将在社会主义市场经济的实践中获得证实。

市场经济具有惊人的自我生成、自我修正、自我完善能力。原因在于：市场经济仰仗的是主体理性，在理性面前，没有任何东西是一成不变的，也没有任何东西可以一成不变。人类不仅看到了一个罪恶滔天的资本主义早期市场经济，同样看到了一个秩序井然的资本主义现代市场经济，还有望看到一个充满和谐的社会主义未来市场经济。

社会主义市场经济的出现，证明市场经济仍然包含着化解其内在矛盾的客观条件。社会主义与市场经济的牵手，是运用一种新的价值观赋予市场机制以新的灵魂。这种"夺舍"成功，取决于市场经济包含了社会主义价值观的基本要素，例如对劳动活动的依赖，例如对社会合作的依赖。资本作为一种文化现象，不仅是激励劳动，而且是通过强者组织与弱者的社会合作方式激励劳动。正是这种发展模式，让资本主义市场经济具有了某种共赢的性质：参与者能力的增强，对社会合作各方都是有利的。问题在于，资产阶级要突破既有的个人主义价值观，存在着许多困难，他们要取得这方面的自觉只能是在遇到严重挑战之后。如前所述的当代三大危机算是这种挑战，但中国特色社会主义兴起应该是更大挑战。后者作为一种新的市场经济模式所取得的巨大成绩，客观上形成了咄咄逼人效果。可以期待的是：中国"四个全面"战略奏效之日，当是社会主义市场经济以完整面貌展示在世界面前之时，届时人们将会看到新型生产方式诞生。

第三节　社会主义市场经济与人类共产主义理想

社会主义市场经济在逻辑展望层面的完整性，当然不能替代其在实践层面发展的过程性。社会主义终归要转变为共产主义，其间要经历相当长的历史发展阶段。能否始终保持对共产主义目标的政治定力，在一定程度上取决于是否具有道路自信、理论自信、制度自信、文化自信，而四个自信的共同实践载体只能是社会主义市场经济。

无论从何种角度看，作为人类一种创新发展模式，社会主义市场经济只能算是"小荷初露尖尖角"；但它具有的逻辑张力使其拥有强大生命力。本文试对该逻辑内蕴做出学理层次的梳理，以为人们科学判断社会主义市场经济历史地位提供一得之见。

（一）社会主义市场经济作为生产方式的两大超越

人类始终是以自身劳动来发展与自然界的关系。劳动资源是最重要的经济资源。文明史以来，政治管理通常就体现为劳动资源管理；仅仅由于生产力水平限制，使人们对劳动资源存在性质、分布领域认识有所不同，进而对劳动资源开发利用深度和广度也产生区别。比较起来，社会主义市场经济属于人类首次对现实劳动资源和未来劳动资源并重开发利用的生产方式，这一历史地位将通过相继完成的两次超越而最终实现。

第一，超越了传统社会主义计划经济。

计划经济对生产条件认知建立在两个判断基础上：其一，劳动资料体现了人们世世代代"知识和技能的积累，社会智力的一般生产力的积累"①，标志着社会生产力一般水平；拥有生产资料就等于掌控生产力，充分发挥生产资料作用就等于形成最佳生产力。其二，"劳动资料不仅是人类劳动力发展的测量器，而且是劳动借以进行的社会关系的指示器"②，而"蒸汽机确实是所有那些以它为基础的巨大生产力的代表，唯有借助于这些生产力，才有可能实现这样一种社会形态，在这里不再有任何阶级差别"③；生产资料技术水平形成生产力基础，其所有制关系决定生产关系性质。

依据上述两个判断，马克思、恩格斯认为以公有制为基础计划经济将成为理想社会生产方式。

计划经济落败于市场经济的情况表明：前述两个判断虽然符合截至马克思时代的文明史事实，却失准于当代事实。其间最大区别在于：马克思时代以往，脑力劳动均没有进入直接物质生产领域；而体力劳动受制于人类生理条件，很难持续性提高，无法成为社会生产力发展标志，唯一展示其变化的是物质形态生产资料——呈现为缓慢但稳定的发展过程。在当今时代条件下，脑力劳动作为持续增长要素越来越多地进入物质生产活动，虽然它仍然需要通过转变为物化形态生产资料发挥作用，但已经不再体现为一般"社会劳动"，而是体现为具体"个人劳动"；也不再呈现为劳动资料缓慢更替，而是呈现为科学技术快速更新。质言之，人类社会生产力第一致动要素已经发生了从"生产资料"向"劳动者"即从"物"向"人"的历史性转变。

一般而言，计划经济以既有生产资料为根据形成分工体系，并按照统筹兼顾、协调发展原则，使生产与消费趋于一致——其实质在于充分发挥生产资料

① 马克思，恩格斯．马克思恩格斯选集：第2卷［M］．北京：人民出版社，2012：775 - 776.
② 马克思，恩格斯．马克思恩格斯选集：第2卷［M］．北京：人民出版社，2012：172.
③ 马克思，恩格斯．马克思恩格斯选集：第3卷［M］．北京：人民出版社，2012：492.

技术水平作用；市场经济则以既有经济秩序为基础形成合作体系，按照"自由竞争、优胜劣汰"原则，既按劳分工又按劳分配——其实质在于充分调动劳动者潜能。从历史上看，无论苏联还是中国，计划经济都一度光彩夺目，取得了显著发展成绩；与之比较，市场经济却因生产无政府状态，秩序紊乱，危机连连。

究其原因，计划经济适逢两大境遇：一是乱后乍治，恢复秩序就是发展生产力；二是生存急需，消费对象容易被核算和统计。当跨过这一阶段后，随着生产力发展，个性化消费越来越占据主导地位，为了掌控日益繁复的需求信息，国家不得不推出越来越多行政举措，最终导致了计划经济特有的"管理过剩"弊端。时至今日，"简政放权"仍然是社会主义改革面临的一项重要任务。其时，市场经济还有两道台阶未跨，总体上还显得稚嫩生涩：一是规范信息渠道，如同今天资本主义市场经济基本上是订单生产，同时股市、汇市、期货等虚拟经济信息已成体系；二是健全法制管理，当代资本主义已经形成包括社会保障体系在内的法治体系。跨过这两道台阶之后的现代市场经济，帮助资本主义生产方式实现了从传统向现代的转变：一方面能够在很大程度承受经济危机带来的冲击，另一方面使雇佣劳动者阶级斗争目标大多转向经济利益诉求。

随着历史展开，市场经济向好而计划经济转差。这客观上表明：以激励劳动为特征的市场经济更为契合人类社会发展规律要求。中国通过改革选择社会主义市场经济，顺应了这一要求。计划经济被市场经济替代，集中体现在对生产力第一致动要素认知方面，属于唯物史观中关于生产力这一发端要件重新判断，具有根本性质，在很大程度上引导着社会主义必然性再度解读。这就是说，社会主义市场经济并非权宜之计，计划经济也不是说在生产力发展至一定水平还会卷土重来。这是一个重大原则问题。一些学者仅仅从社会主义初级阶段经济落后角度考虑对市场经济选择，肯定是不正确的，在某种程度上也为重走传统社会主义"老路"预留了空间。

第二，超越了当代资本主义市场经济。

市场经济对劳动激励通过利益差别方式实现，此举固然有助于生产力进步，但始终是站在劳动能力强者立场上呈现这一进步的。当代发达国家虽然积累了巨额财富，却不得不受到社会两极分化带来的矛盾困扰。显然，市场经济的资本主义方式并不能成就人类理想生产方式。社会主义市场经济诞生，为人类创新发展模式提供了历史契机。

社会主义市场经济与资本主义市场经济根本区别在于：价值目标不同，前者追求社会平等，后者听任优胜劣汰；运行机制不同，前者政府更好发挥作用，追求共同富裕目标，后者政府一般发挥作用，纠正市场失灵现象；治理体系不同，前者实行法治与德治结合，后者止步于法治原则。在市场作用和政府作用双重机制中，社会主义不仅通过市场作用启用了人们现实劳动，而且通过政府作用强化了人们未来劳动。这既是社会主义市场经济区别于资本主义市场经济所在，也是前者优越于后者所在。

　　社会主义市场经济条件下，政府更好发挥作用对共同富裕目标的追求，体现在"两个一百年"奋斗目标设置上。其中，建党一百年即 2021 年要全面建成小康社会，着力解决人们生存需要平等问题——即所谓消除贫困现象；贫困状态呈现的是生存需要，是活下去的问题，这是无从选择的——社会关系紧张乃至对抗的根源往往与此有关。就此而言，任何发展都必须以满足生存需要为前提。资本主义社会保障体系满足了民众生存需要，同时也设置了进入真正社会主义门槛。全面建成小康社会就是跨越这道门槛。而中华人民共和国成立一百年即 2049 年要实现中华民族伟大复兴和社会主义现代化，着力解决人们发展需要平等问题——其目标指向是人们在劳动能力方面同等化。不难看出，一旦人们在劳动能力方面趋于同等，即便是仍然采取市场竞争原则，也会展现共同富裕局面；由此可见，所谓政府更好发挥作用，本质上呈现的是劳动能力促劣变优机制。

　　首先，促劣变优属于市场机制内生需要："自由竞争、优胜劣汰"必然产生促劣变优倾向。政府更好发挥作用实现促劣变优，不过是把资本主义市场经济自发的、分散的、偶然的促劣变优行为，转变为社会主义市场经济自觉的、集中的、必然的促劣变优举措。

　　其次，促劣变优符合全体社会成员的利益，即有助于社会生产力的提高。文明史以来，强者优势地位属于常态，但是，真正具有必然性的是社会合作，单个人离开他人提供的劳动资源——无论是物质资源还是思想资源，是无法从事劳动的。当然，社会合作最佳状态是强强联合，其次是强弱联合，最次也需要弱弱联合。社会主义市场经济促劣变优展示的就是强强联合前景。如果说，市场经济本身抓住生产力第一致动要素劳动者，体现了历史发展客观需要，还仅仅是侧重于劳动者现实劳动的话，那么，社会主义市场经济促劣变优举措，通过对人们劳动潜能进一步发掘，开启并扩大着未来劳动资源。从客观上分析，政府促劣变优会动用一部分公共资源，并因此影响到强者利益分配数额，但这部分资源完全可以视为社会扩大再生产需要，是用较小现实利益换取较大未来利益，归根结底对强者也有益。

　　最后，促劣变优将改变优胜劣汰结果，使共同富裕代替两极分化。市场经济"自由竞争、优胜劣汰"机制，虽有效推动了人们各尽所能，但由于个体之间劳动能力差别，也导致了社会两极分化。如皮凯蒂在《21世纪资本论》中所说，人们甚至无法期待市场经济能够自动调节这种两极分化，在按资分配和按劳分配角力中，资本始终占据优势，当代发达国家证明了这一事实。与此同时，社会长期处在两极分化状态，会形成持续社会对抗，使所有人生活在动荡不安环境中。社会主义市场经济通过政府促劣变优作用，为消除这一矛盾提供了条件。换句话说，社会主义市场机制"优胜劣汰"和政府机制"促劣变优"并存运行，随着"促劣变优"发展，优劣差距势必缩小；以此为背景，"优胜劣汰"在利益分配上，初始增长频度为"优慢劣快"，进而演变为双方"各有所长"，两极分化趋势就会逐步被"有所差距、大体均衡"局面所代替。这就是社会主义所追求的共同富裕目标。

社会主义市场经济对劳动资源全面利用，意味着将获得较资本主义市场经济更高生产力水平，因此，任何强推中国改革选择后者做法，都属于"邪路"。

（二）作为运行机制的二元创设

马克思主义是"在劳动发展史中找到了理解全部社会史的锁钥"，那么，人类劳动到底能走多远？其发展前景究竟是什么？社会主义市场经济既然开启了对劳动资源全面利用时代，就需要回答上述问题。

首先，人类生命活动体现为劳动方式脑力化和交往关系全面化的双重进步过程，所呈现人类能力最大化规定着与自然界关系的自由度。

在人性三论中，本性是基础和出发点，特性是主线及特征，而本质是表现与展示。人类是从自身需要出发，按照生命活动所达到的自由自觉程度，构建一定性质和范围的社会关系。个人或共同体所拥有的社会关系什么样，其本质也就呈现为什么样；这一本质一方面取决于以主体智力为特征的生命活动发展的水平，另一方面也决定着其需要被满足的程度。换句话说，人类发展原动力是自身需要，后者是不断展延、上升的过程；但这种需要被满足程度任何时候都是确定的，它取决于人们智力水平，表现为人们拥有社会关系总和。这一认识使马克思断言：整个历史也无非是人类本性的不断变化而已。

人类属于自然界产生的一种生命现象，其存在和发展都取决于自然规定性。人类只能在顺应自然规律前提下追求自身利益最大化：任何生命物种都存在生命周期，每一个体都难免一死，那么，人类生命活动最终目标应该体现在两个环节：一是生命存在时间尽可能延长；二是生命活动方式尽可能自由。无论前者还是后者，都要求充分利用自身生命活动特性不断去发展与自然界关系，即运用理性把握自然界规律，去寻找满足自身需要的物质资源，建构越来越齐全、越来越完善的中介作用体系，以充实生命自由目标。

上述过程潜含着二元逻辑。其一，理性本源载体是个人，任何理性发展都体现为个人发展；"人们的社会历史始终只是他们的个体发展的历史，而不管他们是否意识到这一点"①。其二，理性历史载体是社会，个体存在都是有限的，所以，理性历史成果只能通过社会积累，也只能在社会关系中获得传承。人们需要在双方统一中认识理性发展：一方面，理性成果的本源提供者是个人，个体能力增强成为人类理性进步基本来源；另一方面，理性成果的历史提供者是社会，越是晚近时代社会积累越是丰厚，个体能力发展起点就越高。社会关系不仅是精神成果载体，也是精神成果发展形式：社会关系扩大，在一定意义上就是脑力劳动资源扩大，从而是理性能力扩大。脑力水平提高与社会关系扩大，都是理性增强渠道。

一般而言，个人理性能力发展，体现在劳动方式脑力化目标上；而社会成果积累发展，体现在交往关系全面化上——既是历史纵向积累，也是现实横向展开。由理性对象化思考所依据的复制对象能力，意味着脑力不仅可以把所有事物纳入对象化范围，从而在满足自身需要方面拥有无限可配置资源，而且还创造了一种可能性，即黑格尔所说，理性强大起来就趋于狡猾。理性的狡猾往往体现于它的起中介作用的活动，这种活动让对象按照它们本身的性质互相影响、互相作用，它自己并不直接参与这个过程，而只是实现自己的目的。

理性"中介作用"源自其"复制作用"：人们按照需要选择性地复制相关对象，让它们在头脑中互相作用以确认最佳搭配方式，最终运用于实践达到自己目的。这个过程拥有无限发展前景。显然，拥有理性能力个体越是广泛，人类整体能力就越是强大；理想目标则是每一个人都拥有足够理性能力，即人类一般劳动方式实现脑力化。

与此同时，还要看到："为了进行生产，人们相互之间便发生一定的联系和关系；只有在这些社会联系和社会关系的范围内，才会有他们对自然界的影响，才会有生产。"②"市民社会包括各个人在生产力发展的一定阶段上的一切物质交往。"③ 这意味着，其一，理性成果源于社会，即其思想资料来自社会承载积累的思想资源——思想成果创新程度高低，取决于对人类思想资源覆盖面宽窄，

① 马克思，恩格斯．马克思恩格斯选集：第4卷 [M]．北京：人民出版社，2012：409.
② 马克思，恩格斯．马克思恩格斯选集：第1卷 [M]．北京：人民出版社，2012：340.
③ 马克思，恩格斯．马克思恩格斯选集：第1卷 [M]．北京：人民出版社，2012：130.

理性越是前卫，所覆盖思想成果越完整，其理性形成支配作用就越广泛；其二，理性成果用于社会，即其思想成果效用最大化取决于社会运用范围——思想成果作用强弱，取决于在社会关系中传播范围大小，人们接受越多，其使用价值就越大，以此为依据所建构社会关系就越广泛。可见，在这一方面，理想局面体现为交往关系全面化。

其次，马克思主义方法理论揭示了共产主义事业必然性，即从规律意义上认识并实现无产阶级即人类解放。

无论是劳动方式脑力化，还是交往关系全面化，作为客观趋势都是在历史过程中呈现出来的。正如马克思所说：

> 全面发展的个人——他们的社会关系作为他们自己的共同的关系，也是服从于他们自己的共同的控制的——不是自然的产物，而是历史的产物。要使这种个性成为可能，能力的发展就要达到一定的程度和全面性，这正是以建立在交换价值基础上的生产为前提的，这种生产才在产生出个人同自己和同别人相异化的普遍性的同时，也产生出个人关系和个人能力的普遍性和全面性。①

马克思、恩格斯之所以提出通过无产阶级解放实现人类解放，是因为无产阶级作为人类历史中最后一个被剥削被压迫阶级，一旦得到解放，将成为新的劳动资源，是人类整体劳动能力实现强化不可或缺的环节。但是必须看到，无产阶级或社会弱势群体现象的消除，并非单纯主观愿望就能实现。

> 个人力量（关系）由于分工而转化为物的力量这一现象，不能靠人们从头脑里抛开关于这一现象的一般观念的办法来消灭，而只能靠个人重新驾驭这些物的力量，靠消灭分工的办法来消灭。没有共同体，这是不可能实现的。只有在共同体中，个人才能获得全面发展其才能的手段，也就是说，只有在共同体中才可能有个人自由。②

可以说，人类劳动方式脑力化进程始于资本主义市场经济，后者对劳动的持续激励必然会推动劳动从体力向脑力的转变。

资本主义生产方式是脑力劳动第一次正式进入直接物质生产。它最初的疯狂仍然不失浓郁的理性色彩，它的奴隶贸易，它的殖民战争，它的工厂盘剥，它的世界大战，较之封建生产关系等级的森严秩序、冠冕堂皇伦理的自我约束，

---

① 马克思恩格斯文集：第 8 卷［M］. 北京：人民出版社，2009：56.
② 马克思，恩格斯. 马克思恩格斯选集：第 1 卷［M］. 北京：人民出版社，2012：199.

变得更加算计，更加精细，更加胆大妄为，更加厚颜无耻，在马克思主义看来，赋予资本以原罪是铁证如山。但是，理性的本质是思考和权衡，甚至它张扬式的疯狂也取决于对可行性的判断；当被剥削被压迫的主体觉悟起来——马克思主义对此的启蒙功不可没——之后，"平等"变成了"自由"的注解，而这里的平等就是在同一法制体系下的自由竞争。"平等"成为不同个体共同拥有的外部制约条件，是冲着竞争公平性来的。一方面，所有个体因可以各尽所能而呈现出"自由竞争"性质；另一方面，这种"自由竞争"需遵守同样的法制规范。资本主义意识形态预设个体之间的各种差别是永远难以消除的，因此，它认为最好的治国理政之道莫过于尽可能创造出"机会平等"；这既是一种社会公正，也需要辅之以个人自由。

据此可以说，马克思主义在价值层面使"自由"变成了"平等"的尺度，或者说社会主义是"自由"意义上的"平等"；与之相比，资本主义是"平等"下的"自由"——其"平等"彰显人们共同接受来自社会法制的约束，其"自由"彰显个体生命活动选择方式的自主性。显然，社会主义"自由—平等"理念较之资本主义"平等—自由"模式，无论是"自由"义项还是"平等"义项，都具有重大区别：资本主义"平等—自由"模式具有显而易见的社会制约性，其中"平等"是在法律面前人人平等，而自由是在社会竞争之中的自由；而社会主义"自由—平等"理念呈现显而易见的个人自主性，其中"自由"是指个人生命活动发展方式的自由，而"平等"是以前述自由为特征的个体平等。

劳动脑力化和交往全面化作为历史客观趋势，展现人们理性开发前景。将来所有人都拥有脑力劳动能力，但却不排除还有体力劳动岗位，与此前区别在于：首先，该体力劳动岗位并不对承担者产生任何禁锢作用，当事人是自由的；其次，承担该岗位劳动者同时具有了脑力劳动能力，他或她的选择是自主的。所谓"每个人的自由发展"其中包括了对劳动岗位选择。

（三）针对发展目标的双重深化

《共产党宣言》设想："共产主义革命就是同传统的所有制关系实行最彻底的决裂；毫不奇怪，它在自己的发展进程中要同传统的观念实行最彻底的决裂。"① 前者是指用生产资料公有制代替私有制，后者是指用公有观念代替私有观念，或者说用集体主义代替个人主义。双方相互联系："人们的观念、观点和概念，一句话，人们的意识，随着人们的生活条件、人们的社会关系、人们的

---

① 马克思，恩格斯. 马克思恩格斯选集：第1卷［M］. 北京：人民出版社，2012：421.

社会存在的改变而改变"；思想的历史证明精神生产随着物质生产的改造而改造。① 在社会主义市场经济条件下，由于生产方式经历了从计划经济向市场经济的转变，无论是同传统所有制关系决裂，还是同传统观念决裂，都出现了深刻的变化，展示了共产主义新的前景。

第一，随着劳动方式脑力化的发展，理想社会在所有制关系方面，一如既往地坚持了共产主义公有制原则，但使公有制对象即生产资料从物质形态深化至精神形态。

劳动一旦脑力化，由于脑力产品的精神形态天生具有可复制性，这就为实现共产主义提供了新的模式。劳动方式脑力化使劳动资料和劳动对象也将首先处于精神形态。后者为人们共享展示了无限可能性。与之比较，物质生产资料公有制虽然理论上可以被人们共享共用，但是，在具体使用过程中，每一种生产资料都是排他的：甲方使用时，乙方或他人就不能使用；物质生产资料只能存在于具体时空环境，其共享共用只能通过错开时空条件而体现。但精神形态生产资料并没有此种限制，它可以通过无限复制供所有人使用。同样，脑力化劳动成果也可以这样复制：一方面，他人使用并不妨碍成果提供者自己使用；另一方面，一个人使用与所有人使用都不会对成果本身产生影响。一旦脑力劳动成果得以共享，人类将避免大量重复劳动，而且，所有生产方案选择都将具有世界级意义。这是人类生产力最强大状态，也是生产关系最和谐状态。自人类进入文明时代，就追求这一梦想，马克思主义共产主义理想就是这一目标。

显然，人类生命活动"自由的有意识的"特性，蕴含了脑力或理性无限发展的空间，是认识人类与自然界关系的最大谜底，也是人类实现共产主义理想的最终依赖。按照这一认识，脑力劳动体现劳动本质；劳动发展就是人类劳动方式脑力化的过程。

在市场经济中，随着劳动脑力化，共享变成一种促进生产力发展的要素；一方面，人们拥有越来越强的生产能力，另一方面，人们消费越来越呈现出个性化性质。在普遍满足生存需要之后，发展需要同样得到满足，以个性化消费为特征的享受需要客观上将使生产需要和消费需要一致起来：即人们只有在自己需要的时候才去进行生产，而且生产仅仅是为了满足自己的消费。此时，人们相互之间的关系将出现质变：一方面，是个体之间的劳动指向和消费追求将因人而异，形成千差万别态势；另一方面，人们之间平等关系将最终体现在个

---

① 马克思，恩格斯. 马克思恩格斯选集：第 1 卷 [M]. 北京：人民出版社，2012：419 - 420.

人选择自由上，任何攀比、炫耀将变得十分可笑。

这里面需要涉及实体经济与虚拟经济之间关系。从整体上看，虚拟经济是实体经济衍生部分，是实体经济共生现象。人们归根结底是要在物质层面满足自己的消费需要，就此而言，实体经济永远构成人类存在和发展的基础；只是，随着科学技术进步，一方面，将形成一个越来越庞大和完整的实体经济体系，另一方面，人们劳动投入越来越向虚拟经济转移。在这种局面下，个性化消费虽然最终实现于实体经济，但它的发生和发展却与虚拟经济形态有关，也许，届时人们只需修改相关软件，使之主导实体经济特定环节，就能够获得心仪消费产品。

马克思主义原创理论的公有制需要通过社会革命实现，即"剥夺剥夺者"。而劳动方式脑力化的公有制，体现出某种自然主义。劳动能力质差既是分工根据，也是阶级分化根据。要消灭阶级，就应该消除劳动能力质差；至于量差，用不着消除，尤其是脑力劳动之间量差，也许最终体现的仅仅是使用价值方面区别，但所有使用价值就其实用性而言，是平等的。

社会主义市场经济整体上展现出由量变到质变过程：它与资本主义市场经济最根本区别，是其内在包含了两种价值指向不同的发展机制，即以利益最大化为目标的市场机制和以劳动同等化为目标的政府机制；双方共存共进，相互作用，而其相向而行最终会达到一个交汇点——当劳动同等化完成的时候，也是利益最大化的实现，届时，将是两极分化被共同富裕所代替。而此时，也是共产主义真正实现。

由此说明，把共产主义与市场经济联系在一起，其终到站需要长途运行：一方面，人类文明史的共产主义目标获得了认识深化；另一方面，达到该目标的时间和过程需要依据实践予以确认。这既是对社会发展规律的一种新的解读，也是对社会主义必然性的当代证明。

第二，随着交往关系全面化的发展，理想社会在价值观念方面，一如既往地坚持了共产主义集体主义原则，但使集体主义即社会本位从直接主导深化为经由个体本位主导。

劳动方式脑力化与交往关系全面化分别属于劳动的内容和形式。马克思、恩格斯也指出："每一个单个人的解放的程度是与历史完全转变为世界历史的程度一致的。"①

社会本位直接主导和经由个体本位主导，在一定意义上，体现的就是计划

---

① 马克思，恩格斯. 马克思恩格斯选集：第 1 卷 ［M］. 北京：人民出版社，2012：541.

经济与市场经济背景不同。计划经济以公有制为基础，个人利益成为社会整体利益一部分，正因为如此，所有个人利益都是被计划经济所决定所支配的，也是大体平等或均衡的。而市场经济通行"自由竞争、优胜劣汰"原则，所有个人利益都取决于竞争结果，即取决于其劳动能力水平。一方面，市场经济对劳动的激励，使其形成了高效率生产力，另一方面，社会主义市场经济对劳动资源的全面利用，使其又超越了资本主义市场经济生产力。后者所展示前景在马克思相关著述中有着很多论及。

马克思说：

> 只有资本才创造了这样一个社会阶段，与这个社会阶段相比，一切以前的社会阶段都只表现为人类的**地方性发展**和**对自然的崇拜**。只有在资本主义制度下自然界才真正是人的对象，真正是有用物；它不再被认为是自为的力量；而对自然界的独立规律的理论认识本身不过表现为狡猾，其目的是使自然界（不管是作为消费品，还是作为生产资料）服从于人的需要。①

人类天性力量最终衡量要看与自然界的关系，而这取决于整体社会力量；社会是由所有个体组成的，个体发展是社会整体发展的基本形式；而个体发展逐步造成的个人利益与人类利益的统一，将呈现为社会整体发展的标志。这即所谓社会本位直接主导深化为经由个体本位主导的含义。

只有共产主义理论家

> 才发现了"共同利益"在历史上任何时候都是由作为"私人"的个人造成的。他们知道，这种对立只是表面的，因为这种对立的一面即所谓"普遍的"一面总是不断地由另一面即私人利益的一面产生的，它绝不是作为一种具有独立历史的独立力量而与私人利益相对抗，所以这种对立在实践中总是产生了消灭，消灭了又产生。因此，我们在这儿见到的不是黑格尔式的对立面的"否定统一"，而是过去的由物质决定的个人生存方式由物质所决定的消灭，随着这种生存方式的消灭，这种对立连同它的统一也同时跟着消灭。②

从比较意义上说，中华文化是把"共同利益"作为历史中独立存在的要素

---

① 马克思，恩格斯．马克思恩格斯选集：第 2 卷 ［M］．北京：人民出版社，2012：715 – 716.

② 马克思恩格斯全集：第 3 卷 ［M］．北京：人民出版社，1960：275 – 276.

予以发展的文化，西方文化的惯常做法，是使共同利益消解在个人利益之中予以肯定。马克思、恩格斯承认个体本位与社会本位"二者最终会合为**自我舍弃**"。问题在于，在"最终"到来之前，人类将经历漫长发展阶段，其中无论是主张个体本位的西方文化，还是主张社会本位的中华文化，它们所建构的价值体系，都需要也都能够独立发挥作用。

必须承认，西方文化与中华文化在价值诉求方面各执一端，也各有所长。社会主义市场经济是结合两种文化成果的实践模式：一方面，市场作用把个体本位推向极端，使其对人们经济地位发挥重要的主导作用；另一方面，政府作用把社会本位推向极致，使其对弱势群体的劳动能力提升发挥主导作用。中华文化在一定意义上是使"共同利益"获得某种历史独立性的文化体系。当社会主义市场经济需要启动政府作用这一资源的时候，其优秀成果理所当然能够发挥一定作用。

如果说，人类与自然界关系是最根本关系的话，那么，其发展肯定应该体现在每一个人发展上；只有如此，人类整体才能以最强阵容面对自然界。

> 培养社会的人的一切属性，并且把他作为具有尽可能丰富的属性和联系的人，因而具有尽可能广泛需要的人生产出来——把他作为尽可能完整的和全面的社会产品生产出来（因为要多方面享受，他就必须有享受的能力，因此他必须是具有高度文明的人）——，这同样是以资本为基础的生产的一个条件。①

市场经济一旦完成了这一使命，人类就将最终告别这一发展模式。因此，社会主义市场经济不仅是市场经济的最高形态，也将是其最后形态；这趟历史列车将直达共产主义。

---

① 马克思，恩格斯. 马克思恩格斯选集：第2卷［M］. 北京：人民出版社，2012：715.

主要参考文献

［1］马克思，恩格斯. 马克思恩格斯选集：第1—4卷［M］. 北京：人民出版社，2009.

［2］马克思，恩格斯. 马克思恩格斯全集：第3卷［M］. 北京：人民出版社，1960.

［3］马克思，恩格斯. 马克思恩格斯全集：第25卷［M］. 北京：人民出版社，1974.

［4］马克思，恩格斯. 马克思恩格斯全集：第30卷［M］. 北京：人民出版社，1995.

［5］马克思，恩格斯. 马克思恩格斯全集：第31卷［M］. 北京：人民出版社，1972.

［6］马克思，恩格斯. 马克思恩格斯全集：第32卷［M］. 北京：人民出版社，1998.

［7］马克思，恩格斯. 马克思恩格斯全集：第34卷［M］. 北京：人民出版社，1972.

［8］马克思，恩格斯. 马克思恩格斯全集：第35卷［M］. 北京：人民出版社，2013.

［9］马克思，恩格斯. 马克思恩格斯全集：第36卷［M］. 北京：人民出版社，1975.

［10］马克思，恩格斯. 马克思恩格斯全集：第42卷［M］. 北京：人民出版社，1979.

［11］马克思，恩格斯. 马克思恩格斯全集：第43卷［M］. 北京：人民出版社，2016.

［12］马克思，恩格斯. 马克思恩格斯全集：第44卷［M］. 北京：人民出版社，2001.

[13] 马克思, 恩格斯. 马克思恩格斯全集: 第 46 卷 (上) [M]. 北京: 人民出版社, 1979.

[14] 马克思, 恩格斯. 马克思恩格斯全集: 第 46 卷 (下) [M]. 北京: 人民出版社, 1980.

[15] 马克思, 恩格斯. 马克思恩格斯全集: 第 47 卷 [M]. 北京: 人民出版社, 1979.

[16] 马克思, 恩格斯. 马克思恩格斯全集: 第 49 卷 [M]. 北京: 人民出版社, 1982.

[17] 马克思, 恩格斯. 马克思恩格斯全集: 第 49 卷 [M]. 北京: 人民出版社, 1982.

[18] 列宁. 列宁选集: 第 1—4 卷 [M]. 北京: 人民出版社, 2012.

[19] 列宁. 列宁全集: 第 55 卷 [M]. 北京: 人民出版社, 2017.

[20] 列宁. 列宁专题文集: 论社会主义 [M]. 北京: 人民出版社, 2009.

[21] 毛泽东. 毛泽东选集: 第 5 卷 [M]. 北京: 人民出版社, 1977.

[22] 毛泽东. 建国以来毛泽东文稿: 第 8 卷 [M]. 北京: 中央文献出版社, 1992.

[23] 邓小平文选: 第 2 卷 [M]. 北京: 人民出版社, 1994.

[24] 邓小平文选: 第 3 卷 [M]. 北京: 人民出版社, 1993.

[25] 江泽民. 江泽民文选: 第 3 卷 [M]. 北京: 人民出版社, 2006.

[26] 江泽民. 论科学技术 [M]. 北京: 中央文献出版社, 2001.

[27] 江泽民. 在庆祝中国共产党成立八十周年大会上的讲话 [N]. 人民日报, 2001 - 07 - 02.

[28] 胡锦涛. 胡锦涛文选: 第 2 卷 [M]. 北京: 人民出版社, 2016.

[29] 习近平. 谈治国理政. 北京: 外文出版社, 2014.

[30] 中共中央党史研究室. 中国共产党历史: 第二卷下册 [M]. 北京: 中共党史出版社, 2010.

[32] 胡绳. 中国共产党的七十年 [M]. 北京: 中共党史出版社, 1991.

[32] 孟子. 梁惠王上.

[33] 恩斯特·卡西尔. 人论 [M]. 甘阳, 译. 上海: 上海译文出版社, 1985.

[34] 托马斯·皮凯蒂. 21 世纪资本论 [M]. 巴曙松, 等, 译. 北京: 中信出版社, 2014.

[35] L. 弗里德曼. 社会心理学 [M]. 高地, 译. 哈尔滨: 黑龙江人民出

版社，1985.

[36] 科尔冈诺夫. 论国民收入 [M]. 常琦卒，译. 上海：三联书店出版社，1961.

[37] 亚·波利亚佐夫，M·C·阿特拉斯. 社会主义社会的国民收入 [M]. 蔡沐培，程源，等，译. 北京：中国财经出版社，1981.

[38] 阿尔温·托夫勒. 权力的转移 [M]. 刘红，等，译. 北京：中共中央党校出版社，1991.

[39] 汉纳·阿伦特. 马克思与西方政治思想传统 [M]. 孙传钊，译. 南京：江苏人民出版社，2007.

[40] 罗斯玛丽·克朗普顿. 阶级与分层 [M]. 陈光金，译. 上海：复旦大学出版社，2011.

[41] 亚当·斯密. 道德情操论 [M]. 蒋自强，等，译. 北京：商务印书馆，1997.

[42] 亚当·斯密. 国富论 [M]. 郭大力，王亚楠，译. 北京：商务印书馆，2004.

[43] 哈耶克. 通往奴役之路 [M]. 王明毅，等，译. 北京：中国社会科学出版社，1997.

[44] 哈耶克. 致命的自负 [M]. 冯克利，等，译. 北京：中国社会科学出版社，2000.

[45] W. 贝克. 风险社会 [M]. 何博闻，译. 南京：译林出版社，2004.

[46] 诺曼·莱文. 辩证法内部对话 [M]. 张翼星，等，译. 昆明：云南人民出版社，1997.

[47] 杰夫里·巴勒克拉夫. 世界史便览：公元前9000年—公元1975年的世界 [M]. 北京：生活·读书·新知三联书店，1983.

[48] 庄孔韶. 人类学概论 [M]. 北京：中国人民大学出版社，2006.

[49] 高放，等. 科学社会主义的理论与实践：第4版 [M]. 北京：中国人民大学出版社，2005.

[50] 高放，黄达强. 社会主义思想史 [M]. 北京：中国人民大学出版社，1987.

[51] 许涤新. 政治经济学辞典 [M]. 北京：人民出版社，1980.

[52] 钱俊瑞. 资本主义与社会主义纵横谈 [M]. 北京：世界知识出版社，1983.

[53] 姜琦，等. 当代国际共产主义运动 [M]. 兰州：甘肃人民出版

社，1987.

[54] 王东. 马克思学新奠基——马克思哲学新解读的方法论导言 [M]. 北京：北京大学出版社，2006.

[55] 张雄，鲁品越. 中国经济哲学评论2017·社会主义与市场经济专辑 [M]. 北京：社会科学文献出版社，2017：230.

[56] 张雄. 现代性逻辑预设何以生成 [J]. 中国社会科学文摘，2006 (1).

[57] 胡潇. 解释学视域中的马克思 [J]. 哲学研究，2006 (8).

[58] 林毅夫. 李约瑟之谜和中国的复兴：新结构经济学的视角 [J]. 中国改革，2018 (1).

[59] 刘国光. 关于中国社会主义政治经济学的若干问题 [J]. 政治经济学评论，2010 (4).

[60] 程恩富. 现代马克思主义政治经济学的四大理论假设 [J]. 中国社会科学，2007 (1).

[61] 周新城. 基本经济制度是马克思主义政治经济学基本原理同当前中国实际相结合的理论成果 [J]. 观察与思考，2016 (1).

[62] 刘月，等. 科学认识中国特色社会主义政治经济学的重大原则 [N]. 光明日报，2016-04-17.

[63] 王朝科，朱奎. "首届全国马克思主义经济学论坛"综述 [J]. 马克思主义研究，2012 (11).

[64] 魏杰. 转变经济增长方式是全面且深入的改革——"政府主导"是模式还是改革对象 [J]. 学术月刊，2011 (8).

[65] 洪银兴. 关于市场决定资源配置和更好发挥政府作用的理论说明 [J]. 经济理论与经济管理，2014 (10).

[66] 鲁品越. 马克思主义政治经济学对我国开放战略的指导意义——从比较优势分析到市场权力结构分析 [J]. 当代经济研究，2018 (8).

[67] 鲁品越. 社会主义市场经济与资本主义市场经济的本质区别——兼论私有化对中国的毒害 [J]. 思想理论教育，2012 (11).

[68] 鲁品越，王劲松. 经济学基本问题与当代经济学思想谱系——三大经济学范式的思想本质与相互关系 [J]. 财经研究，2010 (3).

[69] 胡潇. 解释学视域中的马克思 [J]. 哲学研究，2006 (8).

[70] 王南湜. 我们可以在何种意义上谈论历史规律与人的能动作用 [J]. 新华文摘，2006 (19).

[71] 刘国光. 社会主义市场经济与资本主义市场经济的两个根本性区别 [J]. 红旗文稿, 2010 (21).

[72] 贺来. 三大独断论的摈弃: 当代哲学根本性的理论进展 [J]. 新华文摘, 2007 (1).

[73] 李明华. 历史决定论的三种形式 [J]. 中国社会科学, 1992 (6).

[74] 常修泽. 论以人的发展为导向的经济发展方式转变 [J]. 上海大学学报, 2010 (3).

[75] 蒲国良. 新时代中国特色社会主义的世界意义 [J]. 理论与改革, 2018 (2).

[76] 程恩富, 谭劲松. 社会主义比资本主义能更好地运用市场经济 [J]. 当代经济研究, 2015 (3).

[77] 李民圣. 社会主义市场经济是对资本主义市场经济的全面超越和扬弃 [J]. 红旗文稿, 2018 (1).

本书前期主要研究成果

专著3部

[1] 劳动论纲 [M]. 天津：天津社会科学院出版社，1995.

[2] 社会主义东方实践 [M]. 上海：上海三联书店. 2005.

[3] 马克思主义从原创形态向现代形态的发展——关于中国特色社会主义基础理论的探索 [M]. 天津：天津人民出版社，2016.

论文25篇

[1] 马克思关于剥削的理论与当代新的经济事实 [J]. 理论与现代化，2002（1）.

[2] 从宏观上认识"三个代表"思想对民营经济发展的意义 [J]. 天津社会主义学院学报，2003（1）.

[3] 社会主义必须根系于人民. 河南师范大学学报（哲社版）[J]. 2004（5）.

[4] 唯物辩证法与社会主义逻辑理论的发展 [J]. 当代世界社会主义问题，2005（2）.

[5] 人性界定与人类发展规律（上、下）[J]. 河北师范大学学报，2005，3（4）.

[6] 劳动问题与马克思主义基础理论研究纲要 [J]. 湖北民族学院学报（哲社版），2006（3）.

[7] 科技革命与人类社会主义运动 [J]. 当代世界与社会主义，2008（5）.

[8] 社会主义市场经济意蕴中的思想解放问题 [J]. 探索，2010（1）.

[9] 中国社会主义建设与"各尽所能"问题 [J]. 郑州大学学报（哲社

版），2010（2）．

[10] 论社会规律形态．天津师范大学学报（哲社版），2012（3）．

[11] 对马克思恩格斯理想社会生产力条件的再认识 [J]．江汉论坛，2012（4）．

[12] 市场起决定性作用与社会主义基础理论创新 [J]．理论探讨，2014（5）．

[13] 马克思无产阶级解放学说的时代化探索 [J]．当代世界与社会主义，2015（3）．

[14] 社会主义市场经济是中国改革的标志性成果 [J]．科学社会主义，2015（6）．

[15] 按劳分配的辩证内蕴与社会主义市场经济 [J]．中国浦东干部学院学报，2016（3）．

[16] 按劳分配及其在马克思主义发展史上的四次解读 [J]．理论学刊，2016（3）．

[17] 社会主义公有制的经典阐释、改革探索与逻辑前景 [J]．观察与思考，2016（9）．

[18] 现代市场经济本质上是按劳分配的 [J]．学习论坛，2017（7）．

[19] 关于发展 21 世纪马克思主义的若干思考 [J]．中国延安干部学院学报，2017（2）．

[20] 建构中国特色社会主义政治经济学与生产力再认识 [J]．中国浦东干部学院学报，2018（2）．

[21] 社会主义市场经济是资本逻辑与人类发展逻辑的统一 [J]．社会主义研究，2018（4）．

[22] 社会主义改革实质是重建劳动与资本的关系 [J]．中国浦东干部学院学报，2018（5）．

[23] 社会主义市场经济与人类共产主义理想 [J]．天津师范大学学报，2018（6）．

[24] 社会主义市场经济是新型社会主义生产方式 [J]．中国矿业大学学报，2018（6）．

[25] 马克思"集体力"思想与人类命运共同体建构 [J]．当代世界与社会主义，2019（1）．

后　记

　　本书适逢光明日报出版社组稿《博士生导师文库》，荣幸得以入选，并获得全额出版资助。对光明日报出版社这一举措表示拥戴和衷心感谢，能以拙作共襄庆祝中华人民共和国成立70周年盛事，实为一大幸运。在此对该社责任编辑的辛勤劳动致以崇高敬意。

　　在组织书稿过程中，得到程婧琦、张乃什、花凤春、吕晓燕、张红杏的帮助，她（他）们不仅成功地把若干文字转变为电子版，而且按照出版社要求对原文中的注释进行规范。

　　尤其要感谢河南省委党校刘丹博士，她牺牲了大量时间，除了按照出版社要求对全文格式进行了调整之外，还对注释部分进行了校对和规范。没有她的辛苦，是书很难以现在面貌示人。

　　本书是我20多年来研究成果的集萃，其中部分内容已先期在其他出版社和学术刊物上发表，在此谨向相关编辑朋友们致意。

　　是书内容多为探索性成果，很难避免失误或不当，如果借此获得学界同仁批评指教，使本人得以补益，将不胜感激。

作者

2019 年 4 月